内務省の政治史

集権国家の変容

黒澤 良

藤原書店

内務省の政治史　目次

内務省の政治史

集権国家の変容

凡例

一　引用文は原則として原文のままとしたが、漢字はおおむね新漢字に改め、句読点のない文章には適宜句読点を加えるなど若干の修正を施した。また、明らかな誤字脱字等と判断されるものは修正し、必要と思われる場合には「ママ」を付した。

一　引用者による注記は引用文への〔　〕内に示し、省略部分は（中略）で示した。

一　引用が多い資料は次のように注での表記を略記した。

①国立国会図書館憲政資料室所蔵文書については、「大霞会所蔵内政関係者談話速記録」を「大霞会速記録」と略記したほかには、次に例示するように「〇〇文書」と略記した。

「新居善太郎関係文書」は「新居文書」と略記

「佐藤達夫関係文書」は「佐藤文書」略記

「藤沼庄平関係文書」は「藤沼文書」と略記

「松本学関係文書」は「松本文書」と略記、など。

②国立公文書館所蔵の「内閣官房総務課資料」は「官房総務課資料」と略記した。

③内政史研究会談話速記録（内政史研究資料）は次に示すように「〇〇談話」と略記した。

「挾間茂氏談話速記録」は「挾間談話」、「萱場軍蔵氏談話速記録」は「萱場談話」、「村田五郎氏談話速記録」は「村田談話」と略記、など。

序章

内務省と人治型集権制

一　本書の課題

本書は、内務省と、地方長官を軸とした地方行政機構に焦点をあてて、昭和戦前・戦中期の行政構造とその変容の過程を解明することを目的とする。内務省と地方長官に視点を定めることで、政党政治の隆盛と凋落、また日中戦争勃発といった時代状況が、内務省、さらには日本の中央と地方それぞれの行政構造に引き起こした変化を明らかにする。

戦前の地方行政機構は、第一に、地方長官（官選（＝内務大臣が任命した）知事）を中心としたシステムであり、道府県は自治体であるとともに国の行政区画（国の機関）であった。中央各省は、現業的（公権力の行使をともなわない）業務については独自の出先機関を設けていたが、非現業的業務についてはすべて地方長官を通じて執行するのが原則であった。「総合出先機関」である道府県を所管し、知事はじめ道府県幹部の人事権を有する内務省から、地方長官にいたる行政経路を通さなければ、各省はその地方的事務を執行できないのが行政の建前であった(1)。第二に、現在と同じく中央が地方に優越した中央集権的なシステムであったものの、内務省が地方に派遣した内務官僚、すなわち「人」を介して地方を統治する「人治」型集権制をとっていた(2)。

これに対して、戦時期から、知事公選導入と内務省解体が実現した占領期にかけて、各省が個別に地方出先機関を設ける傾向が強まり、地方を縦割り系列的に、しかも補助金など財政的手段、すなわち「金」を主たる根拠に統治する集権制へと、その内実が変容を遂げていく。もっとも本書は、上述の集権制の変容について、戦時期や占領期よりも以前、また戦時体制化や行政国家化が明確になる以前に始点を求めている。すなわち内務省と地方長官を中核に地方を統治するシステムは政党政治に適合的であり、戦時化や行政国家化という時代の要請に加えて、政党の凋落が集権制変容の前提であったことを明らかにする。すなわち集権制の変容には、政党政治の隆盛と凋落という政治の要素があったことに注目したい(3)。

中央に目を転じれば、道府県を所管したことで、内務省は各省行政を政策的、予算的に調整する権限を手にすることとなった。各省は、内務省との協議や調整を経なければ、地方にその事務を委託できなかったからである。内務省が「内政に於ける総務省」を自任した所以であろう。各内閣が内務省を重視したのは、選挙や警察を含めた所管行政の重要性に加えて、内務省を行政機構の中枢にすえ、さらに内務官僚人事に介入することで、内務省が有した総合調整機能を通して各省行政への影響力行使が可能であったためである。だが、内務省優位の行政秩序は、後ろ盾であった政党の凋落とともに修正を余儀なくされる。内務省の地位が揺らぎ始めたのと時を同じくして、内閣機能強化論が叫ばれるようになったのは偶然ではない。

本書は、「内政に於ける総務省」としての内務省と、地方長官を軸にすえた地方行政機構に生じた変化に注目しつつ、昭和戦前・戦中期の政治史を読み解いていく。内務官僚を志した者は、次官ではなく、まずもって知事となることを昇進の最終目標に据えた。その意味で、知事のありようの変化は内務官僚にとって大きな関心事であった。

内務省については、先の大戦後ほどなく解体の憂き目を見てから七十年近くの時間が経過し、近代日本に残したその大きな足跡は忘れ去られつつある。まずは内務省がどのような官庁であったかから議論を開始する必要があろう。

内務省は、初代内務卿に就任する大久保利通主導のもと、一八七三（明治六）年一一月一〇日に設置された。伊藤博文らとともに内務省の機構と職制の決定に関わった伊地知正治（左院議官、制度取調掛兼勤）は、「内務省職制私考草案」の中で「内務省ハ国ノ国タル所以ノ根元ナレバ、苟《イヤシク》モ其根元ニ培養厚ケレバ枝葉長大、花実豊穣、日ヲ数ヘテ可待也《マツベキナリ》」と述べている。内務省は、倒幕・維新を経て誕生した新生日本に発展をもたらす基礎となることを期待されて創設をみた官庁であった。草創期の業務は富国強兵実現のための勧業行政、治安維持を担当する警察行政、府県を掌握する地方行政の三分野が柱であった。[4] その後、基幹業務の一つであった勧業行政が農商務省（一八八一（明治一四）年四月新設）に移管され、内閣制度創設にあわせて施行された内務省官制（一八八六（明治一九）年二月）には、あらためて「内務大臣ハ地方行政、警察、監獄、土木、衛生、地理、社寺、出版、版権、戸籍、賑恤《シンジュツ》、救済ニ関スル事務ヲ管理シ中央衛生会、警視総監及地方官ヲ監督ス」と所管行政が列挙されている。[5] 以後、数次にわたる機構改革を経て所管行政の多くが分離していったものの、内務省は、地方行政と警察、土木の各行政を継続して所管し、占領下の一九四七（昭和二二）年一二月三一日に廃止されるまでの七十四年の長きにわたって、近代日本の行政機構の中枢を占める有力官庁でありつづけた。内務省の所管行政が戦後の各省（二〇〇一年一月の省庁再編以前）にどのように受け継がれたかについては次頁**「内務省所管行政を受け継いだ省庁一覧」**に示す。所管行政のすべてが各省庁に引き継がれたことが見て取れよう。これに四十七都道府県をも傘下としたことを考え合わせると、内務省という官庁の巨大さがイメージできよう。内務省は、加えて内閣法制局や文部省、植民地である台湾や朝鮮両総督府などにも数多くの人材を

内務省所管行政を受け継いだ省庁一覧

地方行政	→	自治省
警察	→	警察庁
土木	→	建設省
衛生 社会	→	厚生省
労働	→	労働省
外国移民	→	外務省
戸籍 国籍 監獄	→	法務省
殖産興業	→	通商産業省・農林省
駅逓	→	郵政省・運輸省
気象 鉄道 港湾	→	運輸省
宗教 図書	→	文部省
国有財産管理	→	大蔵省
北海道拓殖	→	北海道開発庁

出典：『内務省史』第一巻 571-572 頁
※2001 年の省庁再編以前の省庁名

供給していたのである。

戦前の官界に関して、戦後体制を形作った首相である吉田茂は次のような回想を残している。「戦前各省の中で軍部は別として、いわゆる官僚らしき官僚は内務、外務、大蔵の三省であった。少壮有為の士の多くは、右の三省、中でも内務、大蔵両省を登竜門として目掛けたものである」(6)。吉田が回想したように、内務省は、内政の中軸を担う「内政に於ける総務省」として、外交を担う外務省、財政を統轄する大蔵省と肩を並べる名門官庁であった。一九四六年に占領軍から解体の方針が公表されると、内務省は、新聞報道において「官僚勢力の総本山」、「官僚の本拠」と指弾された(7)。戦前において官僚といえば、その代表は内務官僚であり、官僚批判の矛先はまずもって内務省に向けられたのである。しかしながら、内務省が、なにゆえに農林省や商工省、司法省といった同じく内政を所管する各省に優越する官庁でありえたのか、その理由は十分には明らかにされてこなかった。

本書は内務省が「内政に於ける総務省」を自任しえた理由を以下の三点に求める。

第一に、内務省は、警察と選挙を管轄したことで、否応なく「政治」と「行政」とが激しくせめぎあう、その要に位置する官庁であった。政府が政党と対立関係にあった藩閥内閣の時代には、政治情報の収集を担い、政治活動を規制する高等警察（政治警察）が重視された。警察権を掌握する内務大臣は閣員のなかで一段と重きを置かれ、帝都東京の治安維持責任者である警視総監もまた別格の扱いを受けた[8]。やがて統治における議会の比重が高まり、内閣が政党の支持なくしてはその安定を確保できない時代を迎えると、高等警察に加えて選挙関係業務が重要視されるようになった。政党隆盛の時代にあって衆議院議員総選挙は、代議士個々の当落はもとより、政党の帰趨、ひいては内閣の命運をも左右した。それゆえに政権を手にした政党は、党勢の拡張つきつめれば選挙に勝利するために、内務省と地方長官とを最大限に活用することをめざした。内務省は、加えて、道路や港湾、学校設立や校舎の改築など利益誘導に威力を発揮する公共土木事業を含めた地方財政を所管していた[9]。政府与党は、内務大臣に有力政治家を配して内務省や地方官の人事に介入し、内務省を自らの掌中におさめようと企てた。その結果、政党内閣のもとでは、政権交代のたびに内務三役、すなわち内務次官と警視総監、そして警察の総元締めである警保局長など内務省首脳が更迭され、これに引き続いて知事や部長など地方官の大規模な人事異動が実施されるのが恒例となった。政党全盛の時代にあっては、各政党が政権獲得や維持のために、内務官僚ひいては内務省の争奪戦を繰り広げたのである。

第二に、内務省は、中央官庁の「総合出先機関」と性格づけられた地方長官（道府県知事）を配下に置いたことから、行政における「立案」と「実施」とを媒介する官庁であった[10]。戦前の行政機構は実施の中核に地方長官を据えることで機能していた。中央各省が立案した事業は、各省独自の地方出先機関を設けずに、地方長官を通じて行政事務を実施することが原則であった[11]。予算編成においては、内務大臣官房会計課が、他省の行政に関係する予算をも、府県が実施する限りにおいては内務省の予算に組み込んで作成するのが通例であった。各省は個別行政に関しては地方長官への指揮監督権を有したものの、所管事務の実施は内務省の手足であった道府県に依存せざるを得なかった[12]。地方長官をはじめとする人事権や、道府県の一般監督権を専管した内務省の優位は決定的であった。各内閣は、行政の実施をほぼ独占した内務省を通して、総合調整機能や、各省所管行政への発言権を確保したのである。

第三に、内務省は「中央」と「地方」とを連結する要となる官庁であった。戦前の地方制度の特色は、内務省が排他的に地方行政を指導し、その中心的な地位を占めたことにある。内務官僚である道府県知事はもとより、公吏である市町村長も、地方団体の首長であると同時に、膨大な機関委任事務を担う国の行政機関と性格づけられた。府県行政は知事と府県庁高等官に対する内務大臣の人事権を通じて統制され、市町村行政も、内務大臣や知事の人事権に服する府県官吏の指導と監督の下におかれていたのである。[13] これによって国と地方団体との間には明確な一線が引かれず、両者は一体となって機能することが要請された。内務本省から道府県知事、市町村長へといたる、排他的にして厳然たる地方行政ルートが確立していたのである。[14] 政党内閣はこの行政ルートを使って、地方官人事を梃子として中央政界の変化を地方政界に波及させようと知事や府県幹部を更迭し、この試みがしばしば知事と議会との間に軋轢を生じさせることとなった。ここで留意したいのは、内務省と地方とを結ぶ地方行政ルートが中央から地方へばかりでなく、地方から中央へという双方向の導管であったことである。内務省警保局を頂点とし各県警察部を経て各地の警察署に至る警察機構はもとより、内務省と道府県知事、市町村長という行政経路は、いずれも中央から地方への指揮命令系統であると同時に、政治情報や地方の民情、行政の現場情報などを中央へと吸い上げ、伝達する情報ルートの機能をも担っていたことは重要である。[15]

これまで述べてきたように、内務省は、第一に「政治」と「行政」、第二に「立案」と「実施」、第三に「中央」と「地方」という三つの接点、インターフェースを押えたからこそ、「内政に於ける総務省」として統治機構の中枢に君臨できたのである。しかしながら、一九三〇年代に生じた政治的変化、政党政治の衰退と戦時体制への移行により、内務省はもとより行政機構のあり方全般が変容していく。時代状況が変化したことで、内務省は、三つのインターフェースを押さえることで得た内政における優位性を維持できず、新たな役割の模索を迫られていく。

昭和初頭の政党内閣期には、普通選挙の導入に伴い四倍に増えた有権者を前に、政党は、選挙での勝利を得るために、あらゆる資源を動員する必要に迫られた。内務省は、警察と道府県を統括する責任官庁であり、また選挙を所管したことから、特に政党の強烈な人事介入にさらされた。政権交代のたびに内務省や道府県幹部の更迭はもとより、政争の激しい地域にあっては警察署長や巡査までが異動の対象になったと言われる。政党は内務省を自党の集票マシーンとすることを目指したのである。その結果、行政機構の構成や官僚機構の運用も、選挙での勝利を至上命題とする政党の意向に従って秩序づけられ、これが先述したような内務省を要に配する行政システムに帰結する。普選を機に選挙が政治や行政を規定する基本原則としての拘束力を高めたのである。

しかしながら、一九三二(昭和七)年に発生した五・一五事件で、政党政治家ではない人物を首班に据えた挙国一致内閣が誕生し、さらに一九三六(昭和一一)年の二・二六事件によって政党内閣復活の可能性が格段に低くなると、内閣が内務省を優遇する政治的根拠もまた失われていく。政党政治の凋落と、これと相まっての選挙の重要性低下とは「政治」と「行政」とを結びつける要としての内務省の存在意義を著しく毀損してしまう。この機に乗じて、内務省が地方官人事を独占する状況に不満を蓄積させてきた各省は、内務省が優越する現状を打開すべく、声高に人事制度改革を要求するようになる。次いで一九三七(昭和一二)年七月に日中戦争が勃発すると、戦時体制の構築を理由に、内務省以外の各省が自前の地方出先機関を拡充する傾向を加速する。政治と行政の基本原則が「選挙」から「戦争」へと移行を遂げた時代の動きは「総合出先機関」である地方長官の役割縮小に結びつき、ついには「立案」と「実施」とを媒介する要としての内務省の地位をも脅かしていく。一九三〇年代以降の内閣機能強化論の台頭は、内閣の総合調整機能の行使を補っていた内務省と地方長官の「実施」面における機能低下と表裏の関係にあったと言えよう。

さらには、「中央」と「地方」とをつなぐ経路を内務省が独占する地方行政機構のあり方も挑戦にさらされた。農林省は、一九三二年に農山漁村経済更生運動に着手し、府県と町村の経済更生委員会を経て末端の農事実行組合へと至る、独自の地方行政ルート樹立を推し進めていった。一九四〇(昭和一五)年の大政翼賛会発足も、独自の地方支部創設を構想した点で、内務省ルートと競合する可能性をはらんでいた。この時期の内務省は、「中央」と「地方」

をつなぐ要としての機能を維持することに「総務省」であり続けるための最後の実質を求めており、内務省幹部はこれら一連の動きを省存亡の危機と受け止めたのである。一九四一（昭和一六）年には内務省廃止案が閣議（第二次近衛内閣）に上程される事態すら生じたのであった。

以上のように、一九三〇年代以降、「内政に於ける総務省」を支えた内務省の機能と、地方行政機構の仕組みが次々に損なわれていった。衰勢にあることを確実視された自らの運命に内務省が抵抗し、組織維持に奔走した経緯は、この時期の日本の行政機構や統治構造を考えるうえできわめて重要である。情勢変化に直面した内務省の対応と、その対応が投げかけた政治的波紋のありようをも明らかにすることを目指した本書を、『内務省の政治史――集権国家の変容』と題した理由である。

二　昭和期の内務省をめぐる研究状況

日本の政治や行政に大きな足跡を残したにもかかわらず、内務省そのものをテーマとした研究は思いのほか多くない。内務省については、直系の後継官庁が置かれなかったために「正史」が編纂されず、内務省出身者の親睦団体である大霞会《たいかかい》が一九七一（昭和四六）年に『内務省史』全四巻を刊行したのみである。『内務省史』第一巻第一篇は大久保利謙執筆による最初の内務省通史であり、内務省の歴史を考えるうえで貴重な手がかりを提供しているが、通史であるがゆえに掘り下げた分析を加えるにはいたっていない。その後、二〇〇一（平成一三）年に百瀬孝『内務省――名門官庁はなぜ解体されたか』が、二〇〇七（平成一九）年に副田義也『内務省の社会史』が刊行されたが[16]、やはり内務省の歴史を概観するにとどまっている。近年にいたって、成立期については勝田政治『内務省と明治国家形成』が出版され、内務省の解体過程を考察した平野孝『内務省解体史論』とあわせて、内務省の創設と解体については研究の基本となるべき業績が刊行をみた。だが、それ以外の時期については、依然として内務省そのものを対象とした研究が欠如したままである[17]。

そこで本書の課題に即して、知事をはじめ内務官僚に言及した業績や、政党、官僚、地方自治・地方制度といった関連分野からのアプローチも視野に入れて研究の状況を検討すると対象時期ごとに四つのまとまりが形成されている。第一に、内務省や地方制度など明治国家の統治機構が創設され確立していく、明治初頭に多くの業績が蓄積されている。ここでは中央政府や内務省による地方統制の進展をはかる指標として地方官、知事のあり方に注目した論考の存在が目をひく[18]。先学の関心は第二に、桂太郎と西園寺公望が交替で首相をつとめた桂園内閣期（明治四〇年代）から、原敬内閣誕生（大正期前半）までの時期に集まっている。政権を担当する政治集団が藩閥から政党へと移行した政党政治の形成期であり、原敬の政治指導を軸として、政友会の内務官僚に対する影響力強化が政党内閣実現の一条件と評価される[19]。第三は、一九三二（昭和七）年の五・一五事件以後に政党が衰勢に向かい、逆に官僚や軍部が政治的な台頭を見せ始めた時期である。本書の内容と関わることから、この時期の研究の特色は次に検討することとしたい。そして第四は、連合軍の占領統治のもとで一連の民主化改革が実現した戦後体制形成の時期であり、内務省解体や知事公選導入、警察改革といった制度改革に着目して内務省や内務官僚の動向が論じられる[20]。先行研究の蓄積は、以上のように政治体制が大きな変革をみた時期（明治初頭、占領期）、あるいは政権を担当する政治集団に変動が見られた時期（桂園期以降、五・一五事件以降）に対応して厚みを増している。これは内務省とその地方行政機構の掌握が、体制や政権の維持に不可欠であることが研究の前提とされてきたからにほかならない。

上述の内務省をめぐる研究状況のなかで特異な位置を占めるのが、第三期にあたる五・一五事件以降の時期である。この時期に関しては内務省を直接の対象とするわけではないものの、地方制度や選挙粛正運動、新官僚、ファシズム、町内会・部落会などをテーマとした業績が数多く発表され、内務省はしばしば問題の解明に不可欠なキーアクターとして言及される。しかしながら、そこに描かれる内務省像は共通理解に達するにはほど遠く、一方は「支配強化」、他方は「機能低下」と相反する見方に分かれたまま対立し、これが昭和期の内務省をめぐる研究の特徴ともなっている。

五・一五事件以降に内務省支配が強化されていくとの評価は、ファシズム、部落会・町内会に関する研究において定説となっている[21]。こうした研究では内務省支配の強化過程は部落会・町内会整備の進展をたどることによって論証される。すなわち部落会・町内会は、岡田啓介内閣のもとで実施された選挙粛正運動を起点として整備が進められ、この動きが国民精神総動員運動から大政翼賛会結成へと発展する「国民再組織」の試みに受け継がれ、最終的には翼賛会改組や部落会法制化によって内務省支配が完成する、と評価される。ところが、これとは逆に、中央地方関係や地方制度、特に中央官庁の地方出先機関を分析した研究は、内務省以外の各省が、戦時から戦後にかけて、独自の出先機関を増加拡充させ、また個別補助金を増加させていく傾向を指摘し、内務省がその機能を低下させていったと評価する[22]。

対象時期をほぼ同じくした分析にもかかわらず、内務省についての評価が分かれるのはなぜであろうか。それはこの二つの対照的な内務省評価が、戦後の政治学、政治史研究における問題意識や研究視角の歴史的な変化と密接に関わるためである。戦後日本の社会科学は天皇制ファシズム分析を出発点として発展を遂げてきた[23]。内務省を含めた官僚制研究も同様に、天皇制「ファシズム」を支えた官僚というイメージを前提としていた[24]。例えば、天皇制国家の政治構造の体系的な分析を試みた石田雄は、『近代日本政治構造の研究』において、内務省を官僚支配の中枢と位置付け、内務省を中心とした官僚支配の強化過程こそが日本の「ファッショ」化であると論じた[25]。しかしながら、一九六〇年代以降に登場した研究は、先行したファシズム分析に向けて、本来は分権的・多元的な性格を有する明治憲法体制における諸政治集団間の競合関係を捉える、あるいは国家機構内の対立を分析する、政治過程論的な視角が欠如していると批判した[26]。このような批判をふまえて、国家機構内部の権力構造や対立関係の解明が進み、明治中・後期から大正期を対象とした研究に引き続き[27]、昭和期に関しても検討が加えられるに至った。伊藤隆『昭和初期政治史研究』、『挙国一致』内閣期の政界再編成問題」は、それぞれロンドン海軍軍縮条約締結問題をめぐって、また挙国一致内閣期における、政党や陸海軍、右翼といった各政治集団の対抗・提携関係を明らかにした[28]。この傾向はその後も受け継がれ、池田順『日本ファシズム体制史論』は、近年におけるファシズム体制の代表的な研究の一つでありながら、その第二編「ファシズム期の地方再編問題」で内務省と農林省の対立関係に焦点をあてて部落・町内会の整備過程を分析するなど、行政機構内の割拠性を前提とした分析を展開している[29]。つまりはファシズム分析を念頭に、内務省の支配機構としての側面の解明を試みた研究においては、支配対象である国民との関係において内務省支配が強化されていくとの評価が、国家機構内部における競合関係の解明を試みた研究においては、他省庁との関係において内務省の機能が低下していくとの評価が、それぞれ導き出されたと言えよう。

本節で検討したように、昭和期の内務省評価をめぐる対立は、それぞれの問題関心を内務省に投影して導き出された所見であり、そしてその故に、内務省に言及した諸研究には戦後の政治学、政治史研究の歴史を反映した二つの評価が併存したままの状態におかれてきたのである。しかしながら、広くファシズムや国家機構の解明を目的とした分析からは、昭和期の内務省についての内在的な理解を得ることはできない。内務省自体を直接の分析対象とし、正面から分析する研究が待たれるのである。

三　本書の方法と構成

前節で検討した研究状況をふまえて、本書は、以下のような視角から昭和戦前期の内務省を考察する。

第一に、先学により蓄積されてきたオーラル・ヒストリーを中心とする資料群を活用し、昭和史に対する内務官僚の見方や評価を明らかにすることによって、その時々の内務省を内在的に検討する方法をとる。激動の歴史をたどった昭和期において、内務省をとりまく政治状況の変化と、これへの対応を理解するためには、なによりも当事者である内務官僚が変化をどのように受け止め、どのような行動を選択したかを把握することが必要である。この点、昭和期の内務省は、他省庁に比べて、内務官僚の見方や発想を考察する資料に恵まれた研究対象である。特に、大霞会が行なった座談会記録（『内政関係者談話速記録』）や内政史研究会による談話速記録（『内政史研究資料』）など、内務官僚自身が「語った」記録、オーラル・ヒストリーが数多く残されていることが資料面での特色である。[30] これらは、昭和史研究の貴重な共有財産であるとともに、特に内務省研究を進める際には避けて通れない資料である。内務官僚が残したオーラル・ヒストリーを数多く読み込むことによって、本書の根幹をなす内務官僚イメージ、また内務省像を形成することができたと言ってよい。[31]

第二に、本書は、選挙が決定的な意味をもった政党政治の隆盛、すなわち「政治」と「行政」をつなぐ要に位置したことの政治的な重要性こそが、他省に優越する地位を内務省に保証した最大の条件であったと考える。その際に注目するのは、一九三八（昭和一三）年四月の『自治研究』に、当時内務省地方局行政課長であった古井喜実が執筆した「行政機構改革の一問題としての内務省の将来」という論考である。このなかで古井は、政党内閣のもとで内務省が政治的重要性を付与された理由を、「内閣の死命を制する」選挙と、これに関係する地方官人事とを所管する官庁であったことに求めている。古井が指摘したように、政党内閣のもとでの内務省は「内政に於ける総務省」として他省庁に優越した地位を与えられた。とりわけ、政友会と憲政会―民政党が対峙した政党内閣期には、選挙での勝利を至上命題とする政党の意向に従って、内務省を要に配した政治や行政のあり方が秩序づけられたのである。

それゆえ第三には、内務省の後ろ盾となっていた政党政治の退潮は、その然らしめるところとして選挙の重要性低下、また内務省の地位低下につながった。政党内閣が崩壊して以降の時期には、政党の弱体化とともに、内務省が優越する行政秩序も同様にその存続理由を喪失したからである。「政治」と「行政」の要を占める意義が低下し、それとともに内務省を「内政に於ける総務省」たらしめた他の二つの要因、「立案」と「実施」、「中央」と「地方」それぞれを接合する要としての行政機能もまた分割や機能縮小の道をたどる。古井喜実は先の論考で内務省の凋落についても次のように述懐している。「然るに、社会情勢の推移は政党内閣の出現を困難ならしむること既に久しく、又近き将来に於て其の実現を期待することも、諸般の情勢に照し困難なるが如くである。従って嘗て見たるが如き内務省の政治的重要性は、当分の間復活せられる見込が乏しいと言はねばならぬが如くである[32]」。古井は、政党内閣が継続しなくなって、ようやく政党あっての内務省であったと痛感したのである。

水野錬太郎もまた、一九四七年の内務省解体に際して次のような感慨をもらしている。水野は、半世紀以上の長きにわたって内務省と関わりをもち、大正期には内務次官や内務大臣を歴任した「エリート内務官僚中のエリート[33]」と評される人物である。

「内務省は明治、大正時代には内政中枢機関であり、地方行政に、警察に、衛生に、社会問題に、土木に凡ての重要行政を管掌して居たが、昭和時代に至り行政事務が複雑多様になり、拓務、厚生、運輸、文部、農林等の内政が分科《ママ》し、拓務省、厚生省、運輸通信省、農林省等が新設せられ、内務省に属したる行政事項が是等の省に分割され、残る所は警察、地方行政、土木の一部位になった。而かも国民の進歩向上に伴ひ、警察も昔日の如き威力なく、政治警察は影が薄くなり、地方行政も自治の発展に伴ひ中央の監督も極度に減じ、中央集権より地方分権となる趨勢を呈した。其の上各省の事務も地方分居（各省の地方事務所）で行ふことゝなり、内務省の事務は縮小された。地方官の進退任免も漸次内務大臣の手を離れ、各省の吏僚と交流人事が行はれ、各省に交渉なくして行はれない様になった。かゝる次第で内務省の重要さは漸次に減じ、遂に今日内務省解体論が起るやうになった[34]」。

明治、大正期の「大内務省」の時代を知る水野にとって、昭和期の内務省はもはや斜陽官庁としか感じられなかったことが見て取れる。同様の指摘は、一九四〇年前後の時期に発表された研究者の文章にも見出すことができる。公法学者の柳瀬良幹（東北大学助教授）は、一九三九（昭和一四）年九月の『国家学会雑誌』掲載の論文「官吏制度」に、内務省が地方官人事を独占している現状を「内務省が内政の主管省であり、警察が内政の全部であつた時代の遺物」であり、「内務省の主管事務が分割せられて他省に移り、地方官の職務として経済及び社会行政が寧ろ重きを占める」今日にはもはや意味をなさないと批判した。[35] 行政学者の吉富重夫（立命館大学助教授）も一九四一（昭和一六）年刊行の『行政機構改革論』のなかで、「固有の行政事務」をもたない内務省は、国家の発展とともに必然的に分化、または「発展的に解消」すると予想し、司法省と合した治安省への再編を提唱している。[36] 占領下で内務省解体が実現する以前に、内務省を根幹に据えた行政機構の現状に対する疑問が提起され、「遺物」また「発展的解消」するべき官庁と論じられていたのである。もっとも、この傾向は日本ばかりではなく、各国の例をみても、内務省は所管行政を分化・独立させ機能縮小していくことを運命づけられた官庁であった。[37] このような歴史をふまえると、研究史的には内務省の「支配強化」と評価される部落会法制化といった試みが、逆に自らの所属官庁の将来に危機感を抱いた内務官僚による防御的かつ生き残りをかけた行動の所産であったことが理解されよう。

以下、本書は、政治状況の変化が行政機構にもたらす影響の解明を念頭に、明治から昭和初頭にかけての「政党化」の問題を考察するほか、特に先行研究の評価が分かれる五・一五事件以降の時期に重点をおいて、内務省を中心に据えて選挙粛正運動や新官僚、大政翼賛会、そして戦中期の地方制度改革といった問題を検討していく。このような本書のアプローチは読者には脈絡がとらえづらいかもしれない。だが、上述のサブテーマは、「撤退戦」を戦うことを余儀なくされた内務省の主戦場が、「内政に於ける総務省」を支えた三つの要因それぞれに応じて変遷していったことを念頭に選択したものである。これに付随して、本書は、内務省の所管行政のうち地方行政を中心にすえて考察し、これ以外の警察や土木といった所管行政については行論に必要な範囲で言及するにとどめている。

本書は序章と終章を含めて全六章で構成し、別に昭和期内務省関係資料についてまとめた補論を置いている。

第一章では「政党化」の意味と特徴、また政党と内務省との関係に普通選挙が与えた影響の大きさを明らかにする。「政党化」をどう理解するかが、五・一五事件以降の内務省評価に深く関わるからである。第一節では、明治期から大正期にかけての政党化が、政党が党勢拡張の手段として内務省を重視した結果であることを示す。第二節では、一九二七（昭和二）年四月に発足した田中義一内閣を取り上げ、その内務省人事が政党人事の画期と評価される理由を、普通選挙導入が政治や行政に与えたインパクトに注目して考察する。

次には政党内閣の時代の終焉が内務省にもたらした影響について考察する。

第二章では、挙国一致内閣期を対象に、内務省をとりまく状況変化と内務省首脳の対応を、官僚の身分保障制度導入と司法警察官設置問題、そして選挙粛正運動を手がかりに明らかにする。

第三章では、政党ごとの系列化が顕著であった内務官僚の人的なネットワークが、政党の凋落傾向によってどのような変化を遂げたのかを解明するために、内務省における「新官僚」運動を再考する。内務官僚や、土木局の技術官僚が、弱体化した政党に代わって、いかなる政治集団との提携を模索したかなど、彼らの運動がたどった経過を明らかにする。

第四章では日中戦争の勃発を受けて、戦時体制構築が課題となった時代状況の変化に直面した内務省が講じた諸施策について考察する。第一節では、先述の古井喜実の「行政機構改革の一問題としての内務省の将来」をあらためて取り上げ、これを手がかりに戦時体制構築が模索されつつあった一九三八年当時の時代状況に内務官僚が抱いた危機感と、内務省が「苦境」打開のために提示した対応策とを明らかにする。第二節では、内務省と地方行政機構のあり方、そして各省庁の地方出先機関設置の動きを検討したのち、内務省が一九三八年の地方制度調査会に提出した「農村自治制度改正要綱」の内容に注目する。第三節では、一九四〇（昭和一五）年から一九四一（昭和一六）年という開戦をひかえた時期に起こった内務省にとっての一連の危機、新体制運動や大政翼賛会発足、そして内務省解体案といった問題の経緯と、これに対する内務省の対応、特に部落会・町内会法制化にいたる過程を考察する。

終章では、本研究での論証をまとめたうえで、内務省解体や知事公選導入、そして自治省創設など戦後のエピソードについて展望したい。

最後に、昭和期の内務省関係資料について概観し、本研究を進める際に依拠したオーラル・ヒストリーの資料としての特性を検討した補論を付した。

注

（1）市川喜崇「戦時・占領期における集権体制の変容」（地方自治叢書八『現代の分権化』敬文堂、一九九五年）一一三―一一五頁、および同『日本の中央―地方関係――現代型集権体制の起源と福祉国家』（法律文化社、二〇一二年）八〇頁。

（2）戦前の集権体制は人事統制と事後的矯正権（地方議会の解散権、原案執行権、強制予算など）を中心的な統制手段としていた。他方で補助金は未発達であり、国政事務の処理費も主に府県民が負担し、府県税収入より支出されていた（市川前掲『日本の中央―地方関係』七九、八二頁）。

（3）市川前掲『日本の中央―地方関係』は、明治以来の集権制が「温存」されているという理解（温存説）に対して、日本の集権制に戦時期や占領改革期に「変容」が起きたことを歴史的に論証している。本書は、市川の「変容説」に多くの示唆を受けつつ、もっぱら内務省という視角から、また行政のみならず政治的契機を加味して、集権制の変容を論証することを目指した。

（4）勝田政治『内務省と明治国家形成』（吉川弘文館、二〇〇二年）一三三頁、同『〈政事家〉大久保利通』（講談社、二〇〇三年）一六六―一六七頁。伊地知草案は、由井正臣・大日方純夫編『日本近代思想大系3　官僚制　警察』（岩波書店、一九九〇年）七一―七四頁による。

（5）山中永之佑監修『近代日本地方自治立法資料集成2（明治中期編）』（弘文堂、一九九四年）一四一頁。

（6）吉田茂『回想十年』第四巻（新潮社、一九五八年）五八頁。

（7）『朝日新聞』一九四七年六月二二日社説「内務省改組と警察行政」、同六月三〇日社説「中央集権制に終止符」。

（8）『内務省史』一巻、六一四―六一五頁、七四六―七四八頁。警視庁官制（明治一九〔一八八六〕年五月四日勅令第四二号）には「総監ハ高等警察ノ事務ニ付テハ直ニ内閣総理大臣ノ指揮ヲ受ケ」とあり、また一八九一（明治二四）年四月に改正された警視庁官制では、総監は「高等警察事務ニ就テハ内閣総理大臣及内務大臣ノ指揮ヲ受ケ」と変更されている（同六一五頁）。

（9）テツオ・ナジタは政党が地方財政を掌握することの意味を次のように指摘する。「党勢の拡張に伴ない、政友会は府県議会で、補助金、新規事業の調査、有力な農工銀行を通じての貸し付けなどを担当する主要な委員会の支配権を握った。これらの委員会を通じて、政友会の府県会議員は、政友会の計画通りに資金を支出するように知事をはじめとする地方官に圧力をかけたのである。（中略）上からは内務大臣が、下からは党が、地方官を操縦した（中略）その結果、複雑きわまる利権の体系が生み出され、地方政治家、知事を始めとする地方官および代議士がそこに深く組み込まれ、党と官僚機構とがほとんどあらゆる面で、密接に結びつけられることとなったのである」（『原敬――政治技術の巨匠』（読売新聞社、一九七四年）一一〇―一一二頁）。

（10）『内務省史』は、内務省が地方行政の主管省であったことから、「多くの内政が、地方において地方行政として実施されなければならないことを原則としている以上、内政に関する個々の事務を所管する各省も、その行政実施の面において、内務省に頼らざるを得なかった」と指摘する（一巻、五七七頁）。なお政策の企画立案と実施とを区別する発想は、佐竹五六『体験的官僚論』（有斐閣、一九九八年）第六章「日本の官僚の思考と行動様式」にも示唆を受けた。

（11）井手成三「特別地方行政官庁の拡充傾向に就て」（一）（『自治研究』一八巻二号、一九四二年二月）二六―二七頁。

（12）市川喜崇「昭和戦前期の府県行政と府県制度」（一）（『早稲田大学政治公法研究』三七号、一九九一年）一一三―一一五頁。
(13) 市川前掲『日本の中央―地方関係』七九頁。
(14)『内務省史』四巻、一一五―一二〇頁。百瀬孝『事典昭和戦前期の日本』(吉川弘文館、一九九〇年)一〇二―一〇三頁。
(15) 農林官僚であった佐竹五六は、内務官僚が民心の動向に敏感であり、「内務省の官僚が、各省庁の観念的・理想主義的発想に基づく政策を、現場的感覚に基づきチェックしていた」と評価する(佐竹前掲『体験的官僚論』三〇五―三〇六頁注十二)。一方、内務省が解体された後では、行政の現場情報を中央にフィードバックする機能をもった中央官庁が存在しなくなったという(同三三二頁)。
(16) 百瀬孝『内務省――名門官庁はなぜ解体されたか』(PHP研究所〔PHP新書〕、二〇〇一年)、副田義也『内務省の社会史』(東京大学出版会、二〇〇七年)。
(17) 勝田前掲『内務省と明治国家形成』、平野孝『内務省解体史論』(法律文化社、一九九〇年)。また二〇〇五年に古川隆久『昭和戦中期の議会と行政』(吉川弘文館)が刊行され、その第二部「昭和期の内務官僚」は、内務省ではなく「内務官僚」の「政治史的位置付け」(一七八頁)を目的としている。論文集としては、内務省研究会編『内務省と国民』(文献出版、一九九八年)が「国家と国民のせめぎあいの〝場〟として内務省をとらえる」視点からの諸論文を収録し、副田義也『内務省の歴史社会学』(東京大学出版会、二〇一〇年)は歴史社会学研究の立場から内務省を考察した諸論文を収録する。上記以外の本研究に関連する研究については各章の注に示すことにしたい。なお、内務省とその個別行政に関する研究動向や史料状況については二〇〇六・二〇〇七年度科学研究費補助金基盤研究(C)研究成果報告書『〝新しい内務省史〟構築のための基礎的研究』(研究代表者・大日方純夫、二〇〇八年三月)が詳細なリストを作成している。
(18) 代表的な業績として、大島美津子『明治国家と地域社会』(岩波書店、一九九四年)、御厨貴「明治の時代と明治の地方官」(『彷書月刊』二巻一一号、一九八六年)、國岡啓子「明治初期地方長官人事の変遷」(『日本歴史』五二一号、一九九一年)などがある。
(19) 三谷太一郎『日本政党政治の形成――原敬の政治指導の展開』(東京大学出版会、一九六七年、増補版一九九五年)、升味準之輔『日本政党史論』第四巻(東京大学出版会、一九六八年)、ナジタ前掲『原敬』などがあり、近年では清水唯一朗『政党と官僚の近代』（藤原書店、二〇〇七年）によって分析が深められた。
(20) 平野前掲『内務省解体史論』、天川晃「占領初期の政治状況――内務省と民政局の対応」（『社会科学研究』二六巻二号、一九七五年一月）、小倉裕児「一九四七年警察制度改革と内務省、司法省」（『関東学院大学経済学会研究論集 経済系』一八五号、一九九五年一〇月）などがある。
(21) 河島真「第二次大戦期地方制度における参与制度の特質と意義」（『日本史研究』四二四号、一九九七年一月）による。一九三〇年代後半から一九四〇年代にかけての地方制度改革を検討した同論文は、木坂順一郎「大政翼賛会の成立」（『岩波講座日本歴史二〇 近代七』岩波書店、一九七六年）、赤木須留喜『東京都政の研究』（未來社、一九七七年）といった研究をあげて、「これまで第二次大戦期日本の地方制度研究の主たる関心は、町内会・部落会をめぐる支配構想と統治構造の解明であった。その結果、町内会・部落会の整備は内務省を中心とする官僚支配の完成を意味し、日本における『ファシズム』体制確立の画期であるとする評価がほぼ定着した」（一〇一頁）と指摘し、そうした評価が一九七〇年代後半に一応の定着をみたとする（一〇五頁）。
(22) 高木鉦作「戦後体制の形成」（大森彌・佐藤誠三郎編『日本の地方政府』東京大学出版会、一九八六年）、および市川喜崇「昭和戦前期の府県行政と府県制度――内務省-府県体制の終焉と機能的集権化の進展」（一）～（四）（『早稲田政治公法研究』三七号、三九号～四一号、一九九一年～一九九三年）。なお、本書における「戦時」は、市川論文の時期区分に準拠し、満州事変勃発の頃から第二次世界大戦が終了する、一九三〇年代初頭から一九四五年八月までを想定している。
(23) 大嶽秀夫『戦後政治と政治学』（東京大学出版会、一九九四年）、「はじめに」ⅰ頁。
(24) 元智妍「『新官僚』の研究――内務省を中心に」（一九九九年、一橋大学社会学博士論文）は一九八〇年代に日本の官僚研究の転機を見出している。同論文は、「日本ファシズム論が本格的に問題にされた一九八〇年代までの政治史の研究は、天皇制『ファシズム』体制を支えた主役としての官僚というイメージが研究の前提になっていたと言っても過言ではない。それは戦時体制下で、配給や国民動員などの国民の日常生活に関わる業務を官僚が遂行する中で、自然に定着したイメージであった」とし、「一九八〇年代に日本ファシズム体制の体制論的分析が進むに連れて、支配ブロック内部の力関係に着目した官僚研究が登場するようになる」と論じる（三―五頁）。
(25) 大嶽前掲『戦後政治と政治学』六〇頁。石田『近代日本政治構造の研究』（未來社、一九五六年）については同書の指摘に多くを負っている。なお、成田龍一『近現代日本史と歴史学』（岩波新書、二〇一二年）は戦後歴史学の潮流を三期に分けて、それぞれの時期の歴史学の特徴と、提示された歴史像とを分析している。戦後直後から一九六〇年頃までの社会経済史をベースにし、近代日本の「構造の解明」に力を注いだのが第一期であり、しばしば「戦後歴史学」と表現される（三頁）。これに対して一九六〇年代頃から強くなった第二期の流れは、天皇制論に関しては、日本国憲法を念頭に置きながら帝国憲法を歴史的に考察する議論と、帝国憲法と帝国議会開設により新たに展開される政治過程に着目する議論の二つに大別されるとする（一二四頁）。成田も、構造的解明に比重をおく第一期の石田らの議論に対して、第二期の坂野らは初期議会の超然内閣と政党との対抗を軸に政治過程を考察することで、政治史の書き替えを図ったと指摘している（一三七頁）。

(26) 篠原一『現代の政治力学』（みすず書房、一九六二年）、ただし酒井哲哉「一九三〇年代の日本政治――方法論的考察」（近代日本研究会編『年報近代日本研究一〇　近代日本研究の検討と課題』山川出版社、一九八八年）二三三―二三七頁の指摘による。なお、大嶽前掲『戦後政治と政治学』は、石田前掲『近代日本政治構造の研究』に対して、その分析が国内的統合や抑圧機構に関心を集中したために、政治構造の頂点にある国家機構レベル、政治のトップエリートとその内部の権力構造の分析が欠如すると指摘する（六四頁）。

(27) 三谷前掲『日本政党政治の形成』、坂野潤治『明治憲法体制の確立』（東京大学出版会、一九七一年）。

(28) 伊藤隆『昭和初期政治史研究』（東京大学出版会、一九六九年）、同「『挙国一致』内閣期の政界再編成問題」一―三（『社会科学研究』二四巻一号、二五巻二号、二七巻二号、一九七二年―一九七五年）。

(29) 池田順『日本ファシズム体制史論』（校倉書房、一九九七年）。

(30) 大霞会の「内政関係者談話速記録」および内政史研究会の「内政史研究資料」の詳細については補論に譲る。

(31) オーラル・ヒストリーの定義や資料としての特性については補論で考察したい。

(32) 古井喜実「行政機構改革の一問題としての内務省の将来」（『自治研究』一四巻五号、一九三八年五月）二六―二七頁。

(33) 西尾林太郎「官僚政治家・水野錬太郎」（『水野錬太郎回想録・関係文書』〈山川出版社、一九九九年〉解説）、四一七頁。

(34) 水野錬太郎「懐旧録　後編」（前掲『水野錬太郎回想録・関係文書』所収）七八―七九頁。

(35) 柳瀬良幹「官吏制度」(『国家学会雑誌』五三巻九号、一九三九年九月) 九八頁。

(36) 吉富重夫『行政機構改革論』(日本評論社、一九四一年) 一三八—一三九頁。

(37) ドイツの行政学者であるレナーテ・マインツは、社会福祉や経済政策といった新たな行政任務は、常に内務省から分化し、固有の行政部門として独立していったことを指摘する (レナーテ・マインツ著、片岡寛光監修、縣公一郎訳『行政の機能と構造——ドイツ行政社会学』成文堂、一九八六年、四七—四九頁、および後房雄「行政の任務」(福田耕治・真渕勝・縣公一郎編『行政の新展開』法律文化社、二〇〇二年) 九六—九八頁)。

第一章

内務省と政党政治

一八九〇（明治二三）年一一月二五日、日本に議会政治の幕開けを告げる第一回帝国議会が召集された。七月一日に実施された第一回衆議院議員総選挙では、藩閥政府に批判的な民党にゆかりをもった候補者たちが当選者の過半数を占めた。地租軽減つまりは減税を要求する民党が衆議院の多数を制したのである。衆議院に本拠をおく民党は、予算に関する議会の拒否権を主たる手がかりに藩閥政府から妥協を引き出しながら徐々に政治力を強め、日清戦争のあとには批判勢力から転じて、政権に参画するまでにいたった。次いで一九〇〇（明治三三）年九月には、伊藤博文が組織する新党に自由党が合流して、藩閥の最有力者と民党の雄とが手を組んだ立憲政友会が発足する。政友会は日露戦争後に政界の二大勢力の一角を占めるまでとなり、伊藤を継いで第二代総裁となった西園寺公望が、山県閥の桂太郎と交代で内閣を組織する桂園時代が到来する。桂園時代以降の内閣はもはや政党の支持なくしては政権の安定を確保できなくなる。

内務省は、政府と民党とが対立関係にあった藩閥内閣の時期から、対政党関係を含めた広範な政治情報の収集を担った。当初は政治活動を規制する高等警察（政治警察）に重きがおかれたが、政党が台頭し、議会での議席数を決定づける選挙が重要性を増すにしたがって選挙関係業務の重要性が高まった。政権を手にした政党は、党勢拡張を目指して内務官僚と知事をその影響下におくことを欲し、内務官僚の「政党化」が強化されていく。内務省が最も「政党化」にさらされた官庁となった理由は、党勢拡張に直結する選挙と警察、地方行政を所管していたためである。さらに一九二五（大正一四）年の普通選挙法成立は、本格的な政党内閣の時代到来とあいまって、内務省と政党との関係にもう一段の変化をもたらした。普選導入にともなう有権者急増に直面した政党は、内務官僚の系列化を一段と強化することで対応を試みた。これ以前の政党は、内務省出身者を中間に配しての間接的な人事介入を行ない、彼らが介在したことで内務省行政の中立性や人事的自律性がまだしも確保されていたのに対して、初の普通選挙を実施した田中義一内閣の鈴木喜三郎内務大臣は、自らが練り上げた構想に基づいて人事異動を実施した。これを機に政党が直接的に内務省人事に介入し、勅任官に止まらない範囲の官僚が政党に系列化されることになった。このとき内務省は、政党の集票マシーンと見なされ、その選挙運営に対する信頼が著しく失墜する事態にも見舞われる。本章では「政党化」に焦点をあてて、明治から大正にかけての政党化の経過と特徴、また普通選挙が政党と内務省との関係にもたらした変化を明らかにする。

一　政党化をめぐる論争

1　政党化とは何か

政党内閣を成立させた条件の一つは官僚の政党化であった。政党がその政策や意志を行政に反映させ、官僚を制御するための最も有効な手段は人事である。逆に行政の実務や知識に通じた官僚を取り込むことで政党を改良する効果も期待できた[1]。そして官僚を制御するための政党化は内務省、それも知事をはじめとする地方官人事に最も強烈にあらわれた。内務省は、警察と道府県を統括する責任官庁であり、なによりも政党の死命を制する選挙を所管していた。政党は、内務省人事を掌握して、内務省と道府県を党勢拡張のための集票マシーンにすることを目論んだのである。本節では政党と内務省との関係を集約する「政党化」について検討する。

まず「政党化」という用語が指し示す内容について提示しておきたい。政治的なパトロネージに関するエチオーニ＝アレヴィ、また日本の政務次官制度を考察した奈良岡聰智の指摘に従えば、「政党化」には次の三つの側面がある[2]。第一は政党員が官職に就く「政党員の就官」である。これは、選挙後に勝利党出身の被任命者と敗北党出身者とを置き換える、一般的な意味におけるスポイルズ・システム（猟官制）に該当する。政党員の知事就任、また文官任用令改正による自由任用や銓衡任用の導入と拡大は「政党員の就官」に関わる問題である。

ここで武官以外の官吏を指す「文官」の任用を定めた、文官任用令改正の経過をまとめておこう。文官任用令は一八九三（明治二六）年に第二次伊藤博文内閣によって制定された。だが、文官試験が一八八七（明治二〇）年に導入されたばかりで、官僚に適した人材が限られたことから、勅任官（官等が一等、二等の高等官）ポストの多くが任命に資格制限のない自由任用のままとされた。このため政党が政権に参画するようになると、政党員が数多く勅任官に任命される事態が生じる。そこで、第二次山県有朋内閣は一八九九（明治三二）年に文官任用令を改正し、高等官を資格任用（文官高等試験合格者からのみの任用）に限定した。ただし、この改正では内閣書記官長と大臣秘書官、各省官房長（一九〇三（明治三六）年廃止）が内閣と進退を共にすべきとポストと位置付けられ、資格任用から除外されている。これ以後、文官任用令の改正は自由任用の範囲拡大が主たる争点となった。一九一三（大正二）年の第一次山本権兵衛内閣による改正では、自由任用の対象が各省次官（陸海軍を除く）、貴衆両院の書記官長、警視総監、内務省警保局長、勅任の各省参事官に拡大されている。翌一九一四（大正三）年の第二次大隈重信内閣による改正でいったんは内閣書記官長、法制局長官、大臣秘書官のみに自由任用の対象が縮小されたものの、一九二〇(大正九)年の改正(原敬内閣)で、再びほぼ一九一三年改正の範囲(ただし拓殖局長官が追加)に戻されている。そして、第一次加藤高明内閣発足直後の一九二四(大正一三)年には、政務次官制度創設にあわせて各省次官が事務次官と位置づけられて自由任用からはずされた。(3) 以後、政党内閣期に、文官任用令の改正が審議会の場などで議論されたことはあったものの、自由任用の範囲拡大が実現することはなかった。

内務省関係では、警保局長と警視総監がほぼ継続して自由任用の対象とされ、内閣と進退を共にする政務官的な運用をされた。警保局長は全国警察の責任者、警視総監は帝都東京の警察責任者であり、高等警察を所管して政治情報の収集や情勢判断を担うことから、いずれも内務大臣と総理大臣を補佐して内閣の機密に参画する立場にあった。特に高等警察の活動は、政党が台頭するにつれて選挙取締りに重点が置かれ、各地の選挙情勢分析など政府与党の選挙対策と密接な関係を有していた。警保局長と警視総監は、首相が藩閥指導者であるか、あるいは政党政治家であるかを問わずに、いずれのケースでも内閣総辞職とともに辞表を提出するのが当然と考えられたのである。(4)

政党化の第二の側面は、官僚が特定の政党を支持して行動する「官僚の系列化」である。これは、政治家や政党といったパトロンが、行政事務の範囲内で政党の利益を押し進めた官僚(資格任用者)にポストや昇進で報いる、いわば対象者が官僚部内に限定されたスポイルズ・システムである。桂園時代以後に出現した政党色をまとった「政党知事」、また昭和期に政友会系列と民政党系列に分かれて対立した内務官僚の姿は「官僚の系列化」のあらわれである。内務省では、次官と、上述の警保局長と警視総監以外の局長、府県知事といった勅任官ポストが資格任用に留めおかれたことから、特に知事を中心とする地方官人事が「官僚の系列化」の焦点となった。

そして第三は、官僚が政党に入党する「官僚の政党参加」である。しかしながら、官僚の政党参加は、大正期に活発化したものの、普通選挙を導入した一九二五(大正一四)年の衆議院議員選挙法改正の際に現職官僚が衆議院議員を兼職することが禁止されたために、昭和期に入ると政党化に関わる論点からはずれてしまう[5]。

これまで述べてきたように、昭和期における政党化の問題は「官僚の系列化」を中心に展開された。次には、昭和期との対照を明確にするために、明治から大正期における政党化の経過を概観し、あわせてその特徴を考察する。

2 明治・大正期の政党化とその特徴

一八八一（明治一四）年三月に国会開設を建議した大隈重信の上奏文には「政党官ト永久官ヲ分別スルコト」と題した一節が含まれていた。大隈は英国の例にならって、官吏を「政党ト共ニ進退」する「政務官」と、「終身勤続」する「永久官」（事務官）とに区別することを求めた。維新から十四年が経過した明治国家に国会開設が政治課題として浮上するのと同時に、内閣と官僚、ひいては政党と官僚との関係をいかに律するかという問題もまた提起されたのである[6]。大隈が予測したごとく、政党が台頭し政権への参画を果すとともに、「政務官」と「事務官」の区別、すなわち官僚に対する政党の影響力がおよぶ範囲をどこまで認めるか、という問題は長きにわたって論争がかわされる争点となった。

内務省を標的とした政党化の始まりと位置づけられるのが政党知事の登場である。内務省の政党化は知事という官職への「政党員の就官」という形で始まった。政党知事が登場するのは、「民力休養・地租軽減」を唱えた民党（自由党と改進党など）と、「富国強兵」路線を推し進めた藩閥政府との抗争が妥協的に解消し、政党の政権参画が実現した日清戦争後である。第二次伊藤博文内閣に自由党総裁の板垣退助が内務大臣として入閣し、一八九六（明治二九）年に自由党員が知事（群馬県・山梨県）に起用された。次いで第二次松方正義内閣は進歩党（旧改進党系）と提携し、一八九七（明治三〇）年に進歩党所属代議士五名、自由党員一名、旧国民協会四名が知事に就任する。しかし、ロシアを仮想敵国とする軍備拡張計画を実現するために、地租を含めた増税が必要となったことで、政党と藩閥との軋轢が再燃する。この対立のさなかに自由党と進歩党が合同して結成したのが憲政党であった。実に衆議院の八割の議席を占める巨大政党を前に、打開策に行き詰まった藩閥指導者たちは憲政党にいったん政権を委ねるという決断を下した。こうして一八九八（明治三一）年六月に日本で最初の政党内閣である第一次大隈重信内閣（いわゆる隈板内閣）が誕生する。同内閣は一挙に十一名の政党知事を誕生させ、加えて内務次官や県治局長（後の地方局長）、警保局長、警視総監など数多くの内務省幹部ポストに政党員が任命されたのである。(7)

しかし、隈板内閣が内紛によってごく短命の政権に終わると、後を継いだ山県有朋（第二次内閣）は一八九九（明治三二）年三月に文官任用令を改正した。この改正で知事を含むすべての高等官が原則として資格任用とされたことで、政党員が知事に就任する道が閉ざされてしまった。あわせて官吏の身分を保障する文官懲戒令と文官分限令とが制定されたことも政党員の就官を困難にした。(8) その結果、政党化の重点が「政党員の就官」から「官僚の系列化」へと移行し、今度は内務官僚の中から政党的な色彩をもった「政党知事」が現れる。山県閥の桂太郎と立憲政友会総裁の西園寺公望とが交互に政権を担当した日露戦争後の桂園内閣期のことである。(9) 第一次西園寺内閣（一九〇六（明治三九）年一月発足）の原敬内相は、山県系官僚が多かった内務省に政友会の勢力を醸成するために政治的考慮にもとづく地方官更迭を行ない、この人事により政友会との関係を強めた内務官僚が「政党知事」として各地へ赴任するにいたった。(10) さらには有力な内務官僚のなかに政党への入党に踏む込む者が現れる。

以上のように、明治から大正期にかけて進行した内務省の政党化は、「政党員の就官」から内務官僚の「系列化」、また「官僚の政党参加」へと態様を変化させつつ進行していった。このような経過をたどった政党化には次の三点の特徴が認められる。

第一に知事は政党にとって党勢拡張の中核と位置付けられた。一九〇〇（明治三三）年に立憲政友会が創立されて以降、政党の勢力は地方へも波及し、地方政治も政友、非政友に色分けされていった。そして、地方における政党政治は府県政に圧倒的な支配力を有した知事を中心に発展していく。[11] このとき政党が知事に課した最大の任務が党勢拡張であった。[12] 政党の地方支部を構成した地元代議士と府県会議員は、支部の強化をはかるよりも知事に依存する方がはるかに容易で効率的であり、支部組織の改革や地方活動にまったく関心をもたないことが多かったという。[13] 政党支部は、知事が実質上の支部長として機能し、府県の行財政をもっぱら自党のために利用しようとしたのである。[14] このような地方支部のあり方は、普通選挙法が施行され有権者が飛躍的に増加した昭和期にまで引き継がれていく。[15]

政府与党は、また内務省と知事を影響下におくことで、党勢拡張の最大の機会である衆議院議員総選挙や府県会議員選挙を有利に進めることが可能となった。政党は、警察が選挙で好意的中立の姿勢をとること、さらには選挙干渉までも知事に期待し、内務省が収集した候補者の得票予想といった情報を選挙運動に活用したという。[16] 政党と候補者は詳細な選挙情報を得ることで的確に運動を展開できるからである。戦前に神奈川県知事や東京市長を歴任した堀切善次郎は、内務省の選挙情報について次のような談話を残している。堀切は一九四五（昭和二〇）年一〇月に発足した幣原内閣で内務大臣に就任し、戦後の選挙法改正を指揮した人物でもある。

「選挙の情報を警察署長から県の警察部長のほうへ、その県内の情勢は警察部長から内務省の警保局長のほうへ報告をする。そういう政治上の情勢を報告するということは、一つの警察の仕事になっていたわけですから、選挙のときになると、誰誰は有力だとか、誰誰は危ないとか、その情報を警察が集めて、それを中央の警保局へ報告する。（中略）当時は警察の情勢報告が一番正確であり、確かだったものなのです。その警察のほうからそういう情報がいくと、自然やはり中央の方では当選が危ないような候補者に対して注意し、その候補者にいろいろな方面から力を入れるやり方をする。そういう関係で、情勢の報告、それから当選・落選の予想、警察がそういう情勢報告をやり、当選・落選の予想をするということが、選挙干渉をひき起こす一つの原因になるような関係があるのですね」[17]。

内務省を活用した選挙情報の収集や分析は、すでに藩閥内閣である第一次松方内閣の品川弥二郎内相時代に実行さ

歴代官選知事の在職年月（1890〔明23〕年6月—1947〔昭22〕年4月）

在職年月	人数	比率	※6月以内の内訳	
			在職期間	人数
6月以内※	230	15.04%	15日以内	7
6月以上1年未満	310	20.27%	15日以上1か月以内	48
1年以上2年以内	485	31.72%	1月以上3月以内	59
2年以上3年以内	281	18.37%	3月以上6月以内	116
3年以上4年以内	111	7.25%	1月以上3月以内	59
4年以上	112	7.32%	—	—
（計）	1,529	—	（計）	230

出典：藤井貞夫「知事官選論に対する一考察」95頁（『自治論集』第1集、1954年9月）、および『日本官僚制総合事典』

れていた。この品川内相の指揮のもとに実施されたのが、全国で多数の死傷者を出すほどに激しい選挙干渉を政府が行なったことで知られる第二回総選挙（一八九二（明治二五）年実施）である。[18] 政党と距離を置く藩閥内閣が収集を始めた選挙情報ではあるが、それを選挙の当事者である政党に基礎を置く内閣が活用するようになったのは当然といえよう。

　政党が知事ポストを重要視した結果、新内閣が発足するたびに数多くの内務官僚が異動・更迭することが恒例行事となり、地方官は「浮き草」になぞらえるほどに不安定な境遇に置かれるようになった。府県制が施行された一八九〇（明治二三）年四月から、公選知事が誕生した昭和二二年四月までの歴代官選知事の在職年月をみると、六割以上の知事の在職期間が二年に満たない。一九二二（大正一一）年刊行の伊藤金次郎『地方官気質と党人気質』は地方官の悲哀を次のように描写している。「必要な爪でも、長くのびれば、サキを切らねばならない。況《イワ》んや、その爪に垢がたまるにおいてをや。（中略）電報一本で、笠の台の飛ぶうき草稼業のはかなさはどうだ。軍人は予備になつて間が抜け、知事は、現職を去ると、自身の書いた料理屋の篇額まで取り外される。はかなきものは、真に根無し草の生活である[19]」。

　しかしながら、第二に、政党化は当初、政党と官僚とで利害が一致する側面があった。内務官僚の系列化が官僚の世代交代に付随して進行したことに起因する。文官高等試験（高文）合格者が官僚制の中枢にまで到達しはじめた日露戦後の時期を境として、官僚機構は、維新で中心的な役割を果たした薩摩藩と長州藩出身の人材が多くを占める集団（藩閥官僚）から、東京帝国大学卒業生が中心の高文合格者によって構成される集団（学士官僚）へと変容を果たす。一九一〇年の前後十年ほど、すなわち桂園内閣期から原敬内閣成立までの時期はちょうどこの新旧官僚の交替期と重なる。後に最も熱烈な政友知事（茨城、秋田、新潟、宮城、滋賀各県知事を歴任）となる森正隆は、一八九七（明治三〇）年に、官界における自らの前途を悲観して、友人の水野錬太郎に次のような書簡を送っている。

「従来の抜擢者に就て見るに度々上京でもして上官に御世辞を多く使ふか又は縁援藩閥の力あるものに止まり、其人間の功労を質し若くは其人物に依りたるものにあらざるの観なき能はず（中略）今日の官海は利巧弁妄の輩にあらざれば採用せられざるは分り切りたる話にして殊に我々如き藩閥なき奥羽人の如き如何程働きても常に功は彼に奪はれ過ちは己れに負ふの気味あること如何にも残念（中略）殊に吾々大学出身の者に在ては如此区区たる感情に制せられ軽挙妄動することは慎むべきは当然なれども（中略）如此目のなき内務省内に職を奉ずることを止めんかと存候も（以下略）」。

水野は、森の書簡について「君は東北の出身にて藩閥の関係もなく、官吏として稍不遇を感じて居ったので、その不平を余に漏らした」ものとし、露骨ながらも「その心情には同上《ママ》すべき点」があったと書き添えている[20]。

二度の西園寺内閣で内務大臣に就任した原敬は、官界に伏在した学士官僚の不満を見逃さず「老朽淘汰」「新進抜擢」を唱えて、藩閥との関係が深い官僚の古株を退かせ、藩閥官僚に頭を押さえられていた学士官僚を一挙に昇進させた。原に抜擢された新進官僚の多くは政友会系となり、のちに政友会への入党にまで踏み込む者が少なくなかった。先述の森正隆は、第二次西園寺内閣の原内相に宮城県知事に抜擢されて以後、秋田では政友会の父母にたとえられ、新潟では県庁はもとより学校長にいたるまでの大異動を行ない、流血をともなう乱闘県会を経験し、宮城では「森の暴政」とまで極言された札付きの政友系「蛮勇知事」として名を馳せた[21]。原は大臣としての任免権を活用して内務官僚を政友会へと取り込んでいったのである。[22]

　学士官僚と政友会とは「反藩閥」で利害が一致し、それゆえ内務官僚のなかには原敬の人事を好意的に評価した者すらあった。一九〇八（明治四一）年に内務省に入省した後藤文夫（警保局長、農林大臣、内務大臣など歴任）は「原さんは藩閥のつるを引いたような人をなるべく辞めさせて、そうして新進の人材を抜擢して、官界、ことに地方官なども感覚の新しい人に変えて、それによって、自分たちの政治上の主張を、自然にそういう方面に実現してゆこうといった考えかたがあった」と語っている。[23] 同じく伊沢多喜男（一八九六（明治二九）年内務省入省、警視総監・台湾総督など歴任）も、「兎に角役人などの力を假《カ》りて政党の拡張をやるといふやうな、そんな卑怯なことはせぬといふのが原さんの身上だと思ふ」と好意的に評価している。[24] 伊沢は、政友会と対峙した立憲同志会（憲政会、民政党の前身）との関係が強い官僚政治家だけに原への好評価は信憑性が高い。

　利害が一致したことに加えて、原が内務省関係者の意見を聞き、省内事情に配慮した人事を行なったことも、内務官僚が原を高く評価した理由に付け加えられる。第一次西園寺内閣で、原内相秘書官（神社局長兼任）をつとめた水野錬太郎は次のように回想する。「原氏は自分は内務行政の事は全くの素人であるから、今暫く秘書官として助けて貰ひたいと言はれた。それでは当分兼任秘書官として御助けしやうと述べ、原氏の申し出を承諾した。原氏は極めて明朗で、官僚的でなく、人事は固より内務行政について凡て私に相談し、且よく私の意見を用ひて呉れた。私は原氏のこの態度に心服し、誠意を以て原氏を補佐した。従つて原氏と私の関係は単に上官下官の関係でなく、個人としても親密になり、相互に信頼し合った[25]」。

　第一次西園寺内閣で初めて内務大臣に就任した原敬は、本省では吉原三郎地方局長（司法省法学校で原と同期）と斯波淳六郎宗教局長、地方官では大森鐘一（京都府知事）と服部一三（兵庫県県知事）くらいしか内務官僚との面識がなかったという。[26] その日記によれば、内務大臣に任じられた原は、すぐに前任（第一次桂太郎内閣）の芳川顕正を訪ねて「同人内務大臣たりし時代に於ける本省と地方官の人物並びに系統」に関する話を聴取している。[27]だが話を聞いた程度で意に沿う人物かどうかを判別するのは困難であり、原は、省内の事情や人材に詳しい水野や、地方局長に抜擢した床次竹二郎など、後に政友会系の政治家として活躍する内務官僚を介して人事を行なったのである。

興味深いことに先述の伊沢多喜男も、憲政会総裁であった加藤高明について同様の回想を残している。「僕が加藤高明伯と相識ったのは、君が大隈内閣の外務大臣、僕が警視総監の時代即ち大正三（一九一四）年からのことで、伯が大正十五（一九二六）年春に亡くなられるまで、僅々《キンキン》十一二年間の短い交はりに過ぎない。（中略）僕は最初から加藤さんが非常に好きだった。先方でもまた僕を信用され、何事も僕に相談されるという風で、交遊の期間こそ短かゝったが、その交情は相当に深いものがあった。（中略）加藤サンが一党の総裁でありながら、陋劣な党派心など微塵も持たれなかったとは、僕の特にいひたいと思ふところだ[28]」。伊沢が回想するように、その伝記によれば加藤は「党外人事は多く伊沢氏などの説」に従ったという。[29]

すなわち大正期以前の政党化の第三の特徴は、政友会・憲政会といずれの政党も内務省出身者を中間に配しての、いわば間接的な人事介入を行なったことである。政党と現役の内務官僚とは、直接的に結合したわけではなく、内務省関係の有力者を間に介して間接的に結び付いていたのである。政党と内務省とを仲介したのは、政友会にあっては水野や床次、憲政会では伊沢や下岡忠治（秋田県知事、内務次官、朝鮮総督府政務総監を歴任）といった、官僚から政治家へと転身を果した面々であった。もっとも第一次西園寺内閣で内相に就任した原は、地方官を更迭するに先立って、慎重にも長州閥の領袖である山県有朋や伊藤博文、桂太郎、薩摩の山本権兵衛らを訪れて人事案について説明し、彼らの了解を得る手順を踏んでいる。[30]有力者と密接な関係を培うことが昇進に有益であり、内務官僚が有力政治家ごとに系列化される関係性は、頂点に立つのが藩閥指導者から、政党政治家や官僚政治家に移ったとはいえ、藩閥内閣時代と政党内閣時代とに共通していたように思われる。

加えて、内務省出身の官僚政治家は、自らは政党と関わりながらも、内務官僚や内務行政が政党政治に過度に左右されることを好まなかった点でも藩閥指導者と同様であった。彼らは政党の影響力から、内務省の政策や人事の自律性、そして行政の中立性を守る緩衝材のような役割を果したのである[31]。仲介役の官僚政治家が防波堤となったために、内務省にはまだしも政党からの一定の独立性や自律性が確保された。官僚の政党参加には政党政治隆盛の時代における官僚の組織防衛に資する側面があったと言えよう[32]。このような政党の間接的な人事介入は大正期を通して継続する。一九二七(昭和二)年発足の田中義一内閣で警保局長に任じられた山岡万之助が残した内務省関係の人事資料には、次節で示すように有力者との関係に着目して、現役の内務官僚を分類した書類が含まれている。明治から大正期にかけての内務官僚の系列化が、政党と直接に結合するのではなく、内務省出身の官僚政治家の人脈をたどって構築されるケースが多かったことを反映している[33]。

3 知事公選論

一九二四(大正一三)年六月、貴族院に基礎をおく清浦奎吾内閣が、政党内閣の確立をスローガンに掲げた第二次憲政擁護運動に直面して総辞職し、憲政会と政友会、革新倶楽部の護憲三派が連立した第一次加藤高明内閣が発足した。以後、一九三二(昭和七)年の五・一五事件で犬養毅政友会内閣が崩壊するまでの約八年間は、政党が組織した内閣が継続したことから「政党内閣期」と呼ばれる[34]。政党に基礎をおく内閣が継続する時代が到来したことで、政党化をめぐる議論も再燃した。本項では、政党内閣期における議論の経過を、加藤内閣下に設置された行政調査会と田中義一内閣下に設置された行政制度審議会での審議経過を手がかりに考察する。あわせて、知事公選論に着目して、政党内閣期には、政党が内務省と知事のラインを重視していたことを確認したい。

行政調査会は、第一次加藤高明内閣下の一九二五（大正一四）年五月に「各省行政事務ニ関連シ、共同調査ノ上成案ヲ得ル」目的で設置された。[35] 明治・大正期に引き続き、行政調査会においても、政党の人事的影響力の強化に活用できる自由任用に加えて、一般銓衡任用をめぐって議論が展開されている。第一回会議で加藤首相は、現行の文官制度は「意ヲ専ラ任用ノ公正ヲ期スルコトニ用ヒタル為稍ヤ窮屈ニ過キ時勢ノ進運ニ副ハサルノ憾」があるために「官場ノ空気」を一洗するために文官の任用制度と試験方法に改善を加える必要があると挨拶している。[36] だが、広く官界の外からの人材を吸収するための銓衡任用をめぐる政党と官僚（幹事）との折衝は、本来の趣旨をはずれ、自由任用と同様に政党の浸透をどこまで認めるかの一点に焦点が絞られた。政務官と事務官とをいかに区分けするかという明治以来のテーマは、政党内閣の時代に持ち越されたのである。

先に述べたように「政党員の就官」を可能にする官吏の自由任用をめぐって、文官任用令には明治以降に数度の改正が加えられてきた。内務省関係では警保局長と警視総監がほぼ継続して自由任用の対象とされ、政務官的な扱いをされてきた。[37] 警保局長と警視総監はいずれも内務大臣と総理大臣を補佐して内閣の機密に参画する立場にあったことから内閣と進退を共にするのが当然視されたためである。行政調査会でも、若槻礼次郎内相は「今日政党内閣ガ出来ヤフガ、事実ニ於テ警視総監ト警保局長ト云フ者ヲ全然内閣ノ機密ニ参与セシメナケレバ、内閣自身ガ斯ク云フ方向カラ機密ヲ保テヌト云フコトニナル」と発言して、二つのポストの自由任用維持を訴えている。[38] 特に高等警察の活動は政党内閣期には選挙取締りに重点を置いたことから、政党にとって警保局長と警視総監の自由任用は譲れない一線となった。こうして資格任用撤廃を議論された内務省関係の勅任官には、内務次官と局長（警保局長以外）、府県知事が残された。政党、特に政友会の意図は、専門家や民間からの人材登用に名をかりた政党員が就官可能なポストの拡大にあった。[39] 若槻内相は、銓衡任用者が事務官として身分を保障されることについて、「今ノ実際カラ言フト之ニ身分保障ヲ付ケルト云フコトハ、内閣ノ代ツタ時ナドハエライ不便ナモノ」と政務官的な運用を念頭において発言し、頼母木逓信政務次官は「政党内閣ガ出来テ政治家ヲ無暗ニ入レルト云フ訳デハナイ」と任用令問題の琴線にふれる発言を官僚側に投げかけている[40]。

これに対して、官僚側は、資格任用ポストの縮小を阻止すべく、行政の中立性や公正さの確保を主張して反論を展開した。官僚で構成された幹事側は、勅任官の銓衡任用原則化を主張する政党側に対して、委員による審査を経る銓衡任用が「事実上政務官ト同様内閣ト共ニ更迭[41]」して運用されることを懸念し、それを認めるべき文官を限定列挙した別表を作成して対抗した。別表を作成することによって議論を総論から個別具体的なレベルへと誘導して、ポストごとに政党の要求に反論していく戦術をとったのである。幹事側が作成した別表には銓衡任用を不可とする理由が付されている。特に「弊あり」、すなわち「当該官ノ職務ニ付公正ヲ失スルニ至ル誘惑多キ事情アリ或ハ官界外ヨリ人材ヲ登用スル為却テ事端ヲ滋クスル虞アル等弊害ノ懸念」ありとされたポストからは、官僚が政党の人事介入を懸念した分野をうかがうことができる。勅任官クラスで「弊あり」とされたのは以下のポストであった[42]。

北海道庁長官　賞勲局長官　外務省情報部次長　内務省地方局長　内務省土木局長　農林省山林局長
逓信省電気局長　鉄道省監督局長　鉄道省建設局長　樺太庁長官　南洋庁長官　府県知事
朝鮮総督府道知事　税関長　税務監督局長　営林局事務官　鉱山監督局長　逓信局長
朝鮮総督府内務局長　朝鮮総督府警務局長　台湾総督府内務局長　台湾総督府警務局長
台湾総督府税関長　台湾総督府州知事　関東庁内務局長　関東庁警務局長　北海道庁部長

「弊あり」とされたのは、第一に植民地を含めた地方行政と警察に関するポストである。「一歩ヲ過テハ地方行政ノ公正ヲ失セシムル虞アリトノ世論ヲ尊重シ敢テ銓衡任用ト為サザルモノトス」と付記された内務省地方局長もこれに該当する。第二は、水力発電を主管する逓信省電気局長、地方鉄道の免許や軌道の特許を主管する鉄道省監督局長など、水利や鉄道など政党の利益供与の方策となり得る分野を管掌するポストであった。賞勲局長官もこの範疇に入ろう。さらに、府県知事に加え、逓信局長や税務監督局長など地方出先機関の長も含まれていた。以後、官僚より示された別表を前に、政党代表の頼母木委員（逓信政務次官）と山川幹事長（法制局長官）との間で官名表を前に逐一協議するなど、政党と幹事がポストごとに銓衡任用の可否を膝づめで折衝していった。その結果、鉄道省を除く各省次官に加え、大蔵省主計局長や外務省欧米局長、同亜細亜局長、そして内務省土木局長などを銓衡任用の対象に含めた報告書が作成されるにいたった。しかし、行政調査会の改正案は、加藤首相が病没し、その後の政局が混迷したことから、枢密院に改正案が提出されたものの、審議は進行をみなかった。

　以上のような経過をたどった行政調査会の審議で、政党化の拡大に最も敏感に反応したのは内務省であった。幹事会が作成した別表には次官と地方局長、土木局長、そして府県知事など、内務省の勅任官ポストの過半が「弊あり」と位置づけられた。これに対して、勅任文官に民間からの登用を認めるかどうかについて、大蔵省と外務省が意見「ナシ」、逓信省が意見を留保したほかは、各省は基本的には賛成の方向であったが、内務省だけは「理想トシテハ可ナルモ実行困難ナリ」と唯一反対を表明していた。[43] しかしながら、最終報告書では、内務次官に加えて土木局長が銓衡任用の対象に加えられる結果となった。若槻内相は、第四回委員会で「漸進主義ハ不要」と断言し、江木翼司法相は「之（銓衡任用）ヲ拡ゲルト云フコトニ付テハ誰モ異論ガアルベキ訳ハナイ。要スルニ問題ハドノ種類ノ文官ニ拡ゲルカト云フコト」と銓衡任用拡大は既定方針であるかのように発言している。[44] 若槻内相は、さらに第八回委員会で土木局長への銓衡任用の拡大を次のように要求していた。「私ハ内務省ノ中デ一番土木局長ナドハ門戸ヲ開イタ方ガ宜イト思フ（中略）今度ノ銓衡ニ民間々々ト云フケレドモ、民間デアラウガ、技術者デアラウガ、学校ノ先生デアラウガ、ソレハ構ハヌ、苟モ内務省ノ衛生局長ナリ、或ハ土木局長ナリ、或ハ神社局長ニシテモ、アノ人ガ良イト云フ人ガアツタラシテ差支ナイ、ソコマデ今度途ヲ開カウト云ツテ居ルノニ、土木局長ダケハ従来ノ技術官デナケレバ採レヌト云フノハドウ云フモノデスカ[45]」。文官任用令改正は実現しなかったとはいえ、内務省は行政調査会の場で政党化のさらなる拡大を目論む政党の圧力にさらされたのである。

次いで、田中義一政友会内閣が設置した行政制度審議会では、同じく政党の影響力拡大の意図からとはいえ、政務官や銓衡任用の拡大に加えて、知事公選導入がテーマとなった。知事公選論は、すでに一八九〇（明治二三）年五月に府県制と郡制が公布された際に、府県知事や郡長が公選・民選ではなく、官選であることを批判した論評に見いだせる。(46)だが、この時点では「地方自治」と「官選知事」との本質的矛盾をついた批判であった。行政制度審議会と同じく「党弊」を念頭に、その是正策として知事公選を論じた例は、原内閣の時期の地方自治関係の雑誌などに数例を確認できるが、その反響はまだ限定的であった。(47)政友会が政府与党となって、知事公選論は初めて実現を展望したテーマとなったと言えよう。

第一回委員会（一九二七（昭和二）年六月一八日）で、田中義一首相は行政制度を改善するためには地方分権、すなわち行政の中央集権的な傾向を矯正することが必要であると強調している。「従来ノ行政ガ中央集権ニ傾キ過ギマシテ地方行政官庁及公共団体ガ充分其ノ機能ヲ発揮スルコトヲ得ザルノ弊ハ内外ノ認ムルトコロデアリマス」、そのうえで「国政ノ統一ヲ害セザル限度ニ於テ出来ル丈ケ地方行政官庁及公共団体ノ権能」を拡大することを訴え、審議会の目的が地方分権の具体化にあると訓示した。(48)政友会はすでに行政制度審議会の課題を「在野時代の提唱に係る行政系統の根本的改革を断行し、以て政費の節約と能率の増進とを図る」(49)ことに置く方針を明らかにしており、田中首相の意図は、両税委譲や「地方自治の経済化」に加えて、「政友会多年の主張」である知事公選問題にあると受け止められた。(50)両税委譲とは、国税の地租と営業税を、地方税（府県税・市町村税）に委譲し、地方の財政的基盤の強化を図る方策であり、「地方自治の経済化」では地方自治体が地方の経済活動に果たす役割を強化する法整備に速やかに着手することをうたっていた。田中首相の訓示をふまえて、前田幹事長（法制局長官）は、第一回幹事会（二七年六月二五日）

で「総理大臣ノ地方分権ノ意味ハ政友会デハ知事公選ヲ唱ヘ居ル」と発言し、審議会の重点テーマの一つが知事公選であることを告げている。しかし、前田は続けて「〔知事公選は〕理想デアッテ先ズ地方ノ権限ヲ広メテ訓練ノ出来タ所デ理想ニ進マントスルモノナルベシ故ニ今回ハ知事公選迄研究シナクトモヨイ」との方針もあわせて示し、一九二七年中には知事公選制には議論の時間がほとんど割かれていない(51)。鈴木喜三郎内相が知事公選に消極的であったためである(52)。

ここで、幹事会で配布された政務調査会案をもとに、政友会の知事公選構想を検討したい(53)。政務調査会案は地方分権の第一の方策として知事公選に言及し、導入が必要な理由を知事の在職期間の短さに求めている。「知事ハ廃藩置県当時ハ維新ノ功労者ヲ以テ之ニ任ジ其ノ権威大ナルモノアリシモ、時勢ノ進運ニ伴ハズシテ現今ノ府県知事ハ権威挙ラズ、特ニ内閣ノ進退ト共ニ地方官ノ交迭《ママ》頻々トシテ行ハレ我国官吏中其ノ地位ノ不安ナルコト地方長官ノ右ニ出ヅルモノナシ。随テ地方民ノ信頼モ昔日ノ如クナラズ。此ノ弊ヲ改ムルニハ府県知事ヲ公選トシ野ヨリ遺賢ヲ起用シ人格識見兼備ハル人材ヲ府県知事ニ挙クルコトヲ以テ最モ適切ナリトス」。知事公選は、中央政治の影響が地方に波及することへの批判に対する、政友会なりの解答であった。具体案を見ると、公選の方法は、市町村ごとに選出される選挙委員による間接選挙が想定されている。公選知事の権限は、現行の官選知事と同様とすることを原則とし、司法警察官のみ検事に隷属するとした。ただし、司法部に分属させるのは刑事警察のみで、全体の警察権は公選知事に与え、警察力を「減殺」することを否定している。多くの許認可権限を有する行政警察、そして政治情報の収集や選挙取締りを管轄する高等警察も、公選知事、ひいては政党が掌握することを意味した。さらに、知事を補佐する内務部長と警察部長は、知事が推薦した人材を府県会の議決を経て任用するとした。政務調査会案では、知事を支持する政党が府県会の多数党である場合には、知事に加えて、警察部長を含めた府県幹部が多数党の党員に独占されることとなる。政友会は、文字通りの「我が党知事」である公選知事に、官選知事の権限をほぼそのまま移譲することを主張していた。

内務省から知事、市町村長にいたる行政ラインを重要視し、行政事務を道府県や市町村に集約しようとする政友会の発想は、知事公選と並ぶ地方分権の看板政策であった「地方自治の経済化」にも見出せる。審議会開始当初の第二回委員会（八月二日）に提出された「地方分権ニ関スル報告書」は、「地方自治体ヲシテ住民ノ経済方面ノ利益増進ヲ計ラシムル方針ヲ確立スルヲ相当トス」として、方策の第一に「市町村農会府県農会ノ如キ比較的一般的ナル公共組合ハ成ルベク之ヲ市町村又ハ府県ニ併合スルノ方策」を講じることを求めている。後に金森幹事（法制局参事官）が「内務農林両省正面衝突ヲ来ス故軽々手ヲ付ケエザル」(54)問題と位置付けた「地方自治の経済化」について、同報告書は、農林省系列の農会を、内務省系列の道府県と市町村のラインに統合する方向性を明確に打ち出していたのである。(55)

知事の権限維持を重要視したがゆえに、政友会は、公選知事の権限を縮小する構想、たとえば知事公選案への対案として幹事側が提起した州庁設置案に強く反発した。幹事調査書第一号として、第二回委員会に提出された「州庁設置ニ関スル件」とその参考案は、知事公選導入にともない府県を純粋な地方自治体とする場合に、公選知事に委任できない国家事務や、政治的な中立性が求められる警察事務などを州庁に管掌させる案が含まれていた。府県には固有事務については純粋の自治体として「完全ナル自治」を認め、「府県又ハ其ノ長ニ国ノ行政事務ニ属スル教育、産業、衛生、土木等助長行政ニ関スルモノヲ成ルベク広ク委任スルコト」としていた。一方、州庁は「府県又ハ其ノ長ニ委任スルコトヲ得ザル国ノ地方行政事務ハ州長官ニ於テ管掌スル」ものとされ、特に警察事務については「警察署ヲシテ之ヲ掌ラシムルコト、警察署長ハ州長官ニ隷属スル」ことをうたっていた。(56)これに対して、政友会からは、州庁設置案の警察権の帰属に着目して知事公選を骨抜きにする案として反対の声があがった。(57)第五回幹事会（七月二〇日）に、政友会から意見聴取に招かれた高橋光威は、「知事ヲ公選ニスル以上地方公共団体ノ行政中警察ハ大部分ヲ占ムル故之ナクバ半身不随ノ知事トナラン」と指摘している。(58)『東京朝日新聞』も、州庁設置が、従来の府県を郡として扱うもので「たとへ公選知事となつても、公選知事の権能は、大部分この州長官に奪われたカスであり、公選知事は、中央政府と州長官の二重の監督を受けなければ」ならず、とても地方分権が実現するとは思えないと論評していた[59]。

警察と言えば、現在では犯罪の捜査や検挙、治安の維持が仕事の中核であるというイメージが強い。しかし、戦前の警察は、犯罪者を捕らえる司法警察よりも、営業や建築、風俗、工場、衛生などを取り締まる行政警察に重点を置き、広範な許認可権限を有した行政機関でもあった[60]。政党が警察を重視したのは、選挙情報の収集や選挙干渉など選挙時の効用に加えて、政党を惹きつける利権にあふれていたためであった。このために警保局長と警視総監にとどまらず、府県の警察部長も内閣交代のたびに更迭されることが事実上の慣例となっていた[61]。

だが、知事公選と州庁設置案は、ともに翌一九二八年に実施された総選挙後まで審議が先送りされた。知事公選案がひとまず棚上げされた後の一九二七年九月から、文官制度の改正が議題に上った。行政調査会では銓衡任用を原則とするか否かが任用令改正の焦点となったことは先に検討した。これに対して、行政制度審議会では幹事会のレベルから勅任文官すべてを銓衡任用とする案が議論された[62]。ただし、銓衡任用には政党外のメンバーを含む委員会の審査を通過することとし、この委員会が党派的人事に対する一定の歯止めとなることが期待されていた。あわせて、政党人事の手段として利用されてきた文官分限令第一一条第一項第四号を適用して「官庁事務ノ都合ニヨリ」休職を命ずる場合に、その処分の適正さを審査する「分限委員会」を設置する構想も浮上している。第十九回幹事会（一九二七年九月二二日）で前田幹事長が「分限令ノ改正モ困難ナルモ之ヲ提出セザレバ今ノ思想ニ於テハ任用令ノ改正ハ実現困難ナリ」[63]と発言したように、分限委員会案が提起されたのは銓衡任用拡大の実現可能性を高めるためであった。そして、文官制度改革案は二回の委員会審議を経て一二月末に報告書原案が作成された。その冒頭で「勅任文官ハ現ニ自由任用タル官ヲ除クノ外総テ当該官ノ職務ニ必要ナル知識経験ヲ有スル者ヨリ勅任文官銓衡ヲ経テ之ヲ任用スルヲ得ル途ヲ開クコト」と明記されている[64]。もっとも、文官制度改正の動きも総選挙を前にしてそれ以上の進行を見なかった。

しかしながら、総選挙後には、内閣の選挙運営への非難が高まった議会や世論に押されて、文官制度をめぐる議論は、銓衡任用拡大を期した文官任用令改正よりも、身分保障制導入など文官分限令を改善して政党の人事的影響力を制約する方策を議論する方向に転じる。田中内閣の選挙干渉を非難した政治的国難決議案には、選挙干渉の防止策として、政党の人事介入を困難にするために事務官の身分保障を厚くすること、あるいは選挙犯罪を検挙する司法警察権を内務省から司法省（検事）に移管する、との要求が盛り込まれていた。

行政制度審議会は、総選挙と、その後の議会審議がひと段落した一九二八（昭和三）年七月に再開されたが、議会での決議を受けて田中首相は、第七回委員会（一九二八年七月一七日）で、「官吏ニ対シテ身分ニ保証ヲ与ヘザレバ官吏ハ安心シテ職ニ従事スルコトガ出来ナイ、此ノ点ニ付キ決議案ガ議決セラレテヰルシ官吏ノ身分異動ヲ少ナクスルコトハ是非必要デアル依テ篤ト研究スベキ問題ト思フカラ分限委員会ノ案ニ付テハ次回迄ニ克ク研究」してほしいと発言している[65]。審議会をとりまく環境の変化は、任用令と試験令の報告書原案が一九二七年一二月末に作成された案で決したのに対して、文官分限令に関する報告書の原案は、同じく一九二七年一二月末と、一九二八年一〇月の二度にわたって立案された事実に投影されている。先の田中首相の指示に対して、小川鉄相が「大臣ノ責任ヲナクシテ責任ハ分限委員会ニアルコトトナリ、今日ノ行政ノ主義ニ反セズヤ[66]」と発言するなど、委員会に出席していた閣僚から異論が続出したが、結局は「官庁事務ノ都合ニヨリ」休職を命ずる場合に、二七年一二月案では文官分限審査委員会に「諮問スルヲ要スル」であったのに対し、二八年一〇月案では文官委員会に「諮問シ其ノ意見ヲ聴クコトヲ要スル」とあり、委員会意見の拘束力を強化する修正が加えられたのである[67]。

再開した審議会では、知事公選論も再び議論の俎上にのせられている。これに先立つ四月九日の政友会の臨時政務調査会理事会で、知事公選が「各部に委託し緊急調査すべき事項[68]」の一つに加えられていた。これを受け、六月二〇日に政友会は、行政制度審議会の前田幹事長を政務調査会に招き、次の通常議会での知事公選案上程を迫っている(69)。こうして、前年の審議で先送りされた知事公選問題は、政友会の強力な後押しを受けて再検討されることになった。知事公選の再提起は、総選挙での不振と第五十五議会での選挙干渉や内務省人事への批判を受けた、田中内閣の「人気回復策」と一般には受け止められた。加えて、総選挙後の第五十五議会で、知事公選に消極的であった鈴木内相が選挙干渉の責任を問われて辞職したことも、政友会内の知事公選要求に勢いを与えたといえよう。

政友会の要請を受けて、第三十一回幹事会（二八年六月二三日）のテーマは知事公選となった。各幹事には、それぞれ選挙母体のあり方や公選の弊害、警察権、国家統制の方法が研究課題として割り振られた。しかし、幹事側は、他方で「知事公選ノ短所ヲ尚ヨリ研究スルコト」（第三十五回幹事会、八月一日）を申し合わせ、知事公選に反対する方針を固めていた。内務省を中心として幹事側も本腰を入れての反対を展開し始め、以後の幹事会は、知事公選立案ではなく、逆にその否定材料を検討するための会合といった観を呈する。第三十五回幹事会には、内務省警保局が作成した「知事公選実施ノ場合ニ於ケル警察制度改革案」が提出された。公選知事に指揮監督権を委ねる警察事務の対象をほぼ行政警察に限定し、選挙取締りを含む高等警察や特高警察、刑事警察については内務大臣すなわち内務省の指揮監督権を維持する案であった。第三十六回幹事会（八月一五日）には、さらに佐上幹事（内務省地方局長）が賛成反対の両論を列記した印刷物を配布した（**「府県知事公選論ノ可否」**参照）。佐上が「趨勢ハ知事公選ニアルト思フガ実行ノ時期トシテハモ少シ政党ガ健全ナル発達ヲシタトキデナクテハイカヌデハナイカト思フ」と付け加えたように、そこには公選「可」に倍する否定論が準備されていた。佐上がまとめた知事公選賛成論は、「人民自治」や「地方分権」といった時代の趨勢と、「中央政局ノ変動」の影響が地方に及ばないことなどを骨子とした。一方、否定論には、国政事務の処理など実務面での障害に加えて、政党が党略的に知事職を活用した場合に予想される弊害、「党弊」論が掲げられた。行政調査会での議論と同様に、幹事側は知事が有する下級自治体に対する監督権や許認可権限、各種の事業経

「府県知事公選論ノ可否」（行政制度審議会）

(A) **可トスル理由**

一　府県自治ノ執行機関ヲ府県民ノ公選（直接選挙タルト間接選挙タルトヲ問ハス）トスルハ人民自治ノ思想ニ合致ス

二　府県知事ヲ公選トスルコトハ地方分権ノ思想ニ合致ス

三　公選知事ハ中央ニ於ケル政党勢力ニ左右セラルルコト少ナク地方ノ事情ニ適切ナル政治ヲ行フコトヲ得ヘシ

四　公選知事ハ府県民ト密接ナル交渉ヲ有シ且地方ノ事情ニ精通スルヲ常態トス

五　公選知事ニハ任期ヲ付スヘキヲ以テ現在ニ於ケルカ如キ知事ノ頻繁ナル更迭ヲ減少スルコトヲ得ヘシ

六　公選知事ト為ストキハ府県自治カ中央政局ノ変動ニ因リ受クル影響ヲ少カラシムルコトヲ得ヘシ

七　知事公選ノ方法トシテ府県会ニ於テ之ヲ選挙スルノ制度ヲ採ルトキハ府県ニ於ケル意思機関ト執行機関トノ確執ヲ少カラシムルコトヲ得ヘシ

(B) **否トスル理由**

一　現ニ府県知事ノ職権ニ属スル事務中ニハ自治事務ノ外広汎ナル国政事務ヲ存スルカ故ニ公選知事ヲシテ是等ノ事務ヲ悉ク処理セシムルコトトセハ国家ノ統制力ニ欠缺ヲ生スルノ虞アリ

二　更ニ国政事務中警察事務ノ如キハ之ヲ公選知事ノ権限ニ属セシムルハ殊ニ不適当ナリ就中司法警察特別高等警察事務ノ如キハ全国的ニ統制アル機関ヲシテ之ニ当ラシムルヲ要スルヲ以テ之ヲ公選知事ノ権限ニ移スハ不可ナリ

三　警察事務中交通衛生及消防ニ関スル事務ハ之ヲ公選知事ニ委ネ其ノ他ノ警察事務ヲ国政機関ノ権限ニ留保スルコトトスルモ留保シタル事務ニ要スル経費ハ一切之ヲ国庫ノ負担トスヘク府県ニ其ノ分担ヲ命スルハ然ルヘカラサルヲ以テ国家財政上ノ困難ヲ来スヘシ

四　下級自治体ノ監督権ヲ公選知事ニ付与スルコトハ党弊ヲ地方自治体ニ及ホス虞アリ

五　各種ノ特許及免許ノ権限ヲ公選知事ニ付与スルハ行政上弊害ヲ来ス虞アリ

六　府県知事公選ノ目的カ自治事務ノ執行機関ヲ公選トスルニ止ムルモノトスルモ現ニ府県知事ノ権限ニ属スル国政事務ト自治事務トヲ分別セサルヘカラサルモ其ノ分別ハ相当困難ナルノミナラス公選知事ノ外国政事務ヲ処理スル為別ニ地方官庁ヲ設クルトキハ却ツテ機関重複ヲ来シ且経費ノ膨張ヲ免レサルヘシ

七　府県ニ於ケル国政事務ト自治事務トハ密接ノ関係ヲ有シ其ノ分別ハ相当困難ナルノミナラス現行制度ノ如ク双方ノ事務ヲ同一機関ヲシテ処理セシムルハ地方行政ノ円満ヲ期シ得ヘシ

八　従テ府県ニ於ケル自治事務及国政事務ハ之ヲ官選又ハ公選ニ依ル単一ナル機関ヲシテ処理セシムルコトヲ最モ適当トス現在府県知事ノ統轄スル事務ニ付国政事務ト自治事務トヲ比較スルトキハ国政事務ハ量大ナルノミナラス其ノ性質ニ於テモ重要性ヲ有シ且府県ハ自治団体トシテノ沿革極メテ浅キカ故ニ官選ノ府県知事ヲシテ府県事務ノ一切ヲ掌理セシムルヲ以テ最モ実際ニ適応スル制度ナリトス

九　公選知事ト為ストキハ党派ノ勢力ヲ背景トシテ府県知事ト為ルヲ以テ知事公選ヲ実行セントセハ其ノ実行ニ先立チ政党政治ノ健全ナル発達ニ力ヲ致ササルヘカラス我カ国ニ於ケル政党政治発達ノ現況ヲ以テセハ動モスレハ一般民衆ヲシテ其ノ態度ヲ疑ハシムルノ虞アリ為ニ反対派ハ事毎ニ府県知事ニ反対ノ態度ヲ持スルニ至リ地方政治ノ円満ナル発達ヲ期シ難シ

十　知事ヲ公選ト為ストキハ勢ノ趣ク所各種ノ事業経営カ党派的ニ行ハルル弊ニ陥リ為ニ地方費ヲ益々膨張セシムル傾向アリ

十一　地方庁ニ於ケル補助機関ハ現在ノ身分ト待遇トヲ以テスルモ次第ニ其ノ素質ヲ低下セントスルノ傾向著シキニ加ヘ公選知事トスルトキハ其ノ補助機関ニハ官吏ノ身分ヲ付与シ得サルノミナラス知事ノ更迭ニ伴ヒ下級職員ノ更迭ヲ頻繁ナラシムル為一層其ノ素質ノ低下ヲ来シ地方諸政ノ公正ヲ期スルコト難カルヘシ

営の党派的運用が行政の公正さを損なうことを反論の柱としたのである。(70)

準備を整えたうえで、幹事側は、第三十七回幹事会(八月二二日)に政友会から堀切善兵衛会長ほか政務調査会のメンバーを意見聴取のために招へいした。場の雰囲気を感じ取った堀切は、冒頭で「今日ハ傍聴スル考ナリシガ聊カ驚キタリ田中内閣ノ下ノ本会ナラバ公選ニスルコトヲ前提トシテ進行スルニ非ザリシヤ」と訴えている。対立含みで始まった同幹事会での論争は、政党政治やデモクラシー(民衆政治)、地方自治の論理から知事公選を擁護した政友会側の主張に、幹事会側が事務処理上の困難さや党弊論をもって対抗するという図式であった。だが、幹事にとって事前の想定を超えるものではなく、両者の議論は平行線をたどったまま散会となった。そして、第三十八回幹事会(八月二九日)で、前田幹事長が「知事公選ノ問題ニ付テハ党ノ方ノ意見ハ今直ニ実行セラレタキ意味ニアラズ、遊説シテ政友会トシテ主張シタル干係《ママ》モアリ知事公選準備委員会デモ作ツタラトイフコトナリ」と政友会側の後退を伝えたことで、議論の一時中止が決定され、知事公選問題は再び棚上げされることとなった。(71)

以上、行政調査会と行政制度審議会の審議を概観してきた。両審議会の審議で注目すべきは、第一に、政党が企図した銓衡任用拡大に対して、官僚が依拠したのが政党政治の弊害を批判する党弊論であり、この党弊論が初の普選である第十六回総選挙を境に急速な高まりをみせた結果、田中内閣後期以降の審議では文官任用令改正をめざした政党の動きが影を潜めたことである。浜口内閣のもとで「選挙革正審議会」が設置されるが、これに先立って、行政制度審議会でも官僚の身分保障制度導入が優先テーマとなっていた。しかしながら、文官任用令改正が争点から外れたことをもって、政党と官僚との関係が確立したと結論づけるのは拙速である。次節で見るように、田中義一内閣期の内務省人事が政党人事の「画期」と記憶され、これを機に内務官僚が政友系と民政系に分かれて対立する姿が表面化するなど、内務官僚の系列化の問題は深刻なままに残されたからである。第二に、政党には、自由任用あるいは銓衡任用を拡大して、官僚が有した予算や権限、情報を可能なかぎりその影響下において、自党のための活用を目指す傾向があった。そこには知事の権限を縮小しようという発想はみられない。「伝統的に官選知事の党派的異動の最大の受益者(72)」であった政友会が主張した、公選知事が官選知事そのままの権限を維持する形の知事公選論、また農会の機能を府県や市町村に統合する「地方自治の経済化」にも同様の意図を見出すことができる。

二　田中義一内閣の内務省人事

明治から大正、昭和にかけての政党の人事介入のなかでも、田中義一政友会内閣(一九二七〔昭和二〕年四月発足)の内務省人事は「画期」と位置づけられる。先に指摘したように大正期以前には内務省出身の官僚政治家を介した間接的な人事介入が行なわれていた。これに対し、田中義一内閣以後は、政党と内務官僚が直接に結びつき、内務官僚の「二部交代制」が確立するなど、政党ごとの系列化が数多くの内務官僚を巻き込んで展開された。本節では田中義一内閣の内務省人事に焦点をあてて政党化を検討する。

1　普選導入と党弊批判の高まり

一九二四(大正一三)年六月に発足した、第一次加藤高明内閣は、政党内閣の時代の始まりであるとともに、長年の懸案であった普通選挙の導入を実現した点でも画期的な内閣であった。一九二五(大正一四)年三月に改正をみた衆議院議員選挙法、いわゆる普通選挙法が成立したことによって納税資格が撤廃されて、満二十五歳以上のほぼすべての男子に選挙権が付与され、有権者が三二八万から一二四〇万人へと四倍に増加した。この法改正ではまた中選挙区制導入に加えて、選挙運動や費用制限に関する規制が初めて採用されている。規制の例をあげると、候補者届出制度が取り入れられたために選挙運動に期間が設定され、これにともなって事前運動や、選挙期間中の戸別訪問が禁止となった。運動員や事務所の数、候補者が配付する文書図画への制限や、選挙違反を犯した際の罰則の連座制も導入された。また選挙費用に上限が課され、費用超過時には当選が無効とされることになった、などである。選挙に関する規制が、普選導入とともに複雑化し拡大したのは、あらたに多数の国民が選挙権を獲得したことで、選挙費用の増加に歯止めを設ける必要が生じ、あわせて選挙の公正さを高める方策が講じられたためであった。[73]

選挙法改正にあたって懸念されたように、普通選挙導入にともなって投票買収の形態が変化している。[74] 大正期には府県会議員や町会議員といった地方議員が買収に関わるケースが多かったが、田中義一内閣が実施した初の普選である第十六回総選挙（一九二八（昭和三）年二月二〇日投票）以後は組織的な投票買収が目立つようになった。後援会など候補者を中心とした政治団体が投票買収の主体となり、選挙ブローカーの活動も活発化した。普通選挙が実現すれば有権者が激増して買収が金銭的に不可能となり、選挙ひいては政界の腐敗が一掃されると主張した一部の普選推進論者の期待は裏切られたのである。民本主義を唱えたことで知られる吉野作造は待望した普通選挙への落胆を率直に告白している。

「私も大正初め頃から熱心に普選制の実施を主張した一人だ。そして普選制の功徳の一つとして金を使わなくなるだろうことを挙げた。金を使わないのではない、使えないのだ。そうは出し切れないという事になるのだ。そして、金が姿を消すとこれに代り選挙闘争の武器として登場するものは言論と人格との外にはないと説いたのであった。人格と言論とが唯一の武器となれば政界腐敗の問題の一掃さるべきはもとより言うまでもなく、しかしてそが実に選挙の理想であり民衆政治運用の正道であうこともまた喋々を要せず明らかである。しかしそは制度を改めただけで実現せられ得る事柄ではなかったのだ。（中略）普選制になって金の跋扈が減ったかと詰問されると一言もない。この点においてて私もまた前記の先輩政治家とともに当年の不明を愧じざるを得ないのである[75]」。

しかも取締規定が精密となって選挙干渉の手段が増加したために、政党が選挙と警察をともに所管する内務省人事への介入を強化したことも、選挙への信頼を低下させた。政党は、投票買収の組織化に加えて、内務官僚の系列化を拡大して普選による有権者増加に対応しようとしたのである。いずれもが普選への期待を裏切り、選挙への信頼、ひいては選挙に基礎をおく政党政治への信頼を低下させる行為であった。

政党が人事介入に利用したのは文官分限令の第十一条第一項第四号であった。その規定によれば、内閣総理大臣あるいは所属長官は、「官庁ノ都合ニ依リ必要ナルトキ」には休職を命ずることができた。いったん休職を命じられると、高等官の場合には満二年、判任官の場合には満一年で休職満期となり（同第一一条二項）、休職満期となると退官を余儀なくされた（同第五条）。たとえば、府県知事は高等官一等または二等に該当する勅任官であったので、内閣総理大臣の申請により天皇の裁可を経て休職を命じることができた。政党は、この条項を活用して意に沿わない内務官僚を休職という形で更迭したのである(76)。とりわけ政党内閣期には知事に止まらない範囲の地方官が、政権交代に伴う配置転換や休職の対象となり、党派的色彩を帯びるように強要された。政友会内閣時に昇進した者は政友会系、民政党内閣時の昇進者は民政党系、逆に政友会内閣時に更迭された者は民政党系、民政党内閣時の更迭者は政友会系と見なされる図式が定着したのである。政党に系列化された内務官僚について、護憲三派内閣が発足した一九二五年に内務省に入省し、警保局長や京都府知事などを歴任した三好重夫が興味深い証言を残している。

「政党勢力のいいなりにならないと、その反対派に属するように触れ廻される傾向があるのです。一般に、多くの役人が政党関係ということになりました因は、外から見て、ただ理由なく、あるいは故意に、みんなが政党関係の色づけをするようなことを言う。そういうことを言われる結果、自然に評価が決まる、人によればそこへ追いやられることになる。クビにでもなればそこに行くより手がないから、自然政党色を帯びるということになったのが、大勢ではないかと私は思いますがね。

その間上手に泳いだ人もありますけれど、そういう人はおおむね、全部が全部ではありませんけれども、あまり仕事をしないで、温厚篤実でやってきた人です。温厚篤実というのは大体無能の同意語です。だから、有能な人が知らず知らずの間に政党色を帯びさせられるというのが実情ではなかったかというように私は見ております。ただ面白いことは、民政系と称せられる人の多くは、消極的に、不正に対する反発力が非常に強い、政友系を称せられる人の多くは、積極的に思い切った仕事をするという、それぞれ共通の長所があり、その反面の短所があったように思われることでした。ある意味では類が友を呼ぶようなところがあったのかも知れません」[77]。

原敬が内相であった時期には、ともに藩閥官僚の駆逐をめざした点で原と新進の内務官僚との間に利害の一致が認められたことはすでに指摘した。昭和期においても、希望のポストに異動するために政党に働きかける官僚は存在し、その限りにおいては政党との利害は一致していたと言えよう。だが、三好が回想したように、積極的に政党に接近する内務官僚ばかりが存在したわけではない。むしろ、政党内閣の継続とあいまって政党の人事介入が強化拡大する事態に直面し、内務官僚には焦燥が深まっていった。内務官僚が危惧したのは、第一に党派ごとに「二部交代制」的に系列化される官僚が、勅任官に止まらない範囲に拡大したことである[78]。第二に、省の内外を問わず、頻繁な異動が行政の継続性を脅かし、能率低下を引き起こしかねなかった。第三に、政党化の拡大により、中央レベルでの政党対立がそのまま府県会さらには市町村会にまで下降し、政争激化によって地方行政に支障を来すことが懸念された。そして第四に、以前から「浮草」になぞえられていた内務官僚の地位がさらに安定を欠いたものとなった。内務官僚にとって、何よりも自己の将来を見通すことができず、不安定な境遇におかれたことは非常な苦痛であった[79]。昭和期の内務官僚には、もはや政党が主導する人事を好意的に評価するだけの余裕は残されていなかった。

政党の人事介入はジャーナリズムにも問題視された。大正期には政権交代に伴う人事異動に関連して官僚個々の政党色を解説する記事が新聞や雑誌に掲載されても、それが直ちに政党批判に結び付けて論じられるケースはまれであった。非民主的な存在である「藩閥」あるいは「特権勢力」批判が優先され、政党人事は、その対抗勢力である政党の勢力拡大に資する行為として許容されたのである。[80] ところが、田中義一内閣以後には、一転して官僚人事の政党色をめぐって厳しい批判が各方面から寄せられるようになった。論調変化の背景には、官僚や華族の拠点である貴族院を背景とした清浦内閣が打倒され、「藩閥」や「特権階級」が政権担当候補から後退したことに加え、先述の吉野作造のように普選導入をデモクラシーの時代到来や政治浄化実現の好機とみなす時代思潮があった。新聞各紙は、政権を排他的に担うこととなった政党が抱えた問題点を直視し、党利党略から政治を運営する姿勢をとらえて、あるいは普通選挙の意義を損なう選挙干渉と内務省人事との関係性を見出して、政党の弊害、「党弊」と表現して非難を加えるようになる。

例えば『東京朝日新聞』一九二七（昭和二）年五月一八日付社説は、田中義一内閣の内務省人事を次のように論評している。[81]

「田中内閣成立早々から、地方官の大がかりな異動がうはさされてゐたが、発表されたところを見ると、免官二名、休職三十五名、全国にわたり長官両部長（知事、内務・警察部長）ともそのまゝといふのは、僅かに樺太庁と東京府のみといふのは、余りに党略のために地方自治のじゅうりんされることを悲しまなければならぬ。（中略）地方官更迭においては、憲政会時代において比較的公平であつたことは世間の通論であるといつてもよい。（中略）（問題は）今回の異動の特色が、浪人救済にあつて、新進抜てきのあとがないことである。これによつて次の内閣がまた同じ方法をとることになれば、人事の停滞と、事務官の政党化とが、内務行政の将来に禍すること、如何に大なるべきかを憂へざるを得ない。殊に従来の例を破つて、内務省土木局長を休職としたるが如き、その港湾、道路、河川、水利等、地方的に重要利権を掌る一局に政党勢力を加へることであつて、恐らく内務行政に党弊を浸じゅんせしむることこれより大なるはなからんと思はしめる」。

社説冒頭にあるように、田中内閣の人事が問題視されたのは一つには異動が大規模であったためである。新聞報道をもとに内閣発足後一か月の間に行なった人事異動の内訳を示しておこう。

◎休職	計　四〇	◎免官	
本省局部長	二	知事並長官	八
知事並地方勅任部長	一八	◎留任	計　一八
内務部長	八	知事	八
警察部長	一〇	内務部長	八
警視庁部長	二	警察部長	二

知事と内務部長の留任がともに八名ずつ、警察部長にいたってはわずか二名しか留任しなかったと報じられている。[82]だが、政権交代にともなう大規模な人事異動は、これ以前から新内閣発足時の恒例行事となっており、田中内閣が政権発足後二か月間に異動させた知事が四十七名中三十九名であったのに対し、第一次加藤内閣が同期間内に異動させた知事は三十一名であった。田中内閣の異動の方が人数が多かったのは確かであるものの、政権発足後に大規模な異動を行なうこと自体はさして目新しくはなかった。[83]それにもかかわらず、新聞論調ばかりでなく、内務省内でも田中内閣の人事は政党人事の「画期」と受け止められ問題視されたのである。例えば、田中広太郎（当時、内務省地方局財務課長）は、田中内閣で内務大臣に鈴木喜三郎が起用されると「非常な勢いでもってやめられた仲間が、官界を自分の色一色にしようと暗躍しました。それからわれわれの中に政党的の争いというものは非常に激化しましたね、内務省というものは。鈴木喜三郎のときが大変化のときです」と回想する。[84]田中は、田中義一内閣期に衆議院議長をつとめた（一九二八年四月—一九二九年三月）元田肇を義父にもち、政友会系と目された人物である。高橋雄豺（当時、警保局警務課長）も「鈴木喜三郎さんの内務大臣の時から地方官の人事に政治的考慮が強く加わり、随分大きな異動がある

ようになった。」と語る。[85] その理由を探ると、内務官僚に「画期」を印象づけたのは異動の規模ではなく、政党の人事介入の手法や質の変化に起因したことが見えてくる。

2 憲政会内閣期の人事異動

田中内閣の内務省人事と対照するために、まずは田中内閣に先立つ、憲政会党首が首相であった内閣（第一次・第二次加藤高明、第一次若槻礼次郎）の内務省人事を検討したい。

憲政会内閣期の人事を考察する際に重要な手掛かりを与えてくれるのが、湯浅倉平が、田中内閣による次田大三郎土木局長休職処分の報に接して、次田宛に送付した書簡である。湯浅は、第一次加藤内閣の若槻内相が内務行政の未経験者であったために、人事にも事務にも通じた補佐役として次官に起用された人物であり、書簡当時は朝鮮総督府政務総監の地位にあった。示唆的な事柄が多分に含まれた書簡であるので冗長をいとわず引用することとしたい。なお、湯浅書簡からの引用は読みやすさを考慮して、原文の意味を損なわない範囲で読み下し、現代仮名づかいに書き換えた。

一九二七（昭和二）年五月二六日付　次田大三郎宛　湯浅倉平書簡「先頃は誠に意外の御災難御同情に堪えず候《ソウロウ》、何を標準としてか異動の跡を見るに、極端なる暴挙というのほかこれ無く候、殊に老兄の休職は原因いずれにこれ有り候か、茨城県時代の事か、土木局長時代の事か、あるいは内務省に転任せられたるためには非る《アラザ》か、何れにしても全体が盲滅法の事ゆえ、判断の付け様もこれ無く候、これにつけて想起し候事は、小生が内務省に入りし時、憲政会の人と伊沢君あたりの希望は内務省の局長交迭にありて、相当これを促がされたる事これ有り候、当時伊沢君あたりは老兄の本省入りを望み居り候様子に覚え候、小生も交迭するとしては無論老兄に御苦労願い度しと考え候も、警保局は昼夜の勤務激しく、老兄には健康にいかがあるべきかを顧慮し、衛生局は伊沢君と小生と所見少しく異なる所あり、神社局は老兄に御希望のはずなし、地方局は動かし難き事情あり、土木局長の交迭は党人の神経を刺激する事強烈なりと考え、自然異動の時機を捉えざるべからずと考え、小生は頑として他の勤ほとんど応ぜざりしため、小生に対する憲政会の排斥運動の一因ともなりたりと考え候、小生内務省を去りたる後、土木局の方に御栄転となりし時、小生は一方これを祝し候と同時に政友会方面の猜疑《サイギ》集注を憂い申し候、かく申せばとて小生決して先見の明ありとして誇る次第にはこれ無く（中略）今回の異動のごときは罷められたる人必ずしも不名誉にあらず、昇進又は新任したる人必ずしも名誉に非ず、識者はむしろ反対に観るほどと存じ候（以下略）[86]」。

次田は、閣内不統一で第一次加藤内閣が総辞職し、憲政会が単独で第二次内閣を発足させた翌月、一九二五（大正一四）年九月に茨城県知事から土木局長に転じている。だが、湯浅が内務次官であった第一次加藤内閣の時期にも、憲政会や伊沢から次田の土木局長就任が強く主張され、湯浅の反対により異動が見送られたと書簡で明らかにしている[87]。次田の土木局長就任を躊躇した湯浅の心情からは、土木局長がすでに政党人の神経を強く刺激し猜疑心を引き起こしかねない、十分に政治的なポストとの認識があったことがよみとれる。歴代局長の顔ぶれを見ても、確かに水野錬太郎や堀田貢（政友会系）、小橋一太（憲政会系）など政党的色彩をもった人物が就任する例が少なくなく、土木局長は省内で十分に政治的なポストと見なされていたのである[88]。

しかしながら、政党の支援を受けながらも、加藤友三郎や山本権兵衛といった軍人が首班をつとめる中間内閣が多かったことから、大正期には政権交代にともなう土木局長更迭が慣例化するまでにはいたらなかった（**「歴代土木（国土）局長」**参照）。一九二四（大正一三）年に土木局勤務となった岡田文秀は、次のように大正期の土木局に関する印象を書き残している。「私が入った当座は土木局というところは至ってのんきな大世帯の局で、対外的には格別の波風もないところであった。先輩の河川課長松本学は新米の私にこういったものである。『土木局はのんきな処ですよ、何課に属していようとも地方へ出張すれば、河川でも、道路でも、港湾でもいやしくも土木局所管のものは何でも視察し

歴代土木（国土）局長

氏　名		在職期間	歴　代　内　閣
林　友幸	土木頭	1874.2.3-1877.1.19	
石井省一郎	土木局長	1877.1.19-1884.2.26	
島　惟精		1884.2.26-1884.11.21	
三島通庸		1884.11.21-1885.12.22	
西村捨三		1886.4.27-1889.3.16	第 1 次伊藤内閣 1885.12.22-、黒田内閣 1888.4.30-
中村孝禧		1889.8.20-1890.6.12	第 1 次山県内閣 1889.12.24-
古市公威		1890.6.14-1891.7.24	第 1 次松方内閣 1891.5.6-
古市公威		1891.8.16-1894.6.19	第 2 次伊藤内閣 1892.8.8-
都筑馨六		1894.6.22-1896.2.12	
古市公威	（兼）	1896.2.12-1898.7.19	第 2 次松方内閣 1896.9.18-、第 3 次伊藤内閣 1898.1.12-
鈴木充美	（心）	1898.7.19-1898.11.10	第 1 次大隈内閣 1898.6.30-
南部光臣		1898.11.10-1898.11.12	
田辺輝美		1898.11.12-1903.1.22	第 2 次山県内閣 1898.11.8-、第 4 次伊藤内閣 1900.10.19-、第 1 次桂内閣 1901.6.2-
南部光臣		1903.1.22-1904.6.6	
仲小路廉		1904.6.6-1904.11.17	
犬塚勝太郎		1904.11.17-1910.9.10	第 1 次西園寺内閣 1906.1.7-
水野錬太郎		1910.9.14-1912.12.22	第 2 次桂内閣 1908.7.14-、第 2 次西園寺内閣 1911.8.30-
久保田政周		1912.12.22-1914.4.21	第 3 次桂内閣 1912.12.21-、第 1 次山本内閣 1913.2.20-
下岡忠治	（心）	1914.4.21-1914.4.28	
小橋一太		1914.4.28-1918.4.25	第 2 次大隈内閣 1914.4.16、寺内内閣 1916.10.9-
堀田　貢		1918.4.25-1922.6.12	原内閣 1918.9.29-、高橋内閣 1921.11.13-
長谷川久一		1922.6.14-1923.10.25	加藤（友）内閣 1922.6.12-
長岡隆一郎		1923.10.25-1924.12.15	第 2 次山本内閣 1923.9.2-、清浦内閣 1924.1.7-、第 1 次加藤（高）内閣 1924.6.11-
堀切善次郎		1924.12.15-1925.9.16	
次田大三郎		1925.9.16-1927.5.17	第 2 次加藤（高）内閣 1925.8.2-、第 1 次若槻内閣 1926.1.30-
宮崎通之助		1927.5.17-1929.7.5	田中（義）内閣 1927.4.20-
三辺長治		1929.7.5-1931.4.15	浜口内閣 1929.7.2-
丹羽七郎		1931.4.15-1931.12.18	第 2 次若槻内閣 1931.4.14-
湯沢三千男		1931.12.18-1932.6.28	犬養内閣 1931.12.13-
唐沢俊樹		1932.6.28-1934.7.10	斎藤内閣 1932.5.26-
広瀬久忠		1934.7.10-1936.3.13	岡田内閣 1934.7.8-
岡田文秀		1936.3.13-1937.2.10	広田内閣 1936.3.9-
赤松小寅		1937.2.10-1937.11.4	林内閣 1937.2.2-
安藤狂四郎		1937.11.4-1939.1.11	第 1 次近衛内閣 1937.6.4-
挾間　茂		1939.1.11-1939.4.17	平沼内閣 1939.1.5-
山崎　巌		1939.4.17-1940.1.19	阿部内閣 1939.8.30-
成田一郎		1940.1.19-1941.9.6	米内内閣 1940.1.16-、第 2 次近衛内閣 1940.7.22-
成田一郎	国土局長	1941.9.6-1941.10.20	第 3 次近衛内閣 1941.7.18-
新居善太郎		1941.10.20-1943.7.1	東条内閣 1941.10.18-
宮村才一郎		1943.7.1-1945.4.21	小磯内閣 1944.7.22-
堀田健男		1945.4.21-1945.9.12	鈴木内閣 1945.4.7-
小泉梧郎		1945.9.12-1945.10.11	東久邇宮内閣 1945.8.17-
坂　千秋	（扱）	1945.10.11-1945.10.27	幣原内閣 1945.10.9-
岩沢忠恭		1945.10.27-1947.12.31	第 1 次吉田内閣 1946.5.22-

出典：秦郁彦編『日本官僚制度総合辞典』（2001 年、東京大学出版会）
（心）：心得、（兼）：兼務、（扱）：事務取扱

て来て、誰も文句をいう者はいない。あちこち視察していると一年はすぐ経ってしまいますよ』と。莫大な土木予算を大蔵省と折衝して、獲得すれば、あとは事務の仕事といって大したことはない。手をわけてあちこち視察して、翌年度の予算獲得の準備、即ち地方の声を聞き、現地について視察するのが主たる仕事というわけである」[89]。

次田の前任の土木局長である堀切善次郎によれば、「あのころの土木局の一番大きいのは水利権の許可です。これは非常に大きなもので政党的にもかなり利用されたのじゃないかと思います。水利権を発電のために許可するのですね。これが大きな河川については内務省の権限でした」と回想する。一方、地方からの陳情は、中央すなわち土木局に依頼することはなく、「ほとんど地方でみなおさまっていたように思う」とする。地方つまりは県庁で知事や内務部長などが対応したというのである[90]。

これに対して、田中内閣以後には土木局長の在職期間と政権の存続期間がほぼ一致するようになり、土木局長は内閣と進退を共にし、政権交代に人事が連動する政務官的な運用をされるポストとなった。その結果、公共土木事業の計画や執行に加えて、道路の路線認定、河川の使用許可、水面埋立ての免許などがみな政党の利害に配慮した形で決定されるようになったという。北村隆（一九二八〔昭和三〕年入省、警保局警備課長、同経済保安課長など歴任）が、土木局を「代議士の利権のタネを全部持っている」と評した所以である[91]。このように田中内閣による次田局長の更迭は、土木局に関する政党人事のあり方を大正と昭和とに分かつ分水嶺と位置付けるのは可能であるにしても、「意外の御災難」となぐさめながら、湯浅に「画期」を印象づけるほどの衝撃はなかった。

湯浅書簡で第二に注目すべきは、第一次加藤内閣の人事案作成のプロセスに言及した点にある。書簡からは、次田の処遇を含めた局長の人選を、次官である湯浅が主導し、伊沢と折衝しながら進めたことがわかる。憲政会内閣期の人事案作成のプロセスについては、長年の内務省取材経験を有する朝日新聞記者・栗林貞一によって、より詳細に描写されている。次に引用するのは、栗林の筆による第一次若槻内閣発足早々、一九二六（大正一五）年九月に実施された人事異動の模様である。

「先づ原案の原案は、俵政務、川崎事務両次官の外に、太田警視総監、潮地方局長、松村警保局長など、内務本省の幹部どこが集つて慎重審議を凝らして作成し、内相の決済を得てから内閣に申達する。すると此所では内務畑育ちで一廉の人事通を以て自任する塚本書記官長が待受けてゐて、与党側の注文や、江木司法安達逓信の両相をはじめその他の閣僚からの特種な意見を参酌し、それに自説も加えて原案に朱筆を入れ、更にこれを伊澤多喜男の所へ廻す。伊澤は前にも云ふ通り此内閣における地方官の大目付役たるのみならず、相当の乾兒も擁してゐるので、その台湾総督時代たると東京市長時代たると、浪人時代たるとの別なく、地方官の異動には常に関与してゐた。で彼は塚本官長から送つてきた案に眼を通し、意に添はぬものがあれば遠慮なく改竄《カイザン》して、官長の手許に返付する。これで大体原案が出来た訳で、官長は原案の原案、即ち内務省案の変更された点について一応同省に報告同意を求めた上いよいよ閣議に提出、正式に決定上奏裁可を仰ぐ[92]」。

憲政会が与党となった内閣で内相となった若槻礼次郎（第一次・第二次加藤高明内閣）、浜口雄幸（第一次若槻内閣）は、いずれも官僚（大蔵省）出身ながら、内務行政の知識も経験も乏しかった。このため人事異動については内務省幹部がサポートし、「地方官の大目付役」である憲政会系内務官僚の重鎮たる伊沢によるチェックを経て、閣議上程する手順を踏んでいた。憲政会内閣期の政府与党は、伊沢など内務省出身者を介した間接的な、従来型の人事介入を踏襲していたと言えよう。

3 鈴木内相と月曜会

第一次加藤高明内閣が閣内不統一で総辞職した後、憲政会単独の二つの内閣、第二次加藤内閣、第一次若槻礼次郎内閣を経て、政友会総裁・田中義一が内閣を組織したのは一九二七（昭和二）年四月二〇日であった。田中内閣で内務大臣に起用されたのは司法省出身の鈴木喜三郎である。内相となった鈴木は、次官人事に先んじて警保局長に自らと同じく司法省（検事）出身の山岡万之助を起用した。[93] これ以外にも警保局保安課長に同じく検事出身の南波杢三郎を起用し、警視庁では官房主事に加えて刑事、警務、保安の各部長が内閣発足直後に更迭された。のちに警保局長に就任する松本学（一九一一〔明治四四〕年入省）は、この人選の異例さを司法省による「内務省乗っ取り」と表現する。「鈴木喜三郎という人がやられたことは司法省でまるで内務省を乗っ取ったようなものでした。警保局長は山岡万之助氏、この人は検事でしょう。警保局の保安課長は、警察講習所の教授だった南波杢三郎君、この人も検事出です。警保局長、保安課長というのが一番大事なポストで、内務省でも警保局は非常に重要なところで当時警保局長は事務官でなく特別任用の政務官だったくらいです。この内務省の中核を司法省が占めてしまった。だから内務省の連中はみなあまりのことに驚いたのです[94]」。

当時の新聞は、田中内閣が選択した検事出身の鈴木喜三郎内相、そして山岡万之助警保局長の組み合わせを「総選挙本位」の陣立てと評した。司法官僚の内務省への参入、そして大規模な地方官異動を、ともに二七年秋の府県会議員選挙、二八年春の衆議院議員総選挙に向けた政友会の選挙対策と位置付け、内務省所管の選挙運営と、検事が指揮する選挙違反検挙とを一体化させた内務省の「司法警察官庁」化と見なしたのである。[95] そしてこの場合の選挙対策とは選挙干渉とイコールであった。再び『東京朝日新聞』一九二七年五月一八日付社説からの引用を掲げる。

「今日の問題としては、この空前の大更迭が、今秋の府県会選挙と、来春の国会選挙に対する現内閣の戦備であるといふ点である。しからばそれは単に立憲民政党と無産政党に対する宣戦ではなくして国民に対する宣戦、普選に対する反逆でないかと恐れるのである。二大選挙を前にしての地方官更迭が、政府の選挙対策であり、それが選挙干渉であることは、世間がかく信じ、当局のある者はこれを放言して憚らない。新選挙法の選挙運動取締りと罰則の不備が、選挙干渉の可能範囲を大にしてゐることは、普選法制定当時の政府委員山岡警保局長の如き、もっともよくこれを知るであらう[96]」。

政友会系の内務官僚を束ねた水野錬太郎も、自らが内務大臣に起用されなかった理由を次のように推測する。「私は内務次官〔寺内内閣〕とし又内務大臣〔清浦内閣〕として総選挙に関係したが、一度も選挙干渉を行ったことはなかった。清浦内閣に於ては其の与党たる政友本党の惨敗を見た。これが自分が政友会には容れられない訳で、田中内閣に於いては内務大臣の椅子は鈴木喜三郎が占むる所となり私は排斥せられた[97]」。水野は、加えて「自分の眼中には政友会もなく又政友本党もなし[98]」として、清浦内閣発足に際して分裂した政友会と政友本党の合同、「政本合同」工作に奔走していた。しかし、田中内閣発足直後に、政友本党が憲政会との合同に傾き、新党倶楽部を結成したことで工作は破たんしている。この経緯を踏まえれば、来る総選挙で水野が旧知の旧政友本党系に厳しい姿勢でのぞめるかは確かに疑問であった。

ここで政党と選挙をめぐる状況を展望すると、第十五回総選挙（一九二四〔大正一三〕年五月一〇日）以降に大きな変化が生じている。第一に、総選挙で護憲三派が勝利し、清浦内閣が打倒されたことで、「議会を基礎とする政党の党首が首相となり、政党による組織的な政権担当以外の内閣が除外[99]」されることが政権交代の基調となった。首相候補は政党党首のみとなったのである。第二に、一九二五（大正一四）年五月に革新倶楽部、中正倶楽部が政友会に吸収され、次いで一九二七（昭和二）年六月に憲政会と政友本党が合同して立憲民政党が結成されている。政党政治家がほぼ政友会と民政党という二大政党に二分され、両党が対峙することで選挙戦が一段と厳しさを増すことが必至となった。第三に、第一次加藤内閣の下で普通選挙法が成立したことにより、有権者が四倍に激増している。初の普選実施となる次回総選挙は、二大政党が政権獲得あるいは政権維持をめざして激突し、しかもこれまでに経験のない数の有権者を相手にした運動を強いられる選挙であった。田中の前任の若槻礼次郎首相が「金のできない総裁[100]」として勝利に自信が持てず、解散総選挙に踏み込めなかったエピソードはよく知られている。田中首相と鈴木内相、そして政友会には、初の普通選挙で民政党を相手に勝利を獲得するという大きなプレッシャーがかかっていた。ところが、政友会にとって選挙で頼みとなるはずの内務省系の官僚政治家はいずれも政権に距離を置いていた。床次竹二郎と小橋一太は、離党して政友本党を組織し、次いで憲政会と合同して立憲民政党に参画している。先述の水野錬太郎は鈴木の内相起用に不満であり、政本合同に奔走した経緯から床次ら旧政友本党系との対決も期待できなかった。この政友会系内務官僚の不在状況を補うべく内相に起用されたのが、選挙取締りを指揮してきた検事出身の鈴木喜三郎であった。

鈴木が内務大臣に起用されると、鈴木周辺に集まった内務官僚グループが「月曜会」を結成した。(101) 前述の田中広太郎によれば月曜会メンバーは、原敬以来の伝統的な政友会系、すなわち床次竹二郎系の内務官僚とは異質であり、内務省で出世コースからはずれた顔ぶれが多かった。再び田中広太郎の回想を紹介しよう。「あの当時大体秀才をとるということが多かったでしょう。そうしてよくない人はどんどん淘汰されたのです。淘汰された人がねそういう人が別に月曜会というものを民政党内閣《ママ》の時つくりまして、それが鈴木喜三郎を団長にして、政友会的の団体をつくりました」。政友会系・憲政会（民政党）系を問わず「成績の良かった」秀才組を本流とすれば、「できの悪い」傍流が結集したのが月曜会であった。(102) 月曜会メンバーは、大阪で週一回の会合をもち、鈴木喜三郎を擁立して内務省「人事を全部ひっくり返」(103)すことを画策し、以後、政友会系の内務官僚は鈴木系と床次系の二つに割れることとなったという。(104) 自らも月曜会メンバーに名を連ねた田中広太郎は、「政党色のきわめて濃厚にして人の適材適所どころではない。もっとも蛮勇を振える。地方行政にしてもね。蛮勇を振えるというのは選挙干渉でも露骨にやれる奴を全部起用した」のが、鈴木喜三郎の人事であったと断じる。(105)

内務省幹部に司法省出身者を配した鈴木内相は、先にふれたように一九二七年五月に各方面からの批判を浴びる大規模な人事異動を実施する。この人事異動では、鈴木内相や山岡警保局長ら司法省出身者が原案作成を主導し、これに月曜会官僚が参謀役として関わったものと推測される。事実、警保局長であった山岡万之助が残した関係文書には、府県長官や府県部長（内務・警察・学務）にとどまらず、警察官（警視庁・道府県警）を含む広範囲の履歴が残されている。(106)これに加えて次にその一部を示すような、本省の局長・課長、各県知事・内務部長・警察部長など百名を超す内務官僚の人物批評が記載された人事参考書類が残されており、人事案作成の内幕を推測させる。同資料から警保局や警視庁など警察関係ポストを中心に、内務省幹部数名の人物評を摘記しよう。(107)

潮恵之輔（地方局長）　若槻ト同郷。若槻内務大臣時代ヨリ一々憲派ノ為メニ働ク。今日ニテハ純然タル若槻系。憲（政会）内閣時代ニ於ケル地方官斬首ハ、潮及湯浅倉平、太田政弘、赤木朝治、川崎卓吉ノ合作タルハ一般ノ定評。「本省ノ主」トノ綽名《アダナ》アリ。事務的才幹ヲ有ス。

高橋雄豺（警保局警務課長）　巡査上リ。小橋一太ノ引キニヨリ静岡警視ヨリ本省ニ入。人物品性極メテ下劣無比。陰険ニシテ挙措一トシテ公明無シ。中傷讒誣ニ熱中シ以テ自己ヲエラク見セルコトノミニ腐心ス。従テ常ニ自己ノ第一次上官ヲ度外視シ第二次上官ニ阿諛ス。此種ノ綱紀紊乱ノ事実ハ枚挙ニ遑ナシ。憲内閣時代ノ人事異動ニハ大ニ容《ヨウ》嘴《シ》セリトノ定評。事務的才智アリ。高橋ノ悪評ハ庁ノ内外ニ捗リ、党派ヲ超越セル問題。

川崎末五郎（同　図書課長）　川崎卓吉ノ乾児、憲系。憲政、川崎安之助ノ女婿。川卓（川崎卓吉）、台湾時代彼ハ其部下タリ。後川卓ノ推輓ニテ朝鮮ニ赴ク。川卓ノ局長時代ニ警保局入。

石原雅二郎（同　保安課長）　仙石貢ノ女婿。憲内閣ニ保安課長トナリ各種ノ選挙ヲ掌理ス。専ラ憲系ト目セラル。

次田大三郎（土木局長）　三菱重役（江口定条？）ノ女婿、憲系ト目セラル。「岡山三人閥」ノ一人。茨城知事ヨリ土木局長タリシハ憲系ト三人閥ノ関係トニ基クトノ評。

大久保留次郎（警視庁官房主事）　憲系。伊沢多喜男ト親交深ク、伊沢ヲ第一ノ親分トナス。彼カ地方ヨリ上京シテ第一ニ訪問スルハ必ス伊沢タリ。又太田政弘引キ、嘗テ新潟ニテ太田ノ部下トシテ大ニ用ヰラル。

石田　馨（警視庁保安部長）　憲系。太田ノ引キ、新潟ニテ太田ノ部下タリシ。警視庁へ入シハ太田ノ関係。

人物評価にかなりのバイアスが見受けられるものの、姻戚や郷党関係、また上司・部下としてのつながりなどについてかなり正確に記載されている。この種のリストは事情に通じた内務官僚側からの情報提供なしには作成できない。このリストで、憲政会系政治家との関係を指摘された知事の半分以上は休職処分を受け、党派色が比較的薄い内務官僚の系列に属するとされた知事のほとんども休職などの処分を受けることとなった[108]。一方、月曜会に結集する内務官僚は政友会内閣のもとで優遇されている（**「月曜会主要会員（一九三一年二月）経歴」**参照[109]）。月曜会グループの存在をふまえて、山岡が残した人事更迭資料を見ると、鈴木喜三郎が、内務官僚と直接的に結び付き、受け身ではなく主体的に、また部分的ではなく広範囲に人事異動に関わった構図が見えてくる。内務省出身の官僚政治家が、政党と内務官僚の間にあって媒介するという、従来型の間接的な人事介入の手法とは対照的である。すなわち、原敬以来の間接的な人事介入方式が崩壊したことが、田中義一内閣の内務省人事が政党人事に「画期」を印象づけたのである。

憲政会における「地方官の大目付役」であった伊沢多喜男は、政党と官僚との関係に生じた変化を批判的に回想している。「今日政党不信の時代を招来した大きな原因の一つは、党人が官僚の畛域《しんいき》を犯し、これに対して官僚が尾をふった結果である。大隈内閣のときに参政官の制度が設けられたが、当時に於ても、加藤内閣時代に於ても、故〔加藤高明〕伯は政務と事務の区別と政務官と事務官の領域の限界とを最も厳重に主張せられ、いやしくも相犯し相寄るが如きは断乎として排撃されて居たのである。これがその後に至り、党人が事務官を左右するやうになり、事務官はまた自己の栄達と安全とを計るために或は迎合を事とし、或は操守を失ふやうになったゝめに、党弊その極に達し、遂に今日のやうな悲しむべきことゝなったのである[110]」。

鈴木内相の人事について、地方官人事に詳しい栗林貞一は「やり方が拙劣」で「田中首相鈴木内相以下の当路者に、人事を司る十分の智識経験なく、専ら地方党人の要求によつて任免異動を行つたに外ならぬ」と断じている[111]。人事を起案した経験を有する湯浅も、前掲の書簡のなかで異動の基準が理解できないと評する。また田中内閣のもとで政友会から総選挙に出馬した藤沼庄平は、内相としての鈴木について、「鈴木氏は司法官として育ち、検事を指揮したる観念にて地方官に臨み遂にアノ失敗を招く」と手厳しい評価をその日記に書き残している。(112) 藤沼は月曜会の会員名簿に名を連ねた政友会系官僚の一人でもある。鈴木の人事は、たとえ一定の調査を経たものであったとしても、人物評価に偏りがあり、省内事情を無視していたことは否めなかった。

これでは田中内閣により休職とされた内務官僚が自らの処遇に納得するはずもなく、休職組は団結して選挙監視のための「選挙革正会」や「新進会」、あるいは「七日会」と呼ばれる団体を組織し、明確に民政党(憲政会の後身)に与していく。(113) 彼らは人事考課の材料として現職知事の評価を民政党に提出し、政友会の「月曜会」に対抗する官僚グループを形成することとなる。民政党も報復人事の必要性から、これら反政友会系内務官僚と直接に結びつき、内務官僚が政友組と民政組に分かれて政権交代のたびごとに離職と就官が交互する「二部交代制」が確立するにいたった。(114) そして総選挙のたびに政友系と民政系の内務官僚が浪人と現職とところを変えて、選挙監視に繰り出す光景が衆人注視のなかで展開されるようになった。

選挙と地方行政を所管したことで、内務省は政治と行政とが激しくせめぎあう、その要に位置する官庁となった。とりわけ政党内閣期には、与野党逆転が伴う政権交代を機に政友会と民政党それぞれが人事権を駆使して内務官僚、ひいては内務省の争奪戦を繰り広げていく。政党は選挙での勝利をめざしてあらゆる資源を動員しようとし、選挙が政治を支配する基本原則となった。行政機構の構成や官僚機構の運用も、選挙での勝利を至上命題とする政党の意向に従って秩序づけられた。内務省は、政党から重要視され、政党を基礎とした内閣と密接に結び付くことによって有力官庁たりえたのである。

月曜会主要会員（1931 年 2 月）経歴

氏名／内閣	加藤高明Ⅰ Ⅱ期 1924.6.11.－	若槻礼次郎Ⅰ期 1926.1.30.－	田中義一期 1927.4.20.－	浜口雄幸期 1929.7.2.－	若槻礼次郎Ⅱ期 1931.4.14.-	犬養毅期 1931.12.13.-
八木林作		長崎内務部長	**島根県知事**	休職		**島根県知事**
山下謙一		徳島内務部長	**徳島県知事**	休職		**熊本県知事**
山本理一			元台湾総督官房文書課長		休職	**社会局保険部長**
松本三郎						**警視庁刑事部長**
藤沼庄平	元警保局長		**新潟県知事・辞職**			**東京府知事**
後藤多喜蔵		神奈川内務部長	**鹿児島県知事**	千葉県知事・免本官		
古宇田晶	元北海道土木部長		**大分県知事・免本官**			
鯉沼巌		神奈川警察部長	**秋田県知事**	休職		
遠藤柳作	青森県知事	三重県知事			免本官	**神奈川県知事**
斎藤守圀	埼玉県知事		**福岡県知事**	免本官		
斎藤宗宣	宮崎県知事	休職	**熊本県知事**	免本官		**大阪府知事**
澤田牛麿	元福岡県知事		**北海道庁長官**	免本官		
喜多孝治	台湾台南州知事		**樺太庁長官**	依願免本官		
木島茂			**警視庁警務部長**			
木下義介						**警視庁官房主事**
岸本正雄	山形県知事	免本官	**岡山・広島知事**	免本官		
宮脇梅吉	元石川内務部長		**和歌山・埼玉・千葉知事**	休職		**埼玉・岐阜知事**
宮田光雄		貴族院議員	**警視総監・辞職**			
芝辻一郎	元三重内務部長					**山梨県知事**
新庄祐治郎		福岡内務部長	**佐賀・青森知事**	休職		**滋賀県知事**
平塚広義	長崎・東京知事	東京府知事		依願免本官		**台湾総務長官**
元田敏夫	千葉県知事	休職	**香川県知事**	免本官		
守屋栄夫	社会局社会部長	免本官				
宮崎通之助	愛媛県知事・休職	休職	**土木局長**	免本官		
丸茂藤平	元千葉内務部長	復興局整地部長	**岩手県知事・台湾交通局総長**			
飯尾藤次郎	朝鮮黄海道知事		**沖縄・岩手知事**	免本官		
今村正美		熊本内務部長	**滋賀県知事**	休職		
長谷川久一	和歌山県知事	長崎県知事	**静岡県知事**	休職		**東京府知事・警視総監**
豊島長吉	元神奈川警察部長					**栃木県知事**
友部泉蔵			**警保局保安課長**	和歌山知事	休職	**台湾警務局長**
長延連	石川県知事	休職	**兵庫県知事**	免本官		**警視総監**
力石雄一郎	元宮城県知事・休職		**秋田・新潟・大阪知事**	免本官		
千葉了	三重県知事	休職	**長野県知事**	免本官		**広島県知事**
小幡豊治	徳島県知事	休職	**愛知県知事**	免本官		**新潟県知事**
大久保留次郎	福岡警察部長	警視庁刑事部長	**警視庁官房主事・台湾警務局長**	依願免本官		**千葉県知事**
尾崎勇次郎	元台湾総警務局長		**愛媛・新潟知事**	免本官		**愛知県知事**
大海原重義	岡山県知事	休職	**神社局長・京都府知事**	免本官		
大島破竹郎	元岡山内務部長		**佐賀・高知知事**	休職		
小浜浄鉱		社会局社会部福利課長	**福井県知事**	休職		**福井県知事・台湾内務局長**
河原田稼吉	社会局第一部長	社会局労働部長	**台湾総務長官**	免本官		**内務次官**

氏名／内閣	加藤高明ⅠⅡ期 1924.6.11.－	若槻礼次郎Ⅰ期 1926.1.30.－	田中義一期 1927.4.20.－	浜口雄幸期 1929.7.2.－	若槻礼次郎Ⅱ期 1931.4.14.-	犬養毅期 1931.12.13.-
川村貞四郎	警視庁衛生部長		**警視庁保安部長**	山形・青森内務部長・休職	休職	**山形県知事**
加勢清雄	北海道土木部長	宮崎県知事	**高知・福島知事**	免本官		
横尾惣三郎	欧州出張		**樺太農林部長・香川内務部長**	休職		**埼玉内務部長**
横山助成	元岡山県知事		**石川・広島知事、警保局長**	免本官		**京都府知事**
田辺治通	元逓信省通信局長		**大阪府知事・依願免本官**			
田中広太郎	地方局都市・財務課長		**復興局整地部長・依願免本官**	東京市助役		**静岡県知事**
南波杢三郎	福井内務部長・退官	退官	**警保局保安課長・神奈川内務部長**	休職		
長岡隆一郎	社会局長官		**警視総監・依願免本官**			
永野清	元熊本警察部長					**大分県知事**
中山佐之助	元関東庁警務局長		**茨城・石川知事**	休職		**福岡県知事**
成毛基雄	元奈良県知事					
長井喜太夫	警視庁刑事部長・休職					
村井八郎	元北海道土木部長					**福島県知事**
村地信夫			**警保局高等課長**			**警視庁官房主事**
内田隆			**台湾殖産局長**			**秋田県知事**
野手耐	元朝鮮営林廠長		**埼玉・和歌山知事**	休職		
久保田金四郎			**警視庁刑事部長**			
久米成夫		広島内務部長	**大分県知事**	休職		**愛媛県知事**
山岡万之助	元司法省刑事局長		**警保局長・依願免本官**			**関東長官**
山岡国利	三重県	休職	**宮崎県知事**	休職		
山口織之進	元岩手警察部長		**香川警察部長**	休職・依願免本官		**和歌山警察部長**

出典：『内務省史』第四巻掲載の「歴代内務本省・地方庁幹部一覧」『戦前期日本官僚制の制度・組織・人事』掲載の「主要官僚履歴」「主要官職の任免変遷（内務省のみ）」、『日本の歴代知事』全3巻（歴代知事編纂会、1980－82年）掲載の履歴を参照した。

注記：月曜会会員の氏名は「月曜会会員名簿」（国会図書館憲政資料室所蔵「山岡万之助関係文書」A-4-2-8）による。同名簿掲載の82名のうち確認できた者の経歴のみを記載した。

本章の最後に、検事出身の鈴木内相と山岡警保局長の組み合わせが「総選挙本位」と評されて後の波紋について言及しておきたい。先に掲げたように『東京朝日新聞』は、内閣更迭に伴う大規模な人事異動を選挙干渉と結びつけて批判している。この直感は、総選挙を占う試金石とされた二七年秋の府県会議員選挙において、宮崎県で市長につづいて県知事までもが選挙違反容疑で起訴されたことで確信にかわる。田中内閣の選挙運営に対する疑念は総選挙によってさらに深まり、与野党の議席が伯仲した第五十五議会に提出された内相弾劾決議案と政治的国難決議案に受け継がれた。ここで選挙干渉の責任を問い、官僚の政党化を批判した政治的国難決議案が可決され、選挙の実施責任者である鈴木内相が辞任に追い込まれた。しかし、選挙に対する姿勢を疑問視されたのは鈴木喜三郎個人にとどまらなかった。内務省の選挙運営に対する信頼も同時に失墜したのであった。第十六回総選挙を分析した藤沢利喜太郎はその著書『総選挙読本』のなかで、選挙結果を伝える新聞紙面に、各候補者の得票数については内務省が発表した数字を用いながら、候補者の党派別を認定する際には各新聞社独自の調査に基づいて算定するという異例の特徴があったことを指摘している。

「普通の場合なれば官庁発表の統計は他のものに比して信頼に値するものなれど、選挙干渉の為めに衆議院から弾劾せられて辞職を余儀なくせられた内相の下にあつた内務省（中略）選挙上の伏魔殿であるかのやうに世人の意識に映射した、その当時の内務省の報告に対して世人が之を信用すること能はざりしは無理ならぬことである。（中略）されば新聞社等に於ても選挙の結果を報告するに、票数は内務省の報告に拠る場合に於ても候補者の党派別に就ては何れも自社の調査に拠つたのである」[115]。

「選挙上の伏魔殿」というレッテルは内務省の選挙運営に対する不信感を集約した観がある。これを受けて、田中内閣の選挙干渉を非難した政治的国難決議案には、選挙干渉の防止策として、政党の人事介入を困難にするために事務官の身分保障を厚くすること、あるいは選挙犯罪を検挙する司法警察権を内務省から司法省（検事）に移管することが盛り込まれた。内務官僚の政党化は、ピークに達した田中義一内閣期を境として拡大から縮小へと議論が転じていくのである[116]。

田中義一内閣総辞職を受けて、大命を拝受した民政党総裁の浜口雄幸は、組閣に際しての感懐を次のように書きしるしている。

「先ず以て今日の政党政治信用の恢復に向って、渾身の努力をなさざるべからず、今日の政治は何人の罪とは言はざるも確かに国民道徳の平均以下に堕落して、却って国民道徳を破壊しつつあり。(中略) 我が国民は、政党政治の樹立を認識するや否や、直ちに其の弊害の甚しきに失望せり。かるが故に国民は政党政治の弊害が、制度其の物の罪なりや、将又政治家其の人の罪なりやを深く弁別するに暇あらずして、早くも政治の現状に失望し、将来を悲観せり。此の失望と悲観とは我が国運の前進に恐るべき暗影を投じたり。政党政治の弊害は、果して、制度其の物の罪なりや。将又、政治家其の人の罪なりや。余の内閣は実に此の重大なる問題を解決すべく生まれたりと余は自任し居れり[117]」。

浜口内閣は、政党の信用回復実現を目して、選挙浄化や選挙干渉防止を念頭に選挙革正審議会を設置する。しかし、政党批判の高まりは内務省にとって追い風とはならなかった。政党と一体化した官庁とみなされた内務省にも批判が飛び火したからである。

注

(1) 三谷太一郎「政党内閣期の条件」(中村隆英・伊藤隆編『近代日本研究入門〔増補版〕』東京大学出版会、一九八三年)、清水前掲『政党と官僚の近代』一九一頁。

(2) Eva Etzioni-Haley, BUREAUCRACY AND DEMOCRACY - A POLITICAL DILEMMA (Routledge & Kegan Paul,

1983), p. 237-238、奈良岡聰智「政務次官設置の政治過程――加藤高明とイギリスモデルの官制改革構想」（一）（『議会政治研究』六五号、二〇〇三年三月）五七頁。奈良岡は「政党員の就官」ほか二つの形態の「政党化」について「政党を統治へ参加させ、政策過程における政党の役割を高めようとする動き」を指すとし、「官僚化」（官僚側が推進した「官僚制度を鞏固にし、政治決定過程における官僚の役割を高めようとする動き」）と対になった分析概念と位置づけている。このほかアメリカにおける政治任用者の実態を分析したデイヴィッド・ルイス『大統領任命の政治学』（ミネルヴァ書房、二〇〇九年）の指摘も日本の行政機構の政治化を考察する際に有益であった。特に官僚の政党化が政党の行政機構に対する支配力を高め、政党の政策や意向に官僚を従わせることには有益である一方、過度の政党化が専門官僚や行政機関の能力の劣化を招く危険性があるとのルイスの指摘は、日本のケースでの「党弊」問題を考察するにあたって示唆的であった。

（3）文官任用令改正については清水唯一朗による一連の論考がある。明治期に関しては、「文官任用令の政治過程――政官関係の制度的序説」（『法学政治学論究』五九号、二〇〇三年冬季号）が一八九三（明治二六）年の文官任用令の制定過程を明らかにし、「政党内閣の成立と政官関係の変容――隈板内閣～第四次伊藤内閣」（『史学雑誌』一一四編二号、二〇〇五年二月）は隈板内閣から第四次伊藤内閣にいたる期間を対象に、明治期における政党と内閣、官僚の関係の変容を文官任用令改正や政務官事務官制度の変遷から論じている。大正期に関しては「第一次山本内閣の文官任用令改正と枢密院――大正政変後の政官関係」（『法学政治学論究』五一号、二〇〇一年冬季号）、「大正期における政党と官僚」（寺崎修・玉井清編著『戦前日本の政治と市民意識』慶應義塾大学出版会、二〇〇五年）、「護憲三派内閣期における政党と官僚」（『近代日本研究』三巻一号、二〇〇六年一月）で検討されている。上記諸論文は、加筆・修正のうえ前掲『政党と官僚の近代』にまとめられているため、頁数は基本的に『政党と官僚の近代』から示し、収録されていない場合のみ論文の頁を示した。また政務次官制度については、奈良岡「政務次官設置の政治過程」（一）―（六）、『議会政治研究』六五号―七一号、二〇〇三年三月―二〇〇四年四月）、清水前掲「護憲三派内閣における政党と官僚」がある。

（4）明治期から大正期の警察については、大日方純夫による『天皇制警察と民衆』（日本評論社、一九八七年）、「日本近代警察の確立過程とその思想」（『日本近代思想大系3　官僚制　警察』（岩波書店、一九九〇年）解説）、『日本近代国家の成立と警察』（校倉書房、一九九二年）、『警察の社会史』（岩波新書、一九九三年）がある。近年では中澤俊輔「日清・日露戦間期の警察改革」（『本郷法政紀要』一三、二〇〇四年）、同「日露戦後の警察と政党政治――違警罪即決例をめぐる攻防」（『日本政治研究』二巻二号、二〇〇五年七月）、同『治安維持法』（中公新書、二〇一二年）、宮地忠彦「「善導」による治安維持――大正期の警察の理念と政策」（『日本政治研究』三巻二号、二〇〇六年七月）、同『震災と治安秩序構想』（クレイン、二〇一二年）ら新進の研究者によって大正期の警察を中心とした研究が深められつつある。

（5）清水前掲『政党と官僚の近代』二五八―二五九頁、および「護憲三派内閣期における政党と官僚」五二―五三頁。現職官僚の兼職禁止の例外とされたのは、国務大臣、内閣書記官長、法制局長官、各省政務次官、各省参与官、内閣総理大臣専任秘書官、各省秘書官であり、政務官を例外として議員との兼職は認められなくなった。このほか官吏の議員兼職については石川寛「近代日本における官吏の衆議院議員兼職制度に関する研究」（一）―（九）（『法政論集』一八八号―一九五号、二〇〇一年六月―二〇〇三年六月）がある。

（6）「大隈重信奏議書」（一八八一年三月一一日）、『大隈重信関係文書　四』（日本史籍協会、一九三四年）。

（7）大島美津子『明治国家と地域社会』（岩波書店、一九九四年）二六三頁。第一次大隈内閣での政党人の猟官運動に関して、清水前掲『政党と官僚の近代』は、大隈首相が事務官については内閣に反対しない限り地位を保障する旨を声明したものの、ほぼ全ての省において政党人が主導的地位を占め、猟官は試験任用の対象外であった勅任官に限らず、北海道支庁長といった奏任の地方官にも及んだと指摘する（七五―八二頁）。

（8）清水唯一朗は、山県内閣が整備した三令の意義を次のように指摘する。第一は政党人の官界への侵入阻止が徹底されたこと、第二に官吏の身分保障導入で官界の年功序列システムである官等歴階が確立されたこと、第三に専門知識を有する官僚層の形成が強調されたこと、の三点である。清水は、三令整備によって、山県内閣は勅任官までを官等歴階のなかに体系化し、これに専門知識を有する官僚を供給することで行政組織の独立確保を企図したと評価する（前掲『政党と官僚の近代』一一一頁）。

（9）大島前掲『明治国家と地域社会』二七一―二七二頁、升味前掲『日本政党史論』第四巻三六頁、同第五巻（一九七九年、同）二七五頁。なお、山県閥とは、日清戦争後に台頭を果たした政党に反発した官僚層、衆議院の国民協会、貴族院の研究会などが、政党との提携に批判的な山県有朋のもとに結集した集団をさす（坂野前掲『明治憲法体制の確立』一一九―一四〇頁）。

(10)原敬については、三谷前掲『日本政党政治の形成』、ナジタ前掲『原敬』、山本四郎『評伝原敬　上下』（東京創元社、一九九七年）、川田稔『原敬　転換期の構想――国際社会と日本』（未來社、一九九五年）などによる。

(11)大島前掲『明治国家と地域社会』二六九―二七一頁。ナジタ前掲『原敬』一一〇―一一一頁。

(12)升味前掲『日本政党史論』第五巻、三二七頁。

(13)升味前掲『日本政党史論』第五巻、二三五頁。

(14)升味前掲『日本政党史論』第四巻、一六七―一六八頁。清水前掲『政党と官僚の近代』によれば、政友会に連なる自由党系の政治人には、隈板内閣において、すでに知事を中心とした地方官に加え、警察行政や鉄道行政に関わる官職など、行政への介入よりも党勢拡張という実益を重視して就官を行なう傾向が見られた（九、一〇一―一〇二頁）。

(15)升味前掲『日本政党史論』第五巻、三〇九―三一八頁。昭和期における政党の地方組織については、奥健太郎『昭和戦前期立憲政友会の研究――党内派閥の分析を中心に』（慶應義塾大学出版会、二〇〇四年）が、第十六回総選挙（一九二八〔昭和三〕年）と第十七回総選挙（一九三〇〔昭和五〕年）に栃木二区から出馬した藤沼庄平の事例研究を行なっている。同書は、地方組織は代議士に対する自律性を有しながらも、自らの力だけで組織の維持拡大、集票活動を行なうことが不可能であり、組織の維持拡大に関しては代議士を介した利益誘導や候補者が提供した選挙資金に依存していたことを指摘する（二七二―二七三頁）。

(16)選挙干渉については内政史研究会談話速記録などで数多くの内務官僚が言及する。特に『続内務省外史』（地方財務協会、一九八七年）に証言がまとめられている（五四―六一頁）。

(17)「堀切談話」第二回、四五頁、以下引用は『現代史を語る7　堀切善次郎・田中広太郎』（現代史料出版、二〇一二年）による。原敬も選挙情報の収集が選挙干渉に結び付きやすかったことから、当選見込の報告を禁じたと日記に記している。「余より府県会議員選挙に関し発したる訓令を閣僚に告げ置きたり、其要は法の範囲内に於ける自由を保障し干渉に陥る如き事を絶対に避けたるものなり、即ち当選見込者を報告する従来の例の如きは遂に巡査が各戸に就き何人を投票するやを尋ぬる如き弊に陥り其間干渉も行はれ、又干渉の疑も受る訳なるが、既に無干渉と決定したる已上は何人が当選するも政府の問ふ所にあらず、故に其当選見込を報告せしむる要なし」（『原敬日記』一九〇七（明治四〇）年九月三日、第二巻〔福村書店、一九八一年〕二五五頁、『影印原敬日記』第五巻〔北泉社、一九九八年）一七〇頁）。

(18) 佐々木隆『藩閥政治と立憲政治』（吉川弘文館、一九九二年）二〇六頁。

(19) 伊藤金次郎『地方官気質と党人気質』（大阪毎日新聞社・東京日日新聞社、一九二三年）四〇〇頁。

(20) 水野錬太郎宛森正隆書簡、松波仁一郎編、水野錬太郎『論策と随筆』（水野錬太郎先生古稀祝賀会事務所、一九三七年）六八三―六八七頁。同書簡は国会図書館憲政資料室所蔵の「水野錬太郎文書」には含まれていない。

(21) 朝日新聞社通信部編『県政物語』（世界社、一九二八年）。

(22) 升味前掲『日本政党史論』第四巻、二〇二―二〇四頁。ナジタ前掲『原敬』七二―七五頁。

(23)『内務省史』第四巻、一九一頁。後藤は水野錬太郎や床次竹二郎など政友会系の官僚の薫陶を受けてキャリアを積み上げた人物である。だが、伊沢多喜男総督のもとで台湾総督府総務長官をつとめていた際に、田中義一内閣によって解任されて以後は民政党系官僚とみなされるようになった（中村宗悦『後藤文夫』日本経済評論社、二〇〇八年、四二―四三、九一―九三頁）。

(24)『府県制五十年を語る』（内務省主催府県制発布五十周年記念座談会、中央報徳会、一九四一年）、一三一頁。山本四郎「原敬と知事」（『史窓』四八号、一九九一年三月）も原敬が党派的立場からの強引な更迭を行なったとは言えないと評価する。

(25) 水野「懐旧録・前編」、前掲『水野錬太郎回想録・関係文書』一五―一六頁。

(26) 前田蓮山『原敬』（時事通信社、一九五八年）一三七頁。同書は、斯波淳六郎の役職を神社局長としているが、第一次西園寺内閣が発足した一九〇六（明治三九）年当時は宗教局長である。

(27)『原敬日記』第二巻（一九〇六〈明治三九年〉年一月一二日）一六四頁。『影印原敬日記』第五巻、四五九―四六〇頁。

(28) 伊沢多喜男「〈人物回想〉加藤高明」（『報知新聞』一九三五〈昭和一〇〉年七月二六日―二八日掲載「巨人を偲ぶ」第一二回―第一四回、および「加藤高明伯（上）（中）（下）」の原稿）、伊沢多喜男文書研究会編『伊沢多喜男関係文書』（芙蓉書房出版、二〇〇〇年）五四九頁・五五〇頁。

(29) 加藤伯伝記編纂委員会『加藤高明　下』（同委員会、一九二九年）七二頁。大西比呂志「解説　関係文書にみる伊沢多喜男の政治生涯」による（前掲『伊沢多喜男関係文書』所収、七一三頁）。

(30) 山本前掲『評伝原敬　下』一二八―一二九頁。

（31）季武嘉也『大正期の政治構造』（吉川弘文館、一九九八年）は官僚政治家が大正期に果たした役割について次のように指摘する。「内務省幹部も二大政党にリンクするようになったが、ここで注目すべきことは、床次は藩閥に対して、伊沢らは政友会に対して共に内務省の独立維持をという点では一致していたことである。床次、伊沢は個人的に親しく常に連絡を取り合っていたといわれるが、それはこの点に関連していたと推測される。とすれば、内務省は山県系（憲政会）と政友会という他政治集団に対応する形で二つの潮流が生まれながらも両者の距離は短く、全体としては内務省の独立を守りながら、他方で常に如何なる内閣にも対応できるような体制をとっていたともいえよう。これが崩れたのが昭和二（一九二七）年四月に成立した田中義一内閣の鈴木喜三郎内相時代であった」（二三―二四頁）。伊沢と床次との関係については、季武「大浦兼武と伊沢多喜男」（大西比呂志編『伊沢多喜男と近代日本』〔芙蓉書房出版、二〇〇三年〕所収）にも同様の指摘がある（五二―五四頁）。

（32）清水前掲『政党と官僚の近代』一八六頁。

（33）「山岡万之助関係文書」（学習院大学法学部・経済学部図書センター原所蔵、国立国会図書館憲政資料室複製〔マイクロフィルム〕所蔵）に含まれる、山岡が内務省警保局長時代の地方官更迭等人事資料による（A―VI―二―一（一））。

（34）三谷前掲「政党内閣期の条件」六八頁。なお、明治憲法下における首相選定方式の特徴と変化を分析した村井良太は、政権交替システムとしての政党内閣制を「議会を基礎とする政党の党首が首相となり、政党による組織的な政権担当以外の内閣が除外される政権交代システム」と定義する（『政党内閣制の条件　一九一八〜二七年』〔有斐閣、二〇〇五年〕八頁）。

（35）行政調査会関係の原資料は「行政調査会書類」として国立公文書館に所蔵されている。以下、引用には文書名及び分類番号を示すこととする。行政調査会の性格については、矢野達雄「労働法案をめぐる行政調査会議事録」（一）（『阪大法学』一〇五号、一九七八年）の「解題」を参照のこと。このほか、行政調査会の審議経過については、奈良岡前掲「政務次官設置の政治過程」（五）、清水前掲「護憲三派内閣における政党と官僚」、若月剛史「『法科偏重』批判の展開と政党内閣」（『史学雑誌』一一四編三号、二〇〇五年）でも検討されている。

（36）「内閣総理大臣訓示」、「行政調査会参考書類」（二A―三六―委四四五）。なお、文官任用令第三条の二によって、すでに一般銓衡任用は、内閣印刷局長、海外駐剳財務官、復興局長官、造幣局長、専売局長官、専売局部長、千住製絨所長、製鉄所長官、朝鮮総督府営林廠長、台湾総督府専売局長（専売局経理部長を除く）について認められていた（「行政調査会報告書原議」二A―三六―委四三八）。

(37) 大正期における文官任用令改正の経緯については、清水前掲「第一次山本内閣の文官任用令改正と枢密院」および「大正期における政党と官僚」で検討されている。

(38) 「行政調査会第八回委員会速記録」二A―三六―委四九三。

(39) 近年では、憲政会と政友会との相違に着目して政官関係の分析を行なう研究が出てきている。清水唯一朗は、政務事務の区別を志向する憲政会モデルと、自由任用の維持を主張し政務事務の混交を志向する政友会スタイルに分類する（前掲「護憲三派内閣における政党と官僚」）。奈良岡聰智は、加藤高明が政務官と事務官を区別するイギリスをモデルとした政党政治の実現を目指したのに対し、局長クラスの勅任官までを自由任用とすることを構想していた原敬はアメリカモデルの政官関係を目指していたとする（前掲「政務次官設置の政治過程」）。いずれも政友会が、憲政会に比して自由任用や特別任用の拡大に積極的であったことを指摘している。

(40) 「行政調査会第八回委員会速記録」二A―三六―委四九三。

(41) 「文官任用制度改善ニ関スル小幹事会議事録」第二回、「行政調査会幹事会議事録」二A―三六―委四五二。

(42) 前掲「文官任用制度改善ニ関スル小幹事会議事録」第四回。

(43) 「行政調査会第九回幹事会議事録」、前掲「行政調査会幹事会議事録」。ただし、銓衡任用拡大には、現行の銓衡委員の組織を再検討する必要があることでは各省一致している。この点に関連して、若月剛史は、政党化の拡大を恐れた内務省が銓衡任用に消極的であったのに対し、現業官庁は専門性の観点から特別任用に積極的であったと指摘する（前掲「『法科偏重』批判の展開と政党内閣」七四―七六頁）。

(44) 「行政調査会第四回委員会速記録」二A―三六―委四八八。

(45) 前掲「行政調査会第八回委員会速記録」。

(46) 東京市政調査会『自治五十年史』第一巻・制度編（良書普及会、一九四〇年）、三六九―三七二頁。

(47) 知事公選論は、『地方行政』二七巻八号、同三〇巻一一号、『斯民』一五巻一号、『東京朝日新聞』一九二〇年一月三一日社説などで展開されている。知事経験がある阪本釤之助は、「私は七八年前に知事公選、道庁設置の意見を雑誌『地方行政』に発表し、その後も同誌上で再び議論しているが、世間から一顧も与えられず」と回想している（「地方分権は先づ地方庁の形体を改むるに在り」『斯民』二二巻一〇号、一九二七年一〇月）二八頁）。

（48）「行政制度審議会委員会議事録」（二A—三六—委五三〇）。行政制度審議会の原資料も「行政制度審議会関係書類」として国立公文書館に所蔵されている。以下、引用には文書名及び分類番号を示すこととする。

（49）『田中内閣』（「田中内閣」編纂所、一九二八年）八六頁。

（50）「知事公選問題の経過」（『都市問題』五巻二号、一九二七年）。なお、田中内閣期の地方分権問題、知事公選問題に関しては、池田順「政党内閣下の二つの地方税改革と官僚」（日本現代史研究会編『一九二〇年代の日本の政治』大月書店、一九八四年）、金沢史男「田中義一政友会内閣期における『地方分権論』の歴史的性格」（『社会科学研究』三六巻五号、一九八五年）、小路田泰直「田中義一内閣と『地方分権論』」（『歴史学研究』五五八号、一九八六年）、小関素明「日本政党政治史論の再構成」（『国立歴史民俗博物館研究報告』三六集、一九九一年）、前掲古川「政党内閣期の内務官僚」（後に前掲『昭和戦中期の議会と行政』に収録）、波田永実「政党内閣下の地方分権構想」（『政経論叢』六八巻二・三号、一九九一年一二月）、小山俊樹『憲政常道と政党政治』（思文閣出版、二〇一二年）第五章などで検討されている。

（51）「幹事会議事録　其二」（二A—三六—委五三一）。なお、鈴木内相の消極姿勢に対しては、知事公選制への要求が強かった旧来からの政友会員を中心に党内から反発の声が挙がっている。一九二七年六月二六日の『時事新報』は、政友会内の声として次のような記事を掲載している。「我党内閣は行政制度審議会に於て地方長官公選問題を従来主張し来つた関係上政党内閣の意義を具体化すべく之が実現に努力するは明かな事実である。然るに之が当面の責任者たる鈴木内相は此問題に対し全然白紙の態度であると声明し居るも、寧ろ反対の意向にあるは察知難からず。然るに此内相の意向に迎合して殊更此反対の議論を為す如きは唾棄すべき態度である。我党内閣の主張として確定せるものに対し、兎や角反対する如きは相当戒飭に値する」。政友会内には、組閣の際の人事で鈴木に近い「新勢力」（政友本党との分裂後の勢力回復のために吸収してきた政友本党系や革新倶楽部系）が優遇され、旧来からの古参党員のポストが抑制されたことから、鈴木に対する不満が蓄積していた。ここから、組閣の際に参謀役をつとめ、その意向が人事に強く影響した鈴木内相に批判の矛先が向けられることとなったという（奥前掲『昭和戦前期立憲政友会の研究』二八頁）。知事公選は、この政友会内の新旧対立とリンクする可能性を有した問題であった。

(52)『東京朝日新聞』は、一九二七年六月二五日社説「知事公選反対」で、知事公選を地方官会議にかけること自体が「実は鈴木内務大臣が、知事公選に反対なるがために、地方長官をして代つていはしむるに過ぎないのであろう」と論じている。鈴木内相は、会議後に知事公選については「自分もいまだ曽てこれが賛否の意見は発表したことはない」とし、「政友会が知事公選を唱へたからとて自治体たる市町村が市町村長を公選にしてゐるから府県といふ自治体の長官を公選にするのは当然だといふやうな書生論ではかたづけられない」と語り慎重な姿勢を明らかにしていた(同六月二五日記事)。また、具体的な日時は不明だが、鈴木は西園寺に反対を「口約」したという。牧野は、その日記に「知事公選に付ては鈴木〔喜三郎〕内相は新聞抔には多少余地ある記事顕はる可きも、自分としては断然反対なれば安心されたしとの口約をなせり」と記している(『牧野伸顕日記』〔中央公論社、一九九〇年〕一九二七年七月三日)。

(53)政友会政務調査会の改革案は前掲「幹事会議事録　其一」に、幹事調査書第一号「州庁設置ニ関スル件」・「州庁設置ニ関スル参考案」は前掲「行政制度審議会委員会議事録」に収録されている。

(54)第三十回幹事会(一九二八年四月七日)での発言、「幹事会議事録　其二」(二A―三六―委五三二)。

(55)「地方分権ニ関スル報告書」には、地方自治体が行なうのが適当な事業として、以下の事業が例示されている(前掲「行政制度審議会委員会速記録」)。例示された事業には共同購入や共同販売、共同利用施設など農会や産業組合(農協の前身)と重複する事業が見られる。

耕地整理、開墾事業、農業倉庫、中央卸売市場、公益質屋、副業奨励施設、共同繭倉庫、共同乾繭装置、農作物改良増殖事業、地方住民ニ関係深キ必需品ノ共同購入(一般生活必需品ノ外農村ニ於ケル肥料ノ如キ産業必需品ヲ含ム)、地方住民一般ノ利益ノ為ニスル共同販売、地方住民一般ノ利用ニ供スル産業施設

(56)前掲「州庁設置ニ関スル参考案」によれば(第三項)、府県の委任事務には「精神病院癩療養所ノ如キ衛生施設、感化院ノ如キ社会施設、中学校師範学校実業学校専門学校図書館ノ如キ教育施設、地方測候所地方農事試験所蚕糸試験場工業試験所水産試験場種畜場ノ如キ産業施設等現ニ府県ニ委任セラルルモノハ皆之ニ属スベク其ノ他従来府県ニ於テ経費ヲ負担スル事項ハ概ネ委任スルコト例ヘバ河川其ノ他ノ土木事業、家畜伝染病予防事務、国道及府県道ニ関スル事務」などが掲げられている。

(57)『大阪朝日新聞』一九二七年七月二六日。

(58) 前掲「幹事会議事録　其一」。
(59)『東京朝日新聞』一九二七年七月二八日社説「まづは中央政費を節減せよ」。
(60) 内務行政としての警察が行政警察に重点を置いたことについては、大日方純夫による明治期を主たる対象とした一連の研究（前掲注（4））がある。しかしながら、昭和期の警察に関しては特高警察や新官僚に研究が集中し、政党や内閣との関係で警察が果たした政治的な機能についてはほとんど明らかにされてこなかった。特高警察に関する研究には、江藤祟「昭和期の特高警察」（『季刊現代史』一九七六年六月）、奥平康弘『治安維持法小史』（筑摩書房、一九七七年）、荻野富士夫『特高警察体制史』（せきた書房、一九八四年）、野崎義幸「昭和戦中期における国家主義団体の取り締まりに関する一考察――司法省、内務省の動向から」（『駒沢大学史学論集』二八号、一九九八年四月）などがある。新官僚に関する研究については第二章で示すことにする。
(61)『警察研究』一巻四号（一九三〇（昭和五）年四月）の統計によれば、一九二八（昭和三）年末現在での警察部長の平均勤続年数は一年に過ぎなかった（一一九頁）。
(62) 幹事会では、第一八回会合で、「現行制度ニ於テ勅任文官タル資格ナキモノニ付テハ徹底的ニ門戸ヲ開放シテ総テ銓衡ニ依リ任用シ得ル様改正スルヲ可トス、従テ銓衡機関ヲ相当権威アルモノトスルコト」との方針を確認し、立案当初から勅任文官すべてを銓衡任用の対象とする方向であった（前掲「幹事会議事録　其一」）。次いで、第十九回幹事会に提出された任用令改正の素案でも「勅任文官（事務ノ官）ハ現ニ自由任用タル官ヲ除クノ外総テ当該官ノ職務ニ必要ナル学識技能及経験ヲ有スル者ヨリ勅任文官銓衡委員会ノ銓衡ヲ経テ任用スルヲ得ル途ヲ開クコト」とされていた（前掲「幹事会議事録　其二」）。
(63) 第二十回幹事会での発言（前掲「幹事会議事録　其二」）。
(64) 委員会審議では、任用令に関して銓衡任用の対象者に求められる要件を「学識技能経験」から「知識経験」へと緩和したほか、銓衡・分限両委員会の構成メンバーを、国務大臣から一人、委員を内閣書記官長、法制局長官、各省次官から二人とする改正案を一九二七年一二月二七日付でとりまとめた（「報告書原議」二A—三六—委五二八）。
(65) 第七回委員会での発言、前掲「行政制度審議会委員会議事録」。
(66) 第七回委員会、前掲「行政制度審議会委員会議事録」。

（67）昭和二年一二月二八日「文官分限令改善ニ関スル件」、昭和三年一〇月二日報告「文官分限制改善ニ関スル件」、前掲「報告書原議」。

（68）『政友』三二九号（一九二八年五月）二八頁。

（69）古川前掲「政党内閣期の内務官僚」（前掲『昭和戦中期の議会と行政』二〇九頁）の指摘による。この会合は前田が「地方自治体の完全なる発達」を待つべきであると発言したために紛糾し、前田が会議を逃げ出して終了したという。

（70）前掲「幹事会議事録　其一」。

（71）前掲「幹事会議事録　其二」。

（72）粟屋憲太郎『昭和の政党』（岩波書店〔岩波現代文庫〕、二〇〇七年）、二一一―二一二頁。

（73）坂千秋「改正選挙法大意」七（『斯民』二〇編一二号、一九二五年一二月）。衆議院議員選挙法の改正経過に関しては、伊藤之雄「『ファシズム』期の選挙法改正問題」（『日本史研究』二一二号、一九八〇年）、杣正夫『日本選挙制度史』（九大出版会、一九八六年）がある。

（74）平田奈良太郎（大阪区裁判所検事）「選挙犯罪の研究――特に買収犯罪に就て」（『司法研究』一九輯八、一九三五年三月）七七頁。平田検事は買収犯罪の特徴を三期に区分して説明する。第一期は第一回総選挙（一八九〇〔明治二三〕年）から第九回（一九〇四〔明治三七〕年）までであり、この時期には個人買収つまりは候補者やその親戚知人により投票買収が実行されていた。第二期は、普選導入直前の第十五回総選挙（一九二四〔大正一三〕年）までで、府県会議員や郡会議員が幹部運動者となり、その系列下にある町村長や町村会議員等が有権者の買収にあたった。第二期の特徴は、上述のような名誉職にある者がその所属する党派的な系統にそって買収を実行した点にあり、同時に選挙ブローカーが台頭していく時期でもあった。第三期は、一九二八（昭和三）年の第十六回総選挙以降の普通選挙導入後の時期であり、戸別訪問禁止により買収が巧妙化し、組織化が進行して細胞的な組織まで登場するにいたった。第十六回総選挙では候補者の後援会が全国で続出し、その発会式の名目の下に饗応が行なわれ、次いで第十七回総選挙（一九三〇〔昭和五〕年）では選挙ブローカーが全国で活躍し、ブローカーによる倶楽部組織が出現した地方すらあったという。

（75）吉野作造「選挙と金と政党」（『中央公論』一九三二〔昭和七〕年六月）、ただし岡義武編『吉野作造評論集』（岩波書店、一九七五年）から引用した（二八〇―二八一頁）。

(76) 内務大臣は、内務省の本省職員は当然として、形式的には地方庁（道府県）の高等官全てについて人事権を有していた。しかし、実質的には、地方庁の高等官のなかでも知事と部長および有資格（文官高等試験合格者）の課長級の地方事務官と地方警視、そして見習だけが内務省人事の対象となっていた（『内務省史』一巻、六〇一頁、および百瀬孝『事典昭和戦前期の日本』（吉川弘文館、一九九〇年）一〇六頁）。

(77) 「三好談話」『現代史を語る2　三好重夫』（現代史料出版、二〇〇一年）より引用、八一頁。

(78) 栗林貞一『地方官界の変遷』（世界社、一九三〇年）四六八頁。

(79) 村上恭一「地方官の大更迭を論じて文官の身分保障に及ぶ」（『自治研究』八巻八号、一九三二年八月）。

(80) 例えば『東京朝日新聞』一九一五（大正四）年六月二六日付社説「政争の弊」は、内閣交代ごとに地方官の更迭が行なわれる事態が、将来は満鉄や鉄道院ばかりでなく、特殊銀行や朝鮮拓殖会社といった半官半民の事業にまで拡大すると予測し、政争の具となる可能性のある政府事業の民営化を提唱していた。その一方で「是を以て政党政治を呪詛するは断じて不可なり」と主張し、人事をめぐる問題が政党政治批判につながることには警戒感を示していた。また、清水前掲『政党と官僚の近代』も、一九一三（大正二）年当時の新聞は自由任用の拡大をめざした文官任用令の改正を支持する論調が大勢であったことを指摘する（一四五頁）。

(81) 『東京朝日新聞』一九二七年五月一八日社説「窮すれば通ずるか――地方官更迭の弊」。

(82) 『東京朝日新聞』一九二七年五月一八日記事「地方官更迭総決算」。

(83) 伊藤之雄『日本の歴史二二　政党政治と天皇』（講談社、二〇〇二年）二九三頁。

(84) 「田中談話」第一回、引用は前掲『現代史を語る7』による、一九四頁。

(85) 「高橋談話」第一回、一二二頁。

(86) 『次田大三郎日記』（山陽新聞社、一九九一年）一八六頁。

(87) 栗林前掲『地方官界の変遷』は、湯浅が「官界に党弊の浸潤を嫌ふ事、蛇嫌ひが蛇を見るよりも甚しい有様」（二七八頁）で、地方官更迭にあたっても「専ら人物本位により、与党側の注文など殆ど受付けなかったので、憲政会側では不平を高めつつあつた」と指摘する（三〇三―三〇四頁）。

(88) 歴代の土木局長については、清水生「歴代土木局長とその時代」（一）―（十五）（『道路の改良』一三巻三号（一九四〇年三月）—二三巻五号（一九四一年五月）掲載）に詳しい。
(89) 岡田文秀『怒濤の中の孤舟』（岡田文秀自叙伝刊行委員会、一九七四年）九三頁。大正期に港湾課長や河川課長を歴任した松本学も「今のように代議士の先生方に頭ごなしにされたり、呼びつけて『なんとかしろ』、『こうしろ』と言われるようなことは絶対になかった。（中略）かえって圧力がなくて予算を取るのに困るぐらいでしたよ」と同様の印象を語っている。（「松本談話」、引用は『現代史を語る4　松本学』（現代史料出版、二〇〇六年）による、九六—九七頁）。
(90) 「堀切談話」第二回、八九—九〇頁。
(91) 「北村談話」第二回、五九頁。
(92) 栗林前掲『地方官界の変遷』三三四—三三五頁。
(93) 清浦内閣で警視総監をつとめた藤沼庄平は、同内閣で刑事局長であった山岡万之助について「余りに政治家的」との印象をその日記に書き残している（「藤沼日記」一九二五年八月二二日、「藤沼文書」）。「自分の見る処では山岡君か刑事局長としてでも、又司法官としては勿論余りに政治家的である。選挙当時（清浦内閣下の第十五回総選挙）から偏倚してることをしってる。司法省に居る者は之れでは困ると自分は内心思ふて居た。単に客観的に見るならは、自分は司法権独立の為に如此人の去ることを国家の将来の為に利益也と断する」。
(94) 「松本談話」一二八頁。
(95) 『東京朝日新聞』一九二七年四月二九日。
(96) 前掲『東京朝日新聞』一九二七年五月一八日社説。
(97) 水野前掲「懐旧録・前編」『水野錬太郎回想録・関係文書』一二二頁。
(98) 水野「政本合同に関する経緯」（一九二四（大正一三）年三月）、『水野錬太郎回想録・関係文書』二一一三頁。
(99) 村井前掲『政党内閣制の条件』八頁。
(100) 若槻礼次郎『明治・大正・昭和政界秘史——古風庵回顧録』（講談社学術文庫、一九八三年）二八八頁。
(101) 月曜会と鈴木喜三郎、政友会については奥健太郎氏の示唆に負うところが多い。奥氏によれば、鈴木喜三郎は、鈴木に近い人物や省内の非エリート、窮地にある人物を強引に引き上げ、鈴木を支持する勢力を作り上げる傾向があったという。

(102)「田中談話」第一回、一九四頁。藤沼庄平も、鈴木内相の人事を「所謂秀才か〔が〕内ム省に居て何時でも課長局長といけると思ふて居た連中に対する一大鉄槌か〔が〕落下」したものと評する（「藤沼日記」一九二七年四月二〇日、「藤沼文書」）。

(103)「田中談話」第二回、二二七頁。

(104)「田中談話」第二回、二二七頁。

(105)「田中談話」第二回、二二八頁。「山岡万之助関係文書」には、一九三一（昭和六）年二月三〇《ママ》日付の「月曜会名簿」が残され、田中を含め八二名の名前が記載されている（A—Ⅳ—二—八）。

(106)「山岡万之助関係文書」A—Ⅳ—二—一（一）。山岡文書については、山岡文書研究会「山岡万之助関係文書・紹介と解説——田中義一内閣下の内務省人事及び総選挙予測」（『学習院大学法学部研究年報』二三、一九八八年）がある。

(107)「内務省人事考課表（仮題）」、「山岡万之助関係文書」（A—Ⅳ—二—一（一））。

(108)山岡文書研究会前掲「山岡万之助関係文書・紹介と解説」三七六—三七七頁。

(109)前掲「月曜会名簿」。藤沼庄平によれば、これに先立つ一九二九（昭和四）年八月に「浪人連中の会」である月曜会の会合が開かれている。藤沼はその日記に「要するに彼等か〔が〕自欲を離れ得さる也、欲を離れ得すして之に執着す」との感想を残している（「藤沼日記」一九二九年四月八日、「藤沼文書」）。

(110)伊沢前掲「〈人物回想〉加藤高明」『伊沢多喜男関係文書』五五四頁。

(111)栗林前掲『地方官界の変遷』三七七頁。

(112)「藤沼日記」一九二九年六月二四日（藤沼文書）。

(113)半井清の回想（「地方官座談会」第一回、二四九頁、「大霞会速記録」四）。新進会発足の際の声明書や支部組織については『伊澤多喜男』（羽田書店、一九五一年）一七九頁を参照のこと。

(114)栗林前掲『地方官界の変遷』四六八頁。

(115)藤沢利喜太郎『総選挙読本』（岩波書店、一九二八年）七五頁。

(116)鈴木は犬養内閣で再び内務大臣に就任（一九三二年三月二五日）するものの、この時には田中内閣時代の人事での悪評を意識して、内務三役人事など省内人事に触れないと声明して、自らの公平性を新聞記者などにアピールしている（『西園寺公と政局』第二巻、二四五頁）。

（117）池井優ほか『浜口雄幸——日記・随感録』（みすず書房、一九九一年）五四一—五四二頁。

第二章　挙国一致内閣期の内務省

一九三二（昭和七）年五月一五日、犬養毅首相が海軍青年将校に殺害された。この五・一五事件によって内閣は総辞職し、後継の首相には海軍大将である斎藤実が推挙された。元老西園寺公望は、テロで政権を移動させるべきではないと考え、憲政の常道に従って、当初は犬養が総裁であった政友会内閣の継続を構想したという。しかし、天皇が必ずしも政党内閣にこだわらない意向を示したことに加えて、政党内閣継続に反対する陸軍の動向や、テロ再発の可能性などを考慮して、海軍大将である斎藤実を首班とする中間内閣を選択した。(1) 斎藤内閣は、政党と軍部、官僚そして貴族院など多方面から人材を結集したことから挙国一致内閣と称された。清浦奎吾内閣以来久しぶりの非政党内閣の誕生であったが、斎藤内閣は、政友・民政両党から五名の閣僚を迎えたように、決して政党を無視した超然内閣ではなかった。西園寺は、斎藤内閣のもとで、満州事変や五・一五事件によってもたらされた「非常時」を鎮静化させ、政党内閣が復活することを期待した。(2) 斎藤から岡田啓介へと引き継がれた挙国一致内閣の時代には、軍との正面衝突を避けつつ、事態の鎮静化と政党内閣復帰への道筋が模索されたのである。

斎藤首相は、組閣直後に衆議院議員選挙法の改正に着手することを言明し、選挙ひいては政党の信頼回復に取組む姿勢を示した。選挙は、本来政党が国民の支持を集めていることを証明する手段のはずだが、政党内閣期には総選挙の実施によって逆に政党不信を高めてしまう傾向があった。大日本帝国憲法のもとで首相を選ぶのは天皇の助言者である元老であり、護憲三派が連立して発足した第一次加藤高明内閣を例外として、政党内閣期にはいずれの内閣も衆議院の少数派を基礎として発足し、総選挙を経て多数党となるのが常であった。戦前の政党政治においては、総選挙に勝った政党が政権を獲得するのではなく、政権を獲得した政党が総選挙を実施して第一党になることが慣例であった。[3]その結果、選挙の実施を管理している政府が、国家機関を使って選挙に干渉し、与党には緩く野党には厳しい不公平な選挙取締りを指揮した、つまりは不正な手段で勝利を獲得したとの非難が総選挙のたびごとに沸き起こった。国民世論の多数を代表することに政党の存在意義があるにもかかわらず、戦前の政党政治は民意代表という根幹部分に弱点を抱えていた。政党不信克服のために選挙改革が必要とされた理由である。

五・一五事件を機に政党政治が隆盛から衰勢に転じるという、急激な政治状況の変化は内務省にも多大な影響を及ぼした。従来の研究は挙国一致内閣期の内務省について「新官僚」の台頭に注目して分析してきた。[4]「新官僚」とは、岡田内閣で主要閣僚ポストを官僚が占めたことに注目して、政党にかわって官僚が政治的台頭を果たした現象を形容している。そして、岡田内閣で閣僚に抜擢された官僚の多くが内務省出身者であったがゆえに、内務省が「新官僚」の発祥地とされたのである。この「新官僚」を起点として挙国一致内閣の時期を考察する場合には、政党と官僚との対立関係を所与の前提とするために、政党の弱体化は、当然に官僚、とりわけ内務省や内務官僚の政治的な台頭に直結すると結論づけられる。[5]これに対して本書では、新官僚については次章で考察し、まずは本章で官僚の身分保障制度改革と検事直属の司法警察官設置、選挙粛正運動を手がかりに、その主張を内在的に理解して挙国一致内閣期の内務省がおかれた状況の再検討を試みたい。いずれもが選挙の改善を目的とする、これら三つの改革から明らかになるのは、政党政治の凋落が政治的な台頭につながる好機ではなく、権限縮小を迫られる逆境を内務省にもたらしたという事実である。内務省が批判されたのは選挙の運営や取締りの中立性が疑問視されたためである。ここで改善策として浮上したのが、官僚の身分保障制度改革と検事直属の司法警察官設置であり、内務省首脳の反対にもかかわらず、前者は実現し、後者も実現直前にまで話が進んでしまう。ここで、内務省が不信感を払拭するために開始したのが、選挙干渉の排除を目的とした選挙粛正運動であった。運動によって政党との訣別をアピールするとともに、選挙運営への信頼回復を目指したのである。内務省の対応が選挙を冠した運動に収斂したのは、政党内閣復活の可能性がまだ十分に残されていたからこそであった。したがって選挙粛正運動は、政党排斥すなわち「反政党」を目指した運動ではなく、政党の影響力排除、つまりは「非政党」化達成を目標とした運動であった。しかしながら、一九三六(昭和一一)年二月の第十九回総選挙後には再び軍人が蜂起し二・二六事件が発生してしまう。この二・二六事件によって政党内閣復帰の可能性が著しく低下し、選挙粛正運動により自らの政治性を否定したことで、「政治」と「行政」の要に位置した内務省を優遇する行政秩序のあり方に各省が異を唱えはじめることとなる。

一　官僚の身分保障制度の導入

犬養内閣倒壊後、昭和天皇は侍従長を通して後継内閣に対する七項目の希望を元老西園寺に伝えた。その中に「事務官と政務官の区別を明かにし、振粛を実行すべし」との項目が含まれ、斎藤首相は、官僚の身分保障制導入を内閣の重要課題の一つに掲げることとなった(6)。一九三二年七月一五日には法制局が立案した身分保障制度要綱案が閣議決定された。政権に参画した政友、民政両党は政党不信が高まっている現状を考慮して、信用回復に寄与するとして身分保障制導入を容認する方針を示した。官制を諮詢された枢密院も、身分保障制を支持する顧問官が大勢であり、九

月二二日には勅令第二五四号「文官分限委員会官制」が公布されるにいたった。(7)

公布された文官分限委員会官制には、勅任官と奏任官を対象とする文官高等分限委員会と、判任官を対象とする文官普通分限委員会の設置が定められていた。二つの委員会は、ともに文官分限令第十一条第一項第四号の「官庁事務ノ都合」による休職を命じる場合、逆に休職者を復帰させる場合、また退官者を再任用する場合の諮問に答申するための機関であった。文官高等分限委員会は、会長を内閣総理大臣とし、委員は、枢密顧問官一名、大審院長、会計検査院長、行政裁判所長官、そして文官分限令の適用を受ける勅任官から三名の計七名で構成され、枢密顧問官と勅任文官の人選は内閣に委ねられた。勅任官を文官分限令の適用を受ける者に限定したのは、政治任用される、すなわちその時々の内閣に任命される政務官を排除する趣旨である。委員会の定足数は六名であり、議事は多数決で決定された。他方、文官普通分限委員会は会長一人と委員五名の計六名で組織された。会長は原則として所属官庁の長官が任じられ、委員には部内部外の高等官が充てられた。委員は三名が所属官庁部外から任じられ、部内者（二名）より人数が一名多かった。内閣や所属大臣の意向が委員会の諮問に反映される度合いを抑制し、身分保障を確実にする意図であった。(8) 次いで、翌一九三三（昭和八）年八月には勅令第十三号「巡査分限令」が制定された。巡査分限令は政権交代時の人事異動が地方によっては末端の警察官にまで波及していた現状をとらえた措置である。巡査分限令により、事務の都合を理由として巡査に休職を命じる場合にも、文官普通分限委員会への諮問が必要となった。また、一九三四（昭和九）年四月には、文官任用令と文官分限令が改められ、自由任用であった内務省警保局長と警視総監が資格任用に改められた（勅令第八十号）。これにより官僚の身分保障制度が確立したと評価される。(9)

ここで官制公布後の分限委員会の運用について言及しておきたい。分限委員会は、京都帝国大学法学部教授であった瀧川幸辰の休職処分問題、いわゆる「瀧川事件」で注目をあびたものの、実際に分限委員会に諮問が付されるケースは多くなかった。(10)「其諮問ヲ経ザルコトニ付本人ノ同意アリタル場合ニハ」には分限委員会への諮問が不要とされたためである。この規定が存在したことから、内務省で分限委員会に諮問が付された件数は、廃止の前年（昭和一五年）の調査時点で、高等分限委員会に二人、普通分限委員会に一人にとどまり、全体でも高等委員会に十三人、普通委員会に十四人が諮問の対象とされたに過ぎなかった。[11] しかしながら、内務省では後述のとおり委員会設置後ほどなく人事の停滞が深刻化したことから、諮問件数自体は少なかったものの、分限委員会は存在するだけで一定の身分保障効果を発揮したと言えよう。

以上のような経過をたどった身分保障制度の導入に際して、内務省はどのような方針で臨んだのであろうか。意外なことに政党化の圧力に最もさらされた官庁であったからといって、内務省が、官僚の身分保障を高める方策にもろ手をあげて賛意を示したわけではなかった。逆に、身分保障が議論された審議会や、斎藤内閣下での身分保障制導入時の折衝のなかで、内務省は、常に身分保障の程度を問題とし、過度の保障には消極的な姿勢を示し続けたのである。次に身分保障制導入をめぐる議論を政党内閣期にさかのぼって、内務省の対応を見ることとしよう。

休職処分の適正さを審査する「分限委員会」を設置する構想は、前章で検討したように田中義一内閣が一九二七（昭和二）年に設置した行政制度審議会で初めて議論の俎上にのぼった。このとき田中内閣の与党政友会は、文官任用令を改正して銓衡任用の範囲を広げ、政党人が就任できるポストを増やすことを主張していた。この文官任用令改正をめぐる審議のなかで、政党人事に利用された文官分限令の「官庁事務の都合により」休職を命ずる場合に、その処分の適正さを審査する「分限委員会」を設置する構想が浮上したのである。ところが、官僚で構成された幹事の多くは任用令改正にとどまらず分限令の改正にも難色を示した。[12] そこで、官庁都合による休職規定を維持すること、すなわち分限令を改正しないかわりに、幹事側から休職処分濫用の防止策である分限委員会構想が提起されたのである。官僚で構成された幹事側が、なぜ政党の人事介入に利用されてきた官庁事務都合による休職規定の維持にこだわったのであろうか。行政裁判所評定官であった村上恭一は、上官の命令に服すべき一般の官吏にまで手厚い身分保障を与えることで、行政の運用に支障が生じることを懸念する官庁の内情を次のように解説している。[13]

「一般の官吏は其の職務の執行に付上官の指揮命令に服すべきものであって、独立の地位を有するものではないから、自己の身分に関し厳重なる保障を享くべきものではない。若し一般の官吏に厳重なる身分の保障を与へたならば、必ず行政の運行に重大なる支障を来すであらう。されば、右の休職規定は本来決して不当なるものではなく、寧ろ当然の条規と見るべきものである。（中略）右の休職規定の措辞を、今見る所の単に『官庁事務の都合に依り必要なるとき』といふが如き空々漠々たるものとせず、『病気の為め執務に堪へざるとき』とか『職務上の成績不良なるとき』とかいふが如き的確なるもの幾つかに改め、以て該規定の内容を明確ならしむべしといふ主張が、やはり政府部内の一部に唱へられたと聞く。これは該規定の本質を明にし延いて其の適用を正しくする為めに大に傾聴に値するものであるが、其の実行上には所謂職務上の成績不良といふが如きものの認定に少からぬ困難があるであらう。且又、上官と甚しく折合の悪い官吏を罷免することの実際上必要なる場合が間々あるであらうが、これを適切に規定の文詞に書き表すことは頗る困難である。（中略）そこで、問題は一転して、該規定の適用に適当なる防範を加ふることを定むべしと唱へらるるに至つた。乃ち、文官委員会なるものを設けて、前記の休職規定に依り官吏に休職を命ずるには該委員会の議を経ることを要する旨を規定すべしとの主張が現れた」。

村上の説明から、文官分限令改正の代替案として分限委員会設置構想が浮上した背景に、柔軟な人事運用を確保する官庁の必要性や、人事権を制約する身分保障制の厳格化を嫌う意識の存在があったことが見えてくる。そして、行政制度審議会の場で「休職ヲ命スル場合ニ分限委員会ニカケテヤル様ニシテハ如何」と発言して、分限委員会設置案を提案したのが、当時内務省地方局長であった潮恵之輔であった。[14] 内務省はその後も身分保障厳格化に慎重な姿勢を示している。浜口雄幸内閣が一九三〇（昭和五）年に設置した選挙革正審議会では、大塚惟精警保局長が「身分保障ヲ与ヘテモ差支ナイ、只ソレガ為老朽ガ多クナル又勉強シナイ傾向ガ出ル、アル程度ノ保障ニ止メル必要ガアラウ」

と発言している。内務次官に転じた潮も同じく「保障ノ必要ハアルガ又場合ニ依テハ之ガ為不都合ノ場合ガ起ル（能率・病気・風紀）、其ノ他ノ為其ノ職ニ止マラシムルコト能ハザル場合ニ、之ヲ如何トモ為シ得ザルヤウデモ困ルト思フ。即チ保障ノ程度ガ問題ナリ、絶対ノモノトスルハ能ハザル」と主張している。(15) だが、内務省首脳の消極姿勢は、村上恭一が指摘したような官庁一般に共有された身分保障厳格化に対する懸念にとどまらず、当時の内務省が抱えこんでいた問題が念頭にあったように思われる。いずれもが民政党内閣が世界恐慌に対処するためにとった、緊縮財政と行政整理方針とによって引き起こされた人事行政上の問題である。

第一は、浜口雄幸内閣が緊縮財政から高等官である府県課長級の欠員を補充しなかったために、事務系若手官僚が昇進できないままに据え置かれたことによる人事の停滞である。林敬三（一九二九年内務省入省）は、浜口内閣の欠員不補充方針とその結果の人事の停滞について次のように語っている。「各府県の高等官である課長クラスの地方事務官のポストが空いても、その後を埋めず、他の課長の兼任か、判任の古い人などを、地位はそのままにして職だけをつがせるというやり方です。昭和五、六年のころは、一年間に三人しか高等官になれなかったという話も聞きました。毎年五、六〇人採用しているのに、一人前になるのが年に三、四人という有様ですから人事がすっかり停滞して、やはり、空気がよくなかったと思います。私の前の昭和三年組の人は一番はやい人は一年半ぐらいで高等官になって出ていったのですが、同じ昭和三年組でもおそいほうは四年ほどかかりました。この影響が後年まで波及して昭和七年組あたりまでは五年もかかる人も出て、ずいぶん他省に比して後れるようになりました」。(16)

第二は、第二次若槻礼次郎内閣が、財政緊縮方針のもと一九三一（昭和六）年九月から一〇月にかけて提示した行財政整理案によって実現を迫られた、より深刻な土木局の人員整理問題である。大蔵省は、一九三二年度予算編成において、内務省の直轄事業を原則として廃止し、事業の実施主体を府県に移す案を提示したのである。同案が実現すれば、土木局はもっぱら監督のための部局となり、土木局所属の相当数の技師や技手が削減される計画であった。(17) 土木技師や技手は、一九二〇年代前半の第二次治水計画事業や震災復興事業が展開されたことによって大量に採用されていた。[18] その結果、一九三一（昭和六）年当時の内務省の全官吏数（高等官〔勅任官・奏任官〕と判任官、雇）は五九四〇名であったが、このうち土木局には二〇七名、土木試験所五四名、土木出張所には実に二四九五名の官吏が勤務していた。土木局勤務官吏は合計二七五六名にのぼり、内務省全体の四六・三％を占めていた。この数字に、その多くが土木出張所で工事にあたっていた六千名を超える傭人の人数を考え合わせると、土木局勤務の雇用者が内務省の人的構成に占める圧倒的な存在感が想像できよう。[19]

当時土木局技術課に勤務していた宮本武之輔は、内閣が示した整理案と局内の反応とを日記に書き留めている。[20]

「〔九月一八日〕政府の行政整理案中に神戸、横浜両土木出張所廃止、土木局第一、第二両技術課併合意見あり。技監その他と協議して右反対意見書を提出。

〔一〇月一日〕来年度予算編成にあたり内務省直轄工事の大部分を地方へ移管し、内務省土木関係官の約九〇％六〇〇人を整理せんとする予算草案大蔵省より廻付し来る」。

同年一〇月三日付の『東京朝日新聞』は、土木局の整理案について次のような解説を付している。「内務省土木局は猛烈な整理の中心となり、ほとんど土木局全滅の形となった（中略）今度の整理案では、国営の直轄工事はほとんどどやらぬ事になり、治水、港湾も大部分地方へ移し、道路改良事業も全滅、土木出張所はほとんど全廃で『土木局はいらぬ』といふことになり、その結果として土木局の判任官並に高等官八百名のうち七百名が減員となって残るのは僅に百名ぽっち、雇員は約三千名の整理、従って工夫は全国百工区で約一万人が失業の群に投せられることになる」。

土木局の人員整理案は、しかし技術官の強い反対運動に直面し、臨時行財政審議会が取りまとめた一〇月一二日の整理要項では、次年度予算で横浜、神戸両土木出張所を廃止、土木予算の二〇％近い節減と繰延べという措置に縮小した。しかも、安達謙蔵内相の協力内閣運動によって、第二次若槻内閣が総辞職に追い込まれたことによって、行政整理は未完に終わってしまう。[21] その後、斎藤実内閣のもとで時局匡救事業が開始されたものの、事業は三年に限定され、内務省にとって土木局技術官の整理問題は懸案事項のまま残されていた。[22]

このような背景をふまえれば、斎藤内閣が進めた身分保障制導入時に「ずいぶん内務省は身分保障におそれをなして」いたと、当時総理大臣秘書官であった新居善太郎が回想したことの意味が実感できよう。[23] 身分保障制度の導入は内閣が強く主導して実現したのであった。[24] 次に、斎藤内閣が身分保障制要綱案を閣議決定するまでの経過を、内務省はじめ各省の動向に焦点をあてつつ、あらためて検討していきたい。

斎藤内閣が身分保障制導入に向けて動きだしたのは一九三二（昭和七）年六月末、地方官の更迭を実施するために問題の速やかな解決をめざしたのである。七月一日の定例閣議では、法制局立案の要綱案が配布され、各省で研究のうえ次週の定例次官会議で案を取りまとめることが提案された。[25] 内務省は翌七月二日に改正案についての省議を開催している。省議では①文官分限令第十一条第一項第四号の「官庁の事務の都合」による休職事項を削除する、②同四号の具体化を期して列挙主義とする、③同四号による休職は事前に分限委員会に諮問する、④休職後に本人の異議申立てがあった場合に分限委員会に諮問する、といった案が出され、山本達雄内相と潮次官が協議して内務省としての意見を決定することとなった。新聞報道では、前二説ではいずれも「無能、老朽者」の罷免あるいは休職が困難となるため、③を主張すると予測されている。[26] これに先立つ要綱案作成のための法制局との協議の際には、内務省は、特に奏任官クラスの休職を審査する普通分限委員会を「奏任官ニハ大キスギル、以前ハ年百三十人位、（高等委員会とあわせて）一ツ作ルト金モカカル」と理由づけて不要とする見解を示した。これに対して、法制局は「委員会ニカケタラ停職トスル理論上必要」、また「奏任官ヲ休職ニスル場合ハ理論上多クナイ筈、官吏ノ身分ハ天皇ニ行クモノ大キスギテ悪キコトナシ」などと主張して反論している。[27] 内務省は、前年来の土木局の人員整理問題を念頭において、奏任官の休職処分を要審査とすることに反対したのであろう。加えて、他省に比して職員数が格段に多く、地方事務官から書記官（府県部長級）へ、さらに知事へと昇格させる各段階で人事的な選抜とともに「勇退者」の休職処分を数多く行なう必要があった内務省独特の事情が反映されたと思われる。

ところが、潮内務次官は、七月五日の臨時次官会議で一転して文官分限令第十一条第一項第四号削除による絶対的な身分保障と、それに伴っての停年制の導入を主張した。この提案に賛意を示したのは、司法官として既により厳格な身分保障を実施していた司法省だけにとどまった。鉄道や農林といった各省は、削除説では「人事行政ハ全ク沈滞スルニ至ルベク又従来モ鉄道、農林部内ニ於テハ、第十一条第一項第四号ノ規定ニ依ル弊害全ク無ク、弊害顕著ナリシ内務部内ノ実情ノミニ拘泥スルハ賛成シ難シ」と難色を示した[28]。柴田内閣書記官長も「余りに急進的であり特殊事情に因る文官の更迭にも支障を来たすのみならず官吏の間に沈滞の気分を醸し却て好ましくない結果を生ずる」と反対し、斎藤首相の意向は応急の制度としての分限委員会の設置にあると主張して、ようやく分限委員会案が承認されたのである[29]。過度の身分保障導入に異論を唱え続けた潮が、臨時次官会議で絶対的な身分保障導入を唱えたのは、一見したところでは矛盾した行動と感じられる。だが、すでに文官分限委員会設置を既定の方針としていた斎藤首相と法制局にとって、最も有力な反対論は、この文官分限令第十一条第一項第四号を削除するという案であり、司法省が強く主張していた削除説は同時に「分限委員会無用論」と評されていたのである[30]。斎藤首相が、定例会ではなく、臨時に次官会議を開催して要綱案をかける手続きをとったのは、特に内務省の強い反対を意識した措置であった[31]。孤立無援の状況にあった内務省は司法省の削除説に賛成することで分限委員会設置にせめてもの抵抗を示したと言えよう。事実、臨時次官会議終了後に、内務省関係者は再び第四号削除に否定的な見解を示している[32]。潮次官の第四号削除案への支持表明は、次官会議での委員会官制案了承への最後の異議申し立てであった。

以上のように、身分保障制導入に対して内務省首脳は一貫して消極的な姿勢を示し続けた。そして、内務省首脳が懸念したように身分保障制導入は確かに人事行政に支障をもたらし、浜口内閣以来の人事の停滞をさらに悪化させて

入省者数の変遷（1895〔明治28〕年—1943〔昭和18〕年）

年度	総数	内務	厚生	大蔵	逓信	農商	商工	農林	鉄道	外務	司法	文部	台湾	朝鮮	不明	その他
1895	37	17(3)		11(0)	1(0)	3(2)				2(1)			1(1)		0	2
1896	50	22(4)		14(1)	5(0)	4(2)				4(3)			1(1)		0	0
1897	54	21(6)		13(3)	5(1)	5(0)				1(0)			1(1)		0	8
1898	41	18(5)		8(1)	5(1)	4(0)				1(1)	2(2)		0(0)		0	3
1899	31	13(2)		7(0)	5(1)	4(1)				0(0)	0(0)	1(0)	1(1)		0	0
1900	58	15(5)		15(1)	5(1)	5(1)				1(0)	3(0)	1(0)	1(1)		0	12
1901	42	12(3)		10(2)	4(0)	4(4)				1(1)	2(2)	1(1)	1(1)		2	7
1902	41	9(3)		14(4)	6(2)	6(1)				1(0)	1(0)	1(0)	0(0)	1(1)	0	2
1903	53	15(6)		13(1)	7(0)	3(0)				1(0)	1(0)	1(0)	5(0)	2(2)	1	5
1904	54	7(3)		17(3)	13(1)	7(1)				0(0)	1(0)	1(0)	0(0)	3(3)	0	5
1905	64	12(1)		16(1)	7(0)	7(1)			1(1)	0(0)	1(0)	4(1)	4(1)	5(4)	1	7
1906	63	18(2)		10(1)	9(1)	11(1)			3(1)	0(0)	0(0)	1(1)	3(0)	4(4)	0	4
1907	77	17(4)		18(1)	8(1)	11(1)			11(1)	2(0)	0(0)	1(0)	3(3)	4(1)	0	2
1908	106	34(6)		20(1)	12(0)	11(1)			8(2)	2(1)	0(0)	2(0)	3(0)	4(3)	1	10
1909	130	47(7)		20(2)	13(1)	5(0)			9(0)	4(2)	1(0)	0(0)	7(2)	14(4)	1	10
1910	130	44(5)		13(0)	22(0)	10(0)			11(2)	3(1)	0(0)	2(1)	3(1)	11(0)	0	11
1911	139	57(6)		11(0)	15(1)	11(0)			15(2)	3(2)	1(0)	2(0)	2(0)	7(3)	1	15
1912	148	61(9)		8(0)	9(0)	8(2)			12(0)	2(0)	4(0)	0(0)	4(1)	12(2)	1	28
1913	180	76(13)		14(2)	11(1)	8(3)			18(2)	9(8)	4(0)	1(0)	5(0)	6(0)	4	28
1914	173	59(12)		14(0)	9(1)	13(2)			11(0)	4(2)	7(0)	1(1)	1(0)	16(5)	5	38
1915	136	48(9)		7(1)	11(1)	7(2)			4(0)	2(2)	6(0)	0(0)	13(2)	4(1)	1	34
1916	115	32(3)		14(1)	3(0)	12(1)			6(0)	8(4)	1(1)	1(0)	2(0)	5(2)	1	31
1917	124	33(6)		19(0)	9(0)	9(0)			7(0)	6(4)	2(0)	0(0)	2(2)	6(1)	1	31
1918	107	36(4)		15(0)	5(0)	12(0)			2(0)	9(6)	2(0)	0(0)	3(2)	5(2)	1	18
1919	128	46(8)		11(1)	7(1)	12(2)			9(1)	15(5)	2(1)	1(0)	1(0)	7(4)	2	17
1920	149	51(10)		13(0)	11(1)	17(1)			11(0)	9(3)	2(0)	1(0)	7(5)	6(5)	2	21
1921	216	64(7)		19(2)	22(1)	20(3)			27(4)	4(2)	8(0)	1(0)	9(1)	12(3)	1	29

年度	総数	内務	厚生	大蔵	逓信	農商	商工	農林	鉄道	外務	司法	文部	台湾	朝鮮	不明	その他
1922	262	88(13)		28(1)	15(0)	17(1)			26(1)	5(0)	6(1)	0(0)	9(0)	15(3)	5	53
1923	204	77(12)		13(1)	11(0)	13(0)			23(0)	1(0)	11(0)	0(0)	5(1)	7(2)	2	43
1924	333	74(16)		18(0)	25(1)	19(1)	9(2)	5(0)	30(0)	3(0)	22(4)	3(1)	14(2)	18(1)	5	93
1925	331	55(5)		15(0)	34(2)	6(2)	10(0)	9(0)	35(1)	3(0)	25(2)	6(0)	16(6)	25(1)	13	92
1926	331	66(4)		20(0)	16(1)	2(0)	7(1)	10(0)	37(1)	3(0)	42(6)	4(0)	11(0)	11(1)	12	102
1927	295	62(9)		13(0)	22(2)	2(0)	9(0)	9(1)	27(2)	3(0)	34(1)	5(0)	16(3)	18(3)	6	75
1928	371	71(0)		17(0)	29(0)		11(0)	10(1)	33(1)	3(0)	36(4)	6(2)	20(7)	17(2)	18	126
1929	336	79(4)		12(0)	18(0)		10(0)	8(0)	27(0)	2(0)	18(3)	4(0)	17(5)	16(2)	19	61
1930	204	43(2)		11(0)	13(0)		7(0)	4(0)	18(0)	6(1)	12(4)	2(0)	13(2)	14(1)	4	57
1931	252	44(1)		16(0)	15(0)		8(2)	11(0)	25(0)	4(0)	24(5)	1(0)	8(1)	22(5)	7	80
1932	238	55(3)		21(0)	17(0)		8(1)	8(0)	17(0)	2(0)	21(1)	3(1)	6(2)	21(1)	8	48
1933	326	55(3)		17(1)	25(1)		17(2)	9(0)	15(0)	2(2)	30(4)	2(0)	16(1)	27(1)	15	97
1934	302	45(0)	1(0)	18(2)	25(1)		16(6)	12(0)	20(0)	2(0)	30(3)	3(1)	15(2)	35(6)	10	73
1935	265	36(2)		17(1)	22(0)		24(8)	11(0)	18(0)	4(2)	16(3)	3(2)	14(2)	26(8)	8	65
1936	194	30(3)		17(0)	17(2)		23(4)	11(0)	19(0)	3(0)	11(2)	1(0)	8(0)	19(4)	7	28
1937	144	17(0)	4(0)	19(1)	12(0)		26(6)	7(0)	13(0)	7(1)	5(1)	0(0)	4(1)	19(3)	2	6
1938	197	32(1)	8(0)	23(0)	26(0)		27(0)	14(0)	21(1)	4(1)	3(0)	0(0)	5(1)	8(0)	3	23
1939	214	48(5)	7(0)	19(0)	18(0)		25(2)	10(1)	11(0)	9(0)	4(0)	1(0)	11(4)	25(7)	2	24
1940	238	39(0)	4(0)	24(0)	26(0)		37(5)	18(0)	16(0)	5(0)	4(1)	1(0)	11(3)	24(1)	4	25
1941	229	35(0)	7(0)	33(0)	30(0)		27(3)	23(1)	19(0)	2(0)	4(1)	0(0)	10(2)	20(5)	4	15
1942	411	45(4)	10(0)	41(3)	52(0)		37(4)	24(1)	26(0)	29(2)	1(0)	7(0)	28(4)	28(5)	20	67
1943	547	65(9)	9(0)	51(4)	81(3)		39(5)	15(1)	35(0)	33(1)	4(2)	7(2)	19(1)	27(2)	68	94

秦郁彦『日本官僚制度総合事典』所収の「高等試験合格者一覧」をもとに作成。(　)内の数字は5年以内の入転省者数を示す。

しまう。人事停滞の影響を最も強く受けたのが高文合格者の新規採用であった。内務省入省者は、大正期以降最も少ない年でも三十名を超えていたが、一九三六（昭和一一）年の採用者が二十七名に減員されたのに続き、三七（昭和一二）年の採用はわずか十七名にとどまった。一九三七年当時人事課長であった新居善太郎は次のように状況を説明する。「わたくしが人事課長になったときは昭和十二年で、非常に異例なときだったと思うのです。一方では見習が行詰まっている。昭和十二年の人を採用しなければならないときに、七年組が〔高等官に昇進できず見習のまま〕半分残っている。ですから七、八、九、十、十一と五ヵ年の行詰まりです[33]」。なお、内務省および各省庁への入省者数については**「入省者数の変遷（一八九五（明治二八）年―一九四三（昭和一八）年）」**に掲げる。

人事の停滞が深刻化したのは、分限委員会への諮問を避けるために異動に先立って事前に辞表を提出させるなど、異動対象者の同意を調達する必要に迫られたためである。『東京朝日新聞』には身分保障制導入後の人事更迭の模様が次のように描写されている。「議会休会明け前に地方長官の大更迭が予想されてゐて、後藤内相が（明治）四十一年組を先頭に順次古参知事を招致して辞表提出方を勧誘する所謂異動工作なるものが、こゝ数日に亘つて相当緩テンポに行はれて居るのは今までに例のない珍光景である。勧誘される知事が良い気持ちでないのは無論だが、内相自身も成るべくならこんな役目は避けたいに違ひがなく、機密を尚ぶ人事がかやうに暴し物にしなければならぬのは、例の官吏身分保障制の薬が利き過ぎて、分限委員会の関門を経ねば抜き打ちの休職が出来ないからであらう。（中略）結局政府の目的は達せられようが、そこまで行く更迭工作は如何にもぎこちなく、政党内閣時代とは違つた意味において何となく府県行政の権威が毀損せられたやうな印象を与へる。（中略）政党内閣時代の知事の政党化は今日大分矯正せられた。然しその矯正方法としての文官身分保障制で、官僚の立場を保護すべき筈の規定が逆に新官僚の内相を悩まして、個人別面談をやむなくしてゐるのは皮肉な現象である[34]」。

内務省では、内閣交替を機に大規模な異動を実施する人事が慣例化し、それに代わる人事体系を確立できなかった。[35]

そもそも内閣更迭に伴って相当な数の官僚が入れ替えられるのは、藩閥内閣のころにも出身閥の系統の相違から見られた風景であった[36]。身分保障制度の導入は、「個」としての内務官僚には地位の安定につながったかもしれないが、人事権を制約された「組織」としての内務省には省内統制への不安定要因をもたらしたのである。

二　司法警察官設置問題

一九二五（大正一四）年の普通選挙法成立以降も、選挙法改正はさらなる政治参加の拡大に重点が置かれていた。しかしながら、普通選挙導入後に実施された田中政友会内閣下の第十六回総選挙、浜口民政党内閣下の第十七回総選挙のいずれにおいても投票買収などの腐敗行為と官憲による激しい選挙干渉の横行が問題視されたことで、選挙法改正をめぐる議論の争点は政治参加の拡大から離れていく。これを受けて浜口内閣が一九三〇（昭和五）年に設置した選挙革正審議会では、審議会の名称「選挙革正」のとおりに、政治浄化や選挙改革が中心議題に据えられた。浜口首相は審議会設置の目的を「我邦政界ノ現情ニ鑑ミ之ガ浄化ヲ図ルノ必要ヲ感ジマシテ、其ノ為メ先ヅ第一歩トシテ、選挙界ヲ革正スルコトガ、焦眉ノ急務ナルコトヲ認メ、本審議会ヲ制定スルニ至ツタ」と説明している[37]。ここでは選挙革正審議会の議論の詳細には立ち入らないが、第一回総会で選挙の問題点は投票買収と選挙干渉、選挙費用増加の三点にまとめられ[38]、答申には投票買収に対する罰則の強化や、選挙費用軽減のためにポスターや文書に公費を投入する選挙公営の拡大といった内容が盛り込まれている。注目すべきは、選挙干渉防止策として前節で検討した官僚の身分保障制に加えて、政党の圧力にさらされやすい内務省警察とは別個に司法省に検事直属の司法警察官を設置する案が提起されたことである。

司法警察とは、犯罪の捜査や犯人の逮捕、証拠の調査を目的とする警察を指す[39]。そして司法警察に従事する司法警察官は、法的には検事を補佐し、検事の指揮命令を受けて職務を遂行すべき存在と位置づけられた。[40] だが、司法警察官は、司法警察という職務上の監督権者は司法大臣と検事（検事正や検事長、検事総長）でありながら、身分的には内務大臣や地方長官（知事）に帰属するという錯綜した立場に置かれていた。[41] また、警察官は、行政警察も同時に執行することから、実際の運用では行政警察とともに司法警察も内務省の指揮命令下に置かれたのである。[42] なお、司法警察が犯罪発生後に犯人を検挙する活動であるのに対して、行政警察は犯罪の事前予防を目的とする治安維持活動である。司法省の不満は、本来は検事の指揮を受けるべき司法警察が、行政警察と同列に内務省の統制下に置かれたことに向けられた。こうした運用の実態が司法警察官の指揮命令権をめぐって、内務省と司法省との間に長年の論争を生み、検事直属の司法警察官設置要求につながったと言えよう。[43]

選挙革正審議会の場では、しかし、司法省はこれまでとは異なり司法警察全般の独立を主張するのではなく、選挙犯罪や政治犯罪の捜査に目的を限定した検事直属の司法警察官設置を要求している。小原直司法次官は、審議会で「司法省トシテハ司法警察ノ全部ヲ司法省ニ移スコトハ歓迎セズ、選挙等政治的犯罪ニ関スル司法警察ノミヲ検事直属ニスル警察官ヲ（三百人前后）置クコトハ選挙ノ弊害ヲ除ク上ニ有効ノコトト考フ」と発言している。[44] 当時内務省警保局警務課長であった土屋正三は司法省の主張を次のように分析する。「率直に云へば今日の行政警察官に選挙犯罪や政治的犯罪の捜査をさせても、情実其の他の関係で完全なる成績を挙げることを期し得ない。必要ある場合には法律上一定の身分の保障を有する検事が直接に自己に直属する部下を使つて捜査するに非れば、選挙犯罪の検挙は徹底せぬと云ふのが其の理由である」。[45] 司法省は、将来に向けての布石となることを期待しつつ、まずは選挙違反など政治犯罪に特化した形での司法警察官設置を目指したのである。ここで、次節で検討する選挙粛正運動で内務省が打ち出した施策との対応関係を明確にするために、司法省の主張を少しく詳細に検討しておきたい。

司法省は、第一に、与党に緩く、野党に厳しい内務警察官の選挙違反検挙の不公平さを問題にした。小山松吉検事総長は、選挙革正審議会で最近二回の選挙での警察官と司法官の検挙件数を対比して提示している。確かに与党に有利な形で運用される内務省の選挙取締りの実態が一目瞭然な数字であった。

昭和三年（一九二八）　政友会（与党）　五四一五件
うち警察官の検挙　八一九件
司法官の検挙　四五九六件
民政党（野党）　四六三五件
うち警察官の検挙　二七一五件
（司法官の検挙　一九二〇件）

昭和五年（一九三〇）　民政党（与党）　四一八五件
うち警察官の検挙　五三八件
司法官の検挙　三六四七件
政友会（野党）　一〇七三〇件
うち警察官の検挙　二八二五件
司法官の検挙　七千余件（七九〇五件）

小山は、このデータを根拠に内務省の指揮命令下にある「警察官ノ行動ガ如何ニ中央ニ統御セラレルカガワカル、改ムベキ最大ナルモノデアロウ」と主張した。(46)小山は、また党派的な配慮にしたがって取締りに積極的な警察官がいる一方で、選挙違反の摘発そのものを忌避する警察官の意識を問題点として付け加えた。「警察官ハ利巧ニナリマシテ、ドチラノ検挙モシナイノデアリマス、是ハ度々実例ヲ発見シテ居リマス。選挙違反ヲ検挙スレバ、内閣ガ更レバドチラカサウ云フコトヲスレバ、罷メサセラレルノデアリマス、触ラヌ神ニ祟リナシ、ジットシテ居ルノデノアリマス(47)」。

小山検事総長は、第二に、警察官に司法警察官としての能力、つまりは犯罪捜査能力が不足していると指摘した。司法警察官の取調べが不十分であるために、検事は起訴、不起訴を判断するための追加調査に忙殺されてしまう傾向があり、これは特に選挙犯罪の事例に顕著であると発言した。[48] 小山が司法警察官の能力不足を取り上げた含意は、内務省の警察運営の現状を批判することにあった。小山が翌一九三一年五月の『警察研究』に掲載した「司法警察の成績に就て」という一文に注目したい。

同論考では「熟練なる司法警察官の輩出せざる原因」を、行政警察を司法警察に優先させる内務省の警察運営のあり方に求めている。小山は、まず司法警察官の異動が頻繁であるために、司法主任として十分な経験を積むことができないと指摘する。「司法警察官は大都市のそれを除きては専任として長く之に従事する者が少い、多くは在職一年又は二年にて更迭するのである。司法主任として成績優秀の人は長く事務を執らぬ内に警察部内の人繰の都合であらう、他の方面に栄転する。又優秀ならざる人にても一二年も事務を執りて漸く習熟したと思ふと、郡部の署長又は他の職務に転ずるのである。故に司法主任と云ふ者の大多数は、司法事務に熟練するに至らずして異動しつつあるのである」[49]。次に小山は、司法警察事務の成績が警察内部で適正に評価されていないと批判した。「司法警察事務は他の行政警察業務と異り、監督長官に其の成績を認めらるる機会が甚だ少いのである。何故であるかと云ふに、捜査上の事務の成績如何は捜査した書類を受理する検事局には詳《つまびらか》に分るけれども、警察署長は其の書類を一々閲覧しないから能く分らぬことが多い。（中略）現今の警察部長は昔の如く警部又は巡査から実地の仕事をして漸次に昇任した人は殆どないから、捜査事務に通暁しない人が多い。従つて重大事件の検挙でもした場合の外は司法主任が平素如何なる事務を執りつつあるかを知らぬのである。（中略）右の如き関係にあることを熟知する警察官が、自己の事務の成績の直に監督長官に分るやうな職務に従事することを好みて行政事務を希望し、苦労多くして、其の成績の直に分らぬ司法事務を好まないやうになるのは、人情の然らしむる所である」。

司法省は、選挙干渉の背後にある警察官の意識や、司法警察官としての能力、そして行政警察を重視する内務省の警察運営を批判して、検事直属の司法警察官設置要求の根拠とした。これに対して、内務省は、司法省と内務省の二系統の警察が並立して円滑な運用が可能か、あるいは警察官（内務省）が信頼できず、検察官（司法省）は信用できるという対照は妥当か、そして全国に三百名程度の司法警察官を配置したところで実効性があがるか、という三点をあげて反論した。(50)しかし、選挙革正審議会では、選挙干渉防止が優先され、全国七ヵ所の控訴院検事局に総員で警視以下三〇〇人から五〇〇人前後の司法警察官を配置する案が答申に盛り込まれた。この答申をもとに、浜口内閣は衆議院議員選挙法改正案を作成し枢密院に諮ったものの、法案は浜口首相狙撃事件後の混乱状況のなかで衆議院で審議未了となった。ここから選挙法改正と司法警察官設置の実現はともに斎藤内閣に委ねられることとなった。

斎藤内閣は、組閣直後から衆議院議員選挙法改正への着手を言明し、法制審議会に諮問した。一九三二年一一月下旬に確定した答申案には、投票買収の罰則強化や、選挙公営制の拡大など選挙革正審議会と重複する項目が盛り込まれた。選挙干渉防止策としては、官吏による選挙犯罪の罰則強化や地方官の選挙情勢（得票や当選予想）報告の廃止、そして検事直属の司法警察官設置が提唱されている。内務省は、法制審議会でも内務省警察との権限競合の可能性や司法警察官設置の実効性への疑問など、選挙革正審議会と同様の反論を加えたが、ここでも選挙の実態を衝いた司法省の主張を論破できなかった。(51)

なお、法制審議会答申には岡田内閣のもとで設置される選挙粛正委員会官制の原型となる案が含まれていたことでも注目される。法制審議会で選挙粛正委員会構想を提唱したのは政友会の岡田忠彦であった。岡田は設置理由を地方の政党幹部を委員会に参加させることによる教育的効果に置いている。「政党政派ノ幹部ヲ入レルト云フコトニ私ハ重キヲ置イテ居リマス、詰リ政党政派ノ幹部ハ動モスレバ選挙違反ヲ自ラスルコトガ多イノデアリマス、若クハ采配スルコトガ多イノデアリマシテ、斯ウ云フ人ヲ委員ノ中ニ網羅シテ置キマスレバ、平常ニ於キマシテハ政治思想ノ発達ヲ図リ、又選挙ノ革正ヲ為ス、当面ノ選挙ニ当ツテハ公平ニスル、即チ其主眼トスル所ハ選挙界ノ革正ヲ図ル為ニ斯フ云フモノモ自制スル（中略）自覚ヲ促スト云フ意味ヲ含ンデ居ルノデアリマス」[52]。近年の研究では、政友会には選挙粛正委員会を通じて選挙運営への発言権を確保する意図があったことが明らかにされている。これに対して、内務省首脳は、政友会の意図を察し、委員会が政党の橋頭堡となって選挙運営に党派性が持ち込まれる可能性を懸念していた[53]。

法制審議会の答申をもとに、斎藤内閣は選挙法改正案を作成し、一九三三（昭和八）年二月末に第六十四議会に提出した。しかし、内務省内で調整がつかなかった選挙公営制度の不備が衆議院で問題とされ、審議未了に終った。法制審議会でも公営を積極的に推進したのは政党側委員であり、内務省は消極的であった。潮内務次官は内務省が選挙公営に慎重な理由を法制審議会で次のように説明している。「今日市町村ノ実情カラ申シマスルト、演説会ノ日取ノ決定、場所ノ決定、或ハ下ツテ設備等ノコトニ致シマシテモ果シテ世間ガ期待シ得ルヤウナ公平無私ニ行ケルデアラウカト云フコトハ深甚ノ注意ヲ以テ考ヘテ見ナケレバナラヌト思ヒマス（中略）今日迄選挙干渉トイヘバ主トシテ警察官ガ干渉スルト云フ問題ニ限ラレテ居ツタ、然ルニ選挙公営ヲヤルコトニナリ市町村当局ガ主体トナリマシテ演説会其他今申シマスヤウナ事務ニ携ハツテ来ルト、ソレハモウ実質的ナ選挙運動デアリマス、ソレニ市町村長ガ携ハルコトニナルノデアリマスカラ、必ラズ今日警察官ガ蒙《コウム》ツテ居ル非難ト同ジヤウニ市町村当局ガ選挙干渉ヲヤツタ、ヤラヌト云フ問題ガ起ツテ参リマシテ将来選挙以外ノ地方事務ニ付キマシテ非常ナ影響ヲ及ボスコトト考ヘマスノデ極ク慎重ニ御考慮ヲ願ヒタイト思ヒマス」[54]。

内務省首脳は、選挙粛正委員会と同じく、選挙公営導入が選挙運営へのさらなる政党の介入を招き、ひいては選挙干渉を激化させる事態が生じるとの危惧を表明した。内務省首脳の姿勢からは政党の影響力が末端の市町村や警察に深く浸透していた実態が垣間見えてくる。しかしながら、選挙法改正を重要課題に掲げた斎藤内閣によって、選挙公営制度が盛り込まれた改正案が再び第六十五議会に提出され、法案は一九三四（昭和九年）年三月に成立する。

選挙法改正と並行して検事直属の司法警察官設置も実現に向けた地ならしが進められていた。政友会と民政党の代表者が出席した衆議院議長主宰の議会振粛委員会は、一九三三年末に「選挙法改正に付帯し選挙犯罪検挙の為検事直属の司法警察官を設置する制度を採ること」を申し合わせた。(55)翌三四年一月に、枢密院は選挙法改正法案の諮詢奏請の手続きに際して「司法警察を司法省に設けて従来の総選挙において見るが如き与党全勝の弊を除去すべし」と希望条件を付している。(56)議会通過後には選挙法改正法案を再度諮詢する必要があることから、枢密院が司法警察官設置への支持を表明したことは大きな意味をもった。司法大臣に転じた小山松吉は、各党と枢府の意向をふまえて、第六十五議会で次回選挙までの実現を明言したのである。(57)そして法案成立後の三四年四月には、次のような司法警察官設置案の骨子が司法省から斎藤首相に提出された。(58)

一、各控訴院検事長の下に司法警察官を設置し、管内の選挙法違反事件並びに特殊事件については検事長が指揮にあたる。
二、構成は、全国各検事長の下に、原則として、警視一名（東京・大阪は三名）、警部数十名、警部補並びに巡査若干名を置く。
三、司法警察官は内務警察官の熟練者より採用し、司法省専属となる。

司法省の一連の動きに対して、内務省は警保局会議で決議するなど反対の姿勢を示した。だが、内務省が対案として提出したのは、内務省所管の警察に加えて、憲兵を含めた警察権全般を統制する内閣直属の「警察省」あるいは「警察院」新設案であった。内務省は実現性の低い対案を提起するほかには有効な反論を展開できなかったのである。しかしながら、実現直前と思われた検事直属の司法警察官の設置は現実のものとはならなかった。司法省どころか内閣をも揺るがした帝人事件が突発したためである。帝人事件とは、若手財界人が集う番町会が、帝国人絹造糸株の買い受けをめぐって台湾銀行や大蔵官僚に贈賄工作を行ない、不当な廉価で買い入れたとの嫌疑をかけられた疑獄事件である。四月一八日の事件発覚以後、司法省が「検察ファッショ」と批判を受け、その政治姿勢を問われる事態が生じた[59]。その後、前商工大臣の中島久万吉や三土忠造鉄道大臣にまで事件が波及したことから、三四年七月八日に斎藤内閣は総辞職することを余儀なくされる。もっとも、その後の裁判で被告全員の無罪が確定したことから、帝人事件は検察による「空中楼閣」とも評されている。

一九三四年の選挙法改正を検討した先行研究のなかには、選挙取締規定の強化に着目して、内務省が選挙法改正を通して選挙の官僚主義的管理を強めていき、それが岡田内閣以降の選挙粛正運動に見られる反政党的な姿勢につながるとした評価が見られる[60]。しかし、官僚主義の伸長を示す指標とされた選挙公営の拡大、そして選挙粛正委員会の設置を提唱し推進したのは政党であった。内務省は、選挙干渉や政党の介入が拡大することを恐れて、いずれにも消極的な姿勢をとったのである。このとき内務省は、選挙運営の公正さをめぐって政党とともに批判され、検事直属の司法警察官設置問題では権限縮小すら迫られている。選挙法の条文上は権限が強化されたように見えたとしても、現実の内務省は守勢に立たされていた。そもそも司法省の長年の懸案事項であった司法警察官設置が実現直前にまで漕ぎつけたこと自体、政党内閣の時代には考えられない出来事であった。また、法制審議会での選挙公営に慎重な潮内務次官の発言からは、内務省首脳が政党の干渉を排除しての選挙運営が困難であると認識していたことが見て取れる。司法省の主張に対して的確な反論を提起できなかった理由であろう。そして、検事直属の司法警察官設置は、帝人事件という突発事件によって頓挫したもので、内務省の選挙取締りに対する不信感が解消されたわけではなかった[61]。選挙運営の公正さを確保しアピールする必要に迫られた内務省が、選挙粛正運動に活路を見出した背景がここにある。

三　選挙粛正運動

一九三四（昭和九）年五月一六日の警察部長会議は、警察精神作興問題を中心課題に掲げて異例の時間をこの問題に費やした。警保局は警察精神作興問題を次のように提起している。「政府が時弊に鑑み、警察官吏をして終始其の良心に従ひて、公正なる執行を為さしめんが為め身分保障制度を樹立し、警察の建替へ建直しの形式的方面が完成したことは昨年のことである。今日こそは全国警察官が実質的方面或は精神的方面の建替え建直しを為すべき秋ではあるまいか。即ち警察官吏たる者が制度上そうであると謂ふばかりでなく、真に陛下の警察官吏たり、国家国民の警察官吏たる確乎たる信念の下に、現在は勿論将来事情が変化して如何なる場合にも際会し又は如何なる時代となるとも、苟も威武に屈し情実に捉はれ或は一党一派に偏するが如きことなく、敢然として公に奉ずるの警察精神を確持することが極めて緊要ではあるまいか[62]」。

前節で指摘したように、司法省が司法警察官設置を要求する根拠の一つとしたのは、選挙干渉を生み出す土壌となった警察官の意識であった。そして、警察部長会議で警察精神作興問題が提起された三四年五月は、帝人事件の発覚により司法警察官設置が挫折した、その翌月にあたる。この時期的な符合を念頭におくと、会議で「警察精神の真髄は、警察官が天皇陛下の警察官であって決して一党一派に偏するものにあらざることを明確にすべしとの声が全警察部長より力説せられた」ことの意味は自ずと明らかとなる[63]。警察官の意識を改革して選挙取締りの公正さを確保することが会議の緊急課題として意識されていたのである。警保局が「将来事情が変化して如何なる場合にも際会し又は如何なる時代となるとも」警察精神が維持されるよう訴えたのは、政党が再び政権に復帰する日が来ることを視野に入れていたからにほかならない。

警察精神作興運動については、これまで内務省、特に警保局の「新官僚」の思想や理念を反映した運動として、日本のファシズム化あるいは警察のファシズム的再編の端緒として注目されることが多かった。(64) ここでは警察精神作興運動が司法警察官設置問題に触発されての警察官の意識改革運動という側面を有する点を強調しておきたい。警察関係者は司法警察官設置問題が再提起されることへの警戒感を持ち続けていた。年が明けて一九三五（昭和一〇）年一月に刊行された『警察協会雑誌』新年号冒頭で、警察協会副会長の松井茂は、小原司法大臣の「今や警察官の空気も平穏に帰しているの折柄、当分此の問題（司法警察官設置問題）は見合せ、暫く警察の状況を監視しやう」との発言を紹介し、あらためて警察関係者に注意を喚起している。(65) 司法警察官設置問題の衝撃が警察関係者の脳裏に生々しく記憶された状況のなかで開始されたのが選挙粛正運動であった。

選挙粛正運動は、一九三五年五月四日の地方官会議での後藤文夫内相の訓示で開始が宣言され、五月八日の選挙粛正委員会令（勅令第一一〇号）の公布により実施に移された。以後、印刷物の配布や講演会、市町村や部落への懇談会発足など、選挙腐敗排除を目的とした運動が進められていった。ここで予算執行に合わせたとはいえ、選挙粛正運動の開始時期と、政友会が岡田内閣に野党的立場をとると表明した時期とが符合するのは印象的である。政友会は、岡田内閣成立に際して入閣した床次逓相など三閣僚と政務官十数名を除名するなど、発足当初から内閣と対決する姿勢を示していた。しかし、政友会が野党的立場に立つことが明確になったのは、鈴木喜三郎総裁が、岡田首相の内閣審議会参加要請を正式に拒絶した五月九日以後であった。選挙粛正委員会令が公布された翌日の鈴木総裁の声明により、同年秋に予定された府県会議員選挙、そして翌三六（昭和一一）年に実施が予想された第十九回総選挙には、与党民政党に対して野党政友会という、与野党対立の図式のもとで選挙が戦われることが確実となった。内務省の選挙運営の公正さ、選挙干渉の有無が注目を集める状況が設定されたのである。内務省は、選挙干渉批判や司法省の司法警察官設置要求を再燃させせないために、選挙運営への信頼を回復する必要があった。また新たに設けられた選挙粛正委員会が政党の選挙対策に活用されるのも避けたいところであった。

選挙粛正運動が開始された三五年五月には警察の組織改革も実現している。選挙干渉に威力を発揮した高等課が廃止され、警保局に防犯課が新設されたのである。最後の高等課長となった相川保安課長は、警察部長会議で高等課廃止の目的が選挙干渉防止と警察官の意識改革にあると力説した。「選挙犯罪の予防及び検挙事務と選挙情報蒐集及び選挙法施行事務とを同一課に於て取り扱ふは百弊の根源であり、之れを分離することによって、始めて選挙犯罪の検挙が徹底的に遂行し得られ、従って選挙界の粛正を期し得る（中略）此の際断乎として政略警察、党略警察の悪印象を一掃、警察界の空気を一新し、警察官一人一人に至るまで、清新なる気分を以て正しき本来の警察行政に精進すべき」[66]。同じ会議で、唐沢俊樹警保局長が「警察界の内外に及ぼす精神的影響」を重視すべきと言及したように、高等課廃止と防犯課の新設は、選挙干渉排除が組織面で確保されたと内外に示すことを意図した組織改編であった[67]。初代の防犯課長に就任した清水重夫も高等課廃止の運用面での意義を強調する。「警保局及各庁府県に於る高等課の廃止は政治警察の全面的転回を招来した。選挙の取締は内務省に於ては防犯課、地方に於ては刑事課に分掌せしめ、従来高等課の重要なる使命とした政治情報をとることを可及的に廃止し、殊に選挙の投票予想を全廃したことは此等の弊害が従来甚だしかつた丈けに大きな影響を与へた」[68]。清水は戦後の回想でも、防犯課の設置について「やはり野党的なほうは選挙粛正運動をわれわれの方に向ける。といったような感じを持った（中略）私たちの立場としては取締りの絶対的な公正を声を大にして強調しましたから。それは防犯課が独立して選挙取締りを主管した主たる理由でもあったわけです」と回想する[69]。警察幹部が野党的立場に転じた政友会の視線を意識していたことがうかがわれる。

防犯課の設置は、同時に司法省が批判した司法警察官の能力や、司法警察を軽視した警察運営の改善をはかる措置でもあった。防犯課には予防係、研究および教養係、庶務の三つの係が置かれ、それぞれ予防係が犯罪の予防を、研究および教養係が犯罪研究と司法警察官吏の教養訓練を、庶務係が司法警察の成績向上や能率増進に対する「人的物的施設」の整備改善を所管した。[70] 司法警察官の訓練や司法警察の改善に取り組むなど、防犯課の設置が司法省の要求に対応した組織改編であったことが見て取れよう。府県レベルでは、加えて高等課から刑事課へと選挙取締りの担当が移されたことで、警察と検事局の連絡協調が密になることも期待された。[71] 犯罪捜査を担当する刑事課はもともと検事局との関係が深い部局であった。なお、選挙取締りを刑事課に移管した際には、大きな府県の刑事課長には警視をあて、また高等課で選挙取締りにあたっていた人材を刑事課に移すといった検事への配慮もなされている。[72]

こうした措置を講じたうえで、秋の府県会議員選挙を前にした三五年八月の警察部長会議では、再び党派に左右されない公正な取締りを行なうべきことが強調された。大阪府知事であった安井英二が、「役所の方で粛正と言うと主に警察取締りの厳正公平ということになり民間の方で粛正と言うと主に買収饗応と言うこと」[73] であったと回想するように、選挙粛正は、警察部内ではもっぱら選挙取締りの公正さ確保に重点が置かれた。選挙粛正運動は、対外的には選挙腐敗の排除を唱え、対内的には選挙干渉排除のための警察官の意識改革を目的とするという二面的性格をもった運動であったと言えよう。警察官の意識改革の試みは、観念的なレベルにとどまっていた警察精神作興運動から、選挙粛正運動によって実践レベルへと歩をすすめたのである。

府県会選挙では政友会が第一党になり、与党的立場にあった民政党が議席を減少させた。この選挙ではまた、選挙粛正委員会の活動に対して、民政党が消極性を非難され、政友会が逆に積極的参加を表明している。運動が与党に有利な、偏った選挙取締りを抑制する効果をもつことに政党が自覚的であったことの証左にほかならない。[74] 政友会は選挙粛正委員会への地方幹部送り込みに主眼を置き、委員会が選挙への監視機能を発揮することを期待した。次いで翌一九三六（昭和一一）年二月二〇日には第十九回総選挙が実施され、ここでも内務省の選挙運営は全体として公正さが維持されたとの評価を得ている。[75] 総選挙が公正に実施され、無産政党の進出が見られたことから、五・一五事件以来の世相を規定していた非常時の緩和を感じ取った者もあった。[76] 選挙粛正運動に政党内閣復活の気運を見出したのである。例えば東京朝日新聞論説委員であった関口泰は、選挙粛正運動が政党政治の信頼回復に一定の効果があったと指摘する。「選挙粛正、公平選挙に対しても、幾多の注文すべきものが残るとしても、なほ、議会政治の為めには、喜ぶべき将来を約束するものといってよい。それは寧ろ反対に、今回の選挙に選挙粛正の効果が行はれず、政府官憲によつて、これが裏切られでもしたならば、選挙による議会政治は再び立ち直ることが出来ない迄に、国民大衆の前に印象され、政党に絶望した者が、更に官僚にも絶望して、選挙と議会による政治といふものを、全く投げ棄てゝしまふ第一歩を踏み出せたらうといふことは考へられるのである。(中略)選挙粛正運動が、公民教育的効果としては、議会政治尊重、独裁政治排撃を唱へて、立憲政治への反省、政党政治への見直しを教へたことの効果をも考へなければならぬのである」[77]。

しかしながら、総選挙のわずか六日後に発生した二・二六事件によりこうした空気は吹き飛んでしまう。陸軍皇道派の青年将校が一四〇〇名余りの部隊を率いて蜂起し、斎藤実内大臣、高橋是清大蔵大臣、陸軍の渡辺錠太郎教育総監らを殺害した二・二六事件によって、挙国一致内閣を支えていた穏健派の重臣層が打撃を受け、政党内閣復活の芽も摘み取られてしまう。その結果、選挙干渉防止のための方策はその必要性が減じ、これ以後は官僚の身分保障制度の廃止が提起され、選挙粛正運動の性格も自ずと変化せざるを得なくなる。しかしながら、選挙粛正運動を通じて政党と決別する姿勢を示したことは、内務省が「政治的」な存在から「事務的」な存在へと変化したことを、世間に鮮明に印象づける効果をもった。一九三六(昭和一一)年四月二二日付『東京朝日新聞』社説「地方官人事と内務大臣」は、前日二一日の広田内閣の閣議で馬場蔵相や島田農相、小川商工相が、潮内相による地方官人事の説明に対して発言を求め、内閣人事局設置案すら話題となった経緯をとらえて、内務省とその周辺に生じつつあった変化を読み取っている。

「地方長官が従来全く内務省の役人として取扱はれ、さういふ心組でゐたゝめに内務省の指揮命令のみが行なはれて、産業、経済、その他の一般地方行政が、中央官庁との間に意思が疎隔してゐた傾もないではなかったのであるから、関係両大臣から、この種の注文が出て、所詮は内閣に人事局を置いて、地方庁と中央各省の間に人事融通の途をつけ、上下疎通、地方中央の行政意思を円滑に、活発に働かせるやうにしなければならぬといふ意見にまでなることは、行政機構改革が問題になる以上は、当然の結論といはなければならないのである。しかしてこの事は同時に内務大臣の内閣における地位、即ちやゝともすれば副総理として取り扱はれた従来の地位に変化を来しつゝあることを示すものである。警察国家時代においては内務大臣は国務の大半、或は全体に近いものを、其の権力下に掌握してゐたのであつて、それが漸次国務の分化発達に従つて、だんだんと内務大臣の権限が縮小して来るのであるから、この傾向は当然の成行きに違ひないが、同時にこの事は選挙粛正によつて、内務大臣が選挙を指揮し、政界分野を指揮して来たのを、選挙干渉に及ばざる選挙取締の範囲に権力を縮小した結果と関係なしとしないのである。それはまた内務大臣が政治的から事務的に変化したことにもなるものである」。

二・二六事件後に政党内閣復活の可能性が著しく減じたことで、「政治」と「行政」の要に位置したことの重要性もまた損なわれてしまう。これに選挙粛正運動を通して自らが「政治的」存在から「事務的」存在へと転じたことをアピールした効果が加算されて、内務省が地方官人事を独占する状況に不満を蓄積させてきた文部省や農林省、商工省が、府県人事の改革を唱え始める。内務省が「内政に於ける総務省」の地位を占める時代の終わりの始まりであった。

注

（1）有馬学『日本の歴史二三　帝国の昭和』（講談社、二〇〇二年）二二八―二二九頁。

（2）西園寺は、斎藤内閣が発足した翌一九三三（昭和八）年に「今後の政治の動向を考ふるに、軍部に軍権、政権を掌握せしめて独裁的の政治を行はしむるか、或は徐々に今日の情勢を転回せしめて議会政治で行くかの二つしかないと思ふ。（中略）自分としては、今日は動くべきときでなく、今暫く現内閣に仕事をさせて、推移を見るべきなのではないかと思ふ」とその心中を明らかにしている（『木戸幸一日記　上巻』〔東京大学出版会、一九六六年〕一九三三年一〇月一四日、二七五頁）。

（3）北岡伸一『日本政治史――外交と権力』（有斐閣、二〇一一年）、一六五頁。

（4）昭和期の内務省あるいは内務官僚を対象とした研究は五・一五事件から二・二六事件の時期に集中する傾向があり、次に示すようにおびただしい数の業績が蓄積されている。

五・一五事件以降の内務省に言及した研究　粟屋憲太郎「日本ファシズムと官僚制」（江口・荒井・藤原編著『世界史における一九三〇年代』青木書店、一九七一年）、有泉貞夫「昭和恐慌前後の地方政治状況」（『年報近代日本研究六　政党内閣の成立と崩壊』山川出版社、一九八四年）、同「日本近代政治史における地方と中央」（『日本史研究』二七一号、一九八五年三月）、『日本ファシズムの形成と軍部、官僚』（江口圭一編『大系日本現代史1　日本ファシズムの形成』日本評論社、一九七八年）、河島真「戦間期内務官僚の政党政治構想」（『日本史研究』三九二号、一九九五年四月）、古川隆久「昭和初期内務官僚研究序説」（『日本研究』九号、一九九五年三月）、同「政党内閣期の内務官僚」（『地域文化研究』〔広島大学総合科学部紀要Ⅰ〕二一巻、一九九五年一二月）、同「二・二六事件前後の内務官僚」（『日本歴史』五八九号、一九九七年六月）、同「斎藤内閣期の内務官僚」（『国際文化研究紀要』三号、一九九七年一一月）（いずれも後に古川前掲『昭和戦中期の議会と行政』に収録）。

一九三〇年代の警察および新官僚に関する研究　橋川文三「新官僚の政治思想」（『近代日本政治の諸相』未來社、一九六八年）、小田部雄次「日本ファシズムの形成と『新官僚』――松本学と日本文化連盟」（日本現代史研究会編『日本ファシズム（一）国家と社会』大月書店、一九七一年）、伊藤前掲「『挙国一致』内閣期の政界再編成問題」一―三、安藤良雄「日本戦時経済と〝新官僚〟」（高橋・安藤・近藤編『市民社会の経済構造』有斐閣、一九七二年）、秦郁彦『官僚の研究』（講談社、一九八三年）、林博史「日本ファシズム形成期の警保局官僚」（『歴史学研究』五四一号、一九八五年五月）、三輪泰史「日本ファシズム形成期における新官僚と警察」（『日本ファシズムと労働運動』校倉書房、一九八八年）、古川隆久「革新官僚の思想と行動」（『史学雑誌』九九編四号、一九九〇年四月）、小関素明「『政党政治』革正と新官僚」（『国立歴史民俗博物館研究報告』三九集、一九九二年三月）、河島真「国維会論――国維会と新官僚」(『日本史研究』三六〇、一九九二年八月)、高橋彦博「新官僚・革新官僚と社会派官僚――協調会研究の一視角として」(『社会労働研究』四三巻一・二号、一九九六年一一月、のち同『戦間期日本の社会研究センター――大原社研と協調会』〔柏書房、二〇〇一年〕に収録)、伊藤のぞみ「ジャーナリズムにおける新官僚像」(『社会システム研究』一号、一九九八年一月)、山田英彦「一九三〇年代の警察改革」(内務省史研究会編『内務省と国民』〔文献出版、一九九八年〕所収、第七章)、元智妍前掲「『新官僚』の研究――内務省を中心に」。

選挙粛正運動に関する研究(中央レベルの運動を対象にした研究のみ)杣正夫「選挙粛正運動の思想と役割」一―三(『都市問題』五〇巻八号―五〇巻一一号、一九五九年八月―一一月)、赤木須留喜「選挙粛正運動」(阿利莫二他編『現代行政と官僚制　下』東京大学出版会、一九七四年)、粟屋憲太郎「一九三六、三七年総選挙について」(『日本史研究』一四六号、一九七四年一〇月)、須崎慎一「選挙粛正運動の展開と役割」(『歴史評論』三一〇号、一九七六年二月、のち『日本ファシズムとその時代』〔大月書店、一九九八年〕に再録)、功刀俊洋「軍部の国民動員とファシズム」(『歴史学研究』五〇六、一九八二年七月)、小南浩一「再考・選挙粛正運動とは何であったか」(『選挙研究』一五号、二〇〇〇年)、官田光史「選挙粛正運動の再検討――政友会を中心に」(『九州史学』二〇〇四年六月)。

(5)比較的早期に新官僚についての論考を著した橋川文三は新官僚の登場を次のように評価する。「簡単に言えば、それ〔新官僚〕は満州事変前後における軍部の政治進出、それに対応する政党勢力の弱体化、さらに議会勢力の後退という情勢を背景として、従来政党内閣の下になりをひそめていた官僚の役割が、はじめはむしろ自動的に、のちにはそれ自体イデオロギーをともなって、急速に肥大していったということになるであろう」(橋川「新官僚の政治思想」『現代日本思想大系一〇　権力の思想』〔筑摩書房、一九六五年〕、その後、前掲『近代日本政治思想の諸相』に再録、二八〇頁〔引用と頁数は後者による〕)。

政党と官僚とが対立関係にあることを前提とする見解に対して、近年、新たな視角から内務省を分析する研究が登場している。内務省と政党との関係を「相互補完的」と性格づけて田沢義輔の国家構想を検討した河島真「戦間期内務官僚の政党政治構想」(前掲)、また「地方名望家中心の地方社会」維持の観点から両者の共通性を指摘した古川隆久の一連の内務官僚研究(古川前掲『昭和戦中期の議会と行政』)である。選挙粛正運動についても、官田「選挙粛正運動の再検討」（前掲）は、選挙粛正委員会を「選挙をめぐる行政の政策過程において政党が影響力を確保するための装置」と位置づけるなど、同運動が政党排斥を意図したとする従来の評価に否定的な見方を提示している。

（6）『西園寺公と政局』第二巻（岩波書店、一九五〇年）二八八頁。文官分限令改正が天皇の意向に沿っていることは新聞でも報じられている。「畏き辺りでは近時内閣更迭毎に地方民の休戚を双肩に担ふ地方長官の大更迭が断行せられるのを殊のほか御軫念あらせられてをり、最近山本内相が聖上陛下に拝謁仰付けられ地方官異動事情を奏上申し上げた際畏くも地方長官の恒久性を確保せんとする行政官身分保障問題につき政府の意図に関し親しく御下問あらせられ山本内相は誠に恐懼政府は目下鋭意研究中である旨奉答申し上げたと漏れうけたまはる、よつて政府は多年の懸案である行政官身分保障令をすみやかに立案制定すべく精進してゐる」（『東京日日新聞』一九三二年七月六日）。

昭和天皇は、自らの名前で行使される大権の運用と発動には公平性と何よりも自らの了解を求め、自分の意向を無視した恣意的な大権発動には一貫して厳しい目を向け続けた（茶谷誠一『昭和戦前期の宮中勢力と政治』〈吉川弘文館、二〇〇九年〉二〇頁）。このために、田中義一以降の歴代の首相に内務省や地方官の人事について繰り返し懸念を伝えていた。人事問題をめぐる天皇と宮中の動きについては、黒澤前掲「政党内閣期の内務省」で検討している。天皇の動きについては、茶谷前掲書のほか、中園裕「政党内閣期に於ける昭和天皇及び側近の政治的行動と役割——田中内閣期を中心に」（『日本史研究』三八二、一九九四年八月）、伊藤之雄「田中義一内閣と立憲君主制の混迷」（『法学論叢』一四八号三・四、二〇〇一年一月）、同「田中義一内閣と立憲君主制の動揺」（『法学論叢』一四九号六、一五〇号一・二・四・六、二〇〇一年九月—二〇〇二年三月）、同前掲『政党政治と天皇』、永井和『青年君主昭和天皇と元老西園寺』（京都大学学術出版会、二〇〇三年）、古川隆久『昭和天皇』（中公新書、二〇一一年）などでも指摘されている。

（7）佐々木隆「挙国一致内閣期の枢密院」（『日本歴史』三五二、一九七七年九月）によれば、枢密院審議での模様は以下のようであった（六三—六五頁）。枢密院では文官分限委員会の性格（諮問機関とするか、決議機関とするか）や、委員会の構成に関して内閣の原案に異論が出された。特に委員会の構成に関しては詳細に議論が交わされた。だが、副議長である平沼騏一郎が「有ルハ無キニ優ルト云フモノニテ不完全ナルモノニテモ左様ナル規定カ出クレハ人ノ考モ異ナル故、余リ喧シキコトヲ云ハス、兎モ角成立セシムルカ宜シ」（「倉富勇三郎日記」一九三二年七月十九日、「倉富文書」）と「軟説」をとったことをはじめとして、顧問はこの機会を逃しては身分保障令を作る機会を失うとの意見が大勢であった。岡田良平顧問官が「大概ノ所ニテ同意シ保証令ノ成立ヲ図ルコトカ急務」（「倉富日記」一九三二年八月十日）と発言したように枢密院審議では身分保障制の成立自体に異論は提起されなかった。

（8）入江俊郎「成立を見たる文官身分保障制」一―二（『自治研究』八巻一一号―一二号、一九三三〔昭和八〕年一一月―一二月）。

（9）ただし、転任は依然として所属長官の任意に委ねられていた。従って、格下げが明白なポストへ異動させることによって辞職を促すのは可能であった。また、諮問委員会に過ぎない文官分限委員会の答申には拘束力がなく、所属長官が答申と異なった処分を行なうことは可能であった。

（10）瀧川事件については伊藤孝夫『瀧川幸辰』（ミネルヴァ書房、二〇〇三年）がある。

（11）「文官高等分限委員会ニ関スル調」（一九四〇〔昭和一五〕年六月二五日）、国立公文書館「文官分限委員会関係書類」七四。

（12）行政制度審議会第十九回幹事会（一九二七〔昭和二〕年九月二二日）、第二十回幹事会〔同九月二七日〕、いずれも前掲「幹事会速記録其二」。

（13）村上恭一「地方官の大更迭を論じて文官の身分保障に及ぶ」（『自治研究』八巻八号、一九三二年八月）二〇―二二頁。

（14）行政制度審議会第十九回幹事会での発言、前掲「幹事会速記録　其二」。

（15）衆議院議員選挙革正審議会第一特別委員会第七回（一九三〇〔昭和五〕年九月一二日）での発言、「第一特別委員会議事録」（国立公文書館所蔵、二A―三六―委六六五）。

（16）「林談話」第一回、二五頁。

（17）若月剛史「政党内閣期（一九二四―一九三二年）における土木技術官僚の政治史的研究」（『土木史研究　講演集』三二号、二〇一二年）一六四―一六五頁、同「『挙国一致』内閣期における内務省土木系技術官僚」（『東京大学日本史学研究室紀要』一六号、二〇一二年三月）三二一―三三三頁。第二次若槻内閣の土木局の行政整理問題については、加瀬和俊『戦前日本の失業対策』補章Ⅱ第四節、大淀昇一『宮本武之輔と科学技術行政』（東海大学出版会、一九八九年）第四章第一節でも言及されている。
(18) 若月前掲「『挙国一致』内閣期における内務省土木系技術官僚」三一頁。
(19) 副田前掲『内務省の社会史』四三八―四四一頁。
(20)『宮本武之輔日記』（社団法人電気通信協会東海支部、一九七一年）第一七巻、一九三一年、八六頁、八八頁。
(21) 若月前掲「政党内閣期（一九二四―一九三二年）における土木技術官僚の政治史的研究」一六五頁。
(22) 若月前掲「『挙国一致』内閣期における内務省土木系技術官僚」三〇頁、大淀前掲『宮本武之輔と科学技術行政』一七四頁。
(23)「次官・人事課長座談会」一六七―六八頁、「大霞会記録」十九。
(24) 当時、人事を担当する内務大臣秘書官であった挾間茂の回想（前掲「次官・人事課長座談会」八八頁）。
(25)『東京日日新聞』一九三二年六月二八日、二九日、七月一日。
(26)『東京日日新聞』一九三二年七月三日。『東京朝日新聞』七月四日付記事は、内務省の四号削除案決定を伝えるものの、「病気、無能者」に休職を命ずる際の緩和規定を設けることが困難なため、再調査を行なうと報じている。
(27)「文官身分保障制度要綱」、「佐藤文書」一五七八。
(28)「文官身分保障制成立ノ経過」、「官房総務課資料」の「昭和十三年以降文官制度改正ニ関スル書類」二A―三六―資二七二。
(29)『東京日日新聞』一九三二年七月六日。文官懲戒委員会と異なり、文官分限委員会官制が、単行勅令として文官分限令に含められなかったのは、将来の改革に含みを残す、この「応急性」のためであった。
(30)『東京日日新聞』一九三二年七月七日。
(31)『東京日日新聞』一九三二年七月一日。同記事には定例次官会議以前に、急遽臨時次官会議を開催としたのは斎藤首相の決定によると伝えている。「斎藤首相が右の手続をとることに決したのは、各省次官中に問題の文官分限令第一条第一項第四号を削除すべしとする意見即ち分限委員会無用論がしきりに行はれてゐることによるものであるが、政府は結局これらの反対論を排して分限委員会設置に落着くのではないかと見られる」。
村井哲也『戦後政治体制の起源』（藤原書店、二〇〇八年）によれば、次官会議は法令上の根拠がない非制度的な機関として内閣制度創設のころから存在していた。戦前の定例次官会議は、基本的に毎週一回木曜日に開催される「連絡機関」としての性格が強いものであったが、一九三〇年代の挙国一致内閣期に入り、行政国家化や政治的統合主体の不在による閣議の形骸化、これに伴う各省行政の不統一が露呈され始めるにつれて、その積極的な活用が唱えられるようになったという(五三頁)。

(32)『東京日日新聞』一九三二年七月七日。内務省関係者の発言内容は次のように報じられている。「〔文官分限令第一一条第一項第四号を削除して〕文官の身分を絶対に保障することは理想であるが、他面には無能老朽者を罷免できず、ために地方官界を沈滞せしめるおそれがある。よつてこれが救済規定として事務の都合により漠然と休職を命ぜず、休職を命ずる場合を列挙する必要があるが、これも凡ゆる場合を想定して列挙することは困難である。さりとて司法官の如く停年制を設けて沈滞の空気を一掃することも地方官たる特殊事情から考慮し必ずしも適当ではない」。

(33)「元次官・人事課長座談会」(『大霞』三九号、一九六七年十月)。同座談会で挾間茂は、一九三五(昭和一〇)年に各府県に経済部が設置されたのは、人事の停滞状況を打開するための高等官ポストの増員を視野に入れた「両面作戦」であったと発言している。

(34)『東京朝日新聞』一九三五(昭和一〇)年一月一二日付社説「地方長官の地位」。天皇機関説問題が争点化する中で、岡田首相も「陸軍部内で機関説を云々しながら、人事のことをかれこれ言つてゐるやうだが、人事はさう簡単には行かない。分限令の改正以来、人を辞めさせることはなかなか困難で地方長官を罷めることも随分苦労したのである」と語って、原田熊雄に身分保障制導入後の人事の困難さを語っている(『西園寺公と政局』第四巻〔岩波書店、一九五一年〕、三四三頁、一九三五〔昭和一〇〕年一〇月一日)。

(35)内務省には定年制が導入されていなかった。このため一九三四(昭和九)年九月に秘書課を人事課にあらため人事課長を設けた際に、科学的人事の方法として考課表が取り入れられたものの、ほとんど利用されなかったという(前掲「元次官・人事課長座談会」)。

(36)清水前掲『政党と官僚の近代』七六頁。

(37)第一回総会(一九三〇年四月一二日)冒頭での挨拶、選挙革正審議会「総会議事録」(二A—三六—委六六四)。

(38)選挙革正審議会第一回総会での美濃部達吉委員の発言(前掲「総会議事録」)、以後、美濃部が提示した三つの

郵便はがき

料金受取人払

牛込局承認

5507

差出有効期間
平成26年11月
18日まで

162-8790

東京都新宿区
早稲田鶴巻町五二三番地

（受取人）

株式会社 藤原書店 行

ご購入ありがとうございました。このカードは小社の今後の刊行計画および新刊等のご案内の資料といたします。ご記入のうえ、ご投函ください。

お名前	年齢
ご住所 〒 TEL　E-mail	
ご職業（または学校・学年、できるだけくわしくお書き下さい）	
所属グループ・団体名　連絡先	
本書をお買い求めの書店 市区郡町　書店	■新刊案内のご希望 □ある □ない ■図書目録のご希望 □ある □ない ■小社主催の催し物案内のご希望 □ある □ない

読者カード

書のご感想および今後の出版へのご意見・ご希望など、お書きください。
社PR誌『機』に「読者の声」として掲載させて戴く場合もございます。)

書をお求めの動機。広告・書評には新聞・雑誌名もお書き添えください。
頭でみて □広告 □書評・紹介記事 □その他
社の案内で ( ) ( ) ( )

購読の新聞・雑誌名

社の出版案内を送って欲しい友人・知人のお名前・ご住所

ご住所 〒

購入申込書(小社刊行物のご注文にご利用ください。その際書店名を必ずご記入ください。)

冊	書名 冊
冊	書名 冊

指定書店名 住所

都道府県 市区郡町

問題点への対策が議論の柱となった。
(39) 高井賢三『司法警察論』(松華堂・厳松堂、一九二四年)七頁、望月武夫「司法警察制度」(『司法研究』四一輯四、一九三七年二月)五頁。
(40) 裁判所構成法第八十四条には「司法警察官ハ検事ノ職務上其検事局管轄区域内ニ於テ発シタル命令及其ノ検事ノ上官ノ発シタル命令ニ従フ、司法省又ハ検事局及内務省又ハ地方官庁ハ協議シテ警察官中各裁判所ノ管轄区域内ニ於テ司法警察官トシテ勤務シ前項ノ命令ヲ受ケ及之ヲ執行スル者ヲ定ム」と規定されている。
一方刑事訴訟法第二四八条には「府県庁ノ警察官」および「憲兵ノ将校、准士官及下士」は「検事ノ補佐トシテ其ノ指揮ヲ受ケ司法警察官トシテ犯罪ヲ捜査スヘシ」とあった。なお、同第二四七条に「警視総監、地方長官及憲兵司令官ハ各其管轄区域内ニ於テ司法警察官トシテ犯罪ヲ捜査スルニ付地方裁判所検事ト同一ノ権ヲ有ス但シ東京府知事ハ此ノ限ニ在ラス」との規定があり、司法警察官としての警視総監や地方長官(東京府知事を除く)、憲兵司令官は、司法警察に係る事案については、内務大臣や陸軍大臣ではなく、司法大臣の指揮を受けることになっていた。
(41) 望月前掲「司法警察制度」九四頁。
(42) 新井裕「司法警察と行政警察とに関する試論」(『警察研究』一七巻四号、一九四六年四月)六頁。
(43) 明治期から大正期にかけての司法警察制度をめぐる論争については、三谷太一郎『近代日本の司法権と政党』(塙書房、一九八〇年)、小田中聰樹「大正期刑事訴訟法の歴史的意義——その制定過程を中心として」(一)—(三)(『東京都立大学法学会雑誌』七巻二号〔一九六七年三月〕—八巻二号〔一九六八年三月〕)で検討されている。同時代の論考では、小山松吉「裁判所構成法施行後の事蹟を顧みて」(『法曹会雑誌』一七巻一一号、一九三九年一一月)が参考になる。
(44) 選挙革正審議会第一特別委員会小委員会第二回(一九三〇年一〇月九日)での発言(「第一特別委員会小委員会(事務官ノ身分保障ニ関スル件)」二A—三六—委六六八)。
(45) 土屋正三「司法警察の独立」(『警察協会雑誌』三六三号、一九三〇年一一月)二二頁。ただし、司法省が内務省の選挙取締りの不公平さ、選挙干渉に着目して検事専属の司法警察官設置を主張したのは選挙革正審議会が初めてではなく、一九一五(大正四)年三月の第十二回総選挙後にも、大浦内相が与党のために行なった選挙干渉をとらえて問題を提起している（三谷前掲『近代日本の司法権と政党』五八―六二頁）。

（46）選挙革正審議会第一特別委員会第一回（一九三〇年六月二〇日）での発言（「第一特別委員会議事録」、二A―三六―委六六五）。小山検事総長は、野党に集中した摘発の処理に追われ、検事にも与党の選挙違反の捜査に手が及ばなくなるケースがあると発言している。「今日ノ状態デハ選挙ガアリマスルト、例ヘバ或県デ、殊ニ在野党ノ検挙ヲ盛ンニスル地方当局ガアツタト致シマスルト、此在野党ノ選挙違反ヲドンドン検事ニ送リマシテ、検事ハ忙殺サレテシマツテ、僅ノ検事シカ地方ニ居リマセヌカラ、検事自ラ調ベヲシマストスルト、到底普通ノ事ムモアルノデアリマスカラ間ニ合ハナイ、サウシテ居ル中ニ結局其在野党ノ検挙ダケニ終始シテ居ル間ニ、遂ニ選挙ノ投票後相当時間ヲ費シテシマヒマシテ、一方ニ於テ申告ノアツタ与党ノ検挙ヲスルコトガ出来ナイノデアリマス。（中略）斯ウ云フ風ニ経過イタシマスト、之ガ却ツテ検事局ハ在野党ノ検挙バカリヤツテ、何故与党ノ検挙ヲセヌカト云フコトヲ云ハレテ居ルノデアリマス、公正ヲ疑ハレルト云フ点カラ申シマスト、余程検事ニ手足ヲ持タセナケレバナラヌト考エテ居ル次第デアリマス」（第六回総会（一九三〇年一二月三日）、前掲「総会議事録」）。

（47）第六回総会（一九三〇年一二月三日）での発言、前掲「総会議事録」。

（48）第六回総会（一九三〇年一二月三日）での発言、前掲「総会議事録」。

（49）小山松吉「司法警察の成績に就て」（『警察研究』二巻五号、一九三一年五月）三―五頁。

（50）第六回総会での伊沢多喜男委員による司法警察官設置案削除意見（前掲「総会議事録」）、および土屋前掲「司法警察の独立」による。

（51）法制審議会主査委員会第九回（一九三二年一〇月五日）での潮内務次官の発言（東京市政調査会所蔵「法制審議会主査委員会議事速記録――諮問第二号選挙法改正」OIZ六三二）。

（52）法制審議会主査委員会第十二回（一九三二年一〇月一四日）、前掲「法制審議会主査委員会議事速記録」。

（53）官田前掲「選挙粛正運動の再検討」二六頁。

（54）法制審議会主査委員会第八回（一九三二年九月三〇日）、前掲「法制審議会主査委員会議事速記録」。同様の懸念を安井英二地方局長も示している。「恐ラク今日ノ町村ノ状況カラ申シマスルト、色々ノ困ツタ問題ガ起リハシナイデアラウカ。公平無私且ツ円滑ニ公営ヲ実行シ得ルカドウカト云フコトニ付キマシテハ非常ニ懸念ヲ致シテ居リマシテ、ソレガ十分ニ行クト云フコトヲ申上ゲル十分ナ確信ヲ持ツコトガ出来ナイノガ現在ノ状況デアリマス」（法制審議会主査委員会第七回（一九三二年九月二一日）、同）。

警保局が作成した「選挙公営ヲ採用セザリシ理由」も、市町村の現状が「不偏不党ノ行動ナキヲ保シ難キ」こと、「市町村長ト候補者トノ種々ノ紛議ガ延イテハ地方自治制ノ円満ナル運行ヲ災スルニ至ルノ虞」があることを反対理由に掲げている（「松本文書」五―一）。

（55）『東京朝日新聞』一九三三年一二月二四日。

（56）『東京朝日新聞』一九三四年四月一〇日。

（57）「衆議院議員選挙法中改正委員会議事速記録」第三回、一九三四年三月七日。一九三四年四月一六日に、小山司法大臣は原田熊雄に「今度検事直属の司法警察官を置くことにして、刑事七八人、警部三百四五十人――勿論警視庁の者――を、各所の検事長が必要と認めた時に出張させるような制度にすることになった」と、司法警察官設置が既定の案件であるかのように語っている（『西園寺公と政局』第三巻（岩波書店、一九五一年）二八四頁）。

（58）『東京朝日新聞』一九三四年四月一二日。

（59）政友会は、一九三三年一二月二一日の政務調査会で「衆議院選挙法改正要綱」を決定し、選挙干渉防止策の一つに「検事に直属する相当の司法警察官を置くこと」を提議している。だが、翌一九三四年八月の政務調査会では、地方制度改革案に「司法警察は内務大臣の監督の下に数府県に警察本部を置き各府県に支署を置く」との一文を盛り込み、司法警察官設置に対する方針を変化させた（『政友』四〇一号（一九三四年一月）、四〇九号（一九三四年九月））。

（60）伊藤之雄「『ファシズム』期の選挙法改正問題」（『日本史研究』二一二号、一九八〇年）、および杣正夫『日本選挙制度史』（九州大学出版会、一九八九年）第三章「一九三四年（昭和九）衆議院議員選挙法の改正」。

（61）司法警察が行政警察より劣位に置かれた状況に対する司法省の不満は消えず、戦時下にあって警察の活動が経済警察や情報活動など広範な範囲をカバーするようになったことから、一九四三年四月の警察部長招待席での挨拶で、岩村通世司法大臣は「警察の行政機能に力を傾注するの余、其の司法的機能を低下せしむるが如きことがあつてはならない」と注意を喚起している。戦後にも、刑事訴訟法改正によって府県の警察官吏と巡査がすべて司法警察官吏とされたために、再び行政警察と司法警察の関係が議論となった（新井前掲「司法警察と行政警察とに関する試論」、宮下明義「司法警察制度論」（いずれも『警察研究』一九巻一〇号、一九四八年一〇月）。
(62) 内務省警保局「警察部長会議に於ける中心議題としての警察精神作興問題」（『警察協会雑誌』四〇七号、一九三四年六月）。
(63) 「雑報」、前掲『警察協会雑誌』四〇七号、八二頁。
(64) 林前掲「日本ファシズム形成期の警保局官僚」、三輪前掲「日本ファシズム形成期における新官僚と警察」、山田前掲「一九三〇年代の警察改革」。
(65) 松井茂「昨年の警察事項を回顧して、昭和十年の新春を迎ふ」（『警察協会雑誌』四一四号、一九三五年一月）。
(66) 警保局警務課会議係「警察部長会議の概況」（『警察協会雑誌』四二〇号、一九三五年一〇月）。
(67) 前掲「警察部長会議の概況」。
(68) 清水重夫「府県会議員選挙取締の回顧」（『警察研究』六巻一二号、一九三五年一二月）二七頁。
(69) 「清水談話」第一回、四〇頁。
(70) 警保局防犯課「防犯課ノ組織計画概要」（『昭和戦前期内務行政史料』第十三巻、ゆまに書房、七—一四頁、二〇〇〇年）によれば防犯課各係の所管事務は以下のとおりである。
（イ）予防係ニ於テハ各庁府県ニ於ケル直接防犯其ノ他ノ犯罪予防事務ニ対スル指導、督励並ニ之ガ改善ニ就テノ研究ヲ為サシメ
（ロ）研究及教養訓練係ニ於テハ犯罪関係一般情報並ニ資料ノ蒐集及利用、犯罪ニ関スル諸研究ヲ為シ其ノ成果ヲ以テ防犯及司法事務ニ関シ一般警察官ノ教養訓練ニ資セシメ
（ハ）庶務係ニ於テハ各庁府県ニ於ケル司法警察ノ成績向上、能率増進ニ対スル人的、物的施設ノ整備、改善ニ就テノ研究並ニ斡旋ヲ行ハシム
(71) 清水前掲「府県会議員選挙取締の回顧」二七頁。
(72) 湯沢三千男内務次官の発言（「選挙制度調査会特別委員会議事速記録」第二号〔一九三六年八月一九日〕、東京市政調査会ＯＩＺ六二九）。
(73) 「安井談話」第三回、五〇頁。
(74) 民政党は一九三五年五月七日の総務会で、選挙粛正委員会に関しては、「其趣旨には賛成するものであるが、

或はこれが選挙干渉の道具となつたり、或は有名無実の機関となつて、かへつて弊害を生ずる」懸念もあるとして、調査委員会を設けて研究を進めていくと決定するなど態度を明らかにしていなかった(『民政』九巻六号、一〇二頁)。六月一八日の幹事会で、ようやく川崎幹事長が「我党は選挙粛正に気乗薄であるといふ声をたまたま聞くが之は非常な誤解である。選挙粛正は我党従来の主張で吾人は積極的に之をやらなければならない」と力説し、「民政党はあげて選挙粛正に邁進するものなり」との決議を行なった(『民政』九巻七号、九九頁)。一方の政友会は、『政友』四二〇号(一九三五年七月一日)掲載の田子一民「選挙粛正を国民的たらしめよ」で、選挙粛正委員会が自党の発案であることを強調し、六月七日には松野幹事長と東郷、田子の両総務が、後藤内相と会見し、選挙粛正委員会に地方政党幹部を加えること、中央教化団体による粛正運動だけでは困難であることなどを申し入れている(同四二〇号)。

(75) 総選挙直前の一九三六(昭和一一)年一月二二日、古荘陸軍次官から赤木内務次官にあてて「選挙粛正ニ関スル通牒」が出され、反軍的候補者について「合法的手段ヲ以テ其反省ヲ促シ之カ是正ニ努ム」という陸軍の希望が出されている(粟屋前掲「一九三六、三七年総選挙について」一一二―一一九頁)。陸軍の希望にかかわらず、内務省が慎重な選挙運営に努めたことが無産政党の進出に反映されたものと言えよう。この点、官田前掲「選挙粛正運動の再検討」は、内務官僚が選挙粛正運動を政党攻撃の手段としていたわけではなく、「官僚による既成政党の地盤解体」という官僚の政治的意図なるものを創造したのは、政党であったといっても過言ではないと結論づけている。

(76) 『社会運動通信』は、「『重臣・大官殺害事件』は去る昭和七年の所謂五・一五事件以上の大事件として満州事変以来の非常時的×××××雰囲気から漸く脱し、総選挙を契機に一挙躍進の途上に向はんとしつゝありし無産運動関係に於ても当然何らかの、否今後の成行き如何によつては重大なる影響」ありとして、二・二六事件による非常時意識の復活を記している(一九三六年二月二九日記事「北農急遽緊急支部長会議を招集」)。

(77) 関口泰「府県会選挙の結果」(『都市問題』二一巻五号、一九三五年一一月)。

第三章　「新官僚」再考

一九三四年六月に斎藤実内閣が帝人事件によって総辞職すると、斎藤と同じく海軍大将にして穏健派である岡田啓介が内閣を組織した。重臣会議に列した斎藤によれば、岡田が推薦された理由は、斎藤内閣の政治形態と財政金融政策を継続する必要があること、綱紀問題に懸念のないこと、そして軍縮条約改訂のために海軍への十分な知識があることの三点であった(1)。推薦理由の第一にあるように、岡田内閣は基本的に斎藤内閣の継続であり、同じ性格の内閣と位置づけることができる。ともに急激な現状変革を志す陸軍の政治的野望を押しとどめ、政党内閣復帰への道筋を模索することを政治課題としたのである。だが、岡田内閣は前内閣に比して政党出身者に主要閣僚ポストを提供せず、政党政治家が占めたポストには明らかな後退が見られた。一方、官僚出身者は、藤井正信が蔵相として入閣を果たし、後藤文夫が農相から内相に転じるなど台頭が目立った。これを見たジャーナリズムは、政党の後退と官僚の台頭を目して、政党への従属を余儀なくさせられた「旧官僚」に対し、政党から自立した「新官僚」の登場と評した。

内務省が発祥地とされる「新官僚」は、一般的には政治的な自立や「革新」的政策を志向し、軍との強いつながりを構築した官僚グループを指している。本章では内務官僚の視点に立って、また省内の人的な配置に着目して「新官僚」問題を再考し、「政党化」と「新官僚」の共通性、また斎藤から岡田へという首相交代が内務省にもたらした変化を明らかにする。岡田内閣の発足は警保局に「新官僚」的傾向が顕在化する契機となった。岡田内閣は、政権発足に際して警保局長を更迭し、これを機に警保局官僚と陸軍省軍務局員とが緊密な関係を築くこととなった。

しかしながら、警保局の「新官僚」グループは、二・二六事件の発生を未然に防げなかったことから内務本省から一掃されてしまう。次いで、第一次近衛内閣の時期に、陸軍皇道派や近衛文麿とつながった官僚が内務省幹部に起用されたものの、省内に根強かった革新的改革に対する反対を抑え込むことができなかった。そして平沼騏一郎内閣で内相に起用された木戸幸一が人事の刷新に着手すると、これ以後は革新的傾向をもった内務官僚グループが省内に勢力を扶植することはなかった。待遇改善運動を経て大政翼賛会に合流していく内務省土木局の技術官僚も、満州国や企画院、技術院など省外に活動の本拠を移していく。親軍的な内務官僚グループとは対照的に、内務省主流は、二・二六事件を引き起こした陸軍軍人を国家の安寧を攪乱しかねない治安対象と見なし一定の距離を保ちつづけた。陸軍も推進力の一つとなった内閣機能強化や統制経済導入といった改革の方向性が内務省の利益に沿わないことを理解し、陸軍と対抗関係にあった天皇側近（宮中）や海軍など現状維持グループとの関係を醸成するのである。警保局の「新官僚」グループや土木局技術官僚とは異なり、内務省主流は、政党にかわって最有力の政治集団となった陸軍とは提携しなかったのである。

一　「政党化」と「新官僚」

「政党化」と「新官僚」、この二つの用語は、昭和期の官僚を考察する際に不可欠のキーワードであり、いずれも政党と官僚との関係を形容している。「政党化」は、主として内務省、それも知事をはじめとする地方官人事のあり方を念頭におき、政党による人事介入を、官僚に対する政党の優越の表れととらえる。一方、「新官僚」は、岡田内閣で主要閣僚ポストを官僚出身者が占めたことに端を発し、人事や政策立案など多方面に拡大した官僚の政党からの自立傾向に注目する。「新官僚」という用語も同じく、最も強烈に「政党化」の影響にさらされ、政党への不満を蓄積させていたことから、内務省系統の官僚が念頭に置かれていた。その限りにおいて両者は、昭和初頭における政党政治の盛と衰とを内務官僚に投影させた鏡像として対照的な風貌を呈する。

しかしながら、政党政治の観点からは対照的に見える「政党化」と「新官僚」を、ともに内務官僚に特有の気質や行動から発した同根の問題と断じた人物があった。斎藤内閣下で警視総監であった藤沼庄平である。藤沼は日記に「新官僚」への印象を次のように書き留めている。「新官僚といふ言葉が横行してる。官僚に新旧なし、只老壮の別也といはば何をかいはむ。歴史を通して官僚が常に武人に駆使せられしは明証する処也。彼等は常にその勇気を欠く。（中略）政党勢を得し時には其のいふが侭にす。其の時の勢に追随阿諛したるは一也。今政党其の影うすきが故の夜郎自大也。自ら立つを得ざる者なれば也」[2]。藤沼は、この記述にとどまらず、その時々に勢いをもった政治集団の驥尾《きび》に付すことを常とする内務官僚への批判を数多く残している。これ以前にも、例えば田中義一内閣総辞職を報じた新聞の号外に右往左往し、密談をかわす内務官僚の「巨頭連」の姿を「結極は之れ就職失業の問題也」と喝破してみせている[3]。藤沼にとって「新官僚」の台頭は、政治的な自立ではなく、内務官僚が「追随阿諛」する対象を政党から他へと移行させただけ、としか感じられなかったのである。藤沼が指摘したように、五・一五事件によって政党内閣が継続を止めた後にも、政権交替ごとに内務三役、すなわち内務次官と警保局長、警視総監といった幹部が更迭され、これに全国的な人事が連動するという異動風景は何ら変わらず繰り返されていた。

内務省には退官後のポストに恵まれないという、系列化を促進する特有の事情があった。人事を管掌する内務大臣秘書官（第一次若槻内閣時）の経験がある安井英二は、退省後のポストについて「つぶしがきくのならば大蔵省とか、当時は農商務省といった、そういう所へいった方がよい。内務省なんかは、そういうものはない。せいぜい市長になるくらい」と回想する。(4) 退官後の内務官僚の再就職に関しては、新居善太郎が興味深い資料を残している。新居は、二・二六事件後に発足した広田弘毅内閣期に人事課長をつとめ、一九三七（昭和一二）年七月の人事異動に関わった人物である。そして三七年七月人事の最重要課題は、前章で指摘したように身分保障制度導入後に生じた人事停滞を打開し、若手官僚の昇進を促進することにおかれた。新居は人事課長として、四十代半ばから五十歳を超えた程度の年齢で後進に道を譲った「勇退者」の再就職に各部局がより一層配慮するよう呼びかけている。「一、主トシテ部長級ノ停滞セル実情ヲ刷新スルコト、従テ其ノ数ハ従来ノ例〔ヨリ〕多キコト。二、勇退者ハ真ニ後進ノ為ニ途ヲ開ク為ナルヲ以テ、退職ノ際ハ出来ル限リ優遇ノ途ヲ講スルコト。即勅任待遇、増俸、位階、勲等等ヲ十分ニ考慮スルコト」(5)。ところが、同じく新居が残した「退職者調」に添付されているのは、市長の欠員調べだけであり、それも内務官僚の「指定ポスト」ではなく、地元市会による候補者選定が優先されるケースばかりであった。(6) 近年の研究でも、比較的規模の大きな都市に多く見られた官吏出身の市長の割合は、一九三〇年代半ば以後には低下傾向にあったことが指摘されている。(7) 人事の停滞に悩まされたにもかかわらず、一九三〇年代の内務省はさらに「つぶしのきかない」官庁となり、退官者の再就職は厳しさを増していた。

警察に関しては、もう一つ「政党化」と「新官僚」の共通要素を付け加えることができる。

政党内閣全盛の一九三〇（昭和五）年当時に警視庁警務部長であった高橋雄豺は、警察官が政治的に動くようになる原因を警察の重要業務である情報収集活動に帰している。「元より治安保持の重大なる責任を有する以上、政治――夫れが国の政治であらうが将又《ハタマタ》府県市町村の政治であらうが――の現況と其の動き方、之に関する公私の人々の観察等に無関心であつて良い筈はないのであるが、夫れは警察の有する職能の一たる社会の情勢観察や情報蒐集に関する機能として必要なのであつて（中略）警察が其の有する観察内偵の方便によつて、人事の動静去来や、政治社会人の片言隻語の機微に触れたりすることに依つて、何時とはなしに華やかな政治の舞台の興味に誘惑せられ、自ら進んで小さな役人政治家になりたがらんとする場合が少なくないのである」[8]。

情報収集業務は、一九三五（昭和一〇）年五月に高等警察課が廃止された後に、特別高等警察課、いわゆる特高警察に引き継がれた。一九三七（昭和一二）年七月に警保局事務官となった北村隆は、青森県や群馬県で特高課長を務めた経験をふまえて、二・二六事件後の特高警察の主たる任務は「情報」にあったと語る。「二・二六のあとは右翼も取り締りというような問題ではなくなって来て、二・二六のあとはつねに軍情報を取っており、それに対する内務大臣の閣議における発言をどうするかというところにかなりの重点があって、いわゆる情報というところに主体があったのではないでしょうか」[9]。

特高警察は、中央ばかりでなく府県レベルにおいても、知事をはじめ府県執行部が情勢を判断し施策を講ずる際の助けとなるような様々な情報の収集を担っていた。茨城県土浦警察署長であった池田博彦は、一九四五（昭和二〇）年一〇月の警察幹部と特高警察官の一斉罷免、いわゆる特高パージの影響について次のように証言している。「特高係はいずれも優秀な人が選ばれており、ことに土浦は軍都だけに洗練された特高係がおかれた。こうした（敗戦と占領という）混迷時にいっせいに退職されることは、警察にとっては一大障害であった。特高係の情報は、それのみの情報ではなく、参考となるべきあらゆる情報をキャッチして報告してくれるのである。だから署長としては、そうした情報に基づいて事前に手を打つことができ、またその打った手が適切であったかどうかを、事後に省みることができたのである。特高係以外の警察官は情報キャッチの訓練を経ていないから、特高係が一斉罷免になってからは、触覚のない警察となってしまった感があった。形なきに見、声なきに聴くという警察の積極的特質は失せて、一般の役所と同様になってしまったのである」[10]。

全国で収集された警察情報が集約される警保局と内務省は、総理大臣や内務大臣を補佐する情報センターの役割を果たしていた。『東條内閣総理大臣機密記録』に収録された東条英機首相の「恒例日課予定表」によれば、東条が内相を兼任していた期間を除いて、閣議直前に一時間程度の時間を費やして内務大臣と内務三役から情勢報告を聞くことが恒例となっている。[11] 憲兵からの情報入手が可能であった東条ですら、内務省が収集し分析した情報を重視していた。政党政治が衰勢に向かうとともに選挙の重要性は低下していったものの、首相が状況に応じた的確な対応をするためには、警察が収集した情報は依然として必要不可欠であった。

警察の「政党化」を招来した情報収集業務は、他方では内務省警保局で「新官僚」運動が盛んとなる背景ともなった。情報収集の対象が、政党であれば「政党化」につながり、軍であれば「新官僚」の登場につながる。[12] 再び北村隆の言葉を借りよう。「同調的というよりも、やはり自分が担当しておる方面は割合ひいきめに見ますね、やはり気が移るのですかね。（中略）友人も多いし、そういう連中とぴったりと密着して、夜は一緒に飲むというようなことはやっておりますからね。だから、悪く言えば情報取りでしょうけれども、良く言えば密着していく。そのうちにだんだんとそちらの思想に感化されるのでしょうが、ある程度ちょっと調子が似てくるような感じでしたね[13]」。

退官後のポストを手当てするために、また職務を遂行するために政治に関わっていく内務官僚の存在に着目すれば、「政党化」と「新官僚」とは同根の現象であり、内務官僚の側にその時々に最も有力であった政治集団に接近する動機が存したことに変わりはなかった。従って、内務官僚の「系列化」が、政党政治が隆盛であった時期には政党との関係で、政党内閣終焉後には軍部、特に陸軍との関係で展開されたのは必然であった。[14] 文官任用令の改正案を検討する法制局の部内会議（一九三七年五月）に出席した佐藤達夫参事官が、「〔政党内閣の〕当時ハ政党ヲ入レル方面カラノ問題、今日ハサーベルヲ入レル方面カラノ関係カ」との書き込みを残した所以である。[15] 内務省首脳は、内務行政の中立性や人事の自律性を確保するために、政党内閣期には政党の介入への、陸軍が台頭を見せた二・二六事件以降には陸軍の介入への、対処を強いられた。しかしながら、党勢拡張のために政党が内務省と知事の最大限の活用を試みたのとは対照的に、第四章で検討するように陸軍が志向した「革新」的な改革は内務省の分割や権限縮小をもたらす構想を含んでいた。内務省首脳は、省の存亡をも左右する「革新」政策に同調しかねない、親軍的官僚が省内に跋扈することには強い危機感を抱かざるを得なかった。

二　警保局の「新官僚」運動

内務省警保局は「全国警察の総元締め」であり、予算と人事、法令の立案など警察活動の中心であった[16]。全国の警察網を取り仕切る警保局は、府県を統轄し地方官人事と地方財政を握る地方局と並んで、内務省の中核を構成する二本柱と位置付けられていた。ところが、警保局と地方局は、一九三七年七月の盧溝橋事件をきっかけに日中戦争が勃発し日本が大陸で戦線を拡大させた戦時期に入ると、対照的な軌跡をたどることとなった。警保局が統制経済実施に伴って新たな業務を加えて重要性を増したのに対し、地方の行財政を所管した地方局は凋落の道を歩んで行く。統制経済の実施は「金」すなわち財政よりも、「物」すなわち物資が意味を持つ時代を到来させたからである[17]。統制経済に加えて、各省が地方出先機関を設置したことで府県の重要性が低下し、人事交流を名目に他省の官僚が府県に数多く派遣された結果、内務省だけで地方官人事を左右できなくなったことも地方局に影を落とした。日米開戦後の一九四二（昭和一七）年六月には地方局長に就任した古井喜実が「警保局というものは威勢がいいが、地方局というのは、どうも、さっぱり火が消えたようなものだ」と回想するような状況に陥ってしまう[18]。

地方局と警保局は、それぞれが置かれた状況を反映してか、「新官僚」運動に対する姿勢でも両極端であった。地方局系統の官僚は、統制経済の実施が府県への人事交流の導入や拡大、さらには内閣への人事行政機関設置につながることを警戒し、概して現状維持的な政策を支持した。統制経済実施には、経済に疎い内務官僚よりも、農林や商工といった経済官庁や民間の人材の方が適任と考えられたためである。一方、警保局には警察業務の拡大をもたらす「革新」的政策に共鳴する官僚が多かった。そんな警保局官僚の中で最も活発な活動をみせたのは、一九二八（昭和三）年内務省入省で、一九三三（昭和八）年四月から図書課勤務の事務官となった菅太郎である。菅は一九二八（昭和三）年九月から三年間にわたってドイツ・ベルリンに駐在した経歴をもつ。内務省では、一九二五（大正一四）年に治安維持法が公布されたのを機に特別高等警察が確立し、さらにベルリン、ロンドン、北京などに内務事務官を常駐させるようになった。国際共産主義運動の情報収集にあたるとともに、思想対策の専門家を養成しようとの意図にもとづいている。菅以外には、ロンドンに館林三喜男、北京には加藤祐三郎が派遣されている。海外経験をもつ菅と館林、加藤のいずれもが、帰国後に警保局事務官の「新官僚」として名を馳せることとなった。[19] 菅は「新官僚」運動に対する地方局と警保局の対応の相違を次のように回想する。

「（「新官僚」運動は）はっきり当時の日本主義的革新思想の立場にたち、具体的な積極的改革的政策をかかげて、官界を基軸として、軍部革新将校や民間の有志とも交友連携し、行政各省の活動分子を横断的に結成して、次第に勢力をはりつけつつありました。（中略）内務省ですが、新官僚運動の主力はやはり警保局でした。（中略）当時の警保局は政治警察、思想警察をその中枢にもっており、左の革命運動と右の昭和維新論や国家改造運動に接触していて、時局の動きに敏感で、祖国の安泰に危機感が強かったせいでしょう。内務省の二本柱の他の一局たる地方局の方は全くちがっていました。本局こそ内務省の主柱であり、省の格式と伝統を守る本拠だという責任感めいた自負があり、少数精鋭の人材をそろえて、警保局の時流に敏感な反応にかえって対抗意識を示していました。仕事も警保局の動的なのに対し、静的で地味で、理論的であったことも一因でしょう。新官僚運動に対しては、冷淡というより反対の空気が濃厚でした[20]」。

菅によれば、警保局には他省の官僚と横断的に提携し「各省の立場を離れた大局論、行政官僚の立場を超脱した政治家的見識」を公然と打ち出し、陸軍、特に統制派の将校との関係を醸成した官僚が数多かったという。(21) ドイツでナチスの勃興を目にして「ヒトラーばり」(22) となった菅も陸軍の統制派軍人との関係を深めていったのである。

ここで一般的な用法における「新官僚」と、その類義語である「新々官僚」「革新官僚」の定義を提示することとしたい。(23)「新官僚」とは、満州事変後、特に岡田内閣で主要ポストを官僚が占めたことに注目して、既成政党に代わって官僚が政治的に台頭しはじめた現象を形容した用語である。内務官僚で言えば、次にふれる国維会に参加したメンバーがこの用法における「新官僚」に該当する。「新々官僚」「革新官僚」は、ともに国家の介入や統制経済の拡大を目指して政治や経済組織の変革を企図した官僚群が念頭におかれ、時期によって区分される。「新々官僚」は、岡田内閣の内閣調査局設置に刺激された各省の中堅、若手官僚が念頭に置かれている。これに対して「革新官僚」は、内閣調査局がさらに企画院へと発展した時期に、日中戦争の勃発とともに政策的重要課題に浮上した物資動員計画や経済統制案の企画立案を推し進めた官僚群を指している。なお「革新官僚」は内務省よりも商工省や逓信省など経済官庁に属する官僚を対象とすることが通例である。また「新々官僚」と「革新官僚」はともに改革を推進するにあたって陸軍軍人と提携する者が多かったために、統制派や皇道派との関係も系列化して区分けしやすい。「新官僚」に類する三つの用語は時期や改革の指向性、軍とのつながりに注目することで区別されるのである。

次に「新官僚」の母体とみなされた国維会について検討したい。国維会は、一九三二年一月に第一回総会を開催し、一九三四年一二月に解散している。(24) 国維会設立の目的は「共産主義インターナショナルの横行を擅《ホシイママ》にせしめず、排他的ショーヴィニズムの跋扈《バッコ》を漫《ミダリ》せしめず、日本精神に依って内・政教の維新を図り、外・善隣の誼《ヨシミ》を修め、以て真個の国際昭和を実現せん」と趣旨に掲げられた。(25)

国維会の創設を主唱した東洋経済研究所長の安岡正篤はその意図を次のように説明する。「私は、昭和に入って昭和維新論が起って、満州事変が起るに及んで、日本はだめになると痛感したのです。これはなんとかとめなければならない、少くとも満州というものをつけた以上、日本はできるだけ理想的に経営をして、そうして日本の暴走をとめなければならん。満州国に理想的経営をして、日本の北方を後顧の憂いのないようにしておかないと、これが支那に行き、さらにインド支那という方向に行ったら、日本は崩壊せざるを得ん、どうしてもくいとめなければならん（中略）それで、私が考えたのが、満州事変直後に、なにか一つ有力な例規になって、日本の国策というものを暴走させずにレールに乗せる世話役をやる勢力がなければならん。そういう意味で考えたのが国維会なんです」[26]。

国維会は、日本の内憂外患、内政では経済不況とその結果の血盟団事件など「階級的反感抗争」の先鋭化、外政では満州事変による国際的孤立といった問題への危機感を背景に設立された団体であった。そして、岡田内閣に入閣し、あるいは要職に就いた官僚の多くが国維会メンバーであったことから、国維会が「新官僚」による「官僚ファッショ」を実現する策謀の中心にあるかのように報じられたのである[27]。このとき国維会に内務官僚が数多く参加していたことから、内務省が「新官僚」の発祥地とされたのであった。なお、数多くの内務官僚が国維会に参加した理由について、国維会理事であった松本学（斎藤内閣期の警保局長）は「元来内務官僚は地方行政に携わり各府県自治行政をあずかり、府県会に出席して論議をたたかわし、ちょうど中央政府と同じように総括的行政を担当するので自然に専門行政を司る他の省の官僚とは物の考え方がおのずから違うのではなかろうか。物ごとを総括的に考察して、自然に国の政治などに関心をもつようになるのではないでしょうか」と説明する[28]。

皮肉なことに世間の注目を集めたことが国維会解散をひきおこす。安岡正篤は、解散原因を財政的な失敗に加えて、メンバーが要職に就いたことに帰している。「地下百尺の約に反して、幹部の人々が時局の煽りで続々と顕要の地位に就いたことであった。これは世間を瞠目させて、忽《タチマ》ち国維会というものが評判になってしまった。そうなると実質的には誠に仕事がしにくくなる。そればかりでなく、改革の衝に当たるべきものが、改革されねばならぬ問題の責任者になったり、どこまでも争わねばならぬ政策に、発言ができなくなったり、矛盾が続発した」とする。[29] 国維会は国家革新を標榜して結成されたことは確かであるとしても、政党政治の弊害の是正を念頭においた「文官の国家的覚醒運動[30]」に着手するにとどまり、積極的な改革策を実行に移す前に解散したのである。

以上のように一般的な用法における「新官僚」は、内務省では国維会に属した局長クラス以上の官僚があてはまる。ところが、菅太郎をはじめ内務官僚が回想し、省内で問題視された警保局の「新官僚」運動は、より若い世代の事務官クラスの警保局官僚の動きを念頭においている。通常は「新々官僚」や「革新官僚」に分類される世代の官僚を指して、内務官僚は「新官僚」と位置付けるのである。内務官僚が回想する「新官僚」の対象が当時のジャーナリズムで頻用されたニュアンスと異なることが、ここまで「新官僚」という用語に括弧を付して用いてきた理由である。以下では内務官僚の回想に即して岡田内閣期に事務官クラスであった警保局官僚を指して「新官僚」と記述することにしたい。そして、この意味での「新官僚」が警保局に台頭した背景を明らかにするためには、斎藤実から岡田啓介への首相交替に付随して、警保局長を松本学から唐沢俊樹へと更迭した人事が、同時に治安対象としての軍に対する取締姿勢にも転換をもたらしたことを解き明かす必要がある。

前章でふれたように岡田内閣発足直前の時期、一九三四（昭和九）年五月ころの警保局では、松本学局長のもと「天皇陛下の警察官」を前面に打ち出した「警察精神作興運動」が展開されていた。この「陛下の警察官」という表現には、警察官の意識向上を象徴するとともに、軍に対する警察の対抗意識が込められていた。斎藤内閣当時に地方局長であった安井英二は、「陛下の警察官」という表現は、軍が「皇軍」を自称したことに触発されて発想されたものと回想する。「政党の弊がひどくなっただけではまだ之に反発する意味で天皇の官吏というまでに至らなかった。即ち軍が発言権を得てから軍は天皇の軍だと云い立てる頃になって、天皇の官吏という言葉が使われるようになった。軍が力を得て政党の弊が大分なくなった頃に陛下の官吏とか、陛下の警察官とか云われるようになったかと思う[31]」。秦郁彦によれば、従来の「国軍」にかわって「皇軍」が日本軍隊の正式用語に昇格したのは、荒木陸相時代（一九三一年一二月─三四年九月）であり、「陛下の警察官」の登場と時期的に符合する。[32]だからこそ警察精神作興運動では、軍への対抗意識から「軍人勅諭」に対する「警察勅諭」の必要性が主張され、政党を意味する「一党一派」ばかりでなく、「威武」、すなわち軍に屈せずとの意気込みが強調されたのである。未然に処理された三月事件や十月事件に引き続いて、五・一五事件では警察官に殉職者が出ている。これを受けて斎藤内閣期に警察幹部となった内務官僚には、クーデターを引き起こした職業軍人に対する不信感が共有されていた。松本局長のもとで保安課長であった萱場軍蔵は、戦後にいたっても軍人に対する強い不信感を隠そうとしない。萱場は二・二六事件後に唐沢を継いで警保局長に就任する人物である。

「そのとき〔保安課長就任時、一九三二年六月〕に感じたことは、五・一五の直後に行ったものですから、五・一五事件というものの実体というものを見たような気がするのです。それはなにかというと、五・一五は若干民間の分子がはいっておりますけれども、やはり主役を演じたのは軍人です。その軍人がどういう考え方であいうことをやったかと言いますと、別にまとまった考えはなくて、現状が不満である、だからこれを打ち壊してしまえという全く無政府主義的な考えであったと思うのです。それで、総理を殺してからのちの建設的な案というものはまるでない。なんか軍人に対して殊に職業軍人の間にどうも非常に信用し得ない不信を私は感じました。（中略）私はそれ以来非常に職業軍人を嫌いになりましてね。それで、一種の感情的なところまで行って終始したようなわけです[33]」。

警察精神作興の方策の一つに、五・一五事件での殉職者を追悼するための警察神社の創立と殉難者の慰霊祭の挙行が挙げられている。警察に生々しい傷痕を残した五・一五事件以後、警保局の最大の課題は軍人蜂起の再発をいかに阻止するかにおかれた。警察関係者にとって、軍人は何よりも警戒すべき治安対象であり、両者の間に緊張関係が生じるのは当然の帰結であった。軍人蜂起が再発した場合には、警察官は装備に格段の差がある軍隊との対決を強いられる。警察版「靖国神社」の創立が提唱されたのは、警察官に文字通り「必死」の覚悟を促すとともに、軍人と同じく英霊として祀ることでその士気を鼓舞する狙いがあった。

警察と軍との緊張感が高まった、この状況のなかで発生したのが「ゴー・ストップ事件」である。事件は、一九三三（昭和八）年六月に大阪天神橋六丁目交差点で「ゴー・ストップ」すなわち信号を無視した陸軍兵士と、これを咎めた巡査との間におこった諍いを発端とする。ところが、些細な信号無視事件は次第に陸軍と警察、陸軍省と内務省の面子をかけた対立へと発展していく。第四師団（師団長・寺内寿一中将）が、軍服着用の現役軍人に対する暴行とみなし、「皇軍の威信」に関わる重大事案であるとして、告訴のうえ司法判断を要請する方針すら打ち出したからである。第四師団が対応をエスカレートさせたのは、大阪府の粟屋警察部長の「軍隊が陛下の軍隊なら警察官も陛下の警察官で、此の点は同じだ」との発言に反発したことがきっかけであった。(34)

当時、大阪に限らず全国各地で軍人と警察官との間に類似の事件が発生していた。一九三三年八月に憲兵司令部が作成した「軍部対警察間ノ紛議防止対策」によれば、一九二七（昭和二）年から、ゴー・ストップ事件が発生した三三年六月までに、憲兵が掌握した軍人対警察官の「紛議事件」は八六件に上っている。事件の態様を分析した憲兵司令部は、事件の背後に警察の「軍部対抗ノ観念」が存在するとの疑念を抱いて、次のように紛議の「絶滅ヲ期スル」ための対策を講じるよう訴えている。「近時各地ニ於ケル警察官ノ陵虐行為カ検束ニ当リ現役将校タルヲ熟知シ乍ラ暴行ヲ加ヘ、施縄ノ上留置シ若クハ無抵抗ノ兵ニ対シ暴行ヲ加ヘテ重傷ヲ負ハシムル等其ノ手段ノ頗ル深辣《シンラツ》ニシテ且数名ノ警察官ノ共同加工セル点等ニ想到スルトキハ、彼等ノ間ニ或ハ軍部対抗ノ観念醸成セラレ有ニアラサルヤヲ疑ハル、モノアリ（中略）今日何等カ対策ヲ講シ絶滅ヲ期スルニ非サレハ、其ノ結果ハ軍ノ独立不羈性ハ失ハレ軍人ノ名誉威信ハ失墜シ志気ニ悪影響ヲ及ホスニ至ルノミナラス、軈《ヤガ》テハ由々シキ不祥事ヲ惹起スルノ処ナシトセス」。(35)

憲兵司令部は、ゴー・ストップ事件以前から軍に対する警察の干渉ないし圧迫を問題視していた。すでに三一年の段階で、憲兵司令部警務部は「普通警察力ノ増大ト軍部ノ注意スヘキ事項」と題した文書を作成し、「殊ニ吾人ノ最モ注意スヘキハ、軍部ニ対スル警察的干渉ト言ハンカ圧迫ト言ハンカ、政党ヲ背景トスル警察官ノ態度ハ漸次昔日ノ如ク軍隊尊崇ノ念ヨリ遠カリツ、アルヲ痛感ス」と指摘し警察の軍人に対する干渉に注意を払っていた(36)。警察の軍に対する対抗意識を感じ取った陸軍軍人は第四師団関係者にとどまらなかったことがわかる。だが、軍と警察との対立が頂点にまで達したゴー・ストップ事件は予想外の結果をもたらした。事件そのものが大阪府すなわち警察側の陳謝による和解に終わったうえ、軍人に対する警察の取締姿勢も転換するにいたったのである。憲兵司令官と警保局長との間で、現役軍人に対する警察権執行を制限する申し合わせが取り交わされ覚書として残されたからである。東京憲兵隊長や東部憲兵隊司令官を歴任した大谷敬二郎によれば、その内容は「憲兵屯在地にあっては、現役軍人（制服着用軍人をふくむ）に対する行政措置は、憲兵において行ない、憲兵の屯在しない土地では警察が先ずこれにあたるが、これを速やかに憲兵に通報し、その取扱方をきめる」という趣旨であった(37)。大谷は、この覚書以後「警察は軍に対して消極的」となり、「軍に関する限りは、警察は、手出しをしないといった空気が支配してしまった」と感じたという(38)。

一九三四（昭和九）年七月の岡田内閣発足とともに松本学が局長を退き、唐沢俊樹が警保局長に就任したのは、警察の軍人に対する取締姿勢の転換を明確にする出来事であった。松本局長の時期には、神兵隊検挙など警察が軍関係者に積極的な取締りを見せていた。これとは対照的に、唐沢局長時代には陸軍当局への情報提供以上の活動には踏み込まなくなり、情報交換を通して、同郷であった唐沢警保局長と永田鉄山陸軍省軍務局長ばかりか、警保局の事務官クラスまでが軍務局員と緊密な関係を築いていく(39)。以上の経過から、「新官僚」的傾向が警保局に台頭したのは、岡田内閣発足後、すなわち唐沢が警保局長に就任して以降であったことが確認できる。治安対象である軍に対する取締姿勢の転換は、一方に軍への疑念や対抗、他方に協調や提携の模索という相対立する二つの指向性を警察関係官僚に植え付けたのである。

しかしながら、唐沢らが一九三六（昭和一一）年の二・二六事件発生を未然に防ぐことができなかったことから、内務省には親軍的傾向が定着するにはいたらなかった。解決に四日間を費やした二・二六事件について、前任の警保局長である松本は、唐沢ら警察当局の対応を厳しく糾弾する言葉を日記に書き連ねている。「色々なエピソードがある。後藤内相は午后三時過まで宮中に参内せず、どこかに逃れておったらしい。（中略）何たる醜態ぞ。内相が居所を明にせぬ為内務属僚は少しも統一なく、警保局は愛宕署に、神社局は神宮外苑に、衛生局は済生会へ、地方局は選挙粛正中央連盟へ、而も唐沢警保局長は二十六日京都に行っておって大本教検挙後の特高課長会議を開いておって、此事件を初めて知って蒼惶《ソウコウ》として特急で帰京。而も東京駅に着かず、横浜駅から自動車で東京に入り、居所を殊更に明にせずして上野署に居り、官舎に帰らずして近所の宿屋に宿泊しておったと云ふ。警視庁が占領せられたのに、幹部の内一人も之が引渡方の交渉に出かけたものなく、神田錦町署に移って本庁は占領された侭に放任しておったなどは、笑はれないエピソードなり。警察精神はどこへ行ったか」。「二・二六事件はとんでもないことであった。警察が之を予知しなかったことは何と云っても怠慢の責を負はねばなるまい。弁解の余地はない[40]」。松本は、戦後の回顧談でも、「ぼくが警保局長のとき陸軍と戦いぬいたのだ。ところが、後では一八〇度転回して陸軍と妥協し、握手し、協力する形勢となった。あの当時は余りにも軍部に遠慮し、甘やかし、その結果増長させてしまったのです」と語っている[41]。松本が批判したのは、唐沢警保局長時代の警察がとった軍に対する宥和方針であった。

二・二六事件後に発足した広田内閣には内務大臣に潮恵之輔が就任した。これに先立って警保局を中心とした少壮官僚は、後継首班や内相選任に「庶政一新」の実現を託して運動を繰り広げた。後藤内務大臣に会見して「諸般にわたる革正を断行する強力内閣の実現を望む」旨を申し入れたほか、元老西園寺へも同様の嘆願書を提出することを企てた[42]。広田に大命が降下すると、今度は名前があがった内相候補者への不満から再び反対運動を展開している。民政党代議士であった川崎卓吉を内相に起用することへの反対行動は内務省幹部に阻止されたが、元内務次官の潮が内相に擬せられると、警保局の事務官は再び「この非常時局に内務大臣としての重役を担ふ資格なし」と潮排斥で合意し、上司の相川保安課長を通じて首脳部に申し入れを行なった。[43] しかし、地味で「官吏の典型的人物」[44] と評される潮の内相就任を阻止できなかったことから、省内での彼らの立場は一変する。内相に就任した潮は、ほどなく「官吏が服務規程に従ふべきことは当然」であり、「官吏をしてあくまで責任の所在を明らかにして派閥的関係を打破し至公至誠の精神を以て職務」に当たることを厳命した。[45] そして、潮が、松本前局長の系統に属する萱場軍蔵を警保局長に起用したことで警保局人事が一新される。相川保安課長は朝鮮総督府外事課長に、萱警保局事務官は満州国民政部の文書科長へというように、唐沢局長時代の警保局官僚の多くが朝鮮や満州など外地へ異動することを求められた。実際には休職処分となった局長の唐沢自身も北支方面への赴任を覚悟していたという。[46] 省内ではこの時の人事を追放と理解した者が多かった。だが、二・二六事件発生の当日に、警保局長と保安課長がともに会議出席のために東京を離れていたことなど、事件をめぐって数々の失態を批判されただけに、治安担当者としての責任を問うとの名目での更迭には従うほかなかった。この人事異動により、萱場軍蔵はじめ松本局長時代の顔触れが数多く警保局に復帰し、警保局官僚の「新官僚」運動は鎮静化することになった。二・二六事件によって「内務省では新官僚というものが吹っ飛んでしまった」[47] のである。

三　革新派との決別

二・二六事件を機に警保局の「新官僚」が省内主流から排除されて以後に注目すべきは、安井英二や富田健治、高村坂彦など陸軍皇道派との結びつきが強い内務官僚グループである。[48] 彼らは、事件後の粛軍措置で皇道派系軍人の多くが予備役に編入されると、次には皇道派と親交のあった近衛文麿との関係を手がかりに、近衛が組閣する際に側近的役割を担った。次に示すのはこのグループの内務官僚が岡田内閣と近衛内閣（第一次から第三次まで）で就いた役職である。

	岡田内閣期	第一次近衛内閣	第二次・第三次近衛内閣
安井英二	地方局長―大阪府知事	文部大臣	内務大臣
安倍源基	警視庁特高部長	警保局長―警視総監	警視総監
富田健治	石川県―大阪府警察部長	保安課長―警保局長	内閣書記官長
高村坂彦	新潟県特高課長	警保局事務官	総理大臣秘書官

彼らは、警保局の「新官僚」とは異なり、二・二六事件前後の行動が省内で問題視されたわけではない。同グループの中心人物である安井英二は、事件後に潮内相を補佐する内務次官候補の一人に名前が挙がっている。彼らが「内務省主流とは相容れぬ異端[49]」とのレッテルを貼られたのは第一次近衛内閣以後のことである。病気辞任した馬場鍈一の後を継いで末次信正が内相に就任し、局長経験のない羽生雅則を内務次官に、知事経験のない富田健治を警保局長にとそれぞれ抜擢した人事（一九三七年一二月）が省内にとどまらない波紋を投げかけたからである[50]。

第一次近衛内閣に文部大臣として入閣した安井には、改革に消極的であった内務省に方針転換を促すとの期待があった。安井は、この期待を背に、海軍出身であり省内事情に詳しくない末次にかわって内務省人事を主導したのである。ところが、慣例を無視した安井の抜擢人事は、省内の支持を獲得できなかったばかりか、天皇が富田の「ファッショ的傾向」を問題視したことから、新聞発表された人事が発令されない異例の事態が生じて出足からつまずいた[51]。この経緯について、広田前内閣の内閣書記官長であった藤沼庄平は、その日記に「陛下の御手許より異動の書類下らす。内相召さる。次官を知るかと御下問ありと、内相退して大フキゲンと。此事船田君語り、堀切君言ひ、田村東日子噂す」と天皇の意向が多方面に伝播した様子を記している[52]。

この時期に長崎県知事や傷兵保護院副総裁をつとめた岡田文秀は抜擢人事の反響を自叙伝に書き残している。「この人事は晴天のヘキレキの如く、省の内外をびっくりさせた。実に内務省の伝統的な人事慣例を無視した非常識なものだったのである。羽生は内務本省の経験が全くないいわゆる田舎侍であった。内務省の事務に通暁していない者が膨大複雑な内務行政の元じめを掌握することは殆んど不可能に近いというのが常識である。しかも内相は軍人上がりで内務大臣としてずぶの素人である。富田は保安課長という中二階の勅任になって間もない若武者である。(中略)やはり警保局長という政治性の強い地位にふさわしい貫禄は知事や本省局長の経験を必要とするというのが常識である[53]」。内務省出身で当時は関東局総長であった武部六蔵が日記に記した評価も羽生の「親友」にしては厳しい。「安井英二君の色彩濃厚な人事である。羽生君は親友だからその栄達はうれしいが、内務省の人事、殊に末次人事としてはとんでもない貧弱人事だと思ふ。末次氏は人事行政の大事な事を解しないのか、或は何処からか魔が差したのではないか。スタートを誤つて居る。将来に対し多大の危惧の念を抱かしめた[54]」。

羽生は、一九一五(大正四)年に文官高等試験に合格して台湾総督府に採用され、一九二三(大正一二)年に帝都復興院事務官となるまで、ながく台湾でキャリアを積んだ人物である。安井大阪府知事のもとで経済部長をつとめ、引き続いて福井県や三重県で知事を経験したものの、「本省入りをしなければ出世できないことは確実[55]」であった内務省にあって、本省経験がない羽生の内務次官就任は確かに異例であった。一方、富田は、一九二一(大正一〇)年に内務省に入省し、やはり安井大阪府知事に警察部長として仕え、安井の文部大臣就任と同時(一九三七年六月)の、実に局長就任六ヵ月前に警保局保安課長に起用されたばかりであった。富田によれば、近衛とも以前から親交があり、大阪時代には「近衛公は、この頃から私に対し極めてアケスケに政局の真相を語られ、宮中のことから、さては個々の政治家の醜い策動に至る迄、細かに打ち明けて話されるという有様」であったという[56]。次に羽生雅則と富田健治の主な経歴を掲げる。

羽生雅則（一八八九―一九七一）　一九一五（大正四）年一〇月文官高等試験合格、一九一六年五月東京帝国大学法科大学法律学科卒（英法）、一六年七月台湾総督府属、以後殖産局水産課長、同商工課長など、一九二三年一一月帝都復興院事務官・総裁官房、一九二六年七月復興局書記官・土木部庶務課長、一九三〇年三月東京府学務課長、一九三一年一二月北海道庁拓殖部長、一九三四年四月愛知県内務部長、一九三五年大阪府経済部長、一九三六年三月福井県知事、一九三七年一一月三重県知事、一九三七年一二月内務次官、一九三八年六月依願免本官。

富田健治（一八九七―一九七七）　一九二一（大正一〇）年三月京都帝国大学法学部政治学科卒、同七月内務属・警保局、同一一月文官高等試験合格・警保局図書課、その後神奈川県警察部特高課長、警保局事務官、石川県警察部長、大阪府警察部長などを経て、一九三七年六月警保局保安課長、同一二月内務省警保局長、一九三八年六月依願免本官、一九三八年一二月長野県知事、一九四〇年七月内閣書記官長、など。[57]

羽生が内務次官に、富田が警保局長に就任して以後の内務省には、二・二六事件直後の厳罰姿勢から一転して、真崎甚三郎ら事件への関与が取り沙汰された皇道派系軍人に恩赦を求める動きが警保局に沸き起こっている。[58]また一九三八（昭和一三）年二月の防共護国団の政党本部占拠事件への対応や、同三月の安部磯雄（社会大衆党委員長）襲撃事件などで右翼取締りの緩慢さが批判され、警保局の思想傾向が懸念されるところとなった。他方で、末次や羽生らは、内閣の革新政策の一つであった内閣人事部設置案に対して、省内に沸き起こった反対を抑えることができなかった。三八年一月末の政務官会議に人事部構想を含む文官制度改革要綱が内示されると、内務省は、地方長官の任免権剥奪は省の存在意義喪失につながるとして省を挙げての反対運動を展開した。[59]この事態に直面した末次内相は、態度を一転させ、事務当局の意見を汲んだ反対論を支持したのである。[60]この結果、文官制度改革案は再検討を余儀なくされ、末次と安井は内務省の改革への抵抗姿勢を転換できず、大臣としての末次の鼎の軽重を問う声が聞かれるようになった。羽生と富田にも批判の矛先が向けられ、在職わずか半年に過ぎない一九三八年六月に連袂辞職に追い込まれている。彼らの辞職によって、岡田文秀が「安井英二の内務省内における勢力は清算され、その独善主義は終末を告げた」と観察したように、安井は省内での基盤を決定的に弱体化させてしまう[61]。陸軍統制派と関係をもった内務官僚に引き続き、陸軍皇道派に近い官僚グループもまた内務省主流から外れていくのである。

一九三九（昭和一四）年一月、近衛首相は日中戦争終結や日独防共協定強化問題に苦慮して内閣総辞職を決意した。後を継いだ平沼騏一郎内閣で内務大臣に起用されたのが木戸幸一である。木戸は、維新の三傑に名を連ねた木戸孝允の孫として侯爵の爵位を有し、内大臣秘書官や文部大臣、厚生大臣を歴任し、後には天皇を常侍輔弼する内大臣に就任する人物である。元老西園寺と疎遠であった平沼首相は、木戸に内閣と重臣とのパイプ役を期待した。平沼の入閣要請に対して、木戸は「内務省には今面倒なる政治問題のあるところ、是等の取扱は全然余の自由に任せられたし」との条件を提示し、平沼の承諾を取り付けたうえで内務大臣就任を了承している[62]。木戸が憂慮した内務省の「政治問題」とは、末次のもとでの省内の「ファッショ的空気」であった[63]。「革新」的改革を志向した政治勢力がこぞって平沼内閣実現に期待を寄せていたことから、入閣前に行動の自由を平沼に確約させたのである。木戸は内務省の印象を次のように語っている。「入閣して内務省に入って見ると、省の首脳部を占めて居る人々はいずれも頭のよい人材ではあるが、どれもこれも同じ型の人々で、誠に単調で幅が狭いと云ふ感じを受けた。これは主として警察畑の尊重ということに原因して居り、警察畑に入ることが登竜門の様になってしまって、永年の間に自然に一つの型にはめてしまった様に観察された[64]」。

木戸は「此の弊を出来る丈打破しよう」と決意し、警察畑を優遇する人事のあり方を是正するため、次のような方針に基づいて人事の刷新に着手した。

1　出来得る限り知事・部長の異動の際には各省との交流を図ること。

2　一等県・二等県等の位取りにとらはるることなく、将来有望なる人材と云へども、県の事情等を考慮し、必要なる場合には之を小県に出し、相当の成績を挙げたる後は一躍大県に異動せしむる等の方針を明かにして、従来の如く殆ど固定したる県の序列的観念を打破すること。

3　従来は知事への昇進は殆ど総務部長・警察部長より採用さるるの観あるところ、今度は学務部長の人材をも考慮して、従来殆ど固定せる観念を打破すること。

4　有能なる人材を総務・警察以外の部長に採用して、地方官庁の片よりたる人事を是正すること。[65]

木戸は、交流人事や実績主義の導入など近衛内閣の文官制度改革と重複した方針を掲げながら、実際には内務省、特に警保局の思想傾向是正をねらった異動を実施する。当時警保局警務官であった加藤祐三郎は、木戸の大臣就任がもたらした警保局の変化を次のように評価する。「木戸さんに替わることによって、警保局もある意味では大改造をしたのです。というのは、警保局、ことに保安課を中心にして、いわゆる新官僚、右翼革新グループが内務省を占領しているというふうに木戸さんはとっていたわけです。（中略）官僚組織としての警保局というものは、あくまでも治安を維持するということが徹頭徹尾目的であって、治安が維持される前提となる政治云々ということは、これは云うべきものではないのだ。それは逸脱だ。それは政治そのものである。非常に危険性をはらんでおる。そういうことなのですね。木戸さんの考え方は。（中略）だから、木戸さんが内務大臣になったということは、同時にそういう意味で、やはり内務省というものの、たがを締めるというか、内務省の治安を維持するという考え方というものがオーソドックスに返ったということです。従って、人事その他にも、やっぱり、一つの大きな変化でしたね。これは内務省の全体としては過少評価できないです[66]」。

木戸の内相就任は、二・二六事件後の「粛清」人事につづく第二段の変化を警保局、そして内務省にもたらし、内務官僚の大勢が「革新」的改革に距離をおき、現状維持的な政治姿勢を持する方向を決定づけた[67]。木戸の改革は、阿部信行、米内光政両内閣をはさんで、近衛文麿が第二次内閣を組織した際にその真価を発揮する。第二次近衛内閣が掲げた、大政翼賛会発足をはじめ数々の革新的な施策に対して、内務省主流は省の存亡をかけて抵抗していく。一方、近衛のもとには、再び皇道派に近い内務官僚グループ、安井英二〔内務大臣〕や安倍源基〔警視総監〕、富田健治〔内閣書記官長〕、高村坂彦〔総理大臣秘書官〕が結集し内閣を支えた。次いで新体制運動を経て発足した大政翼賛会には、岡田内閣で内務大臣をつとめた後藤文夫が中央協力会議議長〔のちに事務総長、副総裁〕に就任し、実践局長の相川勝六など唐沢局長時代に警保局の「新官僚」とレッテルを貼られた顔ぶれが数多く役員に名を連ねている。二・二六事件以降、内務省を逐われた彼らは、野心充足と経済問題解決の途を他に求めざるを得ず、陸軍軍人や近衛文麿といった有力者の周辺を浮遊し、大政翼賛会や翼賛壮年団に参入していくのである。

古井喜実は、大政翼賛会や大日本翼賛壮年団に流れ込んだかつての警保局の「新官僚」グループと、内務省との微妙な関係について証言する。古井は一九四〇〔昭和一五〕年から四一年にかけて大臣官房文書課長や同人事課長の職にあったほか、戦時中に地方局長や警保局長などを歴任している。「後藤さんが大政翼賛会の事務総長の時代に相川さんが総務局長〔実践局長〕をしておられたと思います。また翼賛壮年団という別働隊がありましたね。そこには〔岡田内閣〕当時の特高グループに属した人が入っていて、相当巾をきかしておりました。翼賛会、翼壮の系統には、そっち〔新官僚〕の流れの人が何人か行っておりました。一方、内務省の役所の側は、さっきの二・二六のときが最後で、そういうことに関係のない内務省でありましたので、流れのせいかどうか知れませんが、翼賛会や翼壮と内務省とはどうもぴったりせんようなところがあったかもしれません」[68]。一九四二〔昭和一七〕年一月に大日本翼賛壮年団中央本部理事となった菅太郎も、内務省の新官僚系の人材から翼賛会幹部に転出した者が相当数にのぼったこと、さらに翼賛壮年団と政府との関係が次第に悪化していったことを認めている[69]。

内務省主流は、新体制運動や大政翼賛会、さらには翼賛壮年団運動をめぐって、省内から排除された「新官僚」グループと再び対峙する。近衛が第二次内閣を組閣するにあたって安井を内務大臣に、富田を内閣書記官長に起用する意向を示すと、安井を忌避する目的から、近衛に別の内相候補の選任を打診するなど、省内にあって阻止工作を展開した。これが失敗に終わると、次には安井内相の抑え役として挾間茂を地方局長から次官に昇格させ、この工作が奏功すると、もはや安井には内閣が掲げた諸改革に対する省内の抵抗を抑えつけるだけの力は残されていなかった。(70)

以上のように、内務省は、陸軍と近い「革新」的な内務官僚を省内から排除し、政党にかわって最有力の政治集団となった陸軍、また陸軍が推進した「革新」的政策に一線を画すことに成功する。日米開戦後も内務省主流は省内統制を維持し、地方局育ちの三好重夫や古井喜実が局長に就任するなど警保局の動向に意を配っている。ただし内務省の主流を形成した官僚たちが現状維持的な政治姿勢で一貫したのは、イデオロギーあるいは思想的な理由からではない。陸軍が推進力の一つとなった内閣機能強化や統制経済導入など、当時「革新」的とされた改革の方向性が内務省の利益に沿わないことを理解していたためである。そして陸軍と提携しなかった内務省が孤立の道を選択したわけでもない。内務省は、情報の提供を介して、現状維持的にして親英米的な海軍や宮中など、陸軍に対峙しその専横の抑制に努めた政治勢力との協調関係構築に成功する。内務省と海軍、宮中との連携は、陸軍軍人の知るところとなり、三国同盟問題が争点化した時期に橋本清吉保安課長が陸軍軍人から「海軍の犬か」となじられ、ほぼ同時期に村田五郎外事課長も陸軍の有末精三軍務課長から「警察ときたら湯浅〔内大臣〕の犬だからな」との言葉を投げかけられたという。(71)

宮中関係では、湯浅倉平が宮内大臣に就任した一九三三（昭和八）年以降、華族出身者の多かった宮内省に、警保局事務官であった水池亮など内務官僚が出向し、これ以前に比して質、量ともに充実した形での内務省との人事交流が開始する。(72)二・二六事件後に内大臣となった湯浅は内務省情報への依存をさらに強める。(73)内政問題をめぐって近衛首相と対立した湯浅には、首相から政治情報が提供されなかったためである。(74)これと並行して、湯浅を補佐する内大臣秘書官長から、後に内大臣に転じることとなる木戸が、厚生大臣や内務大臣に就任して内務官僚とのつながりを培ったことから、湯浅が宮中を去った後も内務官僚から木戸への情報提供はながく継続することとなる。

海軍に対しては、三国同盟をめぐって陸海軍の対立が激化し、憲兵隊からの情報提供を陸軍が差し止めたことから、海軍の井上成美軍務局長の要請を受けて警察が情報提供を開始している。(75)独自の憲兵を持たない海軍は、陸軍との政治力格差を補うために、内務省からの情報提供が必要であった。萱場軍蔵は「海軍は自分自身の警察機関を持っていないわけです。そして、憲兵が軍事警察という名前で両方やったのです。そうするとどうしても陸軍と海軍というのはいつでも張り合っているような形になっていたものですから、海軍は内務省にもその情報やなにかを頼ることになって、内務省や海軍は割合に仲がよかったのです(76)」と海軍との関係について解説する。

海軍側の窓口役を担ったのは、海軍省調査課長といった立場で政界情報を収集し、海軍の「政治的アンテナ」として知られた高木惣吉である。高木は、一九四〇（昭和一五）年ころから海軍の政治力補強のために、海軍の「応援団」役ともなるべきブレーン・トラストの組織化に取り組んでいた。(77)高木は、開戦直前の一九四一（昭和一六）年九月ころから、のちに内務次官や警保局長に就任する山崎巌や古井喜実などとの接触を開始し、東条内閣退陣後にこの人脈を活用していく。一九四四（昭和一九）年二月に、高木は、戦局悪化による政治抗争激化を予想し、海軍の政治的発言力強化のための「外郭的勢力の拡大」を目指して、各省、特に陸軍と内務省に「橋頭堡」を確保する工作に着手する。(78)その際、高木は、国内の政治的基盤を構成する三要素として陸軍と海軍に加えて内務省をあげ、「内務の勢力をA〔陸軍〕に呑まれB〔海軍〕が孤立することは、国家の運命を護持する上よりも慎重を要すべし」との認識から、警保局長の古井ら内務省幹部との情報交換を重視している。(79)高木からのアプローチを受けたタイミングは、ちょうど地方行政協議会長の人事権をめぐって内閣と内務省とが対立した時期に符合する。このとき古井は、東条内閣の時期に省内に扶植された「親軍派」知事や警察部長の更迭を進めていた。(80)内務省側も、内閣や陸軍に対抗するために、海軍との関係強化を必要としていた。[81] 情報を介した海軍との関係は戦中を通して継続し、終戦後に米内光政がマッカーサーを訪問した際に得た天皇制存続の言質を、高木惣吉がいち早く警視総監の坂信弥へ電話連絡したとのエピソードが残されている。[82]

四　土木局技術官僚の待遇改善運動

内務省内から新体制運動や大政翼賛会に積極的に参画していった官僚は、これまでに述べてきたような陸軍統制派や皇道派とつながりをもった官僚グループにとどまらない。土木局の技術官僚も科学や技術の側面から大政翼賛運動に関わっている。官僚の身分保障制度の導入は、官僚個々の身分保障を高めたことで局や部の組織防衛機能をも強化し、内務省幹部の統率力を減じさせる効果を持った。[83] 警保局官僚、土木局技術官僚がそれぞれの論理を優先した行動を活発化させた背景であろう。占領期の内務省解体で現実化する内務省各部局の分化や独立傾向は、すでに戦前にその萌芽を見出すことができるのである。本節では内務省土木局の技術官僚が展開した待遇改善運動について検討する。土木局に関しては、土木省としての独立、あるいは鉄道省や逓信省と合しての交通省設置が行政機構改革のテーマとして繰り返し提起されたことから、これと連動する動きを見せた技術官僚の言動が内務省幹部の注視するところとなった。ただし、技術官僚の政治運動は、戦後の建設省設置に結実していくことから、すでに多くの研究が蓄積されている。詳細については先行研究に譲り、ここでは行論に関わる待遇改善運動が新体制運動に接続する過程に絞って検討することとしたい。[84]

戦前の官吏制度では事務官と技術官に著しい待遇格差があったことが知られている。内務省もその例外ではなく、一九一〇年代以降、土木局の技術官僚を中心に待遇改善を目指した運動が展開されてきた。この運動は政党内閣の時期に受け継がれ、第一次加藤内閣下の一九二五（大正一四）年五月に設置された行政調査会には、技術官の待遇改善を求める様々な陳情がなされ、内務省土木局関係者からも意見書が提出されている。例えば、神奈川県土木課勤務の高田景による「地方技術官待遇改善ニ関スル件並地方土木行政組織変更ニ関スル件」は任用と昇進に関する事務官と技術官との差別的取扱いの撤廃を次のように訴えている。「銓衡ニ依ル技術官ニアリテハ、其ノ任用ハ之レヲ技術ニ関スル学識経験アル試験委員ヲシテ其ノ衝ニ当ラシメ、事務官ト技術官ノ任用上ニ於ケル形式的差別ヲ撤廃シ、進ンテ任用後ニ於ケル陞叙進級ノ差別的取扱ヲ打破シ、地方技術官ヲシテ各自ノ職ヲ楽シムノ境ニ至ラシメハ能率ノ増進亦期シテ俟ツヘキモノアラム(85)」。

技術官の任用については、一八八七（明治二〇）年七月制定の「文官試験試補及見習規則」で「教官技術官其他特別ノ学術技芸ヲ要スルモノハ別段ノ試験法ヲ定ムルマテ各官庁ノ需要ニ従ヒ試験ヲ経スシテ之ヲ任用スルコトヲ得」（二〇条）と規定され、無試験で任用されていた。さらに同年一二月の閣令二八号で「其経歴ニ依リ相当ノ資格アリト認ムヘキ者ヲ選ヒ、本人ノ履歴学術技芸ニ関スル証書ト写真身分年令等、予メ文官試験局長官ノ銓衡ヲ経テ」と銓衡任用が採用された(86)。採用時に資格任用でなく銓衡任用されるという事務官との別扱いが技術官の昇進にマイナスに影響する。同じく帝国大学卒業者であっても採用時の職位が事務官より一級低くおさえられ、昇進、そして昇給に要する期間も事務官より長いのが通例であった。さらに高文試験合格者ではない技術官は昇進ポストが限られていたために、ほとんどの者が勅任官になれなかったのである(87)。勅任官の技師は、技監と全国八ヵ所の地方事務所長、土木試験所長、北海道土木部長の合計一一ポストであり、技術官が就くことが可能であった本省の課長ポスト（勅任技師）も第一、第二技術課長の二つに過ぎなかったからである(88)。土木局では、局長に加え、二つの技術課長以外の河川と港湾、道路の三課長が事務官に占められていた。技術官には、次官どころか、土木局長になる道も閉ざされていた。

『内務省史』は、土木局が事務官中心で運用された理由を予算獲得や政策決定、法制整備が重要な任務であったためと説明する。(89)事務官は特に技術官が予算に関与することを極度に嫌い、予算や政策の決定から除外された技術官僚が予算をめぐって事務官に「苦汁を飲まされる」ことが多かったという。(90)行政調査会に、土木局内務技師と地方技師(府県土木課長)計七二名が、土木局長の銓衡任用編入を求めた意見書を提出したのは、土木局長を資格任用から外すことにより、銓衡任用された技術官の局長昇進を可能にするためであった。意見書には次のようにその理由が記載されている。

一、土木局ハ内務行政中重要ノ部局ナルカ故ニ其ノ局長ノ任用ハ之ヲ一般的銓衡トシテ広ク適材ヲ求ム可シ
一、局長ノ銓衡ハ之ヲ一般的ニ開放シテ土木行政及ビ土木技術上ニ手腕及ヒ了解ヲ有スル候補者ヲ求ムルコト容易ナリト認ム
一、土木事業ハ主トシテ土木技術上ノ決定ニ基キテ運用セラル丶モノナルカ故ニ他ニ之ヲ左右ス可キ力ノ介在スルヲ許サス、従テ局長ノ任用ヲ一般的銓衡ニ委スルモ弊害ヲ予想セス(91)

上述のような背景をもつ技術官の待遇改善運動は、第二章第一節でふれた第二次若槻内閣による行政整理案に技術官僚がこぞって反対運動を展開したことで活発化する。だが、行政整理の縮小には成功したものの、土木局の人員削減問題が解消するにはいらなかった。こうした厳しい状況のなかで、土木局技術官僚は、一九三二(昭和七)年三月に建国宣言が発せられた満州国に、局面打開の期待を託していく。

以下、土木局技術官僚の待遇改善運動の先頭に立っていた内務技師宮本武之輔の日記に依拠しつつ、技術官の満州国派遣が陸軍との関係醸成の機会を提供し、これとともに技術官僚の待遇改善運動が革新的傾向をまとい、新体制運動と同調していく経過を検討していく。運動の中心にあった宮本武之輔は、一九三二年六月に満州国の開発に関する意見書を起草し、これを手がかりに陸軍首脳と意思疎通のための懇談の機会をもった。

六月一四日　土木倶楽部として国民の大陸発展及び満州国の指導開発に重大関心を持つの余り陸軍大臣、参謀次長、関東軍司令官らと懇談して意志の疎通を計らんがため之に提出すべき意見書を起草す。[92]

六月一六日　午後二時より谷口、三浦、鈴木三氏と参謀本部に真崎次長を訪問。意見書を手交して懇談す。[93]

七月に入ると人員整理問題は緊急性を増し、宮本は内務技監や東京出張所の技師を訪ねて相談を持ちかけた。八月には宮本自らが満州国に視察に赴き、これをきっかけに土木局技術官の満州国派遣が実現へ向けて動き出していく。

八月二四日　満州国視察のために近く春木、三浦両技師と共に出張の事に内命あり。土木技術家活動の分野拡張のため内務技術官を満州出張せしむべしとは既に半年前より余の進言なりしが今回漸くにして実現。（中略）満州国政府首脳部、満鉄、関東軍、関東庁幹部と要談の機会を作り度し。[94]

九月九日　午前中関東軍司令部副官部訪問。（中略）続いて特務部の横山（勇）大佐に面会、満州国将来の土木事業主として河川、道路、都市計画等の工事を施工する上に於て、夫々の専門のエキスパートを要する場合には参謀長より内務次官交渉あらば、適任者を推薦し得べしとの主意を以て要談。大佐も目下此等の方面に適任者なきため心許なく思ひつゝある由にて、早速参謀長と相談すると語れり。予の使命の一半は之にて果さる。帰途奉天によりたる時には直接参謀長にも此の旨進言する事とす。特務部は交通、財政、農業、鉱工業の各委員会に分れて調査立案中の由、此の内われらに関係深きは交通（第三部）にして、鉄道、道路、水運、港湾、航空、通信、治水、都市計画の八班に分たる。[95]

その後、一九三八（昭和一三）年七月までに満州に派遣された内務省系統の土木技術者は一〇〇〇人を超えた。この数字は、土木出張所を含めた内務省土木局関係の定員が約一万二〇〇〇人であったことを考えると、一年足らずの間に定員のほぼ一割にあたる人数が満州に派遣されたことになる。[96]　宮本は、土木局の技術官を満州国に派遣するにあたって、受け入れに応じた陸軍や関東軍と密接な連絡関係を維持するよう気を配っている。

一九三三年二月一一日　内務省及府県方面の技術員二、三年の内には大過剰となるべくこれが転職を策せんとせば、今日より満州に連絡をつける事は最も必要也。(97)

一九三三年三月八日　八時半から赤坂の「高砂」で関東軍特務部交通委員会主査たるべき秋山中佐（大正八年東大出）に満州ゆき決定せる筧、原口、後藤、中島四技師を紹介すると同時に、今後とも軍部と密接なる連絡を保つための懇談会を開く。(98)

余剰技術官対策をきっかけに陸軍との関係を取り結ぶにいたった、技術官僚の動きについて、水谷三公は広い意味での「革新官僚」運動の一環と位置づけ、革新官僚との共通点を指摘している。第一は、政党が人事や政策を左右し、行政的・技術的要求が貫徹できない状況を打破し、官僚による計画的指導体制の構築を目指していること、第二に戦時体制のもとで進む行政の権限や比重の増大を背景に、それまでの「法科偏重」体制を批判したこと、第三は省を越えて志を同じくする者が横断的に団結し、時には「官僚の本分」を逸脱した策謀に走る傾向が強かったこと、そして第四には軍部と接近し、満州など中国大陸に深いつながりを持ったこと、である。(99)この指摘のごとく、土木局技術官僚の待遇改善運動は、一九三七（昭和一二）年六月に発足した六省技術者協議会に参画することで、省庁を横断する「革新」運動へと発展する。

六月一二日　六時から学士会館にて内務、鉄道、農林、逓信、大蔵、商工各省技術官懇談会。時節柄国力進展の必須要件として技術尊重、エキスパート尊重の要望を具体化せんとする新運動。

六月一三日　昨夜の会合のこと今朝の「朝日新聞」に「六省の中堅技術官〝革新〟の烽火をあぐ、法科万能の鬱積爆発」などと言ふ大標題で掲載せらる。センセーションを起す。(100)

六省協議会で松前重義ら逓信省の技師と提携したことで、宮本らは、松前を介して近衛の知遇を得た。その後、一九三八（昭和一三）年二月に第一次近衛内閣の農林大臣であった有馬頼寧が日本技術協会会長に就任し、次いで大政翼賛会初代事務総長に就任する有馬とともに、宮本らも科学・技術の側面から新体制運動に参入していく[101]。一九四〇（昭和一五）年五月二九日の日記に、宮本は、ヨーロッパでのドイツ軍の快進撃に触発されて、日本にも近衛を中心とした革新の時代が到来することへの期待を記している。

五月二九日　松前君来る。有馬さんが推進力となり近衛さん中心の革新政治断行の機運漸く生動し来る。欧州戦争では独軍の電撃作戦に堪へ兼ねて白耳義《ベルギー》が単独降伏（昨日）。ドイツの攻撃力は科学の力。技術の力。正に技術は世界を革新せんとす。わが国の情勢も漸く動く[102]。

近衛に大命が降下した一九四〇年七月一七日に、宮本は荻窪に有馬を訪ねて新党や新内閣について話しあい、夜には不在の有馬に次のような手紙を託した。「近衛内閣の性格並に新党運動の将来につき内情を伺ひ憂慮に堪へず（中略）一、近衛内閣に革新内閣たるの性格を与ふこと、二、新政治体制運動を促進完遂すること　の二点に付尊台の御尽力相煩度、何卒物事を淡白に断念せず最後まで熱と力を以て御推進の程邦家のため切願申上候[103]」。

有馬を叱咤激励する文面から、宮本が新体制運動の完遂にかけた期待の大きさが伝わってくる。翌七月一八日には、日本技術協会に加えて工政会、産業技術連盟の三団体が連名で組閣を開始した近衛に宛てて次のような「建言」を提出している。

「科学技術行政刷新ニ関スル申合

今次政変ノ重点ガ東亜永遠ノ平和ト安定トヲ目途トスル高度国防国家体制ノ確立ニ在ルベキハ全国民ノ挙ゲテ期待スル処ナリ

現下ノ複雑微妙ナル国際諸情勢ニ対処スベキ高度ノ国防諸政策ノ遂行ハ、其ノ根底ニ於テ科学及技術ノ総力発揮ニ依存セザルベカラザルハ言ヲ俟タズ、今次独逸ノ電撃作戦ノ成功ハ精鋭ナル科学力及技術力ノ発揮ヲ目途トスル徹底セル科学竝技術政策ノ速決断行ニ基因ス翻テ我国ノ現状ヲ看ルニ、科学及技術ニ関スル政策確立セズ、行政適正ヲ欠キ旧態依然タル法科万能ノ陋習ヨリ脱却スル能ハズシテ、国運ノ進展ヲ阻害スル幾許ナルヲ知ラズ、吾人ヲシテ邦家ノタメ憂慮禁ゼザラシム

依ツテ吾人ハ次ノ組閣ニ当リテハ須ラク新シキ世界秩序ノ建設ニ対スル高邁ナル達識ニ基キ、之ガ実現ニ対シ具体的ニシテ確実ナル推進力タル科学力及技術力ノ総力発揮ヲ基本方針トスル新内閣ノ出現ヲ期待シテ已マズ、即チ左記諸点ヲ強力ニ要望シ、組閣ノ推進ト新政治体制ノ将来ニ関シ重大ナル関心ヲ払ハントス

記

一、閣僚竝ニ其他要職者ノ銓衡ニ当リテハ科学及技術ニ経験ヲ有スル練達ノ士ヲ登用以テ行政ノ刷新ヲ図ルコト

二、総合的生産企画機関ノ技術的強化ヲ図リ其ノ首脳部ニ科学及技術ニ経験アル達識ノ士ヲ配置スルコト

三、科学及技術政策ノ刷新確立ニ付断乎タル決意ト方針ヲ堅持スルコト[104]」

官庁所属の技術官たちは、待遇改善や地位向上といった宿願の実現を官界や科学技術に関する新体制の確立に期待したのである。次いで八月八日には「科学及技術に関する関係諸団体を通じ科学人及技術人の国民組織を結成し新国家体制に即応すべき挙国一致の国策推進機関たらしむる目的」で全日本科学技術団体連合会（全科技連）が結成される[105]。一〇月一二日に発足した大政翼賛会には、全科技連から有馬頼寧（顧問）が事務総長に、松前重義（理事）が総務局総務部長に、菅井準一（後に理事就任）が企画局文化部副部長に就任する。他方、宮本武之輔は、興亜院技術部長から、一九四一（昭和一六）年四月に企画院次長に転じて、近衛内閣を支えていく。革新的傾向を有した内務官僚らとともに、宮本ら技術官僚も新体制運動に参入し、内閣が推進する革新的な改革の一端を担うのである。

一九四〇年七月の第二次近衛内閣発足以降、新体制運動が勢いを増し具体化していくにつれて、内務省関係では大政翼賛会支部長を知事兼任とするか否かが最大の問題となった。内務次官として新体制運動に直面した挾間茂は「こ

れはどうしても地方の組織は知事を頂上にして統制と連絡をはかるようにしなければならぬと固く決意した」という。(106)大政翼賛会の発足には、内務省から府県にいたる地方行政のラインを、翼賛会の本部と支部のラインが取って代わる事態を生起させる企図が含まれると受け止めたからである。ところが、近衛内閣を支える陣容には数多くの内務省出身者が含まれ、宮本武之輔ら土木局技術官僚も新体制運動を積極的に支持していた。新体制運動を経て発足した大政翼賛会の役員にも数多くの内務官僚が名を連ねていた。(107)

近衛内閣の改革に省内から呼応しかねない、革新的傾向を有した内務官僚や土木局技術官僚たちと、内務省主流とは、新体制運動や大政翼賛会をめぐって対決することになる。(108)陸軍との提携を選択しなかった内務省主流の対応と論理は次の第四章で検討したい。

注

(1) 前掲『西園寺公と政局』第三巻、三二一四頁。
(2) 「藤沼日記」一九三四(昭和九)年七月三一日(「藤沼文書」)。
(3) 「藤沼日記」一九二九(昭和四)年六月二九日(「藤沼文書」)。
(4) 「安井談話」第一回、七頁。
(5) 「人事メモ」、「新居文書」三九〇。
(6) 「退職者調」、「新居文書」三六九。
(7) 進藤兵「近代日本の都市化と地方自治の研究・序説」(『社会科学研究』四六巻五号、一九九五年)。同論文によれば、植民地を除いた地域で前職が内務官僚である市長は、一九三〇(昭和五)年で一〇九市のうち二一名(うち知事経験者一二名)、一九三八(昭和一三)年では一四八市のうち三〇名(同一四名)、一九四五(昭和二〇)年(八月一五日時点)で二〇七市のうち二四名(同一一名)であった。

(8)高橋雄財「休職審査委員会案」(『警察協会雑誌』三六二号、一九三〇年一〇月)一四頁。
(9)「北村談話」第五回、一二一四頁。
(10)池田博彦『警察署長の手記——終戦前後のこと 下巻』(筑波書林、一九八三年)二〇一頁。
(11)「恒例日課表」『東條内閣総理大臣機密記録』(東京大学出版会、一九九〇年)解題二〇—二四頁。内務三役からの報告は、一九四三(昭和一八)年一一月に曜日が月曜に変更されるまでは火曜日の閣議直前に一時間程度の時間をかけて行なわれていた。
(12)情報収集を目的とする警察官が政治と関わる傾向を持つことについては、戦後に一時代を築いた新聞社や放送局の政治部所属の派閥担当記者の行動パターンを想起すると理解しやすい。派閥担当記者が、政治家から本音や良質の情報を得るためには、事務所や自宅に「夜討ち朝駆け」して密着取材を行なって信頼関係を培う必要がある。さらには記者自身からも情報を提供し、的確な「政局の読み」、情勢判断をしてみせることで政治家の評価を勝ち得ていく。そうした密着取材の結果、特定の政治家や派閥に肩入れし、時には派閥の一員であるかのように行動する記者も現れた。記者もまた「政治のプレーヤー」の一人と化してしまったと言える。正力松太郎や石井光次郎、先述の高橋雄豺、小林与三次など退官後に新聞社へと移った警察畑の内務官僚が数多い事情に通じよう。政治部記者については、野上浩太郎『政治記者』(中央公論社、一九九九年)、石沢靖治『総理大臣とメディア』(文藝春秋、二〇〇二年)による。
(13)「北村談話」第二回、五五—五六頁。
(14)水谷三公『日本の近代一三 官僚の風貌』は、内政史研究会談話速記録などを手がかりに、各省の人事に対する軍の介入について言及している。内務省についても「陸軍が早くから目をつけていた内務省でも、とくに治安を担当し、軍務局との関係が密接な警保局を中心に軍の意向が人事に与える影響は大きくなり、軍内部の複雑な派閥抗争が内務省人事にも及んでくる」と指摘し、一定の展望を示している(中央公論新社、二五五—五七頁、一九九九年)。
(15)「官吏制度改革案——第一次近衛内閣」(「佐藤文書」一五八〇)。佐藤達夫は、父佐藤孝三郎が島根県警察部長や和歌山県内務部長、福井県知事を歴任した内務官僚であったことから、父の姿を通して内務官僚に精通していた。例えば、佐藤孝三郎は、その自叙伝に福井県知事時代に経験した一九一五(大正四)年三月に第二次大隈内閣が実施した第十四回総選挙に関して、「総選挙こそ官吏にとりては命取りともいうべきもので、政府の信任投票だから負くれば勿論評判悪く、勝てば反対政党に敵視される。さればとて何れにも旗幟鮮明ならざれば、所謂無能の誹りがある。知事の立場は誠に困難をきわむる」と記している（『高岳自叙伝』〔非売品、一九六三年〕、一五八―一五九頁）。
(16)『内務省史』第四巻、二五七―二六〇頁。
(17)「北村談話」第三回、二二三頁。
(18)「古井談話」第二回、四五頁。
(19)秦郁彦『官僚の研究』（講談社、一九八三年）一四一―一四二頁。
(20)「菅太郎談話」『現代史を創る人々I』（毎日新聞社、一九七一年）二三六頁。
(21)「菅太郎談話」二三六、二四〇頁。
(22)「加藤談話」第一回、六頁、および秦前掲『官僚の研究』一四二頁。
(23)「新官僚」に関しては「雑誌に表はれたる『新官僚』に関する論調」其の一、其の二（『内務時報』一巻一号、同二号、一九三六年一月・二月）が詳しい。伊藤のぞみ「ジャーナリズムにおける新官僚像」（『社会システム研究』一号、一九九八年一月）は大新聞や総合雑誌等を対象にした分析である。定義については、前掲水谷『日本の近代十三』二四二頁、秦前掲『官僚の研究』一一三頁、古川隆久『昭和戦中期の総合国策機関』（吉川弘文館、一九九二年）一八―一九頁を参考にした。
(24)河島真「国維会論」（『日本史研究』三六〇、一九九二年八月）。同論文は機関誌『国維』を手がかりに詳細に国維会の性格や活動を検討し、国維会は「実践的運動団体」としての指向性をあわせもつものの、基本的性格はあくまで「啓蒙運動団体」であったと結論づけている。
(25)「国維会趣旨」（『国維』一四号、一九三三年七月一日）、「松本談話」第六回、二四二―二四五頁。
(26)「安岡正篤氏座談会速記録――国維会を中心に」、「大霞会速記録」二七、二二頁、五四―五五頁。
(27)阿子島俊治「踊る新官僚群」『国民新聞』一九三四年七月二九日―八月九日。
(28)「松本談話」第七回、二九六頁。
(29)『吉田茂』（吉田茂伝記刊行編輯委員会、一九六九年）四九七頁。

(30)「松本談話」第七回、二九五頁。

(31)「安井談話」第五回、四六頁。

(32)秦郁彦『軍ファシズム運動史』(河出書房新社、一九六三年)七三頁、および大谷敬二郎『昭和憲兵史』(みすず書房、一九六六年)二六五頁。

(33)「萱場談話」第二回、四五頁。五・一五事件後に警視総監に就任した藤沼庄平も、その自叙伝に「憲兵との抗争」との一節を設けて「警視庁員が追跡する五、一五事件の被告が逃げ込むが侭にこれを隠匿した憲兵司令部」との形容に引き続き、軍人が関与した事件を列挙して軍当局との軋轢を回想し、陸軍への嫌悪感を隠そうとしない(藤沼『私の一生』同刊行会、一九五七年、一七五—一八〇頁)。

(34)一九三三年七月一七日第四師団司令部発表「天六事件について」『続・現代史資料6　軍事警察』(みすず書房、一九七七年)五六八—五六九頁。ゴー・ストップ事件は大阪の天神橋六丁目交差点での信号無視が発端であったため「天六事件」とも呼ばれていた。なお、同事件については朝野富三『昭和史ドキュメント　ゴー・ストップ事件』(三一書房、一九八九年)が詳しく、事件に関する参考文献一覧も付してある。

(35)一九三三年八月、憲兵司令部「軍部対警察間ノ紛議防止対策」(極秘、写)、憲政資料室所蔵「松本学文書」一—二〇。同書類によれば、一九二七年以降の「紛議」のうち憲兵が掌握していた件数は以下のような内訳であった。

二七(昭和二)年	七	三一(昭和六)	九
二八(昭和三)年	八	三二(昭和七)	二四
二九(昭和四)年	一〇	三三(昭和八)	九(六月迄)
三〇(昭和五)年	一九	計	八六

(36)「普通警察力ノ増大ト軍部ノ注意スヘキ事項」、北博昭編・解説『軍隊警察の対立と憲兵司令部　重松関係文書Ⅱ』(十五年戦争極秘資料集　補巻八)(不二出版、一九九八年)一—二四頁。

(37)大谷前掲『昭和憲兵史』一一六頁。

(38)大谷前掲『昭和憲兵史』一〇頁。

(39)憲兵司令部作成の前掲「軍部対警察間ノ紛議防止対策」には、警察との「紛議防止ノ対策」の一つとして、警察幹部との懇談会など警察との会合を「皇軍ノ使命」を理解させる機会として活用するように訴えている。

(40) 一九三六年二月二九日および同三六年末の記述、『松本学日記』(山川出版社、一九九五年)一四九―一五〇頁、一九九頁。
(41) 「松本談話」第七回、三二一頁。
(42) 『東京朝日新聞』一九三六年三月四日。
(43) 潮排斥運動は林前掲「日本ファシズム形成期の警保局官僚」一四頁、古川前掲『昭和戦中期の議会と行政』二五三―二五四頁による。
(44) 「内務大臣点描十七　潮恵之輔」『内務省史』第四巻、一五七―一六五頁。
(45) 『東京朝日新聞』一九三六年三月一八日。
(46) 丹羽喬四郎の回想による(「満州国派遣要員座談会速記録」四二九頁、「大霞会速記録」一三)。
(47) 「萱場談話」第二回、五四頁。
(48) 菅太郎によれば、安井は「新官僚運動の別格の第三翼を形成していた」社会局系統の官僚の筆頭とも言える存在であり、この系統は外交政策などで共通性の多かった「皇道派の軍人との交際が深かった」という(前掲「菅太郎談話」二三七―二三八頁)。安井は協調会の草間時光の紹介から近衛との親交が始まったと語る(「安井談話」第四回、二六頁)。協調会は、財界と内務省とが資金を拠出し、一九一九年に財団法人として発足し、社会政策の調査研究、労働争議の仲裁などにあたった機関であり、社会局との関係が深い。
(49) 「菅太郎談話」二四九頁。
(50) 岡田前掲『怒濤の中の孤舟』二四〇頁。
(51) 『西園寺公と政局』第六巻(岩波書店、一九五一年)一九五―一九七頁。富田健治『敗戦日本の裏側』(古今書院、一九六二年)三〇―三一頁。
(52) 「藤沼日記」一九三八年一月三〇日、「藤沼文書」。
(53) 岡田前掲『怒濤の中の孤舟』二四〇頁。
(54) 『武部六蔵日記』(芙蓉書房出版、一九九九年)一九三七年一二月二四日、二五八頁。
(55) 井手成三『総理官邸』(六月社、一九四八年)二一頁。

(56)富田前掲『敗戦日本の裏側』二―三、二三頁。
(57)羽生と富田の経歴は秦郁彦編『日本近現代人物履歴事典』による。
(58)真崎や二・二六事件関係者に対する恩赦の詔勅については、末次の前任者である馬場内相も警保局内の請願運動への懸念を近衛に伝えている(『西園寺公と政局』第六巻、二二六頁)。
(59)『東京朝日新聞』一九三八年一月三一日記事「内閣人事部設置に内務省は反対」。
(60)『東京朝日新聞』一九三八年二月一〇日社説「内閣人事部の問題」、および矢部貞治『近衛文麿 上』(近衛文麿伝記編纂刊行会、一九五一年)五六一頁。
(61)岡田前掲『怒濤の中の孤舟』二四二頁。
(62)木戸日記研究会編『木戸幸一日記 下巻』(東京大学出版会、一九六六年)一九三九年一月五日、六九四頁。
(63)木戸日記研究会編『木戸幸一日記 東京裁判期』(東京大学出版会、一九八〇年)八六頁、同『木戸幸一関係文書』(東京大学出版会、一九六六年)一一頁。
(64)木戸幸一「手記(日記に関する覚書)」前掲『木戸幸一関係文書』一一八頁。
(65)木戸前掲「手記(日記に関する覚書)」一一八頁。
(66)「加藤談話」第三回、一二九―三〇頁。
(67)「革新」イデオロギーをはなれ、治安維持の基本に立ち返るという警保局の姿勢変化は、一九三九(昭和一四)年に活発化した排英運動と三国同盟問題をめぐる対応に反映される。その回想によれば、木戸は、日独伊三国同盟問題については「防共」という範囲において賛成するものの、締結の成否よりも同問題をめぐる陸海軍の対立が激化し治安問題に発展しないことに重点をおいて臨んでいる。反英運動に対しても不測の事態が生じないよう漸進的に指導しての鎮圧方針をとったとする(前掲『木戸幸一日記 東京裁判期』八七―八九頁)。木戸自身は、イデオロギーや問題への賛否ではなく、あくまで治安問題に発展させないことを重視して対処したことを強調する。なお、第一次近衛内閣の内閣書記官長であった風見章は、その日記に「今度の排英も警保局あたりの下つ端役人と軍の中堅層が共同作戦で上のものなんかにははからず、いはゆる官営運動でやつてゐるものらしい。これには木戸もすつかり参つてしまつたらしく、宮中の御覚え一朝にしてめでたからずと云ふことになつてしまつたそうだ」と書き残している(北河賢三・望月雅士・鬼嶋淳編『風見章日記・関係資料 一九三六―一九四七』みすず書房、二〇〇八年、八三―八四頁)。排英運動については、永井和「一九三九年の排英運動」(『年報近代日本研究五　昭和期の社会運動』山川出版社、一九八三年)で検討されているほか、拙稿「内務官僚と二・二六事件後の政官関係」で言及した。

(68)「古井談話」第三回、八四―八五頁。

(69)「菅談話」二五六―二五七頁。菅は翼壮と政府の関係について次のように説明する。「下情上通の面では純情一徹に国民の不満や要望を採り上げて性急に明快な処理を求める翼壮側と行政当局との間にはしだいにミゾが生まれました。とりわけ、翼壮自体が大衆側に立って行政側を批判したり、その怠慢ぶりや過ち、非行を責めたり、摘発するなどの勇み足もあって、両者の間は次第に悪化していきました。(中略)翼壮は次第に政府、官僚に対する批判勢力になり、庶政一新を主張する改革団体に成長していったのです」。その後、内務省系の地方行政機関と翼壮の地域団との軋轢が深まり、東条首相が翼壮の「反政府的動向」を知ったことで、翼賛壮年団は一九四三(昭和一八)年一〇月に改組されるに至った(前掲『東條内閣総理大臣機密記録』二五七頁)。以上、翼賛壮年団改組に至るまでの詳細は、金奉湜「翼賛壮年団論」(『歴史評論』五九一号、一九九九年七月)に詳しい。

(70)「村田談話」2、四二、一四四―一五〇頁。木戸幸一は「安井の内務については部内統制上大丈夫かとの御下問があった」と天皇が安井の内相起用に懸念を持っていたと日記に記している。(前掲『木戸幸一日記』一九四〇年七月二一日〔下巻、八〇九頁〕)。近衛自身も、米内前内閣から警視総監に留任した安倍源基に「安井君で内務省は治まりますか」(安倍『昭和動乱の真相』〔原書房、一九七七年〕三〇一―三〇三頁、二〇〇六年に中公文庫に収録、四〇五―四〇六頁)と尋ねるなどしたが、結局は「内務は少しは摩擦があるかも知れないが安井にする積りなり、大達〔茂雄〕と云ふことも考へたが、どうも不充分に思ふ。大達を書記官長と云ふことも考へられるが、安井とは仲が好くないのだそうだから考へて居る」と起用を決断している(前掲『木戸幸一日記　下巻』八〇八頁)。

(71)『西園寺公と政局』第八巻、三九頁、及び「村田談話」2、一二六頁。

(72)『湯浅倉平』(同伝記刊行会、一九六九年)二六五頁。

(73)萱場軍蔵によれば、萱場が保安課長(一九三二年六月から三四年九月)から警保局長(三六年三月から三七年二月)、そして警視総監(一九三九年一月から同九月)に在職した時期に、湯浅へは毎週情報を提供していたという（「萱場談話」第二回、九一―九二頁）。湯浅は一九三三年二月から三六年三月まで宮内大臣、引き続き一九四〇年六月まで内大臣の職にあった。
（74）茶谷前掲『昭和戦前期の宮中勢力と政治』二五九頁。
（75）「村田談話」2、九六頁。
（76）「萱場談話」第二回、四七頁。
（77）高木惣吉『太平洋戦争と陸海軍の抗争』（経済往来社、一九八〇年〈改定新版〉）一八九―一九一頁。
（78）「末沢大佐と面談覚え」高木惣吉『高木海軍少将覚え書』（毎日新聞社、一九七九年）一五二頁、伊藤隆編『高木惣吉　日記と情報』（みすず書房、二〇〇〇年）下巻、八〇四頁。末沢は当時海軍省調査課長兼軍務局第二課長であった。
（79）「山崎内務次官・古井警保局長懇談要旨」高木前掲『高木海軍少将覚え書』一六七頁、前掲『高木惣吉　日記と情報　下巻』八二〇頁。
（80）「古井談話」第二回、五五頁。
（81）「広瀬書記官長更迭問題」高木前掲『高木海軍少将覚え書』一四四―四六頁。『矢部貞治日記　銀杏の巻』（読売新聞社、一九七四年）の一九四五（昭和二〇）年二月二二日の記述には、古井と高木とは「内閣の命数の問題で、海軍と内務の陣営を先ず堅持しよう」と約したとある（七七六頁）。
（82）坂信弥の回想、「座談会　終戦前後における内務省及び地方庁の活動状況」（『大霞会速記録』三三）一五頁。高木惣吉によれば小磯内閣当時に内務次官であった山崎巌と、同じく警視総監であった坂とには、海軍から手当が出されていた（高木前掲『高木海軍少将覚え書』三二一頁）。
（83）赤木前掲『近衛新体制と大政翼賛会』三五〇頁。
（84）昭和戦前期の内務省土木局の技術官僚に関しては、大淀昇一『宮本武之輔と科学技術行政』（東海大出版会、一九八九年）、同『技術官僚の政治参画――日本の科学技術行政の幕開き』（中央公論社、一九九七年）、藤田由紀子「日本の技官制度」（一）（二）（『季刊行政管理研究』九九号〔二〇〇二年九月〕、同一〇〇号〔同一二月〕）、同『公務員制度と専門性』（専修大学出版局、二〇〇八年）、水谷前掲『官僚の風貌』、新藤宗幸『技術官僚――その権力と病理』（岩波書店、二〇〇二年）、若月前掲『「法科偏重」批判の展開と政党内閣』、同前掲「『挙国一致』

内閣期における内務省土木技術官僚」などで検討されている。

(85)「行政調査会関係　諸陳情書意見書綴」、国立公文書館「行政調査会書類」二A—三六—委四四六。

(86)「文官銓衡制度の変遷（Ⅱ）」（『試験研究』一二号、一九五五年三月）五九—六一頁。

(87) 藤田前掲「日本の技官制度」（二）一五—一六頁、同『公務員制度と専門性』七三頁、および「旧官吏制度下における高等官の経歴調査の結果概要」（人事院給与局第一課旧資料、『季刊人事行政』二五号、一九八三年八月）。

(88) 水谷前掲『官僚の風貌』二六二頁、『エンテイ物語　上』（エンテイ物語刊行委員会編・発行、一九八三年）、一九五—二〇三頁。

(89)『内務省史』第三巻、一〇頁。

(90) 前掲『エンテイ物語　上』二三三頁。

(91) 前掲「行政調査会関係　諸陳情書意見書綴」。

(92)『宮本武之輔日記』第一七巻、一九三二年四三頁。

(93)『宮本武之輔日記』第一七巻、一九三二年四四頁。

(94)『宮本武之輔日記』第一七巻、一九三二年八一頁。

(95)『宮本武之輔日記』第一七巻、一九三二年九〇—九一頁。

(96)『エンテイ物語　上』二五一頁。

(97)『宮本武之輔日記』第一七巻、一九三三年三三頁。

(98)『宮本武之輔日記』第一七巻、一九三三年五七頁。

(99) 水谷前掲『官僚の風貌』二六五—二七二頁。

(100)『宮本武之輔日記』第一八巻、一九三七年五六頁。

(101) 大淀前掲『宮本武之輔と科学技術行政』二一七—二二二頁、同『技術官僚の政治参画』一一三—一一六頁。

(102)『宮本武之輔日記』第一八巻、一九四〇年五七—五八頁。

(103)「有馬文書」書簡の部四一、および大淀前掲『宮本武之輔と科学技術行政』三三〇—三三一頁。

(104)『技術評論』二二二号、一九四〇年八月、大淀前掲『宮本武之輔と科学技術行政』三三二—三三三頁による。

(105) 全日本科学技術団体連合会「設立趣意書」大淀前掲『宮本武之輔と科学技術行政』三七六—三七七頁による。

(106)「挾間談話」第三回、一三四頁。
(107) 大政翼賛会で役員となった主な内務官僚を以下に掲げる。括弧内は、それぞれ(岡田内閣期—大政翼賛会〔菅は大日本翼賛壮年団〕)での役職を示している。
後藤文夫(内務大臣—中央協力会議議長・事務総長・副総裁)
相川勝六(警保局保安課長—実践局長)
加藤祐三郎(警保局事務官—組織部副部長)
菅太郎(警保局事務官—中央本部理事)
(108) 座談会「内務大臣は語る」での挾間の発言、『内務省外史』三二頁。

第四章

内務省と戦時体制

二・二六事件により政党の凋落が不可逆となり、内務省が「政治」と「行政」の要に位置する意義は決定的に低下した。これにともない内務省が他省に優越する行政秩序が揺らぎはじめたなかで、一九三七（昭和一二）年七月に勃発したのが日中戦争であった。戦時の到来は、内務省行政を縮小させる厚生省の新設をうながし、また内務省の総務省的行政機能と抵触する内閣機能強化を重要な政治課題へと押し上げた。さらには戦争勃発に伴う軍需物資の輸入をまかなうために、不要・不急の資金や物資の需要を抑制する直接的な統制経済の導入が不可欠となった。[1]このような状況変化に対応するために、内務省から「内政」における総務省から、「地方行政」における総務省へと役割を転換して事態を乗り切ろうとする構想が打ち出される。府県行政の総合性を背景に、中央レベルでの内務省の総合調整機能を維持しようとする試みである。しかしながら、各省が戦時行政遂行の必要性を掲げて独自の地方出先機関を増加・拡充する傾向を強め、内務省の地方行政ラインからの各省行政の離脱が加速したことで、総合出先機関としての地方長官の役割は縮小を余儀なくされる。「政治」と「行政」に引き続き、「立案」と「実施」の要としての内務省の機能も損なわれていくのである。

内務省に残された「中央」と「地方」とをつなぐ要としての地位も盤石ではなかった。農林省が農山漁村経済更生運動を通して独自の地方行政ルート確立に動き出し、地方行政の末端に位置する道府県、さらには市町村レベルでの行政の総合性維持が困難になり始めたからである。内務省は、手足である町村長の権限強化を実現する農村自治制度の改正を試みたものの、農林省をはじめ各方面の反対によって実現を阻止され失地回復を果せなかった。そして、日米開戦を控えた一九四〇（昭和一五）年から四一年の時期にかけて、内務省はさらなる窮地に立たされる。これまで進行してきたのは、内閣や他省庁とのいわば行政機構内部での権限競合による内務省行政の縮小や機能低下であった。近衛第二次内閣から第三次内閣にいたる、この時期には、政治や統治を進める見地から内務省本体、また内務省の地方行政機構を標的とする改革が表面化する。近衛内閣のもとで浮上したのは、第一に大政翼賛会発足にいたる一九四〇年の新体制運動であり、第二には一九四一年秋の内務省解体構想である。

内務省は、新体制運動、そして大政翼賛会創設が、中央と地方とを結ぶ内務省―府県という経路を、翼賛会本部―支部のラインが取って代ろうとする意図と受け止め、道府県支部長を知事の兼任とし、知事に翼賛会支部の指導権を掌握させて乗り切った。一方、内務省解体構想は、具体案が閣議に提起されたのが第三次内閣の総辞職間際であり構想だけにとどまった。ここで内務省は、巻き返し策として部落会・町内会の整備・法制化に乗り出し、深刻さを増した食糧問題を手がかりに部落会法制化を達成する。市制・町村制改正を機に農林省所管の部落農業団体（農事実行組合）を部落会へと吸収し、内務省から府県、そして市町村へといたる地方行政ルートの機能、すなわち「中央」と「地方」とをつなぐ要としての機能を修復する。だが、各省地方出先機関の拡充によって失われた機能すべての回復は果せず、内務省は「内政に於ける総務省」を支えた機能を充分に回復できないまま終戦を迎えたのである。

一 古井喜実「行政機構改革の一問題としての内務省の将来」

一九三七（昭和一二）年七月七日の深夜に北京郊外の盧溝橋で起きた日中両軍の衝突は、北支事変から支那事変（日中戦争）へと発展した。行政学者の吉富重夫（立命館大学助教授）は、第一次近衛文麿内閣のもとで勃発した日中全面戦争を境として、国内政治に変化が生じたと指摘する。事変勃発以前には非常時打開と国内政治刷新のために内政改革が求められたのに対し、事変勃発以降は、事変解決を直接の目的として内政改革が叫ばれるようになった。すなわち「国内政治の延長」あるいは「国内政治の対外的発現」であった外政が、事変の発生以降は逆に「外政が内政を規定し制約」するようになった、と看取したのである。[2]外政すなわち事変処理のために国内政治の全面的な改革が求められ、それとともに国防国家体制、戦時体制の整備が最重要課題として浮上したのであった。

本節では、日中戦争勃発が引き起こした政治状況の変化が内務省に与えた影響を検討する。その手がかりとして、一九三八（昭和一三）年五月に、当時内務省地方局行政課長であった古井喜実が『自治研究』（第十四巻五号）に掲載した「行政機構改革の一問題としての内務省の将来」という論考を取り上げる。古井が抱いた危機意識と、提示した対応策とから、内務官僚が時代状況の変化をどのようにとらえ、どのような対応を試みようとしたのかを明らかにしたい。古井喜実に注目するのは、三八年一〇月に内務省地方局が発表した「農村自治制度要綱」立案の中心人物であったためである。次節で見るように「農村自治制度要綱」は内務省の自治政策の新たな方向性が盛り込まれた構想であった。古井の発想は、上記要綱のみならず、同時期の内務省行政課が作成した公式文書にも反映されている点でも重要である。[3]以下、本節での「行政機構改革の一問題としての内務省の将来」からの引用は括弧（ ）内に『自治研究』の頁数を掲げることにする。

1 「総務的行政機能」の分裂

古井は、厚生省新設の意義に注目して「内務省の将来」見通しを説きおこす。厚生省は、労働力そして兵力となるべき国民の健康増進と体力向上を達成するための諸行政を所管する官庁として一九三八年一月一一日に発足した。その組織は、大臣官房のほか体力局と衛生局、予防局、社会局、労働局、そして臨時軍事援護部の五局一部からなり、外局として保険院が置かれた。内務省からは衛生局と、外局の社会局（社会部、労働部、保険部、臨時軍事援護部）が分離し、これに逓信省簡易保険局と文部省の体育運動関係の事務が統合されて一省にまとめられたのである。内務省からは全職員の五分の二が厚生省に移ることとなった[4]。新たな省の立ち上げを強く支持したのは陸軍であり、厚生省の創設には、戦争での勝利を勝ち取るための戦力増強達成という時代の要請が色濃く反映していた[5]。古井は厚生省の発足が内務省の将来に新たな問題を投げかけたとする。「厚生省の設置に伴つて、内務省の将来に付新な問題が提供せられることとなつたのである。即ち厚生省設置後内務省は何処に行くべきかの問題が之である。惟ふに、単に行政事務の量に著眼するときは、内務省はなほ優に一省を為すに足るであらう。且又其の所管に属する各箇事務の重要性に鑑るときは、内務省は依然として各省の花形たるを失はぬであらうと思ふ。併し乍ら、事務の重要なる一半が分別せられたことは動かし難き事実であると共に、更に、内務省の積極的存立理由、其の根本的なる使命に溯つて考察するとき、内務省の将来に付深甚なる考慮を払はなければならぬことを感ずるものである」（二六頁）。

古井は、厚生省の設置が内務省の将来に投げかけた第一の問題を「行政各部局の分化対立」、すなわちセクショナリズムの激化に求めた。厚生省新設に象徴される行政機構の拡大増設は、部局編成に着目すれば、より一層の行政の細分化を意味する。古井は「国家任務の増大に伴ふ行政領域の拡大に伴つて起る必然」であるにしても、結果として「行政各部局が夫々自己の小さき立場に拘泥して大局を忘れ、只管《ヒタスラ》自己の縄張を維持し拡張せんことを之れ努め、其の間重複矛盾排擠《ハイセイ》少なからず、為に行政全体の調和と均整とは保たれ難き」事態が生じると観察したのである（二四頁）。しかしながら、行政機構の拡大と細分化とは時代の趨勢として認めざるを得ない。そこで、古井は、拡大分化の一方で、「統合の目的の為に、総務的、統制的、調整的行政機能及之に応ずべき行政機構」が発展する必要性を訴える（二五頁）。ところが、「近来の傾向」は総務的、統合的行政機能を、内務省ではなく、内閣に付属させる方策ばかりが議論されている。古井は内閣すなわち総理大臣に職責を集中させる傾向を批判する。「内閣総理大臣は、一国の政治の中枢として、大局的見地に立つて国政の方針を確立し、政治を統轄指導すべき重要なる職責を有するものである。（中略）若し行政機構に改革を加ふべしとせば、総理大臣をして行政事務の煩より免れしめ、其の本分の職分を尽し易からしむることを以て方向と為さなければならない。然るに近来の傾向は却つて之に逆行するものが多く、新なる行政事務を開始する場合には好んで之を内閣に所属せしめ、行政庁たる内閣を次第に拡大膨張せしめ、総理大臣の行政事務の負担を重からしめて居るのである」（二八頁）。

　古井が指摘するように、行政機構改革では、国策を統合する方策として内閣機能強化ばかりが目指された。代表例は企画院の発足である。一九三五（昭和一〇）年五月に設置された内閣調査局は、三七年五月に企画庁へと改組され、日中戦争勃発後の同年一〇月に企画庁と資源局とを統合した企画院が創設された。「国家総動員計画の設定及び遂行に関する各庁事務の調整統一を図る」目的で発足した企画院が、内閣総理大臣のもとで、重要性を増すばかりであった物資動員計画を専管したのである。[6] 企画院以外にも内閣機能強化のための様々な構想が提起されるなかで、古井ら内務官僚が最も憂慮したのは内閣に人事局を設置する動きであった。内閣人事局構想が浮上したのは、広田弘毅内閣が取り組んだ行政機構改革に対して、一九三六（昭和一一）年秋に陸海軍が共同して「各省文官人事の統制均衡に当り中央、地方人事の脈絡を規正する」ため、内閣への人事行政機関設置を提案したことによる。[7] 新たに人事機関を創設することで、統制経済の円滑な遂行を実現するため、経済に疎い内務官僚にかわって、内閣主導のもとで専門知識を有する経済官庁の官僚や民間人を実施機関である道府県に配置することが目指された。これを受けて、三六年一一月一二日に、大蔵・逓信・鉄道・文部の各大臣による四相会議で総理大臣直属の内閣人事局新設案が決定をみている。このとき内閣人事局の権限と想定されたのは、（1）勅任官以上の人事、（2）各省大臣の権限に抵触しない範囲での人事行政の公正統一、（3）各省の人事行政担当官で組織される委員会の設置、（4）文官高等試験の実施、などであった。[8]内務省関係では、勅任官である次官や本省の局長に加え、府県知事が内閣人事局の所管に組み込まれる案であった。同案は、翌三七年一月二三日に広田内閣が総辞職したことから具体化するにはいたらなかったものの、内務大臣がメンバーから外れた四相会議で内閣人事局の新設が決定されたことに内務省首脳は強い危機感を抱かざるをえなかった。その後、内閣への人事機関設置案を再び提起したのが第一次近衛文麿内閣であった。『東京朝日新聞』一九三八年二月一〇日付社説「内閣人事部の問題」は、構想が厚生省設置に伴って浮上したと指摘する。

「内閣人事部の問題であるが、これが内務省方面に大なる反対があることはもとよりその所であらう。或意味からいへば内務省の死活の問題、少くも内務省が厚生省の独立によって蒙った以上の質の変化を受ける結果になるであらうと考へられる。（中略）しかしながら、先般の地方長官会議に際しても、実質的には内務省よりも厚生省の方が現下の地方行政においては、より多くの関係をもつことを示した如く、斎藤内閣時代の農村経済更生運動が農林省の手によつて行はれた場合に感ぜられた如く、又常に学務部長の任免権が無いために、教育行政における文部省の権威が地方に徹底しないといはれている如く、内務大臣が地方長官以下の人事権を握ることは、内務省の仕事の範囲が段々狭くなつてゆく現時においては、実際上の不都合が少くないのであつて、内閣が地方長官の人事を持たぬ事の方が不思議なのである。（中略）行政機構の単純な時代は何もかもやつたのが、仕事が殖へてゆけば段々に暖簾《ノレン》をわけてやるのが、内務省の性質といつてよい。一方内閣が人事部なり人事局なりをもち得なければ、いふ所の内閣制度改革も出来得ないのである。こゝにおいてか、内閣人事部の問題は、文官制度改革の頂点であると共に、行政機構改革の中心点だということになるのである」。

地方官人事に発言権を持たない現状に文部省や商工省、農林省は、以前から不満を蓄積させていた。文部省は府県の学務部長人事の、商工・農林両省は同経済部長人事のあり方を改革するよう主張してきた。(9)そこへ、保健衛生指導のための独自の地方出先機関である保健所をもち、戦力増強のための国民の体力向上という緊急の課題に対応する目的で厚生省が創設をみた。これに伴って所管行政を分割・縮小させた内務省が、依然として地方庁の監督権と人事権を独占し続けていくことに、各省の不満は一段と高まったのである。古井が厚生省の設置をとらえて「行政機構改革の一問題としての内務省の将来」と題した論考を発表した理由であろう。近衛内閣が立案を命じた一九三八年一月末の法制局試案には、内閣人事部の組織と権限は次のように規定されている。(10)

「一、内閣人事部ハ内閣総理大臣ノ管理ニ属ス

二、内閣人事部ハ左ノ事項ヲ掌ル（具体的人事ニツイテハ勅任官ニツイテモ成ル可ク各省大臣ノ発案ニ基クコトトシ主眼ヲ各省人事ノ流通調整ノ点ニ置クコト）

(一) 各庁勅任官及内閣奏任官ノ任免、進退及ビ身分ニ関スル事務

(二) 各庁奏任官ノ任免、進退及身分ニ関スル事務ノ統制ニ関スル事務

(三) 各庁高等官ノ履歴ニ関スル事務

(四) 官吏ノ給与ノ統制ニ関スル事務

(五) 恩給ニ関スル事務

三、内閣人事部ニ左ノ二局ヲ置ク

総務局　恩給局

四、内閣人事部ニ左ノ職員ヲ置ク（略）

前項職員ノ外仰付ノ事務官ヲ置ク各省秘書課長若ハ人事課長又ハ之ニ準ズル者ヲ以テ之ニ充ツ

五、内閣人事部ニ文官高等銓衡委員会、文官高等分限委員会、文官高等懲戒委員会及ビ高等試験委員会ヲ置ク、コレガ事務ハ人事部長官コレヲ統轄ス

六、賞勲局総裁ハ人事部長官ヲシテコレヲ兼ネシムルモノトス」

近衛内閣の構想に対して、古井は、各省事務との関わりの薄い内閣人事部が適正な人事行政を展開できるか、また内閣人事部が各省の人事権を有することと内閣制度が定める各省大臣の責任とが抵触しないか、といった運用上の懸念を衝いた批判を加えた（三一頁）。だが、内閣人事部案に反対を表明したのは内務省にとどまらなかった。特に総理の足下の内閣官房が運用面に着目した批判を起草していた事実は注目に値しよう。内閣官房総務課長であった稲田周一が残した「私見」は、内閣官房での事務処理の実態に基づいて、内閣人事部の実効性を疑問視する。「現在ノ人事ノ実際ヲ見ルニ早急ニ人選ヲ行ヒ早急ニ発令ヲ要スル場合多シ。一々之ヲ人事部ニ廻付スルトキハ自然時間ヲ要スルコトトナルベク然モ実際ノ必要ハ自然人事部ノ事務モ拘束スルニ至ル虞ナキカ（斯ノ如キ実例嘗テ企画庁ガ各省ノ重要政策ヲ審議シタル場合ニモ認メラレタリ）（中略）人事ハ之ヲ如何ニ統制セントスルモ現在ニ於テハ各省ニ各様ノ事情アルヲ以テ其ノ事情ヲ一様ニセザレバ目的ヲ挙グルコト難カルベシ。文官ノ俸給ノ予算単価ノ如キヲ先ヅ整頓セザレバ人事部ヲ設置スルモ各省間ノ人事ノ流通ヲ期シ難シ[11]」。

第三章で検討したように末次内相―安井文相の布陣、また羽生―富田の起用で内務省内の反対を抑えきれず、しかも足もとの内閣官房からも反対の声が湧きあがったことで、近衛首相は人事部設置を断念し、かわって内閣に人事交流のために連絡委員会を設ける案への方針変更を余儀なくされる。連絡委員会案は、近衛内閣総辞職後に平沼内閣に引き継がれたが、ここでも次官会議で異論がだされ実現を阻止されている。その後、文官制度改正を公約した第二次近衛内閣が一九四〇（昭和一五）年七月に成立し、再び法制局で内閣人事局案が検討されたものの、ここでも成案を

たのである。

得るにはいたらない[12]。内務省が地方官人事を独占する現状には不満であっても、各省も内閣の人事介入を歓迎しなかっ

以上のように、日中戦争開始に伴う「戦時」の到来は、一方で厚生省の新設を促して内務省行政に分割と縮小をもたらし、他方では人事機関創設など内閣機能強化を重要課題として浮上させた。この状況をとらえて、古井は、内務省と内閣とで「総務的行政機能の分裂」を来すにいたったと分析する。「然らば内務省本来の、内政に於ける総務省としての立場は如何と言ふに、近時行政事務の分配、行政機構の新設拡充に当つて見らるる傾向は、寧ろ総務的行政機能は之を内閣部内に発展せしめ、内務省本来の地位を顧ることなきが如くである。茲に於て一方に於ては内務省が伝統的に総務的行政機能の一半を所管し、他方に於ては内閣が新に其の一半を所管するに至り、総務的行政機能の分裂を来すに至つて居る」（二七頁）。

ここで興味深いのは、古井が、内務省が総務的行政機能を所管することを許され、行政面での優越的な地位を付与された条件を政党内閣の継続に帰したことである。

「抑も内務省は、内政の根幹たる諸般の施政を担当し、内政に於ける総務省として構成せられたものである。其の所管する各箇事務に就て見るに其の間必しも密接不可離の関係があるものではない。併し乍ら其の多くは、内政の根幹を為す施政として夫々重要の意義を有するものであり、之に、特に一省を設け又は他省に分属せしめ難き事務を加へて其の所管を構成し其の部局を編成するものである。此の如きは内務省を、内政に於ける総務省として構成したものに外ならぬのであつて、茲に内務省本来の存立理由と使命とがあつたと思うのである。

而して内務省は、政党全盛の時代に於ては、政治上特別の意義を有し、政党内閣に於ては、常に副総理たる主要人物を内務省に配したのである。蓋し内閣の死命を制する選挙と之に重要の関係のある地方人事とは内務省の所管する所であつたからである。其の為に内務省行政の適正は禍を受くる所がなきにしも非ずであつたけれども、内務省の存

在は洵に華々しいものであつたのである。

然るに、社会情勢の推移は政党内閣の出現を困難ならしむること既に久しく、又近き将来に於て其の実現を期待することも、諸般の情勢に照し困難なるが如くである。従つて嘗て見たるが如き内務省の政治的重要性は、当分の間復活せられる見込が乏しいと言はねばならぬが如くである」（二六―二七頁）。

古井は、政党の隆盛、そして政党内閣の継続こそが、内務省に「内政に於ける総務省」の地位を保証する条件であったと再評価したのである。したがって選挙に重きをおかない非政党内閣が継続する時代には、内務省に総務的行政機能を付与し続ける必要性そのものが喪失してしまう。政党内閣の終焉後に内務省の位置づけが低下したことは、とりわけ重要政策を決定するために設置された五相会議や三相会議といったインナー・キャビネットのメンバーに内務大臣が含まれない事実によって白日のものとなった。第一次近衛内閣期に対中政策決定のために設置された五相会議のメンバーは首相と陸相、海相、蔵相、外相で、内閣の根本方針を議する三相会議のメンバーは首相、外相、蔵相で構成された。「戦時内閣」である五相会議や三相会議の設置は「他の大臣を事務大臣たらしめんとする意図」[13]の現れと評価され、政党内閣では常に副総理格が就任した内務大臣の重みが過去のものとなったことを象徴する出来事であった。軍部は副総理格の国務大臣として無任所大臣の設置を主張したのである。

内務省所管行政の分割、内務省各局の分離を含む行政機構改革案は、確かに政党内閣復活の可能性が著しく低下した二・二六事件以降に提起されている。一九三六（昭和一一）年秋には、厚生省新設につながる衛生省案を陸軍省医務局が作成し、陸海軍共同の行政機構改革案要綱が広田首相に提出されている。この要綱には、神社局の文部省への統合や、内務省土木局の港湾、河川、道路といった行政部門を新設の交通省に移管する構想も含まれていた[14]。内務省からの分離が提起されたのは、厚生省に統合された衛生局と社会局に止まらなかったことになる。古井は、内務省の所管行政を「密接不可離の関係があるものではない」と告白している。この一文は、古井が、衛生局や社会局に続いて、土木局や神社局までもが分離し、内務省の所管行政がさらに縮小する可能性をも展望したことの表れであろう。日中戦争勃発を境とする政治状況の変化は、厚生省設置による内務省行政の縮小とあわせて、内閣と内務省とによる「総務的行政機能」の分裂をもたらした。後ろ盾となってきた政党が衰勢に向かったことに加えて、内政よりも外政が優先される状況が出現したことで、「内政に於ける総務省」を自負してきた内務省は試練の時代を迎えることになったのである。

2 「地方行政」の総務省へ

古井は、政治状況の変化がもたらした苦境への打開策を、内務省の独自性を特定することで導き出そうと試みる。「内務省は予て地方行政に対し、他の各省と異つた特別の関係を有する。内務省以外の各省も亦、其の所管する各個行政部門に付ては、地方庁の管理を要する部分ある限り、地方行政に関係を有し、其の適正妥当なる運営を期すべく指導監督の任に当るものである。併し乍ら、此の場合各省は、其の所管する特殊行政部門の為に、其の一つの構成部分たるの故に、地方行政を指導監督するのである。各省の任務とする所は、中央地方を通ずる特殊行政部門の発展であつて、地方行政自体の発展ではない。内務省の地方行政に対する関係は之と異り、地方行政自体のために地方行政を監督するのである。産業、教育、交通、社会、衛生其の他何れの部門たるを問はず、地方の実情に即し、且相互に円満なる調和と均整とを保つて運営せられ、地方行政各部門が有機的一体として、地方の実情に即応して健全なる発展を遂ぐるよう指導監督を為すのである」(三〇―三一頁)。

古井は地方庁や地方行政との関係のなかに内務省の独自性を求めた。他省庁はその所管行政の範囲でのみ地方行政に関心を持ち監督を行なう。これに対して内務省だけが「地方行政自体のために地方行政を監督」する点にその特色を見出したのであった。加えて、古井は、中央各省が地方庁に実行を求める施策が「全国を考慮の対象とする必然の結果として、如何に努めても地方の各個具体の事情に万全なる考慮」を払うのは不可能と指摘し、この欠陥を補うことこそが「地方庁の職責」であると強調した。「此の欠陥を補ひ、各個行政部門を、一体としての地方行政の一環として総合調整するものは実に地方庁であり、茲にも亦地方庁の重要なる職責が存するのである」（三一頁）。

古井は、地方庁の重要な職責を、中央各省がそれぞれの個別行政実施のために打ち出した政策を、地域ごとの実状にあわせて総合調整する必要性に見出した。地方庁、すなわち行政の実施レベルにおける総合性を確保する必要性をアピールして、内務省の「総務的行政機能」の回復を期すべきと主張したのである。古井は、内務省が、「内政」すなわち中央レベルにおいてではなく、地方レベルの行政を背景とした「総務省」となることに、その将来を託した。内務省が「内政」における総務省から「地方行政」における総務省へと転換する必要性を宣したのである。「地方庁は、独自の使命と任務とを有するものであり、地方庁が其の使命と任務とを果すことは、行政全体の成績の上から言って極めて重要な意義を有するものである。従って地方庁をして、其の使命と任務とを果さしむることは、国家として無関心に之を放置し難き所であり、中央各省の何れかに於て此の地方庁の立場を鞭撻《ベンタツ》し援助する所がなければならぬ筈である。而して中央に於て此の任務を果すべき職責を有するものは実に内務省である。（中略）内務省は地方行政に関して正に総務省としての立場を有するのである。内務省は地方行政全般に対し、克く地方の実情に即し、且有機的一体として円満なる調整と均整とを保って運営せられ、健全なる発展を遂ぐるよう総汎的なる指導監督の任に当るのである。従って行政の何れの部門たるを問はず、それが地方行政の一部面として包括せられる限り、其の成績に対し内務省は至大の関心を有するのである。又地方行政の何等かの作用にして、中央所管省の明かならざるものに付ては、内務省が主務省として之が指導監督の任に当るのである」（三一―三二頁）。

古井は、引き続き一九三八年四月二一日付で実施された地方局の機構改正の意味について注意を喚起した。この機構改正では、地方財政事務を取り扱ってきた庶務課と財務課が廃止され、かわって財政・監督の二課に改められている。財政制度の企画等に関する事務と、日常の地方債及び税等の監督事務とを別個に処理することが目的であった。あわせて、町内会や部落会など自治振興の事務を担当する振興課が新設されている。[15]古井が期待を寄せたのが振興課の果たすべき役割であった。振興課事務官であった柴田達夫は、振興課の第二代課長であった今松治郎が、自治振興に加えて、「地方行政の窓口」確立に尽力したと回想する。[16]今松の後を継いで振興課長となった村田五郎も、振興課を「地方局の総務課的役割」を果した部局と性格づけ、同じく外部との交渉の窓口となっていたと語る。[17]地方局に新設された振興課は、各省に対する地方行政の窓口を一元化する役割を担って創設された部局であった。『内務省事務概要』(一九三八年一二月二八日)が掲げた「振興課主管事務」は以下の通りである。

(1)自治振興その他地方行政の改善振興に関する事項
(2)国民精神総動員、選挙粛正その他国民の公共的教化訓練に関する事項
(3)北海道の林野及び拓殖その他特殊地方の振興に関する事項
(4)地方官公吏の教養に関する事項
(5)地方行政に関する各種事務の連絡調整に関する事項
(6)他課の所管に属せざる事項

(5)が「地方行政の窓口」を担うべき事務であり、その内容として、さらに①内閣及び関係各省との連絡に関する事項、②省内各部局との連絡に関する事項、③自治関係諸団体の連絡調整に関する事項、が列挙されている。振興課の発足以前には各省が直接に府県知事に命じて業務を遂行していたが、同課発足後には、すべて振興課の窓口を通して実施する仕組みが出来上がったのである。振興課が新設された結果、再び柴田達夫によれば、各省が「つまらぬことで知事を動かそうなどと考えても、振興課という窓口で拒否されてしまうということになり、その意味で振興課は各省に大いにニラミをきかせる」ことになったという。[18]これと関連して柴田は今松の伝記にもう一つ興味深いエピ

ソードを寄せている。「今松課長は各省との会議は重要会議でなければ出ない。たいてい事務官の私が出るのだが、『内務省は格が一つ上だと思ってやってこい。君は事務官だが各省の課長と対等である』という具合だった」[19]。地方局振興課は、古井が提示した「地方行政」の総務省へと内務省を転換させる構想を具現化する部局であった。次節で検討するように、一九四〇年前後の時期に内務省以外の各省が地方出先機関の創設を活発化させている。地方出先機関設置の背景に、やや威丈高な姿勢をとった振興課との交渉を回避する各省の思惑があったとしても不思議ではない。

古井が、内務省の地方行政に対する足場を強化する方策として「行政機構改革の一問題としての内務省の将来」の最後に掲げたのが、地方行政の総合監査であった。担当部局である地方局監査課はすでに一九三六(昭和一一)年七月に設置されている。内務省分課規程には監査課の分掌事務は次のように規定されている。

一、臨時町村財政補給金ニ関スル実地監査ニ関スル事項
一、道府県市町村公共組合ノ行政及財政ノ実地監査其ノ他地方行政一般ノ現状調査ニ関スル事項
一、地方行政ノ改善振興ノ為ニスル指導ニ関スル事項[20]

臨時町村財政補給金は三六年度に限って総額二千万円を窮乏町村に交付する制度であったが、翌三七年に創設された「臨時地方財政補給金」へと継承され、三九年度には交付総額が一億四千八百万円にまで拡大されている。その使途を過重な税負担の軽減に限定した臨時町村財政補給金の創設にともなって、町村は厳しい監督を受けることが義務付けられた[21]。監査課は補給金の使途を実地監査することを第一の目的として設置された部局であった。だが、監査課が実施したのは、補給金交付に伴う財政面での監査にとどまらなかった。一九三六(昭和一一)年の八月(岩手県)、九月(石川県)の実地監査では地方局長自らが、監査課長や事務官三名ら計十名の監査員を率いて十日間の監査にのぞんでいる。監査事項は、臨時町村財政補給金関係の事項に加えて、一般行政に関する事項として①県治の概要、②県会、参事会に関する事項、③行政の機構に関する事項、④行政の運用に関する事項(各部課の事業内容)、⑤財政の運用

に関する事項、⑥市町村その他公共団体の指導監督に関する事項、⑦重要懸案事項および紛争事件、⑧地方の要望、など広範囲にわたった。監査結果については、①他府県の参考となる事項は通報され、②内務省内各部局や他省関係で改善が必要な事項は連絡調整のための適当な方法を講じる、との処理原則が立てられた。監査結果は内務省から各省への業務改善要求に活用されたという。ここから監査課は「中央、地方の各庁の連絡係であり、中央、地方両行政の結び目を結成する世話係」とも性格づけられたのである。[22] 従来の自治監査が法規や財政的な監督に重点をおいたのに対して、監査課は「地方行政ノ改善振興ノ為ニスル指導」に資するような、行政の実施や事務処理のあり方にまで踏み込んだ監査をも行なう「地方行政の綜合的発展の為にする一課」となることを期待されたのである。[23]

次に掲げる一文は古井自身の監査課長時代の経験をふまえたものと言えよう。「地方行政の監査に当っては、独り内務省に於て直接所管する行政部門のみならず、全地方行政の領域に渉つて其の実情が査察せられる。而して地方庁が果して其の独自の使命と任務とを充分に果しつつあるや否やが重要に考察せられるのである。（中略）地方庁をして其の任務を果さしむる上に於て、中央各省に於て考慮し反省すべきものがある場合には、地方行政に対する総務省としての立場に於て、地方行政の改善振興の為に、各省の考慮と反省とが要望せられることになるのである」（三二―三三頁）。

振興課新設と地方行政の総合監査に注目した古井は、三八年四月の機構改革によって地方局全体の体制が「制度の企画、地方行政の改善振興の為にする指導等積極的方面に重心を置いて再編成せられることになった」と評価する。そして「之に依つて、内務省の、地方行政に関する総務省としての機能が一段と振作せられることになれば、其の結果は、独り内務省の将来に対し一新生面が拓かるることのみの喜に止まらないであらう」との期待を表明して論考の結びとしたのであった（三四頁）。古井は、内務省を「地方行政」の総務省に転換して苦境を打開するよう提言した。内務本省の所管行政がどれほど縮小しようとも、地方庁レベルでの行政の総合性が確保されるかぎりは、内務省は地方行政を背景として「総務的行政機能」を発揮することが可能となろう。逆に言えば、府県の役割が縮小してしまえば、内務省の「地方行政」の総務省への転換も不可能になる。地方庁の機能維持が内務省の総務的行政機能を守るための最低限の生命線となったのである。

従って、地方行政の現状に影響を与えかねない改革の動きに対して、内務省は過敏な反応を見せる。内務省は、先に言及した第一次近衛内閣による内閣人事局設置構想に対しては、自らと府県が確保する「総合性」の必要性を前面に打ち出した反論を展開した[24]。「地方行政庁ハ各種ノ行政ヲ綜合シテ渾然一体トシテ有機的ニ其ノ機能ヲ発揮セシムルノ要アリ。而シテ地方行政庁ハ単ニ官治行政機関タルノミナラズ自治行政機関タリ。而モ其ノ下ニハ市町村等ノ如キ公共団体アリ。総テ之ガ監督指導ノ任ニ当ルガ故ニ之等ヲモ包括セシメテ且立体的ニ綜合シ、一体トシテノ指導監督ヲ為スヲ以テ地方行政ノ要旨トス。而シテ官治自治両方面ニ亘リ地方行政ヲ綜合シ、且包括シテ一般的指導監督ノ任ニ当ル者ハ、実ニ内務大臣ニシテ内務大臣ノ最モ重大ナル職責タリ。此ノ重責ニ当ル内務大臣ガ直接地方官ノ任免奏請ノ権ヲ有セズシテ其ノ職責ヲ全ウスルハ、事実問題トシテ困難ナルノミナラズ、地方官ヲ綜合的ニ指導監督スル内務大臣以上ニ地方官ノ功過能否ヲ知得シ得ルモノハ之ヲ他ニ求ムルヲ得ズ。（中略）現下ノ如キ未曾有ノ重大時局ニ於テ、国家ノ治安確保ノ機構ニ亀裂ヲ生ズルガ如キハ厳ニ慎マザルベカラズ。仍テ地方庁ノ人事行政ヲヨリ適正ナラシメンガ為ニハ、寧ロ地方行政ヲ綜合的ニ観察シ積極的ニ指導スル内務省機構ヲ拡充整備シ之ト相俟テ其ノ人事機関ヲ強化スルヲ可トス」（傍点は引用者）。

内務省は、府県が「各種ノ行政ヲ綜合シテ渾然一体トシテ有機的ニ其ノ機能」を発揮する必要性を訴え、内務大臣の職責の一つを「官治自治両方面ニ亘リ地方行政ヲ綜合シ、且包括シテ一般的指導監督」においた。その上で近衛内閣の人事局設置構想に対して、逆に「職務ノ関係ニ於テ果シテ内務大臣以上ニ地方庁官吏ヲ熟知スルモノアリヤ」と問いかけて、「地方行政」における総務省たる内務省の存在意義をアピールしたのである。

二　内務省と地方行政機構

戦時の到来を受けて自らを「地方行政」の総務省と再定義した内務省であったが、対外関係のその後に目を向けると中国での戦線は拡大膠着して長期持久戦の様相を呈し、日本の大陸進出に批判的なアメリカとの関係も悪化していく。戦時体制構築がその必要性と緊急性とをよりいっそう高めていく時代にあって、内務省が、その生命線とした地方庁の総合性や、地方行政機構を維持するのは極めて困難な課題であった。本節では戦時体制の構築が内務省と地方行政機構に与えた変化を明らかにしたい。

1　地方出先機関の拡大

戦前の地方行政機構のあり方を概観しておこう。法制局参事官であった井手成三は戦前の地方行政組織の原則について次のように描写している。

「我が国現行地方行政官庁組織の建方としては言ふまでもなく、普通地方官庁と称せらるる道府県庁を中心とし、之をして地方に於ける国家行政を総括的一元的に所掌せしめ、又同時に地方長官をして公共団体たる道（地方費）府県の理事者たらしめ、以て地方に於ける行政の調整円滑を図ることとし、例外的に特別の行政を担当せしむる為に特別地方官庁を設くるの主義を採り来つた。即ち各省行政に付き各省は夫々独自の系統官衙を持たず、其の地方行政は挙げて、地方長官をして之を行はしめ、各省大臣は之を指揮監督するの原則を採り、各省は其の主務に属する事項中特殊のものに付きてのみ之を所掌せしむる為、例外的に特別地方行政官庁を設け来つた。税務監督局（財務局）、鉱山監督局、逓信局、営林局等之であるが、何れも大体において、現業的業務を行ふか、或ひは全くの特殊なる行政を行ふものであつて、一般地方行政を所掌する地方長官に対し、あくまでも特例的存在と言ふべきであり、其の存在意義もまた可成り異なるものがあると言ふべきであった[25]」。

戦前の地方行政機構は地方長官（知事）を中心としたシステムであった。道府県は自治体であるとともに国の行政区画であり、中央各省は地方における事務を個別の出先機関を設けずに地方長官を通じて執行するのが原則であった[26]。再び井手の言葉を借りれば、「地方長官の存在を度外視しては、如何なる種類の行政と雖も、全国津々浦々に至るまでの実効的なる普及徹底は之を期しがたい」と表現されるほどであった[27]。総合出先機関である道府県を所管することは、内務省に、各省の行政を政策的、予算的に調整する権限をもたらした。内務省は、執行機関である道府県の幹部となる内務官僚の人事権や、知事の一般監督権に加えて、各省の所管行政に関係する道府県予算をも掌握していたからである。例えば、農林省や商工省など他省の行政に関する予算であっても、道府県が実施する場合には、内務省の大臣官房会計課が内務省の予算に組み込んで編成する建前であった。各省の地方庁に対する国庫補助金も同じく会計課での調整を経たうえで交付されていた[28]。さらには各省の地方的事務についても内務省の調整を経たうえで地方に委託されたのであった。その意味で、前節で言及した地方局振興課や監査課の設置は、人事的、財政的な統制に加えて、各省の地方業務の内容にまで内務省が介入することを可能にする機構改革であったと評価できよう。

ところが、井手成三は、道府県を中心とする地方行政システムが時代にそぐわなくなりつつあることもあわせて指摘する。「一面に於て時局の進展は刻々に国家行政の内容に変革を加へ、今日に於ては地方に於て之を鞅掌《オウショウ》する行政機構が従来の組織機構のままを以てし、従来の運営方針のみを墨守するに於ては、処理の円滑完璧を期し得ざる憾《ウラ》みあることを痛感せらるるに至つてゐる[29]」。井手は、道府県庁を中心とする従来の地方行政システムが、新しい地方行政を処理するには不十分と認識されるようになった理由を四点に分けて説明する[30]。

第一は「道府県の区域が地方行政区画の単位として不合理なるものとなりつつあること」である。交通や文化の発展により、道府県の境界を超えた地方経済圏や地方文化圏が形成されつつあり、道府県ごとに別個の行政を行なうのでは実状に合わなくなった。このために、府県廃合や道州制導入、数府県単位の連絡協議の方策を講じるなど、広域行政が求められようになったと説明する。

第二の理由は「行政内容の複雑化は専門的分科的ならざる道府県庁に依る事務処理に慊《アキタ》らずとするに至れるものあること」に求められた。国家行政が複雑化し、その処理のためには専門知識と経験とが不可欠となり、すべての事務を万遍なく公平に処理する「一般行政官庁」である道府県に委託するのでは、行政の実効性を確保することが困難になった。そこで、各分野の行政を専門的に執行する特別行政機構（各省の地方出先機関）を設置して行政を遂行する必要が生じたというのである。

第三は「行政の計画性は中央集権的性格を有し、地方独自の事情に依る政策介入の余地を少なからしめつつあること」である。戦時下にあっては戦争関係業務を遂行するために中央・地方ともに政府活動が拡大膨張する。日中戦争の勃発は、中央の意図のもとに計画され運営される戦時行政の必要性をさらに高めた。これにより、地方庁が地方独自の事情による調整を加えて行政を実施できる範囲を制限する傾向が強まった。「かくて中央方針の簡明直截なる実施に当りては、中央の計画指示をそのままに受けて端的に之が実行に当る如き特別行政官庁の設置が便宜とせられ、他の各種の行政との連関を保ちつつ地方夫々の実情を斟酌し、事情に応じては適宜なる政策をも加味して実施に当る地方長官に依るの要なく、主務省としては寧ろ場合に依りては地方長官に依らざるを以て便宜となしをれるに非ざるやと考へらるるが如き事例も生じ来つてゐる」。

第四の理由は「地方長官に対する人事及一般監督の権限が内務省に属する現行制度は其他の各省にとりて、其の省所掌行政の強力存分なる実施を期する上に於て事実上の不完を感ぜしむるの虞あること」であった。地方官官制第五条には「知事ハ内務大臣ノ指揮監督ヲ承ケ内閣又ハ各省ノ主務ニ付テハ内閣総理大臣又ハ各省大臣ノ指揮監督ヲ承ケ法律命令ヲ執行シ部内ノ行政事務を管理ス」と規定されている。しかし、道府県の人事権と一般監督権限が内務省に専属するため、各省の道府県に対する関係は、内務省と道府県との関係に比して必然的に劣位に置かれることとなった。この現状に不満をもった各省は、独自の特別地方行政官庁、地方出先機関を新設し、既存の出先機関の権限を拡張する方向性を強めていく。

一九四〇（昭和一五）年前後から、各省は地方出先機関を新たに設け、また知事に処理させていた一般行政事務を地方出先機関に移し、あるいは厚生省の職業紹介所や労務官事務所にならって戦後の地方事務官制度に類似した仕組みを設けるなど、各省が地方事務を直接に処理する傾向が高まっていった。[31]一九四〇年から四五年にかけて、各省が設置した主な国の地方出先機関を以下に掲げる。[32]

内務省　土木出張所（一九四三年一一月運輸通信省設置に伴い、港湾関係は同省港湾建設部となる）
大蔵省　預金部資金局支局・税関（四三年から四五年まで運輸通信省所属）・税務監督局（税務署）・財務局・地方専売局
農林省　営林局（営林署）・食糧事務所・農産物検査所（四二年食料検査所）
商工省　鉱山監督局（四四年以降地方鉱山局）
軍需省　軍需監理部（四五年六月地方軍需管理局）・燃料局
逓信省　逓信局・地方貯金局・簡易保険支局・郵便局・海務局（同支局）（四三年運輸通信省海運局）・航空局支局
鉄道省　鉄道局
文部省　地方気象台・測候所・海洋気象台・高象気象台・地磁気観測所（四三年運輸通信省に移管）
宮内省　京都事務所
厚生省　製薬監理事務所（四四年七月設置）・職業紹介所（四一年国民職業指導所）

これまで述べてきたような特別地方行政官庁、すなわち各省の地方出先機関が拡大する傾向をとらえて、井出は地方行政機構の原則と例外とが逆転しつつあると指摘する。「かくては道府県庁は財務局、逓信局其の他の特別地方官庁と相竝《アイナラ》んで、内務省其の他数省の単なる特別地方行政官庁たるの地位を有するに過ぎずして、精々之に各省行政中行政官衙に属せしめたるものを除き残余部分を附加所掌せしむるに過ぎざることとなるの結果を招来せんとするものである。即ち地方事務は道府県庁に於て之を担当するを原則とし、特殊なる事項のみを例外的に地区別地方官庁の手に委ねるといふ建方は、一転して各省行政の地方事務は夫々の特別地方行政官庁に於て之を処理するを原則とし、残余部分を道府県庁をして行はしむるといふ原則例外逆転の勢を示さんとしてゐるのである」(33)。

各省が地方出先機関で直接にその地方事務を実施する傾向を強めたことは、各省行政が内務省系列の地方行政のラインから離脱することを意味した。地方出先機関の増加は、必然的に道府県、そして道府県を背景に調整機能をはたしてきた内務省の「総務省的行政機能」の毀損につながるのである。

2　農村自治制度改正要綱

内務省は末端行政を担う市町村レベルでも行政の総合性が損なわれつつある事態に直面していた。当時の表現で言うところの「産業自治」すなわち経済行政を、市町村が執行する「行政自治」に取り込めなかったためである。このような地方行政の実状をふまえて、内務省は新たな自治政策を模索し始めた。広田内閣で内務大臣に就任した潮恵之輔は、一九三六(昭和一一)年六月の地方長官会議で新たな自治政策の方向性について訓示している。「自治の運営、殊に市町村に対する指導監督の実際を見るに、往々形式に拘《コダワ》り、理論に泥《ヌカル》み、消極的に過誤なからしめんとするに専らなるの結果、却て自治の質実円満なる発達を損ふの虞なしとせず。仍て将来に於ては進んで市町村内の融合協和を図るは勿論、或は市町村内に於ける各種機関の対立の弊を除き、綜合的運行に依りて其の機能の発揚を十全ならしめ、或は部落を単位とする活動の促進に勉むる等、自治団体の指導監督に付ては須らく実質的誘導の新生面を拓き、以て時局に対応せる自治行政の振起作興に一段の工夫と努力とを加ふる所なかるべからず[34]」。

潮の訓示をとらえて、古井喜実は地方局事務官として「発程せられた新自治政策」を同年七月の雑誌『斯民』に掲載して、その意図を敷衍している（以下、「発程せられた新自治政策」からの引用頁数は（　）内に示す[35]）。古井は、まず、潮の訓示をもって、内務省が、法規の適用や事務の過誤を対象とした「消極的な監督」から「地方自治の積極的指導」へと運営方針を転換したと説明する。その際、積極的指導への転換は政党政治の退潮傾向によって初めて可能となったとの見方を示す。政党隆盛の時代にあっては、積極的指導は党派的干渉に直結するとして排されていたという。「中央地方の官吏が党派的に分派対立して居た時代に於ては、地方自治の積極的指導は党派的干渉以外の何物でもあり得なかつたであらう。従つて此の如き時代に於ては、積極的指導の如きは、寧ろ厳に戒められるべく、到底許さるべき所ではない。実際問題としても、積極的指導を行はんとすれば、当該市町村乃至は之を支配する党派に依つて排撃せられ、事実行ひ難いものであったであらうと思ふ」（一四頁）。

古井は、内務省が政党を意識して、消極的監督に終始し積極的指導に努めなかったことと、市町村自治の不振との間に関係性を見出した。政党隆盛の時代にあっては、選挙ばかりでなく、内務行政全般が委縮してしまっていた。そして、政党が勢いを失った時代の内務省の「積極的指導」は「行政の綜合的運営」と「行政の地方的運営」とを目標にすべきと主張する。

「行政の綜合的運営」では、農会や産業組合といった経済行政を担う各種団体と、内務大臣及び知事の指導監督下にある市町村との連絡協調関係の構築を目指す。「市町村を区域とし市町村住民を対象とする行政機能は、市町村に依つて行なはるゝの外、農会、産業組合其の他各種団体に依つても行われる。（中略）市町村と農会其の他の団体との間に円満な調和が保たれねばならぬ筈である。然るに現実に於ては、市町村は市町村、農会は農会、産業組合は産業組合と、てんでんばらばらに対立並存し、其の相互の連絡協調は図られて居ないのであつて、為に行政全体の調和と均整とが破られて居る（中略）此の状態に改善を加へ、行政全体の円満な調和と其の綜合的発展を図ることが極めて必要であり、積極的指導の目標の一は茲に存しなければならぬと思ふのである」（一六頁）。行政の綜合的運営の手段として、古井は、市町村長に農会や産業組合など各種団体の長を兼任させる方法、経済更生委員会や選挙粛正委員会、あるいは両者を合体させた市町村委員会のような機関を連絡協調に活用する方法を例示している。

一方、「行政の地方的運営」については、内務省は、農村に現存し機能している部落を無視し否認し続けてきた方針を転換し、部落を是認してその活用や善導を図っていくよう提言している。市町村を地方行政の末端と位置付けて重用し、その育成を図るあまり部落を否認し、圧迫すらしてきた明治以来の地方行政の基本方針の転換を提言したのである。「市町村は現在の法制に於ては最下級の地方団体である。市町村の下には、統一的な制度としては更に下級のものは認められて居ない。併し市町村、殊に農村に於ける国民生活の実状を見るに、市町村の下に更に事実上の存在として部落があり、部落に於て或種類の公共的乃至共同的の機能が営まれて居る。之は厳然たる事実である。此の事実を無視しては市町村行政の円満なる運行及発展は期せられない。（中略）地方自治の指導監督の任に在る内務省の部落に対する態度は、従来多年消極的に傾いて居たが、選挙粛正以来或程度の方向転換を示し、本年（一九三六）五月二十一日の恒久的選挙粛正運動に関する地方、警保両局長依命通牒に於て明に部落活動を是認し、之が指導に付積極的態度を示すに至つた。更に今回の訓令及指示に依つて部落活動の促進善導が市町村自治の積極的指導に関する一目標として提示せられることとさへなつたのである。此のことは旧市制町村制実施以来の内務省の伝統的政策の転換として注目すべき事実であり、地方自治の将来にとつて重大な意義を有するものと考へるのである」（一七頁―一八頁）。

このような認識と構想に立って、内務省は「行政の綜合的運営」と「行政の地方的運営」の二つを目標として、府県が市町村レベルでの総合的指導を確保するよう地方長官に指示した。そして、内務省の方針転換は農林省によって進められた農山漁村経済更生運動を意識していたのである。一九二九（昭和四）年の世界恐慌は農村経済を直撃した。

これに対して政府は、農山漁村の不況に対処するために、農村救済策の策定に加えて、一九三二（昭和七）年から農山漁村経済更生運動を展開して農村の「自力更生」を期した。この農山漁村経済更生計画の実行機関に任じられたのが農林省であった。ここで農林省は、経済更生部を新設して、市町村ではなく、帝国農会と産業組合という農林省系の二つの全国組織を活用して運動の推進にあたったのである。[36] 一九三二（昭和七）年一〇月七日に発せられた農林省訓令第二号「農山漁村経済更生計画ニ関スル件」が運動の具体策を示している。「其ノ綱要トスル所ハ単ニ農林漁業各個ノ経営技術ノ改善ヲ指導普及スルニ止マラズ、農山漁村経済全般ニ亘リ計画的且組織的ニ整備改善ヲ図ルニ在リ、就中農業経営ノ基本的要素ノ整備活用、生産販売購買ノ統制、金融ノ改善、産業組合ノ刷新普及、産業諸団体ノ連絡統制、備荒共済施設ノ充実等ハ其ノ主要ナル事項ニ属ス[37]」。

この方針のもと農林省は、部落の活用を指示し、部落ごとに農事実行組合が整備された。そして、町村経済更生委員会の指導のもと、農事実行組合を軸に産業組合や負債整理組合といった経済組織の再編や新設にも着手したのである。[38] その結果、農山漁村経済更生運動をきっかけに、中央レベルの経済更生部と経済更生中央委員会から、府県と町村それぞれの経済更生委員会を経て、末端の農事実行組合に至る農林省独自の行政ルートが整備されていく。町村経済更生委員会を構成する四本柱は、農会と産業組合、町村役場、小学校であったが、農林省は、特に産業組合を中核に据えて運動を進め、組織化と統制によって農村恐慌を克服しようとした。[39] 農村経済更生運動によって、農林省は、内務省に先んじて町村と各種団体が共同して運動を進める「行政の綜合的運営」、部落会を活用する「行政の地方的運営」を二つともに現実化したのであった。

農村経済更生運動の進捗状況を念頭に置きつつ、内務省は、一九三五（昭和一〇）年に地方官官制を改正する。府県組織は内務部、学務部、警察部の三部制を原則としたが、経済部を新設し、内務部を総務部に改編して総務部、学務部、経済部、警察部の四部制に改めたのである。この改編により、内務部所管の地方行政関係事務は総務部に、農工水産関係と土木関係は経済部にまとめられた。従来の内務部では、所管事項が広範であったために、経済各部門に関する総合的見地が失われたり、それぞれの地方に必要な経済行政を行なうのが困難であるといった欠陥があり、疲弊する農村や漁村、窮迫する中小商工業者への対応が遅れる可能性があった。そこで、経済行政を独立した形で担当する経済部を発足させて、府県の経済行政を拡充し、農漁山村救済事業専任の部長を置くこととしたのである。[40]

次いで内務省は、第一次近衛内閣が一九三八（昭和一三）年に設置した地方制度調査会に「農村自治制度改正要綱」（地方局案）[41]を提出する。農村自治制度改正要綱は、農林省の経済更生運動によって経済行政の面で地盤沈下を余儀なくされた、町村行政の強化を目的とした。坂地方局長は、農村自治制度を審議した地方制度調査会第二特別委員会の第一回会議で要綱の趣旨について次のように説明する。「農村ノ実状ヲ見マスルト、此ノ制度ガ出来マシテ以来色々社会上各種ノ情勢上ノ変化モアリ、経済的ノ関係等ニモ色々発達遷リ変リガアリマシテ、其ノ結果ト致シマシテ農村ニ於テ行ハレテ居ル現在ノ行政活動ト町村住民ノ実生活トガ十分ニ融合一シテ居ラナイ。即チ地方公共団体ノ営ム所ノ自治活動ト申シマスカ、斯ウ云フモノガ、世間デ屡々申シテ居リマスヤウニ、動トモスルト一般住民ノ実生活カラ遊離シテ、其ノ結果ハ又自ラ其ノ自治機能ノ能率モ鈍クナリ不振ヲ来シテ居ルト云フヤウニ私共モ考ヘル一人デアルノデアリマス。従ヒマシテ此ノ際制度ノ改正ヲ図リ、先ヅ地方団体ガ其ノ本来ノ面目ヲ回復ト申シマスカ、将ニ其ノ面目ヲ失墜セムトシテ居リマスガ、其ノ自治団体ノ行政機構ヲ本来ノ姿ニ還シマシテ、ソシテ其ノ十分ナル振作向上ヲ図ラナケレバナラヌ、斯ウ云フ風ニ考ヘタノデアリマス[42]」。

坂地方局長は、町村の行政活動が住民の実生活から「遊離」した実状の打開を目指した制度改正であると明らかにしている。だが、内務省はなぜ経済更生運動が開始してから五年以上が経過した時点で、農村自治制度の改正に動きだしたのであろうか。その理由の一つは、経済更生運動が農林省主導で開始された当初、斎藤内閣の農林大臣に内務省出身である後藤文夫が就任し両省を仲立ちしていたために、農林省と内務省との関係が円滑であったためである。

運動開始当時、農林省技師であった竹山祐太郎は次のように証言する。「この運動を県から町村に浸透させていくには、農林省は手足を持っていたわけではない。地方行政は内務省の権限だ。当時内務省の力は大きくて、農林省が何をいったって、県や町村はきくものではない。内務省が動いてくれねばどうにもならない。後藤さんが内務省出身で、しかも省内に人望がある。後藤農相がやることなら、みんな助けようというので、農林省のいうことをなんでもきいてくれた。これがなかったら、経済更生運動はできなかったと思うね。（中略）内務省本省の主要ポストにいる人たちも、みんな後藤さんと一級下ぐらいの人たちだから双手をあげて、経済更生運動を推進してくれたのだ。これは後藤農相の農政上記録すべき功績だ。石黒〔忠篤・農林次官〕、小平〔権一・経済更生部長〕両氏がどんなすぐれた構想をもっても、内務省を動かせなかったら、あの経済更生運動は展開できなかったと思う[43]」。農林省が推進した経済更生運動が順調に成果を積み重ね、産業組合を軸とした行政ラインを整備していくにつれて、当初こそ協力的であった内務省が次第に危機感を深めていったと言えよう。

農村自治制度改正要綱立案の中心となったのは地方局行政課長に就いた古井喜実である。古井は、農村自治制度改正要綱の眼目を二点にまとめている。第一は「農村自治の将来の任務と農村生活の実状とを考慮し之に即応するやう其の制度を整備すること」、すなわち部落会の制度化である。内務省は、市制町村制が施行された明治期以来、市町村を行政単位として重要視し、その定着と振興に心をくだくあまり、町村の基礎をそこなうとして部落を否定してきた。だが、農林省系統の末端組織である農事実行組合の存在感が増したことで、内務省は部落会制度化へと方針転換したのであった。古井は「一切の行政部門、総ての行政機能が緊密に統合せられ、一元化した行政の力として発動しなければ、農村生活の改善向上は期せられない」と主張する。

眼目の第二は「農村自治をして充分に其の責務を果さしむるやう行政の能率化と合理化とを図ること」であった。その方策には、町村長を中心に農村自治の機能を発展させること、町村会に町村内の有力分子、換言すれば各種団体の代表者を網羅すること、吏員制度の整備改善があげられた。古井は、改正案が「農村生活の実情を重んじ、且過去数年の経過に於て農村行政上経験したる行政運営の形態に深き考慮を払い、制度に即応整備せんとするもの」であり、「農村を対象とする組織的運動として最重要な」農村経済更生運動に適合した制度を整備改善するものと説明する。[44]そのうえで古井は、新たな農村政策は、農村経済更生運動のように農林省一省のみで推進するのではなく、産業経済面では農林省を主とするにしても、精神指導面で文部省、地方庁や町村を督励する内務省が緊密な提携と協調のもとに指導していかなければならない、と主張した。[45]部落会を制度化しその活動を促進すること、農村に各種行政機能の総合調整をはかる機構を整備することが重視された。「行政の地方的運営」と「行政の綜合的運営」に対応する構想が盛り込まれたのである。

次に農村自治制度改正要綱（地方局案）の一部を掲げることとする。一と二が眼目の第一に、三以下は眼目の第二に対応する。行論に関係する一と二については全文を掲げ、三の（イ）以外の細目は省略した。町村長に各種団体の活動を総合調整する権限を付与し、各種団体の代表を町村会の非公選議員とする構想が盛り込まれた。内務省は、各種団体を町村行政に取り込み、部落の法認、町村長と町村会との権限配分の再考（町村長権限の拡大強化）、町村長の解職権などの実現を企図したのである。[46]

「　**農村自治制度改正要綱**

一、町村ト町村内ノ各種団体等トノ関係ヲ調整シ綜合団体トシテノ町村ノ機能ヲ発揚セシムル方策ヲ講ズルコト

（イ）町村ノ権能中ニ町村内ノ各種団体等ノ活動ヲ綜合調整スル機能ヲ包含スル趣旨ヲ明ニスルコト

（ロ）町村会ノ構成中ニ各種団体ノ代表者ヲ取入ルルト共ニ其ノ職務権限トシテ町村長ノ諮問ニ応ジ各種団体等ノ活動ノ綜合調整ニ関シ必要ナル事項ヲ審議スル機能ヲ加フルコト

（ハ）町村長ノ職務権限トシテ各種団体等ノ活動ノ綜合調整ニ関シ必要ナル意見ノ呈示ヲ為シ及当該監督官庁ニ

意見ヲ提出シ得ル機能ヲ認ムルコト

二、町村ノ下ニ適当ナル形ニ於テ部落ヲ認メ一面町村活動ノ補助機構トシテ之ヲ活用スルト共ニ他面部落固有ノ活動ノ健全ナル発展ヲ図ルコト

(イ)部落ヲ基礎トシ町村条例ヲ以テ区ヲ分チ得ルコト

(ロ)町村会議員選挙ニ付テハ区ヲ基礎トシテ選挙区ヲ分チ得ルコト

(ハ)区長ハ町村条例ノ定ムル所ニ依リ区総会等ノ選挙（成ルベク慣行ヲ重ンズ）ニ基キ町村長之ヲ命ズルコト

(ニ)区長ハ町村長及各種団体長ノ事務ニシテ区内ニ関スルモノヲ補助スルト共ニ町村長ノ指揮監督ノ下ニ区内ノ公共事務ヲ処理シ及区内ノ各種団体ノ連絡調整ニ当ルコト

(ホ)区ハ町村条例ノ定ムル所ニ依リ区総会ノ議決ヲ経テ財産ヲ有シ又ハ営造物ヲ設ケ得ルコト

(ヘ)区費ノ徴収ニ関シテハ区総会ノ議決ヲ経町村長ノ承認ヲ受ケテ之ヲ定ムルコト

三、町村会ノ構成ヲ町村ノ機能ニ適応スル様整備スルト共ニ議員ノ素質ヲ向上セシムル方策ヲ講ズルコト

(イ)町村条例ノ定ムル所ニ依リ農会長、産業組合長等町村内ノ主要ナル団体ノ代表者等ヲ議員タラシムルコト

四、町村長ト町村会トノ間ニ於ケル権限ノ分配ヲ能率主義ノ見地ヨリ整備スルコト

五、町村吏員ノ充足ヲ図リ且其ノ素質ヲ向上セシムル方策ヲ講ズルコト

六、町村財政ノ整備充実ヲ図ルコト

七、町村ノ監督ニ付成ルベク其ノ煩ヲ省クト共ニ適実ニ其ノ効果ヲ挙グベキ方策ヲ講ズルコト[47]」

農村自治制度改正要綱案が公表されると、全国町村長会は「農村自治ノ現在及将来ニ対処シ極メテ適切」と評価し、むしろ「農村ニ於ケル多年ノ懸案タル各種団体ノ併立ト之ニ伴フ自治機能ノ分化対立関係ヲ是正シ綜合団体トシテノ町村ノ機能ヲ拡充シテ之ヲ発揚」するためには、内容が「微温的」また「不徹底」であるとして、その趣旨をより「一

段強化」すべきことを要望した。全国町村長会がさらなる考慮を要望した事項には、各種団体との関係を調整するために、町村長に「統制上必要ナル権能ヲ附与」することなど町村長の権限をより強化する内容が含まれていた。(48)しかしながら、経済更生運動を主管する農林省はもちろんのこと、政友会と民政党両党、また帝国農会や産業組合中央会、全国養蚕業組合、帝国水産会といった各種団体が続々と反対意見を表明した。農林省と各種団体の反対は町村長の総合調整権付与に向けられ、政党は町村長権限の拡張と、他方での町村会議決権の縮小、町村会への官選議員参加に反発した。

農村自治を審議した地方制度調査会第二特別委員会の審議でも、町村行政の将来像をめぐって、内務省と農林省、産業組合との見解が真っ向から対立している。坂地方局長は、町村行政を「能率化シテ一元化シタ其ノ勢力デ綜合調整シテ打開シテ進ンデ行クト云フ方向ニ行キタイ」(49)、「経済更生委員会ヲ廃止シマシテ、其ノ機能ヲ町村会ニ取入レタイ」(50)といった発言を繰り返した。これに対して、農林次官の井野碩哉は、経済更生委員会が「町村ニ於ケル各種団体ノ綜合調整ニ非常ニ役立ツテ」おり、廃止となると逆に「偉イ問題ガ起ツテ来ル」とし、また町村会は「色々ナ団体ノ綜合調整トカ色々ノ斡旋的ナコトヲヤルニハ寧ロ不適当デハナイカ」と反論した。(51)産業組合の千石興太郎（産業組合中央会副会頭兼常務理事）も「私ハ（経済更生）委員会ノ実質ヲ町村会ニ変ヘルコトハドウカト思ヒマス」と発言して農林省に同調した。(52)

内務省の町村長中心主義と、農林省の各種団体を通じた経済更生運動中心主義とが真っ向からぶつかったのである。調整の結果、内務省は、町村会と経済更生委員会という二つの機関を併用することとし、地方制度調査会の答申案では町村長の「綜合調整」権を弱めて「連絡調整」権へと修正することに同意している。しかしながら、反対の広がりから、一九三九（昭和一四）年三月に、改正案の議会提出は見送られた。(53)以後、地方制度改革は一九四三（昭和一八）年の市制町村制改正にいたるまで実現をみず、内務省が目指した「行政の綜合的運営」と「行政の地方的運営」実現は課題として残されたのである。

内務省の行政機能は厚生省設置や内閣機能強化によって中央レベルで縮小を迫られていた。これに地方での、出先機関を新設する各省の動きや、農事実行組合と産業組合といった各種経済団体の活動を合わせると、内務省は中央レベルばかりでなく地方レベルでも機能縮小を迫られていた実態が明白となる。この点、『法律時報』掲載の東浦庄治「農村自治制度批判」は内務省が置かれた状況を的確に指摘している。「地方局の地方制度改革意見に対しては巷間種々な臆説が行はれてゐる。或は産業行政の進展につれて農林省商工省の機能が強化して来たために、内務省の地方行政に対する威令が昔日の如く行かなくなつて来た、特に最近は厚生省が独立して内務省のその部面での機能が脱落した。又教育に於ても文部省を頂点とする縦の行政機能が強化して来てゐる。他方郡制廃止以来最下級の自治体たる町村と府県との連繋は著しく薄弱化した。かうした事実が内務省に於ける地方制度改革論の底流をなすものである、と縷々聞かされるのである」[54]。東浦は、農村自治制度改正要綱を、官僚機構内部における内務省の地位低下に対する失地回復策であると評価した。そして、失地回復策であった農村自治制度改正を実現できなかった内務省は、一九四〇（昭和一五）年から四一年にかけてさらなる窮地に立たされることになる。

三　近衛新体制運動と内務省解体案

内務省の「総務的行政機能」は、中央と地方の両レベルで機能縮小を余儀なくさせられ、日米開戦直前の時期には、ほとんど機能を停止した状態にまで陥ったという。一九四一（昭和一六）年九月二五日に、内務省地方局監査官（監査課長）であった畠田昌福は、内務省が地方行政において存在感を失った実態を内務省の先輩である藤沼庄平に語っている。

「内務省が浮いてる。市町村長が実生活と離れていると同様に、経済部長の如きは上京しても本省に何の用事もない。只人事を有つのみ也。之を取られては何ものこらぬ。警さつと地方監督かのこるか。各省とも直接の下級官庁を有ちたし、而して今日の行政は農林商工共に重要也。其命令は町村等に対しても毫も徹底せす。運用の中心なし。よし直接の機関を有つても、何処かて之を総合したる処かなくては其の目的を達せす。何処て如何に其の綜合性をおはしむるか」[55]。

地方局監査官は、一九四〇（昭和一五）年三月に地方配布税制度が創設されたことを受けて、主として道府県と市町村の行財政に対する「綜合的指導監督強化」を期するために新設されたポストである[56]。地方行政全般を監査し、地方の実情に最も通じた監査官が「内務省が浮いてる」と評価したことは、日米開戦を控えた時期の内務省と地方庁とが深刻な状況に陥っていたことを実感させる。「内政」における総務省から「地方行政」における総務省へと自らを再規定し、地方レベルでの「行政の総合性」確保に努めてきた内務省の施策が破綻に瀕しつつあった。加えて畠田の評価が一〇月一六日に第三次近衛内閣が総辞職する直前の時期に語った観察であることは、次にふれる政治面での動きを考えあわせると時期的に興味深い符合がある。一九四〇年から四一年にかけては、内務官僚が、これまで以上に内務省の存続に強い危機感を抱いた時期であった。内閣や他省庁との関係でのいわば行政機構内部における内務省行政の縮小や機能低下に加えて、政治面から内務省本体、また内務省と府県という地方行政機構を標的とした改革が試みられる。大政翼賛会発足に結実する一九四〇年の第二次近衛内閣下での新体制運動に引き続き、一九四一年秋には第三次近衛内閣によって内務省解体案が提起されるなど、内務省を揺るがす試みが連続するのである。

1　新体制運動

一九四〇年七月二二日に発足した第二次近衛文麿内閣は、成立直後の閣議（七月二六日）で「基本国策要綱」を決定した。「基本国策要綱」は、陸軍省軍務局の武藤章局長と岩畔豪雄軍務課長が中心となって立案が進められ、国防国家体制完成のために「強力なる新政治体制」を確立するとうたっていた。内政に関しては「強力なる新体制を確立し国政の綜合的統一を図る」との一項があり、これには「(イ)官民協力一致、各々その職域に応じ、国家に奉公することを基調とする新国民組織の確立、(ロ)新政治体制に即応し得べき議会制度の改革、(ハ)行政の運用に根本的刷新を加え、その統一と敏活とを目標とする官場新体制の確立」という三点が掲げられていた。[57] これを受けて本格的に始動した新体制運動に際しては、数多くの構想が発表され、様々な人々や集団の思惑が入り乱れたが、運動の眼目は「国家機構とその基盤ともいふべき国民社会──厳密には国家社会──との連絡をいかに実現するかに集中」していた。[58] 新体制準備会に常任幹事として加わった挾間内務次官の関心も、国家と国民とをつなぐ「国民組織」と地方支部のあり方に向けられている。挾間は次のように回想する。「内務省として一番注意したことは、その発足当時の意気込みと情勢から見ると、これによって結局日本の政治形態というものに非常な変化が起こり、勢いのおもむくところ、地方政治にも相当の動揺が起こる危険性はないかということでありました。(中略)天皇を中央に記し右に政府、閣僚、立法府として国会がある。その左に中核体として大政翼賛会があり、それには総務その他の中央組織がある。そしてその下部に地方支部、市町村支部というのがあり、その執行部に並んで中央協力会議、また地方には地方協力会議、市町村協力会議というものがある。(中略)これは必ずや地方の行政を総合的に遂行している府県知事との関係が極めて微妙なものになつて来はしないか、それから府県会と地方協力会議との関係も一体どういうことになるのであろうか、これはどうしても地方の組織は知事を頂上にして統制と連絡をはかるようにしなければならぬと固く決意したのであります」。[59]

内務省首脳は、大政翼賛会の創設に際して、内務省と府県という地方行政のラインを、翼賛会の本部と支部のラインが脅かす可能性があることから、翼賛会の地方組織、また翼賛会の道府県支部長のあり方に大きな関心を向けた。

ところが、当初、新体制準備会の常任幹事に内務省関係者は含まれておらず、挾間は、内務大臣の安井英二を通して「地方組織を持ち地方政治にもっとも関係を持つ内務省が、この問題を傍観してよいということはおかしい」と訴えて参加が認められたという[60]。新体制準備会で翼賛会の組織について検討した特別審議会では、地方支部長問題をめぐって最も激しく意見が戦わされている。挾間は特別審議会の準備委員会や常任幹事会で、道府県会や地方長官と対立する恐れがあるとして、民間人を支部長とすることに強く反対した。その結果、特別委員会では「府県支部長ハ知事ニスルカニ就テハ、窮屈化ヲ避ケ人物本位ニ依ル事」と結論づけられた[61]。結局、大政翼賛会発足時には、道府県の支部長は総裁が指名または委嘱するとされたものの、実際には当分の間は支部長をおかず、一〇名余りの常務委員によって運営にあたらせること、そして地方長官である常務委員がこれを主宰することで妥協がはかられた[62]。挾間によれば、同時期に開催されていた師団長会議の大勢が地方の実情をふまえて地方長官の支部長兼任に賛成であり、新体制準備会で知事兼任に強く反対していた陸軍が、一転して賛成に転じたことが結論に大きく影響したという[63]。

　妥協の産物であった翼賛会支部の常務委員の人選は、（1）厳正公正にして革新的意識に燃え、実行力ある人物なること、（2）道府県内に常住し、常時本運動の実践に当り得るものにして、政治犯を除く前科等がないこと、（3）政治団体に所属しないこと、（4）階級的対立的団体に属しないこと、の四条件を考慮して地方長官が推薦した一〇名以上の候補者の中から、五名ないし一〇名が選定されることになった[64]。知事が推薦した候補者以外から委員が委嘱されることはあり得ず、警察部長懇談会で警保局長が「之ノ点ハ地方長官ヲ以テ支部長トスル案ニ相当ノ難色ガアッタ点ト比較シテ可成ノ飛躍デアッタ」と発言したように、常務委員制は内務省内で好意的に評価されたのである[65]。

　大政翼賛会は、その後様々な勢力からの批判をあび、第七十六議会で補助金が大幅に削減され、「公事結社」（平沼騏一郎国務大臣）と性格づけられるにいたった。治安警察法によれば「政事結社」であれば政治活動が可能だが警察に届け出る必要があり、現役の軍人や警察官、教員、女子などが加入できなかった。一方「公事結社」であれば、結社は原則自由であるものの、政治活動が禁止されたことで、大政翼賛会は政治活動を担う「政党」ではなく、近衛内閣を支える「政治力」の母体にもなりえなかった。[66] これを受けて、公事結社としての性格を明確にするために、一九四一年四月に第一回改組が実現する。改組にいたる過程でも地方組織の問題が大きなテーマとなった。内務省は、平沼内相を通して、近衛総裁に地方組織に関する次のような「重大進言」を行なっている。

「一、戦時下行政機構の二重紛更は排して単純明確化をはかるべきであり、この見地から府県支部長には府県知事を任命し、人的には知事、機構的には地方行政庁の組織機構を中心に今後の運動を展開し、地方行政と一体の実をあぐべきである。

一、下部組織は市町村までとし市町村支部長には市町村長を任命する。細胞組織にあたる部落会町内会は翼賛会の組織とは切り離し、内務省地方局の行政組織として組織運用にあたる。（中略）

一、地方組織の発足にあたっては、内務省も全力を尽し、中央から局課長を全国に派遣して地方行政組織の全面的協力を指導する」[67]。

内務省による二重行政排除の要求は改組問題に影響し、四月に決定し公表をみた翼賛会改組案では、知事が道府県支部長を事実上兼任する決定がなされた。改組の結果、大政翼賛会の地方組織はそのまま内務省の行政組織に「接着」され、知事が道府県支部の指導権を掌握することで決着したのである。[68] 内務省は、翼賛選挙実施後の一九四二（昭和一七）年五月に発足した翼賛政治会についても地方支部設置を阻止し、翼賛会、大日本翼賛壮年団に代り一九四五（昭和二〇）年に創設された国民義勇隊もその影響下に置いた。地方ブロックごとに構成された国民義勇隊には中央機関は設置されず、内務大臣が地方行政を主管する立場において、義勇隊の本部長である地方長官を指揮する建前であり、内務省が主導権を握ったのである。[69] 国民義勇隊の結成は、翼賛会と翼賛壮年団を指導してきた内務省が、国民運動の主導権を議会勢力に奪われることを警戒して先手を打った措置であった。[70]

2 内務省解体案──第三次近衛内閣下の行政機構改革構想

一九四一（昭和一六）年の夏から秋にかけて、内務省首脳は、第三次近衛内閣の鈴木貞一企画院総裁のもとで秘密裏に立案された内務省解体をふくむ行政機構改革構想に直面した。[71] 内務省から出向し、企画院書記官（第一部兼総裁官房総務室）であった林敬三の回想によれば、四一年夏に行政機構改革案を極秘裏に起草せよとの特命を受けたという。「十六年夏の暑い時でしたが、近衛内閣の時で、それまで対立して険悪を深めてきている日米間に和平の話し合いをするために近衛総理とルーズベルトとが、ハワイで会談をする可能性が相当濃くなってきた。（中略）もし、そうなった場合には、今まで引続く日支事変で緊張を続けてきた国内が、急に和平ムードになって、再び奮起する必要に迫られても起てなくなってくるおそれがある。そこで国際的には和平しても国内体制は引続きひきしめて、いつでも急に応じ得る体制を固めておかねばならぬ。それには何といってもまず行政機構を思い切って改革しなければならない、ということで、行政機構を戦時に即応し得る体制に大改革する案を極秘裏に起草せよということになった[72]」。

近衛首相は、日米関係打開の最終手段として、ルーズベルト大統領との首脳会談を打診し、あわせて和戦両様いずれのケースにも対応できるような大規模な行政機構改革案の立案を企画院に指示したのである。企画院第一部では、林のほか美濃部洋次第一課長、菅太郎調査官、竹本孫一調査官が立案に携わった。[73] 近衛は、企画院第四部に対しても、日米主脳会談が成功した際に予想される、①関係断交による独伊からの輸入途絶、②逆に友好を回復したアメリカからの輸入再開、③上記の二条件が国力に与える影響、の三点についても検討するよう下命している。[74] これとは別に内閣法制局も内閣人事部に関する官制や所管事項の立案を命じられ、法制局が残した人事局試案にも、内務省を廃止し、総務院に地方局や人事局、警保局をおく行政機構図（二〇三頁参照）が添付されている。[75]

「立案の主任」に選ばれた菅太郎によれば、改革の眼目は「政治の統一を保ちながら効率を上げる目的で、首相に権限を集中すること」におかれたという[76]。林敬三も「いわゆる不急不要に属するような行政各部局は廃止乃至は思い切って縮小することはもとより、行政全体の効果を効率的能率的にあげうるよう内閣及び各省庁の組織を改編するという趣旨」で案を作成したと回想する[77]。行政機構改革の目的を示した「説明書」が、美濃部洋次が残した「国策研究会文書」に残されている。「説明書」は、以下の理由を掲げて、行政機構改革を実現して「国政ノ綜合性ト統一性ヲ強化スルコト」の必要性を訴えている。

「現制行政機構ハ、制定当時ノ思想傾向タル自由主義的色彩強ク、各省ハ互ニ相対立シテ牽制シ、其ノ間ニ自然ニ行政ノ調和ヲ保タシメントスルカ如キ構成ニシテ、各省間ニ於ケル相剋摩擦、権限争議ハ閣議ニ於テ之ヲ裁定セシメントスルモノナルモ、行政範囲ノ拡大シ各省権限ノ錯綜セル現状ニ於テ国政ノ綜合計画性ヲ強化シ、国力ノ綜合統一的運用ヲ図ランカ為ニハ、中央機構ノ中枢ヲ明確ニシ、且ツ之ニ行政ノ綜合性ト統率力トヲ発揮シ得ル権限ヲ賦与シテ、各省割拠主義ノ積弊ヲ打破シ、国政ノ円滑ナル運営ヲ図ルコト必要ナリ。

之ガ為行政官府タル内閣総理大臣ノ行政各部（各省大臣）ニ対スル統一保持力ヲ制度上権限的ニ強化スルト共ニ新ニ総務院ヲ設ケ、之ニ重要政策、総動員計画、法制、予算等国策ノ綜合企画ニ必要ナル重要事項、綜合人事ニ関スル事項等ヲ所掌セシメ以テ内閣総理大臣ノ行政指導力ヲ強化スルコト必要ナリ[78]」。

行政機構改革の目的は、各省割拠主義、すなわちセクショナリズムを打開するために、総理大臣の行政指導力を強化するとともに、総理を補佐する部局を新たに設けることにあった。総理補佐部局について、企画院が立案した行政機構改革案には、①大蔵省から予算編成権をとり上げて内閣予算局を設置する、②内務省を解体して地方行政および警察を担当する「内務局」を内閣に設置すると同時に交通省も独立させる、③各省庁の人事行政を統制調整するために人事局に加えて情報局を内閣に設置する、といった構想が盛り込まれた[79]。首相の権限を強化するために、企画院の「物動」と法制局の「法制」に加えて、内務省の「人事」と大蔵省主計局の「予算」という、四つの大きな権限を内閣に集中することを企図したのであった。[80] 補佐部局に関して林敬三は次のように説明する。「行政組織改革案としては、まず総理大臣の下に総務院という——総務省というより各省より一段格の高い大きな組織を設ける。その総務院は二つの大きな総局にわかれていた（中略）今（回顧談を残した一九七四年当時）で言うと内閣や総理府的な法制・予算・企画・調整的な機能と、内務省的な地方組織や警察のような実施的な機能とに分けて、第一総局、第二総局というようにした[81]」。

「国策研究会文書」には、第一案、第二案と二つの内閣機構案が残されている（一〇月五日付、次頁**「第三次近衛内閣下の行政機構改革構想（企画院）」**参照）。総理大臣の下に人事局、情報局、賞勲局、神祇院、技術院、総力戦研究所が配置されることでは二案ともに共通している。第一案は、上記部局に加えて総務院と内政院を設け、第二案では内政院を設けずに、企画院を拡充強化した総務院のみを設置するという案であった。第二案には地方行政と警察を内務省から内閣に移管する構想は盛り込まれていない。[82] 同じく「国策研究会文書」に残された官制要綱案によれば、内政院は内閣総理大臣の管理に属し、その所掌事務として、（1）地方行政の総合監督および指導（総務局が分掌——以下同じ）、（2）国土計画と地方計画、都市計画（国土局）、（3）外地行政の統理（外地局）、（4）警察と防空、総動員業務、出版および著作権（警防局）、といった事項が列挙されている。[83] 内政院がまさしく内務省解体を前提とした構想であることが見て取れよう。

なぜ日米開戦が切迫した時期に、内務省の解体や廃止を含む行政機構改革が必要とされたのか、その理由はいくつか考えられる。第一は、第一次近衛内閣以来の懸案であった内閣人事局の設置が、これなくしては「革新政策は一歩も進めないと云ふ様に重大視」された問題であったことが挙げられる。[84] 林敬三が指摘するように「内務省は形式上は各省と横並びになっているが、しかし、知事の人事と警察権を握っているので、地方で行政が実施される面では、広く強い力」を有していた。加えて、大政翼賛会の人事構成に不満をもった議会勢力との関係で重要な、選挙の立案と

第三次近衛内閣下の行政機構改革構想（企画院）

（第一案）

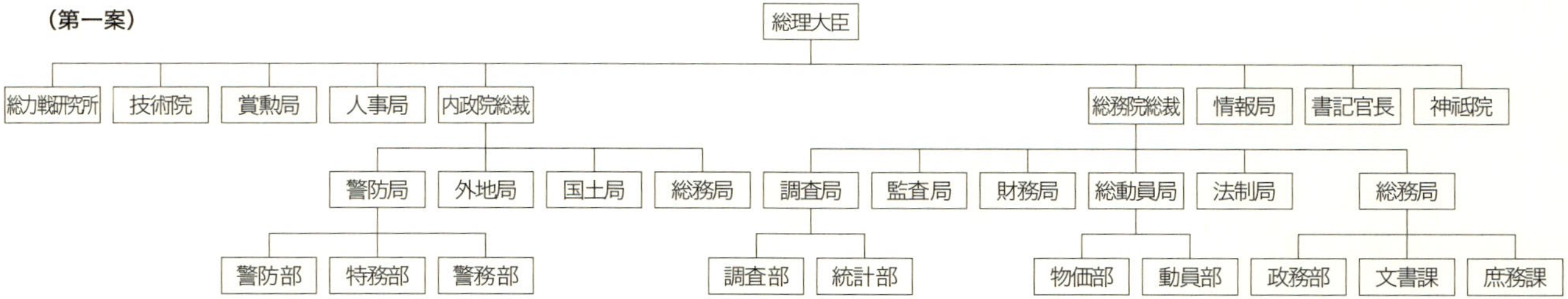

（第二案）

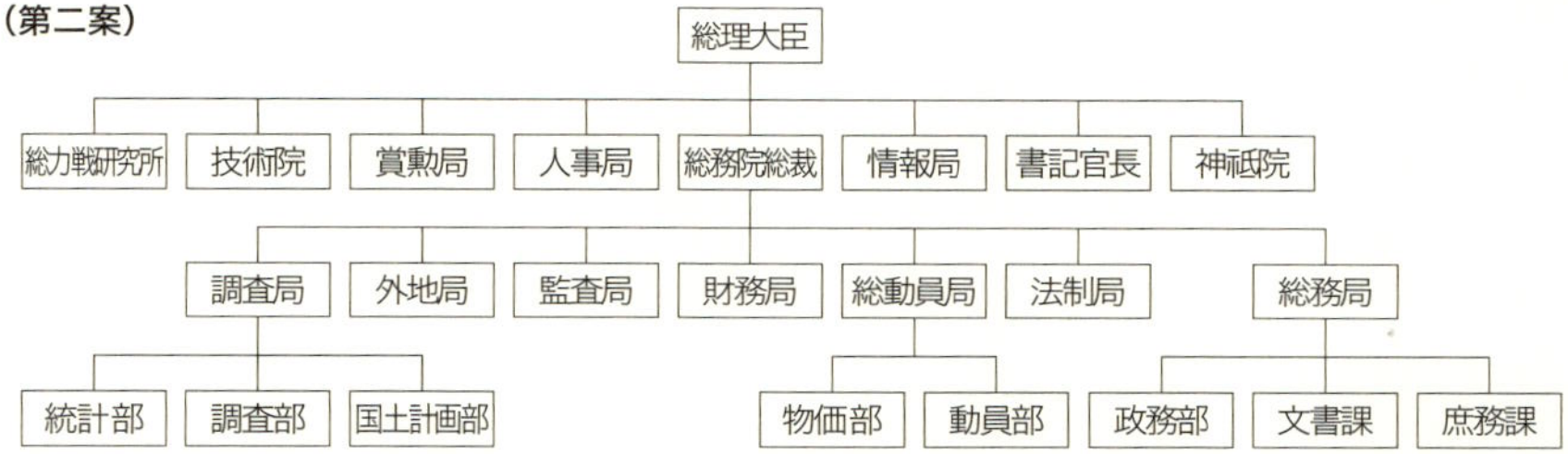

出典：「内閣機構（第一案、第二案）」（1941年10月5日）、「国策研究会関係文書」6976

実施を所掌した官庁であったことも考慮されたと思われる。[85] 改革を推進するためには、内務省が有していた権限を、首相そして内閣が掌握することが不可欠と認識されたのである。第二に、内務省が各省行政を統合し総合調整権を行使するのは機構上の無理がある、と考えられた。他省庁と同じく行政官庁の一つに過ぎない内務省に統合機能を付与することは、他省庁より上位の地位を認めることにつながってしまうためである。[86]「国策研究会文書」の「行政機構改革ニ関スル質疑応答（案）」には、内務省の所管事務を内政院に移すことについて、「内政院ノ事務ハ各省行政ノ執行ヲ綜合調整シ或ハ之ガ執行ノ全般的裏付ヲナス総務的性質ヲ有スルモノナルヲ以テ、他ノ事業別各庁ト並列セシムルハ不可ナリ」とあるのはこの趣旨であろう。[87]

第三次近衛内閣下の行政機構改革構想
（内閣法制局）

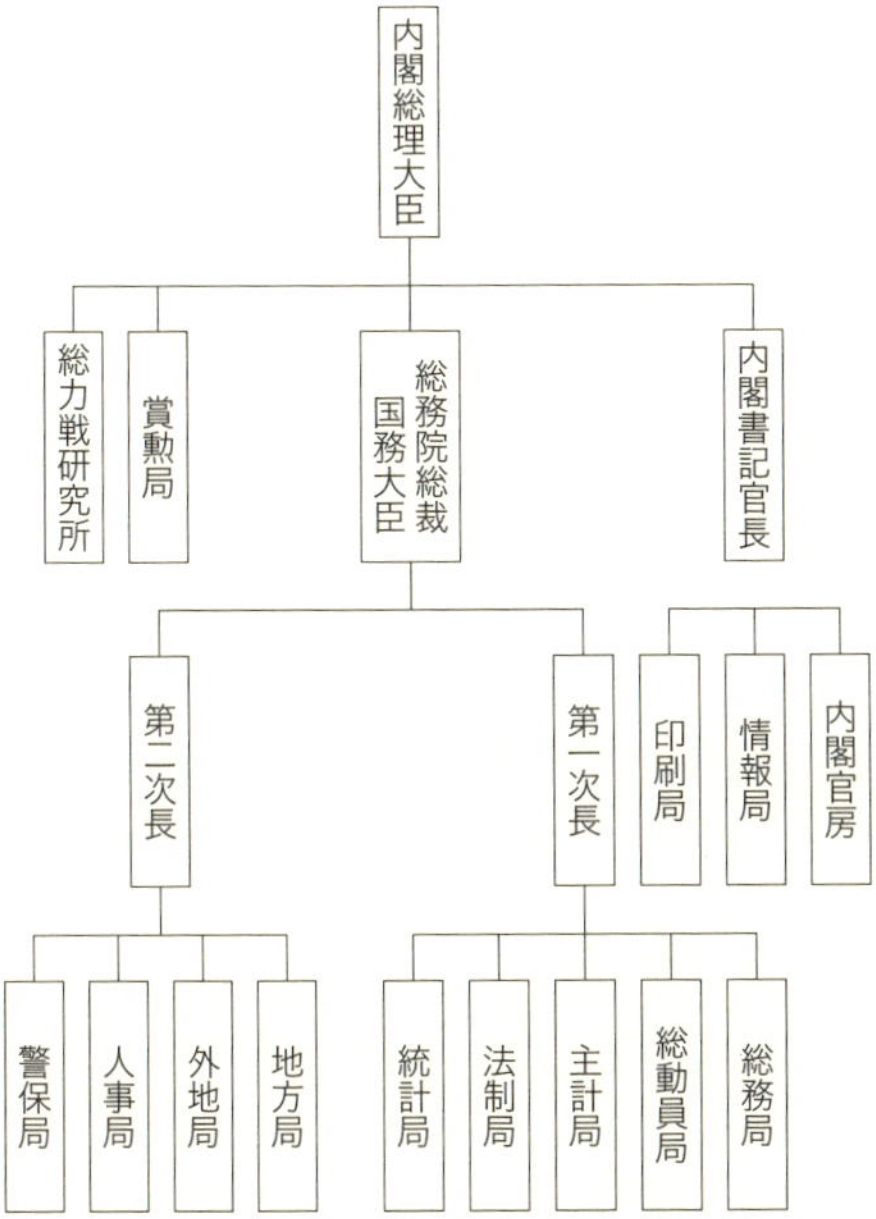

出典：「人事局に関する件」（昭和16年9月）
：国立公文書館所蔵「内閣官房総務課資料」
2A-41-寄8

第三に、日米首脳会談の結果が和戦のいずれに傾こうとも、治安維持が最重要課題となると予想されたためである。警察行政が内政院に移管される第二案はもとより、総務院設置のみの第一案においても、高等警察に関する大綱指示権を総理大臣に付与すると構想されていた。[88] これに関しては、企画院作成の「行政機構改革要綱ニ関スル重要事項説明」の「警察ヲ内閣総理大臣ノ所管ニ増セシムル理由」が参考になる。首相が警察権を掌握する必要性を以下のように説明している。[89]

「（一）行政警察ハ各行政部門ノ裏付ケ的役目ヲ有スルヲ以テ、警察行政ハ行政全部門ト密接ナル関連ヲ有セシムル為、之ヲ内閣総理大臣ノ所管ニ属セシムルノ要アルコト
（二）諸政ノ運用ハ治安ノ維持ヲ前提トシ之ガ確保ハ国策遂行ノ根基タルヲ以テ之ヲ内閣総理大臣ノ所管ニ属セシムル要アルコト
（三）転換期国政ノ処理ニ当リテハ高等警察ハ特ニ重要ナル意味ヲ有スルヲ以テ政治ノ中枢ト密接ナル関係ヲ保持セシムルコト」

高等警察については、海軍省官房調査課長であった高木惣吉が収集した、一九四一年八月一〇日付の政治情報が注目される。高木は、細川護貞総理秘書官などとの会談から、政府が「対米避戦工作開始後ノ国内治安ニ自信有セザル」との印象をもった。同じく九月二〇日付の政治情報では「政府ハ国交調整後ノ対内紛争ヲ防止スル為ニ凡ユル方面ノ情勢探知ニ努メツツアリ、第二次内閣以後ノ機密支出五〇〇万円ト伝フ。而シテ一方内閣嘱託ヲ増員シ他方右翼ノ懐柔買収或ハ検束弾圧ニ狂奔」しているとある。[90]行政機構改革が立案された四一年夏から秋にかけて、近衛をはじめ政府関係者が治安問題を重視していたことが見て取れる。また、四一年一〇月二〇日には、近衛に代わって東条英機が首相に就任するが、東条は、内閣発足当初に内相を兼任した理由を次のように秘書官に説明している。「お上より日米交渉を白紙にもどしてやり直すこと、成るべく戦争にならぬ様に考慮すること等、仰せ出され、必謹之が実行に当り此の戦争をせず米国の申出に屈した場合には、二・二六事件以上の暴動も起るやも知れず、その際には断乎涙をふるつて之を弾圧する必要あり、之がためには、陸相と警察権を有する内相とを兼任する必要があつたからだ」。[91]憲兵を配下にもつ陸軍出身の東条首相をしても、戦争が回避された際に予想された暴動に対処するために、内相兼任を必要とした。数々の改革を試み内務省と緊張関係にあった近衛が、警察権の内閣移管を欲したのも無理からぬことであった。

行政機構改革案は、四一年の一〇月上旬に立案を終え、案の性質から次官会議を通さず、また閣議に提出するという形もとらず、企画院総裁から直接に各閣僚に手渡された。しかしながら、この頃には「内閣の方がまさに存続が危くなってきていた」ために、内閣に構想を実現するだけの指導力が失われていた。[92] 結局、日米首脳会談は実現せず、第三次近衛内閣も総辞職したために、改革への動きは構想のみに終った。だが、内務省首脳の危機感が払拭されたわけではなかった。後継内閣で東条首相が内相を兼任した意味を図りかねたからである。内務次官に就任する湯沢三千男の回想によれば、陸軍省の武藤軍務局長からの次官就任依頼には「内務省を解体して総務庁を設ける。鈴木貞一〔企画院総裁〕案で近衛内閣の末期にあったもので、これの長官もして欲しい」との話が付されていたという。そこで湯沢は、東条と会見した際に総務庁案について「全然考えていない」との言質をとったうえで次官就任を受諾した。[93] これとは別に、内務大臣秘書官兼人事課長であった古井喜実も自ら東条の意向を質したと回想する。[94] 先にふれたように東条が内相を兼任した意図は治安維持を目途とし、しかも東条自身が革新的なイデオロギーを抱いた政治家ではなかったことから、東条内閣が再び内務省解体論を提起することはなかった。[95] 菅太郎が回想するように「近衛公が退陣し、東条政権が成立した開戦以後になると時勢は一変し、新体制や国家革新などは、むしろ戦争遂行の妨害になる」との考え方が政府の主流となったのである。[96]

以上の経過をふまえて注目したいのは、行政機構改革案が提起された時期が、畠田監査官が「内務省が浮いてる」と観察した時期と符合する点である。内務省が地方行政の現状に危機感を抱いた時期に内務省廃止案が提起された。この符合を念頭におくと、行政機構改革構想の「説明書」(第一案)が「国策ノ徹底的浸透ト現地行政ノ綜合化」を改革の主要点に掲げ、「国策ノ徹底的浸透ト地方行政ノ綜合性ノ確保ヲ図ランカ為行政ノ中枢タル総務院ヲシテ地方行政ノ統轄及地方人事並ニ監査ヲ掌ラシムルト共ニ警察行政ヲ総理大臣ニ管理セシムルコト必要ナリ」と訴えたのは、まさに内務省の弱みを直撃したことが見て取れよう。[97] このとき内務省がとった対応策の中核が部落会町内会の整備と法制化であった。

3　部落会法制化

大政翼賛会の第一回改組を機に事務総長を辞した有馬頼寧は、翼賛会改組によって「翼賛会は精動化（国民精神運動化）はせぬが官僚化はした」とその日記に書き残している。[98] 有馬は、戦後に書いた『政界道中記』でも、翼賛会に対する「最も堅牢な牙城は内務官僚だった。（中略）その大部分はこの国民的集団の強力化ということには反対であった。官僚の特質として表面的な行動はしないが、裏面的には相当根強いものがあった」と回想する。[99] また、組織部副部長であった沢村克人は、改組により「地方組織ニハ全ク内務省式ノ色彩ト化セリ。地方支部中最重要ナルハ府県ニシテ、此ノ支部長ガ知事トナレバ、其ノ下部組織ハ知事、従ツテ内務省ノ思ノ侭トナル（中略）現在及将来ニ於テ最モ大キク目ニ映ルハ、内務官僚ノ勢力増大ナリ」と語っている。[100] 有馬や沢村など新体制運動に準備段階から関わってきた翼賛会関係者は、支部長の知事兼任によって、大政翼賛会が「完全に内務行政の補助組織」となったと受け取ったのである。[101]

しかしながら、大政翼賛会など政治面での問題が決着したことだけで、内務省が地方行政における主導権を確立したと結論づけることはできない。本節冒頭に掲げた畠田の「内務省が浮いてる」との観察は、翼賛会の第一回改組が実現したあとに記録された証言であった。日米開戦後の内務省と地方行政の実態を、行政面を含めて評価するためには、一九三八年の「農村自治制度改正要綱」以来の懸案であった部落会の法制化にいたる過程を検討する必要がある。周知のごとく、部落会と町内会の問題は、戦時期の地方制度研究における最重要テーマとして、これまでにも数多くの研究が蓄積されてきた。だが、従来の研究がもっぱら大政翼賛会との関係から部落会を評価する傾向があったのに対し、近年では農業団体統合問題との関係で部落会法制化にいたる過程が検討されている。戦時業務の重要課題の一つである配給制度をめぐる農林省と内務省との権限争いから、部落会法制化を評価する研究視角である[102]。本項では、新体制運動期から日米開戦後における内務省と地方行政のあり方を明らかにするために、近年の部落会に関する研究成果に依拠しつつ、一九四三(昭和一八)年の市制・町村制改正で実現した部落会法制化に至るまでの経過を概観することとしたい[103]。

内務省は、明治の市制・町村制制定以降、町村の基礎を害する存在として部落を否定し、町村に統一することを目指していた。この方針は、先述したように、一九三八(昭和一三)年の地方制度調査会に提出した「農村自治制度改正要綱」に部落会制度化を盛り込んだことで転換をみた[104]。部落会と町内会が全国的に整備されるにいたった。木坂順一郎は、一九四〇(昭和一五)年九月一一日の内務省訓令一七号の「部落会町内会等整備要領」によって、部落会と町内会が全国的に整備されるにいたった。木坂順一郎は、この訓令により内務省は、部落会・町内会などを整備し、大政翼賛会による国民組織構想に対して「自己の主導権を固守」しようとしたと評価する[105]。一方、当時部落会を所管した地方局振興課長であった村田五郎は、これとは異なり、配給問題をめぐる農林省との主導権争いこそが部落会整備を発想した契機であったと回想する。「私としては農林省の考えているように国民の生活必需物資を農業団体の手で配給することには根本的に反対だったのです。なぜなら国民の生活必需物資の配給などという重要な仕事は、当然地方行政上で全責任を負うている各府県知事の行なうべきものだと思っていたからです。(中略)もしも農林省の提案する如く物資の配給を農業団体などに任かせれば、それこそ知事は国民生活を安定させる上で浮き上がるという現象を生じるのです。のみならず、県政上の統制力が知事と農業団体の二つに二分される恐れすらあるのです[106]」。

一九三九年に朝鮮半島や西日本を見舞った大旱魃による米穀の不作は食糧事情の悪化につながった。朝鮮米の輸入が激減し、食糧行政は大きな転換を迫られるにいたった[107]。このとき農林省は、麦類配給統制規則と臨時米穀配給規則、米穀管理規則を制定し、米麦の集荷と配給に対する統制を強化した。集荷面では府県ごとに米麦の集荷割当制を導入し、府県そして市町村を経て割り当てられた数量に基いて、最終的には市町村農会が部落農業団体を通じて会員に割り振るシステムが講じられた。これに加えて、農林省は四〇年四月に公布された改正農会法で、農会に統制機関としての役割を付与し、部落農業団体の市町村農会への加入を認める措置を採用している。[108] 配給統制の強化を機に、農林省は、部落会を農林省系列下にある市町村農会に取り込む動きを明確にしたのである。

農林省の動きに反発した村田は、隣組や部落会を内務省自身の監督のもとにとどめ置くための制度の起案に着手し、四〇年九月の内務省訓令十七号「部落会町内会等整備要領」に結び付けた。訓令には部落会整備の目的の一つに「国民生活ノ地域的統制単位トシテ統制経済ノ運用ト国民生活ノ安定上必要ナル機能ヲ発揮セシムルコト」が掲げられた。ここで法制化ではなく訓令という形式をとったのは、部落会と町内会の扱いについて、地方局内で積極的活用を主張する振興課と、伝統的に部落会否認の立場をとってきた行政課との意見が一致しなかったためである。[109] そこで部内調整をとる必要上から手続きが簡略である訓令という形で整備に乗り出したのが、四〇年九月の内務省訓令十七号「部落会町内会等整備要領」であった。

内務次官であった挾間は、当時を回想して部落会は地方行政の下部浸透に加えて、統制経済の円滑な運用を本来の目的として組織化されたものが、結果として「時代の要請に従って翼賛運動の末梢的な働らきをした」と語る。[110] 村田や挾間は、部落会整備を、農林省に先行された内務省の対抗策と性格づけたのである。部落会法制化は内務省関係者の間でも評価が一定しない問題[111]であるが、少なくとも大政翼賛会との関係のみで内務省訓令十七号が発せられた意図を説明するのは不十分であろう。特に、一九四三年八月の市制町村制改正による「部落会法制化」の実現は、時期的に見ても大政翼賛会との関係を離れて、地方行政をめぐる農林省と内務省との対抗関係から説明するのが妥当な問題である。すなわち食糧生産増強のために、農会や産業組合、畜産組合など農業に関係する団体を横断的に指導する中央団体を発足させようという、農林省の農業団体法案をめぐる内務・農林両省の対立である。両省の折衝の焦点となったのは、農業団体の監督権と部落農業団体の扱いであった。農村地域にあっては、町村民の大部分が農業に従事しており、内務省は、農業団体が統合されれば、「町村内ニ町村ヲ樹テ公共団体ノ中ニ公共団体ヲ特立」[112]することになると危惧したのである。

内務省が部落会整備に着手した後も、農林省は農業団体法案の実現をめざし立案をすすめた。一九四〇（昭和一五）年一一月には、農林省農林計画委員会団体部会に、「農林漁業団体ヲシテ農林水産物ノ生産維持拡充ヲ図ル為採ルヘキ方策」の参考原案として「農林漁業団体統制要綱幹事試案」を提出した。これに対して、産業組合と全国町村会、内務省側委員から反対意見が提示されたことから、農林省は、幹事会案に修正を加えた農林漁業団体統制要綱を立案して第七十六議会提出を目指した。内務省は、「地方行政ノ綜合的観点ヨリ認容シ難」いとして、一貫して反対の立場を明確にし、農林省と折衝を続けたが、一九四一（昭和一六）年一月末の閣議で農業団体法案を含めて、戦争に直接関係のない政府法案の提出見合わせが決定された。妥協点を見出せなかった内務・農林両省は問題を一時棚上げすることで合意し、これを受けて作成されたのが一九四一（昭和一六）年二月一七日に内務次官と農林次官の連名で、地方長官宛に発せられた依命通牒「部落会及部落農業団体ノ調整ニ関スル件」である。この通牒により、それぞれ部落会は「市町村ノ下部行政組織」、農業団体は「農業経済ノ実行組織」と位置づけられ、あわせて部落農業団体の活動分野は「農業経済活動ノ範囲」に限定された。こうして「将来農業団体ノ整理統合ノ実施セラルル場合ヲ考慮外ニ置キタル暫定的措置」として、部落会と部落農業団体が当面は併存して棲み分けることで決着をはかったのである。[113]

「部落会及部落農業団体ノ調整ニ関スル件」が発せられて以後も、農林省は、第七十九議会に農業団体統合のための法案提出を意図して、内務省と折衝し、ここでも戦争と直接の関係がないとして法案の提出は見送られた。数次にわたる農林省との折衝を通して、内務省は統合が実現すれば地方行政の総合統一を害し、地方自治を弱体化させるとして以下を骨子とするような修正意見を提示している。

（1）部落会ヲ以テ農業実行組合ニ充ツルコト
（2）市町村長ト市町村農業会長ヲ原則トシテ同一人ナラシムルコト
（3）市町村農業団体及農業実行組合ニ対スル監督権ノ一部ヲ市町村長ニ委任スルヲ得シムルコト
（4）道府県農業団体ノ会長、市町村農業団体ノ会長副会長及理事ノ選任又ハ解任ハ地方長官又ハ市町村長ノ意見ヲ徴スルコト
（5）農業団体ニ対スル地方長官ノ監督権ノ範囲ハ現在ヨリ縮小セサルコト[114]

農林省は軽微な事項を除くほか内務省の修正意見に同意しなかったことから、両省の交渉は中断するにいたった。農業団体統合問題が決着するのは戦況悪化が明確となった一九四三（昭和一八）年の市制・町村制改正に際してである。内務省は農林省に以下の三点を要求した。「（1）新団体ノ権能ヲ出来得ル限リ減殺シ、又其ノ事業範囲モ農業生産ニ直接関係アルモノニ限定スルヤウ修正スルコト。（2）新団体ノ自主独立性ヲ出来得ル限リ制限シ、其ノ系統的段階毎ニ、国家的一般的行政機構、即チ主務大臣、地方長官、市町村、ヲシテ強力ニ之ヲ把握統制セシムルヤウ修正スルコト。（3）部落単位ノ農業団体ノ設立ハ之ヲ認メザルコト[115]」。

このときの折衝は、内務次官が地方長官懇談会の席上で「殆ド百パーセント、内務省ノ意見ハ認メラレマシテ、数年ニ亘ル懸案モ、茲ニ大凡適当ナル解決」を見たと誇るような形で決着したのである[116]。農林省が内務省の要求に屈したのは、米穀の出荷を督励するために配給統制の現場で内務省と地方長官への依存が高まった状況をふまえた判断であった。戦中に農商省総務局長や資材局長などを歴任した楠見義男は、農林省は「内務省と離れてはほとんど仕事ができない」と回想し、業務を遂行するにあたって内務省に依存する割合が大きかったと告白する[117]。

一方、鈴木俊一は内務省の立場から食糧供出について以下のように証言する。「食糧の供出の割当が、当時の地方行政では一番の問題で、農林省のいうことを地方長官は、なかなかきかないものですから、警保局の経済保安課長が

経済警察の立場から、地方局の振興課長が地方行政の立場から、調整役を引き受け（中略）農林省が地方長官を呼んで、食糧の供出の割当をやるときは、地方、警保両局長、振興課長や経済保安課長が随時立ち会うとかいうようなことまでやっていたようです[118]」。

楠見や鈴木が証言したように、一九三九年の食糧危機以来、毎年の米供出会議には内務省の関係官が出席することが恒例となっていた。特に最大の消費地である東京では、三九年一〇月から、政府米の払い下げと買い付けを東京府が、配給を警視庁がそれぞれ指導監督する「警察配給の時代」が現出している。警保局は、一九三九年から四〇年末までの時期に、経済警察が「指導防犯時代」から「取締強化時代」へと移行したと評価している。日中戦争に加えてヨーロッパでも戦争が勃発したことを受けて「統制が第二期に入り、その対象も原材料から完成品へ、業界から一般国民生活へと進展」したためである[119]。さらに米の切符制度が導入されると、地方長官が流通機構だけでなく、各家庭への配給にまで統制を及ぼす状況も、東京から全国各地に拡大していった[120]。

食糧問題は、警察との一体的運用が可能な道府県庁があたらなければ解決できない段階に入っていた。こうした食糧問題の深刻化が、部落会問題で先行していたはずの農林省が内務省に譲歩する背景となった。さらに一九四二年二月の食糧管理法の施行により、米麦に加えて、いも類や雑穀、澱粉、麺類、パン類など主要食糧をすべて国家が管理するようになると、道府県は食糧問題について「わき役から主役」へと躍り出ることになったのである[121]。

市制・町村制改正では町内会・部落会の法制化と、部落農業団体（農事実行組合）の部落会への吸収が実現した[122]。他方、農林省が提出した農業団体法案では、農業団体を中央、道府県、市町村の三段階として、部落団体に関する規定が削除された[123]。これによって農事実行組合は支障がない限り順次部落会に統合されていくこととなった[124]。内務省地方局行政課が第八十一議会に向けて作成した「市制町村制改正ニ関スル資料」には、町内会と部落会に関する次のような説明が準備されている[125]。「町内会部落会ニ付テ規定ヲ設ケマスニ伴ヒマシテ、其ノ区域内ニ於テハ各般ノ活動ハ差支ナイ限リ町内会部落会ヲ活用スルコトニシ、各種団体ガ濫立スル弊ヲ防ギ徒ラニ末端ノ組織ヲ複雑化シナイヤウニ致サナケレバナラヌノデアリマシテ、之ガ為ニ町内会部落会ト区域ヲ同ジクスル団体ハ差支ノナイ限リ町内会部落会ニ統合致シ度イ考デアリマス」。市制・町村制改正で総合的な指示権を与えられた市町村長は、必要に応じて市町村内の団体等に対しても指示を行なうことが可能となった。[126] 食糧問題における内務省―府県―市町村ラインの優位が維持されたと言ってよい。

だが、部落会をめぐる農林省との主導権争いが決着をみたからと言って、内務省と府県が、地方行政における機能低下を十全に回復できたわけではない。一九三八年の農村自治制度改正要綱で提起されたところの「行政の地方的運営」は、確かに部落会法制化で実現をみたと言えよう。しかし、他方の「行政の綜合的運営」という課題は依然として残されたままであり、また内閣との間での総務的行政機能の分裂を克服できたわけでもなかった。

地方行政の「綜合的運営」を実現するための施策としては、一九四〇（昭和一五）年五月に内務省訓令第九号により地方連絡協議会が設置されている。全国を九ブロックにわけ、ブロックごとに地方行政に関して歩調を合わせることや、中央に対する要望のとりまとめなど、府県相互の連絡調整にあたった。しかしながら、各省の特別地方官庁が地方連絡協議会に参加した例は乏しかった。

そこで、政府は、一九四三（昭和一八）年七月にあらためて、「関係都庁府県間の行政の綜合連絡調整を図り、更に進んで特別地方行政庁の所管行政にも亘つて各種政策の綜合的運営を期する為め」に地方行政協議会を設置した。地方連絡協議会と同じく全国を九ブロックに分け、協議会が置かれた府県（北海―北海道、東北―宮城、関東―東京、東海―愛知、北陸―新潟、近畿―大阪、中国―広島、四国―愛媛、九州―福岡）の地方長官が会長に就任した。[127] 内務省は地方行政協議会を「戦時下地方行政ノ重要性ニ鑑ミ、所謂府県割拠ノ弊ヲ防除スルト共ニ都庁府県間ハ固ヨリ進ンデ特別地方官衙ノ所管行政ニモ亘リ各種施策ノ綜合的運営ヲ具現シ以テ各種地方官庁ヲ挙ゲテ一体ト為リ、戦時地方行政ノ振作ヲ図ルコトト致サンガ為地方ニ於ケル各般ノ行政ノ綜合連絡調整ヲ任トシテ設置」[128]されたと位置付けている。協議会の委員には、当該地方の地方長官に加えて、財務局長、税関長、地方専売局長（以上、大蔵省関係）、営林局長（農林省）、鉱山監督局長、地方燃料局長、工務官事務所長（以上、商工省）、逓信局長、海務局長（以上、逓信省）、鉄道局長（鉄道省）、その他の官衙の長で総理大臣が指定する者（労務官事務所長、工務官事務所長など）が含まれた。地方行政協議会は、「軍関係と教育関係を除く、地方の行政機関を網羅したメンバーを構成員としたのである。地方行政協議会長は、「関係各地方に於ける各般の行政の綜合連絡調整」にあたることが期待され、総理大臣の監督のもと各府県の地方長官に対する指示権と、その他の官衙の所管大臣に対する指示請求権とが付与された。その後、一九四八年一一月に地方行政協議会長に、特別地方官庁に対する直接指示権を付与する機能強化が実現している[129]。しかしながら、地方行政協議会は、行政官庁としての組織を持たず、実務は府県や各省の出先機関に依存し、合議制を基礎としたことから各般の行政を強力に把握し推進するのも困難であった。加えて、地方行政協議会の中央における総合連絡調整を任じられた内務省は、府県を地方行政の軸に据える方針から協議会の活用に消極的であった[130]。このために協議会との関係を密にし、協議会の積極的活用を考えた内閣と内務省との間に緊張関係が生じ、大達茂雄内相の反対により実現にいたらなかったものの、小磯内閣では広瀬久忠内閣書記官長によって、協議会長の人事権の内閣移管が提起されている。

次いで一九四五（昭和二〇）年六月には地方総監府が全国八地区（北海、東北、関東信越、東海北陸、近畿、中国、四国、九州）に開設された。地方総監府設置の目的は、「大東亜戦争ニ際シ地方ニ於ケル各般ノ行政ヲ統轄」することにおかれ、地方総監には緊急時には中央各省に代って管下の各地方行政官庁を指揮統一することが期待された。この目的を全うするために、地方総監には、地方行政協議会長より強力な「管内ニ関係アル地方官衙ノ長ニシテ勅令ヲ以テ指定スルモノ（中略）ヲ指揮監督」する権限が付与されている[131]。地方総監府を設置する過程においても、内閣と内務省との間で、人事権をめぐって軋轢が生じたのである[132]。

地方行政協議会を分析した滝口剛は、戦時業務から派生する都道府県の主要な権限を、第一に市町村―部落会・町内会を指揮する権限、第二に警察、特に配給や労務など統制業務を担う経済警察に求め、つまりは「社会の末端を把握し戦時業務を執行する能力」が地方庁の影響力の源泉であったと結論づけている。[133] 地方行政協議会に引き続いて、地方総監府をめぐっても内務省と内閣との間に権限争いが生じたように、戦局が悪化するにしたがって府県の重要性が高まったことは確かであろう。しかしながら、府県が重要性を高めたのは、あくまでも「戦時」に付随する行政が必要とされたがゆえであった。しかも戦時下にあっても府県が各省の地方出先機関の行政機能を吸収できたわけではなく、企画院や経済官庁が握っていた物動計画から内務省は依然として排除されたままであった。軍需省に全国の経済情報を提供していた警保局の経済保安課ですら、戦争末期に至っても物動の決定そのものには「タッチ」できていない。[134] さらには人事権をめぐる対立が繰り返されたように、内閣との間の「総務的行政機能」の分裂状況が解消することもなかった。このため戦中には各省の地方出先機関の関係を「総合調整」するための施策が繰り返し提起され、しかも地方行政協議会や地方総監府など戦時地方行政に関する割拠制の弊害打開を狙いとする施策が実施に移されるたびに、人事権をめぐって内閣と内務省との間に権限争いが生じたのである。内閣はたとえ地方レベルであっても各省行政の調整は内閣が担当すべきであると発想し、一方の内務省も、人事権を有する内務省だからこそ地方行政の総合調整が可能となるという伝統的な考え方を捨てなかったからである。

大政翼賛運動を分析した赤木須留喜は、地方行政協議会規程の第七条「委員ハ議事ニ際シテハ大局的見地ニ立チ協調ノ精神ヲ以テ之ニ当ルベキモノトス」、同第八条「協議会ハ決議ヲ以テ意思決定ヲ行ハザルヲ例トス」に注目して、協議会の意義を次のように評している。「地方行政協議会組織は、中央官庁の地方組織・機能に対して、それらを統合することを断念したしくみと見るべきであって、それ以上のものではない[135]」。内務省が企図した地方行政を背景とした「総務省」への転換は、終戦にいたるまで達せられず、内務省の機能低下を回復するにはいたらなかった。そして戦時下で展開された地方出先機関をめぐる内務省（そして解体後の後継官庁）と各省との競合と対立は戦後に持ち越されることとなった。(136)

注

（1）村井前掲『戦後政治体制の起源』四五頁。
（2）吉富前掲『行政機構改革論』一一頁。
（3）たとえば一八〇頁に引用した第一次近衛内閣が提起した内閣人事部構想に反対した「内務省意見」には、本節で言及するところの古井の発想が色濃く反映している（「昭和十三年以降文官制度改正ニ関スル書類」、「官房総務課資料」二A―四〇―資二七二）。
（4）厚生省「厚生省の新設」『週報』六五号、一九三八年一月一二日。
（5）中静未知『医療保険の行政と政治――一八九五～一九五四』（吉川弘文館、一九九八年）二六一頁。厚生省創設に関しては、厚生省二十年史編集委員会編『厚生省二十年史』（厚生問題研究会、一九六〇年）九四―一一一頁、厚生省五十年史編集委員会編『厚生省五十年史』（記述篇）（厚生問題研究会、一九八八年）三四一―三四三頁、厚生行政研究会編著『現代行政全集八　厚生（一）』（ぎょうせい、一九八六年）八三―八七頁、藤野豊「日本ファシズムと厚生省の設置」（『年報日本現代史三号　総力戦・ファシズムと現代史』一九九七年八月）、同「民族衛生政策の確立――厚生省設置への道」（前掲『内務省と国民』所収）などがある。内務省の社会局官僚及び社会行政に関する研究状況については、大日向純夫「内務省社会局官僚と社会事業行政」（波形昭一・堀越芳昭編著『近代日本の経済官僚』日本経済評論社、二〇〇〇年）が詳しい。同論文は、初代社会局長である田子一民に注目して分析を深めてきた研究状況を反映して、内局社会局段階での「初期の社会事業の性格規定の明瞭さに対して、活動が本格化した時期、およびやがて厚生省に移行する時期の社会事業の性格規定については、言及の度合いが格段に減少し、しかも、曖昧化してしまう」ことを指摘している（一七五―一七六頁）。なお、内務省衛生局の衛生系技術官も、土木局の技術官僚と同じく、事務官に比べて冷遇されており、大正期には医政団として技術官の待遇改善運動に加わり、昭和期にも六省（後に七省）技術者協議会や全科技連に関与している。だが、衛生系技術官は、工学・農学系技術官に比べて相対的に高い社会的地位を確立したため、積極的な役割を果たしていなかった（藤田前掲「日本の技官制度」（二）、二六―二七頁）。

（6）企画院創設に関しては、古川前掲『昭和戦中期の総合国策機関』、御厨貴「国策統合機関設置問題の史的展開――国策の主体形成と機能的再編をめぐって」（『国策の総合と権力――日本政治の戦前と戦後』東京大学出版会、一九九六年）による。

（7）『東京朝日新聞』一九三六年一一月一〇日、「機構改革、軍部案全貌（陸海軍発表）」。

（8）吉富前掲『行政機構改革論』三二一―三二三頁。

（9）『東京朝日新聞』一九三六年四月二二日、「地方官人事『大乗化』各閣僚が要望、内閣人事局案も抬頭」。

（10）前掲「昭和十三年以降文官制度改正ニ関スル書類」および『東京朝日新聞』一九三八年一月三〇日、「文官制の改革、近く枢府に御諮詢、原案の全文決定す」。

（11）一九三八（昭和一三）年二月五日「稲田内閣書記官　私見」、前掲「昭和十三年以降文官制度改正ニ関スル書類」。稲田は、内閣人事部構想の代案として各省の人事を調整するために次官会議を活用して、内閣に各省次官と人事課長ないし秘書課長からなる「人事委員会」を設置することなどを提唱している。だが、総務課の狙いは、「人事委員会」案そのものではなく、各省と連携して次官会議の積極的活用を実現し、しかもその主導権を内閣官房が握ることにあったという（村井前掲『戦後政治体制の起源』五四頁）。

（12）松並潤「人事行政機関の設立」（一）（『法学論叢』一二七巻二号、一九九〇年五月）一一三頁。法制局で検討された「内閣人事部官制」（昭和一五年八月九日森山試案）については「人事局に関する件」（「官房総務課資料」二A―四一―寄八）に関係書類が残されている。

（13）吉富前掲『行政機構改革論』二〇―二二頁。

（14）『東京朝日新聞』一九三六年九月二九日、「行政機構改革案骨子、軍部両相一致の提案」。

（15）『内務省史』二巻、六四頁。

（16）『今松治郎』（今松治郎伝記刊行会、一九七三年）一七二頁。

（17）「村田談話」2、一四三頁。

(18) 前掲『今松治郎』一七〇頁。
(19) 前掲『今松治郎』一七二―一七三頁。
(20) 木戸喜佐登「地方局監査課の機能に就て」(『斯民』三一編一一号、一九三六年一一月)二〇頁。
(21) 小林千秋「臨時町村財政補給金交付町村の監督に就て」『斯民』三一編一〇号、一九三六年一〇月。および『内務省史』二巻、二六九―二七〇頁、石原信雄『新地方財政調整制度論』(ぎょうせい、二〇〇〇年)一二頁。
(22) 木戸前掲「地方局監査課の機能に就て」二五―二六頁。
(23) 木戸前掲「地方局監査課の機能に就て」二二、二五頁。
(24)「内務省意見」、前掲「昭和十三年以降文官制度改正ニ関スル書類」。
(25) 井手前掲「特別地方官庁の拡充傾向に就て」(一)二六―二七頁。
(26) 市川前掲「昭和前期の府県行政と府県制度」(一)一一三頁。
(27) 井手前掲「特別地方官庁の拡充傾向に就て」(一)二七頁。
(28)「三好談話」第三回、一六九―一七〇頁。柴田護『自治の流れの中で――戦後地方税財政小史』(ぎょうせい、一九七五年)二五頁。
(29) 井手前掲「特別地方官庁の拡充傾向に就て」(一)二八頁。
(30) 井手前掲「特別地方官庁の拡充傾向に就て」(一)二八―三〇頁。
(31) 高木前掲「戦後体制の形成」、五四―五五頁。戦前の出先機関については、久世公堯「国の出先機関と地方自治」(一)―(三)(『法律時報』三五巻八号―一〇号、一九六三年八月―一〇月)、同「地方出先機関」(田中二郎・原龍之助・柳瀬良幹編『行政法講座』第四巻、有斐閣、一九六五年)、阿利莫二「出先機関の理論と行政課題――中央の出先機関について」(『年報行政研究九　出先機関の実態と課題』一九八二年)などがある。だが、いずれも、審議会が作成した以下の資料、第四次地方制度調査会作成「国の地方行政機関に関する調」(自治庁編『改正地方制度資料』第一三部)、臨時行政調査会第一専門部会第一班「地方支分部局に関する調査」(I資総五六・一～七)に依拠しており、戦前の地方出先機関の実態については必ずしも明らかにされていない。
(32) 久世前掲「国の出先機関と地方自治」(一)、四一頁。
(33) 井手成三「特別地方官庁の拡充傾向に就て」(二)、『自治研究』一八巻三号(一九四二年三月)、三三―三四頁。

(34)『内務省史』四巻、五〇四—五〇五頁。
(35)古井喜実「発程せられた新自治政策」『斯民』三一編七号、一九三六年七月。
(36)市川前掲「昭和期の府県行政と府県制度」(一)、一二〇頁。このほか農山漁村経済更生運動については、池田前掲『日本ファシズム体制史論』一八一—一九三頁、山中永之佑「ファシズム法体制の成立と地方自治制」(山中監修『近代日本地方自治立法資料集成5〔昭和戦前期編〕』解題、弘文堂、一九九八年)六二—六七頁を参考にした。
(37)前掲『近代日本地方自治立法資料集成5』三九六—三九七頁。
(38)山中前掲「ファシズム法体制の成立と地方自治制」六二—六三頁。
(39)中村前掲『後藤文夫』一二四、一四七頁。
(40)『内務省史』一巻、四一五頁、および田中重之「地方官官制に就て」(『斯民』三〇編二号、一九三五年二月)。田中は総務部設置については、内務部長が一人で、財政と、積極的行政の典型である産業土木を管掌するのは不合理であって、財政が犠牲にされる傾向があった。これが府県や市町村の財政の堅実性が失われた「重大な一原因」であったと指摘する。
(41)「農村自治制度改正要綱」が、「幹事案」ではなく「地方局案」であることについて、坂地方局長は、関係各省から出た幹事の同意をとりまとめることは簡単ではなく「相当長引クコトヲ考ヘナケレバナラヌ」ため、「ツマリ全部ノ幹事ガ相談ヲシテソレヲ纏メテ作ツタモノデ」はなく、内務省の一部である地方局の案としたとする。他方、委員の一人である井野農林次官は地方局案について「私共モ十分ニ知ラズシテ此処ヘ来テイル」と発言した(「地方制度調査会第二特別委員会第三回会議議事速記録」三二—三三頁。以下、地方制度調査会の議事速記録や関係書類は、首都大学東京図書情報センター法学系図書室所蔵の「昭和十二年十月以降　地方制度調査会関係書類　澤田委員」による(以下「地方制度調査会関係書類」)。
(42)「地方制度調査会第二特別委員会第一回会議議事速記録」九頁(「地方制度調査会関係書類」)。
(43)森有義『青年と歩む　後藤文夫』日本青年館、一九七九年、一九〇頁。
(44)古井喜実「農村自治制の改革と今後の農村政策」『斯民』三三編九号(一九三八年九月)七—一〇頁。
(45)古井前掲「農村自治制の改革と今後の農村政策」一一頁。

（46）池田前掲『日本ファシズム体制史論』二三六―二四〇頁、山中前掲「ファシズム法体制の成立と地方自治制」一〇三―一〇五頁。
（47）山中前掲「ファシズム法体制の成立と地方自治制」一〇一―一〇三頁。
（48）全国町村長会「昭和十三年九月　農村自治制度改正要綱ニ対スル意見書」（「地方制度調査会関係書類」）。
（49）「地方制度調査会第二特別委員会第三回会議議事速記録」一三頁（「地方制度調査会関係書類」）。
（50）「地方制度調査会第二特別委員会第四回会議議事速記録」一―二頁（「地方制度調査会関係書類」）。
（51）「地方制度調査会第二特別委員会第四回会議議事速記録」五―六頁（「地方制度調査会関係書類」）。
（52）「地方制度調査会第二特別委員会第四回会議議事速記録」一五頁（「地方制度調査会関係書類」）。
（53）吉富前掲『行政機構改革論』一九六頁、山中前掲「ファシズム法体制の成立と地方自治制」一〇六頁。
（54）東浦庄治「農村自治制度批判」『法律時報』一〇巻九号、一九三八年九月、一九頁。
（55）「藤沼日記」一九四一年九月二五日、（「藤沼文書」）。農林省経済更生部産業組合課長や経済更生部長を経験した石黒武重も、農山漁村経済更生運動では農会と産業組合が農業振興を担ったために、村長が「村の中で浮いてしまった」と農林省側からの証言を残している（農山漁村経済更生運動正史資料第三号『異色農林官僚石黒武重氏に聞く』（農村更生協会、一九七六年）六―七頁、ただし市川前掲『日本の中央―地方関係』八七頁による）。
（56）「昭和一五年度ニ於ケル部局及勅任文官新設（増員）見込概要」（昭和一五年六月一五日）、「官界新体制関係書類」二A―四〇―資二八三（「官房総務課資料」）。
（57）三宅正樹「第二次近衛内閣――幻影と挫折」（林茂・辻清明編『日本内閣史録4』第一法規出版、一九八一年）二一三―二一四頁。矢部貞治『近衛文麿　下』（近衛文麿伝記編纂刊行会、一九五二年）一二八―一三〇頁。
（58）吉富前掲『行政機構改革論』三頁。
（59）「挾間談話」第三回、一三三―一三四頁。
（60）「挾間談話」第三回、一三二―一三三頁。
（61）「新体制準備会記録」第四回、「有馬文書」一〇九（時局関係書類）―一七。および「新体制準備会第四回要領筆記」「新体制準備ニ関スル件」二A―四〇―資一〇（「官房総務課資料」）。

(62)『翼賛国民運動史』（翼賛国民運動史刊行会、一九五四年）一五四―一五六頁。
(63)「挾間談話」第三回、一三四―一三五頁。
(64) 前掲『翼賛国民運動史』一五五頁。
(65) 一九四〇年一〇月一六日「警察部長懇談会質疑要旨」『昭和戦前期内務行政史料』第二六巻（昭和一五年（2））、一四四頁。同懇談会では、常務委員の選定基準について質疑が行なわれ、警保局長や保安課長から、警保局としては翼賛会に対して「選任ニ関シテハ地方長官ノ意向ヲ極力尊重シ慎重ヲ期ス様連絡スル」方針であることが示された。このほか、政治犯には治安維持法および選挙違反が含まれないこと、大日本青年党と東方会については解党をまって適材があれば推薦すること、推薦書の備考に順位を付すること、といった補足説明がなされている。
(66) 楠精一郎『大政翼賛会に抗した四〇人』（朝日新聞社、二〇〇六年）一六頁。
(67)『朝日新聞』一九四一年三月二八日（一九四〇年九月一日に『東京朝日新聞』から『朝日新聞』と改名）。
(68)『朝日新聞』一九四一年四月一七日、および赤木前掲『近衛新体制と大政翼賛会』五三七頁。規約改正は行なわれず、支部規約中に「当分支部長を置かず」とあるのを削除しただけであった。支部長を地方長官の兼任とすると規約に明記されなかったものの、実際の運用では総裁が地方長官に支部長を委嘱する手続きがとられた。
(69)『朝日新聞』一九四五年三月二五日、ただし照沼康孝「国民義勇隊に関する一考察」（近代日本研究会編著『年報近代日本研究一　昭和期の軍部』山川出版社、一九七九年）二〇四頁による。義勇隊に関しては、このほか松村寛之「国民義勇隊小論」（『歴史学研究』七二一、一九九九年三月）がある。
(70) 矢野信幸「翼賛政治体制下の議会勢力と新党運動」（伊藤隆編『日本近代史の再構築』山川出版社、一九九三年）三七一頁。
(71) 第三次近衛内閣での行政機構改革の全体像については、古川前掲『昭和戦中期の総合国策機関』二三八―二五六頁、池田前掲『日本ファシズム体制史論』一五一頁―一六六頁で検討されている。
(72)「林談話」第三回、一四二頁。
(73)「林談話」第三回、一四二頁。なお「菅太郎談話」二五四―二五五頁には、迫水久常と林、そして菅の三名が立案にあたったとあるが、迫水が美濃部を継いで第一部第一課長となるのは一九四一年一一月であり、迫水については菅の記憶違いの可能性が高い。

(74) 田中申一『日本戦争経済秘史』(日本戦争経済秘史刊行会、一九七四年)、一七二頁。
(75) 前掲「人事局に関する件」(「官房総務課資料」)。
(76)「菅太郎談話」二五五頁。
(77)「林談話」第三回、一四四頁。
(78)「説明書」(第一案)、同(第二案)、「国策研究会文書」(「美濃部洋次文書目録」)六九四四、六九四五。
(79)「菅太郎談話」二五五頁。
(80)「林談話」第三回、一四四頁。戦前の法制局は、法律命令の起草や審査権、首相の諮詢に対する意見上申権のほか、官制に規定のない幅広い権限を有していた。特に、各省の設置は官制によって定められたため、戦後には行政管理庁などが所管した「定員その他行政機構に関する審査・立案権」を、法制局が所管した意味は大きかった。天皇の官制大権を根拠に各省庁の組織や定員を審査し、査定する権限を有したことで、法制局は、予算を握った大蔵省と同等、あるいはそれ以上に各省ににらみをきかすことができたという(村井前掲『戦後政治体制の起源』三七頁)。
(81)「林談話」第三回、一四五頁。
(82)「国策研究会文書」六九七六、および池田前掲『日本ファシズム体制史論』一五三―一五五頁、古川前掲『昭和戦中期の総合国策機関』二四七頁。
(83)「国策研究会文書」六九八二。
(84) 一九四一年八月一二日「人事局問題に就いて」、前掲「人事局に関する件」。
(85)「林談話」第三回、一四四頁。
(86) 吉富前掲『行政機構改革論』一四〇頁。
(87)「行政機構改革ニ関スル質疑応答(案)」、「国策研究会文書」六九四七。
(88) 前掲「行政機構改革ニ関スル質疑応答(案)」では、第二案の場合の高等警察への「大綱指示」権の内容、総務院と内務省警保局との関係等は次のように説明されている(第三ノ一〇)。
(一) 高等警察ノ最高ノ主管者ハ内務大臣、其ノ部局ハ警保局タル建前ハ変更セズ
(二) 総理大臣ハ政務統轄者トシテ内務大臣ニ対スル大綱指示及統督権ニ基キ、政治ニ密接ナル関係アル主管

事項ニ付高等警察運用上ノ指示ヲナス

（三）総務院ニ特別ノ部局ヲ設クルコトナシ。特別ノ専任者ヲモ置カザルヲ原則トス即チカカル政務的業務ハ組織及総務局長自ラ之ニ当リ、要スレバ総務局政務部員（情勢判定、施政大綱ノ企画、重要政策ノ企画綜合、翼賛運動トノ連絡等ヲ本務トス）ヲシテ之ヲ補佐セシムレバ足ル

(89) 企画院「行政機構改革要綱ニ関スル重要事項説明」、「国策研究会文書」六九八五。前掲注六七の「行政機構改革ニ関スル質疑応答（案）」にもほぼ同じ文章が含まれている。

(90) 前掲『高木惣吉　日記と情報　下巻』五五一、五六一頁。

(91) 「東條英機大将言行録」、前掲『東條内閣総理大臣機密記録』四七八頁、また赤松貞雄『東條秘書官機密日誌』（文藝春秋、一九八五年）五四—五五頁。

(92) 「林談話」第三回、一四五頁。

(93) 「湯沢三千男談話速記」、「国策研究会文書」七七一五。

(94) 「古井談話」第二回、四〇—四二頁。

(95) 政治家としての東条について、前掲『東條内閣総理大臣機密記録』に付された伊藤隆「解題」は、「全体として見たときに、東條は戦争の勝利のために、帝国憲法の枠の中で（ある程度その枠の解釈を拡張したが）、その権限の集中を計りながら、奮闘したが、しかし、『全体主義的』なイデオロギーを背景に強力なリーダーシップを持つ政治家という姿ではなかった」と結論づけている（一九頁）。また、陸軍省軍務局軍務課員として新体制運動に関わった牧達夫は「東条個人は、内面的な政治性というものに対しては私はあんまり強くない乏しい人だったと思っております、政治的力量は。新体制指導に関する情熱というものについても疑問があった。私はこう思っている。それで、軍務局中心に東条さんは浮き上がっておる」と回想する（牧達夫氏手記「軍の政治干与と国内情勢」、木戸日記研究会・日本近代史料研究会『牧達夫氏談話速記録』〔日本近代史料叢書B—八、日本近代史料研究会、一九七九年〕一〇二頁）。

(96) 「菅太郎談話」二五七頁。

(97) 前掲「説明書」（第一案）。

(98) 尚友倶楽部・伊藤隆編『有馬頼寧日記4』（山川出版社、二〇〇一年）、一九四一年四月一日、四六五頁。

(99) 有馬頼寧『政界道中記』(日本出版協同株式会社、一九五一年)二〇八頁。
(100) 「沢村克人談」今井清一・伊藤隆編『現代史資料四四　国家総動員2』(みすず書房、一九七四年)四八三頁。
(101) 牧前掲「軍の政治干与と国内情勢」二四八頁。
(102) 農業団体統合問題との関係で部落会法制化に至る過程を検討する研究には、古川隆久「太平洋戦争期の議会勢力と政治過程」(『史学雑誌』一〇二巻四号〔一九九三年〕、のち前掲『昭和戦中期の議会と行政』所収)、池田順「ファシズム期の地方支配」(Ⅲ)(Ⅳ)(『政治経済史学』三三九号・三四〇号〔一九九四年〕、のち前掲『日本ファシズム体制史論』所収)、新里孝一「『部落会』法制化(一九四三年)の政策過程――『翼賛体制』における内務省地方局の『農村自治』構想①」、同「『内務省訓令第十七号』の政治的背景――『翼賛体制』における内務省地方局の『農村自治』構想②」(『大東文化大学紀要』〈社会科学〉三四号〔一九九六年三月〕、三五号〔一九九七年三月〕)、河島前掲「第二次大戦期地方制度における参与制度の特質と意義」、小田義幸『戦後食糧行政の起源――戦中・戦後の食糧危機をめぐる政治と行政』(慶應義塾大学出版会、二〇一二年)がある。
(103) 町内会と部落会に関する研究史は、西尾勝「町内会部落会の行政的機能に関する執念の労作」(高木鉦作『町内会廃止と『新生活共同体の結成』』〈東京大学出版会、二〇〇五年〉解題)に詳しい。
(104) 「地方制度調査会第二特別委員会第一回会議議事速記録」(前掲「地方制度調査会関係書類」)で、坂地方局長は、次のように部落に関する方針転換を明言している(一二頁)。「第二ハ所謂部落ノ関係デアリマス。即チ町村ノ下ニ何等カ適当ナル形ヲ以チマシテ所謂部落ト云フモノヲ法認スルト申シマスカ、法律上之ヲ認メマシテソシテ認メラレタ部落ガ一面ニ於キマシテハ、町村ノ幾多ノ活動ノ補助機関トシテ適当ナル働キヲ致シマスト共ニ、一面部落自体ノ固有ノ活動ニ付キマシテノ健全ナル発展ヲ致シ寄与スル、斯ウ云フコトニ致シタイ(中略)従来内務省ハ部落ハ成ルベク之ヲ町村ニ統一致シタイ、ツマリ部落ト云フモノガ町村ノ中ニアリマシテ色々ノ働キヲスルト云フコトハ町村ノ統一ヲ害スル、明治二十年頃ニ非常ナ努力ヲ以テ作ラレタ現在ノ町村ノ基礎ヲ脅スモノデアル、斯ウ云フ考ヘ方ヲ以チマシテ成ルベク部落ト云フモノヲ認メルコトヲ好マナイ立場ニ立ツテ居リマシタ」。
(105) 木坂前掲「大政翼賛会の成立」(『岩波講座日本歴史二〇　近代七』岩波書店、一九七六年)三〇〇頁。
(106) 「村田談話」2、一五一頁。
(107) 小田前掲『戦後食糧行政の起源』一三頁。

(108)『内務省史』二巻、五四三―五四四頁、農林大臣官房総務課編『農林行政史』四巻（農林協会、一九五七年）二九〇―二九一頁、および古川前掲『昭和戦中期の議会と行政』九一頁。

(109)内務省訓令第一七号をめぐる地方局内の路線対立については新里前掲「『内務省訓令第十七号』の政治的背景」で検討されている。

(110)「挟間談話」第三回、一四八―一四九頁。

(111)「大政翼賛会・国民精神総動員運動を語る座談会」（「大霞会速記録」九）には部落会・町内会をめぐって次のようなやりとりが記録されている。大坪保雄は、国民精神総動員中央連盟に常務理事として参画していた経験をふまえて、「地方の実践組織をどうするかということでやって、結局町内会・部落会というように、下意上達、上意下達の末端の機関・仕組みとしてやろうということになって、ずいぶん理事を総動員をして、全国で協議会・座談会をやったのです。ある程度まではできたが、最終的にぴちっとまとまったのは内務省の通牒によるのです」と語った（八―一〇頁）。これに対して、岡本茂は「適当だからそういう組織を使ったということで、その実践組織のために部落会・町内会を整備したのじゃない」と反論する（一三―一四頁）。内務官僚の間でも部落会法制化の評価は一様ではない。

(112)内務省地方局「農業団体ノ統合ニ関スル経過竝意見」（一九四二（昭和一七）年三月二日）、国立公文書館所蔵「自昭和十六年～至昭和十七年　農業団体統合問題　行政課」（自治省四八、三A―一三―九―二二五）。

(113)一九四一年二月一七日付「部落会及部落農業団体ノ調整ニ関スル件依命通牒」の全文は以下の通りである（前掲『近代日本地方自治立法資料集成5』八四〇頁）。

部落会及部落農業団体ノ調整ニ関スル件

首題ノ件ニ関シ今般内務農林両省間ニ於テ左記ノ通決定相成候条御了知ノ上右趣旨ニ依リ部落会及部落農業団体ノ整備ヲ図リ部落活動ノ一元的強化ノ為両者ノ円満ナル調整ニ付万遺憾ナキヲ期セラレ度

記

部落会ハ部落ノ住民ヲ構成分子トスル地域団体トシテ市町村ノ下部行政組織タルモノトシ部落農業団体ハ部落ニ於ケル農家ノ自主的団体トシテ部落ニ於ケル農業経済ノ実行組織ナルヲ以テ互ニ代用関係ニ立ツコトナク夫々整備ヲ行フコトトスルモ両者ノ円満ナル協調連絡ヲ図リ部落活動ヲ一元的ニ強化スル為両者ノ関係ハ組織

上及活動上左ノ如ク之ヲ調整スルコト
一、純農村部落ニ於テハ出来得ル限リ部落会ト部落農業団体ノ区域ヲ一致セシメ役員等ノ人的結合ヲ図リ部落常会ト組合例会ヲ共通ナラシムル等ノ方法ニ依リ両者ハ事実上一体トナリテ部落活動ニ遺憾ナカラシムルコト
二、純農村部落以外ノ部落ニ於テハ部落会ニ農業部等ノ部門ヲ設ケ部落農業団体ノ代表者ヲシテ其ノ任務ヲ担当セシメ両者ノ緊密ナル連繋ヲ図ルコト
三、部落農業団体ノ活動分野ハ農業経済活動ノ範囲ニ之ヲ限定スルコトトシ部落会ノ事業中農業経済ニ関スル事項ハ部落農業団体ヲシテ之ヲ実行セシムルコト従ツテ農事実行組合ニ設ケラレタル社会部、婦人部、青年部等ハ右趣旨ニ沿ヒ夫々部落会各部ニ改ムルコト
備考　本件ハ将来農業団体ノ整理統合ノ実施セラルル場合ヲ考慮外ニ置キタル暫定的措置トシテ諒解シ置クコト
(114) 前掲「農業団体ノ統合ニ関スル経過竝意見」。
(115) 前掲「農業団体ノ統合ニ関スル経過竝意見」。
(116) 地方局「地方長官懇談会席上次官説明要旨」(前掲国立公文書館所蔵「自昭和十六年〜至昭和十七年　農業団体統合問題　行政課」)。
(117)「各省から見た内務省」一六六頁、「大霞会速記録」一二三。
(118)「鈴木俊一談話集」『鈴木俊一著作集』別巻(良書普及会、二〇〇一年、以下、「鈴木談話」)一〇八頁。
(119) 内務省警保局「経済警察の使命と方針」『週報』二六四号(一九四一年一〇月二九日)。
(120) 小田前掲『戦後食糧行政の起源』三一―三二頁。
(121)『内務省史』二巻、五四四―五四五、五五四―五五五頁。
(122) 新里前掲「「部落会」法制化(一九四三年)の政策過程」六三頁。
(123) 農林事務官・古郡節夫は、農事実行組合については「農業者を当然会員としたので、二重加入を避ける意味に於て、市町村農業会の会員とはしなかった」と説明する(「農業団体法案の骨子に就て」『斯民』三八編二号、一九四三年二月、三六頁)。
(124) 地方局「地方長官懇談会席上次官説明要旨」、前掲「自昭和十六年〜至昭和十七年　農業団体統合問題　行政課」。

(125) 地方局行政課「昭和十八年第八十一回帝国議会　市制町村制改正ニ関スル資料」(国立公文書館所蔵〔自治省移管文書〕一三―八／一七四)、ただし前掲『近代日本地方自治立法資料集成5』八七六―八七七頁による。

(126) 市町村長の指示権に関しては、それぞれ改正された市制第八八条、町村制第七二条ノ二に以下のように規定されている。

市制第八八条　市長ハ市内ニ於ケル各種施策ノ綜合的運営ヲ図ル為必要アリト認ムルトキハ市内ノ団体等ニ対シ必要ナル指示ヲ為スコトヲ得此ノ場合ニ於テ其ノ指示ニ従ハザルトキハ市長ハ当該団体等ノ監督官庁ノ措置ヲ申請スルコトヲ得

町村制第七二条ノ二　町村長ハ町村内ニ於ケル各種施策ノ綜合的運営ヲ図ル為必要アリト認ムルトキハ町村内ノ団体等ニ対シ必要ナル指示ヲ為スコトヲ得此ノ場合ニ於テ其ノ指示ニ従ハザルトキハ町村長ハ当該団体等ノ監督官庁ノ措置ヲ申請スルコトヲ得

前掲地方局行政課「昭和十八年第八十一回帝国議会　市制町村制改正ニ関スル資料」は市町村長の指示権付与を改正の眼目の一つに挙げている。「市町村長ヲ中心トシテ市町村内各種施策ノ綜合計画化ヲ図リ、其ノ一元的ニシテ強力遂行ヲ図ルコトデアリマス。食糧ノ増産及供出、生活必需物資ノ配給、貯蓄、資源ノ回収、防空、軍事援護等戦時下緊要ナル各種重要施策ノ最大ノ成果ヲ挙ゲマス為ニハ、此等施策ノ綜合計画化ヲ図リ、市町村長ヲ中心ニシテ市町村内ノ各種団体等ガ真ニ協力一致、各々其ノ職分ニ従ツテ最善ノ機能ヲ発揮シナケレバナラナイコトト存ズルノデアリマス。仍テ市町村長ノ下ニ参与ノ制度ヲ設ケ、市町村内各種施策ノ綜合計画化ヲ図ル方途ヲ講ズルト共ニ、市町村長ニ各種団体等ニ対シ必要ナル措置ヲ講ジ得ル権限ヲ与ヘ、両々相俟ツテ市町村内各種施策ノ綜合的運営ヲ確保スルコトニ致シタノデアリマス」(前掲『近代日本地方自治立法資料集成5』八五八―八五九頁)。

(127) 吉岡恵一「地方行政協議会の設置に就て」(『斯民』三八編七号、一九四三年七月)。

(128) 「地方行政協議会長タル地方長官ヲ親任ト為ス件ニ関スル内務大臣説明要旨」(国立公文書館所蔵「地方行政協議会地方総監府及ビ地方行政事務局関係」、自治省移管公文書〔昭和四八年度移管〕三A―〇一三―〇八・昭四八自治―一二〇)。

(129) 吉岡恵一「地方行政協議会の機能の強化」(『斯民』三八編一一号、一九四三年一一月)。

(130) 地方行政協議会に関しては、滝口剛「地方行政協議会と戦時業務」(一)―(三)(『阪大法学』五〇巻三号〔二〇〇〇年九月〕、五〇巻五号〔二〇〇一年一月〕、五一巻一号〔二〇〇一年五月〕)に多くを負っている。

(131) 勅令で指定された「地方官衙ノ長」は以下の通りである(一九四五年六月一〇日勅令三五三号「地方総監府第八条ノ規定ニ依ル官衙ノ長ノ指定ニ関スル件」前掲『近代日本地方自治立法資料集成5』八〇九―八一〇頁)。

地方長官、警視総監、逓信局長、逓信院電気通信建設事務所長、逓信院防衛通信施設部長、内務省土木出張所長、財務局長、地方専売局長、営林局長、農商省木炭事務所長、農商省食糧事務所長、地方鉱山局長、地方燃料局長、鉄道局長、海運局長、運輸省地方施設部長、運輸省港湾建設部長

(132) 地方総監府に関しては、矢野信幸「太平洋戦争末期における内閣機能強化構想の展開――地方総監府の設置をめぐって」(『史学雑誌』一〇七編四号、一九九八年四月)、および「地方総監府ニ関スル件」(「官房総務課資料」二A―四〇―資二九八)による。

(133) 滝口前掲「地方行政協議会と戦時業務」(三)五〇頁。

(134)「北村談話」第三回、一四八頁。経済保安課長であった北村隆は「A〔陸軍〕、B〔海軍〕、C〔民需〕の分け方の、三者の分け方について公平、不公平というような問題はぼくらはどうもタッチできませんでしたね。やはり企画院なり経済官庁の辺で大体その方針を決めてあるということでして、ただ、その点について現実の取締り面での事実は、会議を通じていろいろ意見を言いますけれども、しかしこの三つがどういうふうに分けられたか、これはみんなそのエキスパートがやっておりますからね」と語っている(同第四回、一六三頁)。

(135) 赤木須留喜『翼賛・翼壮・翼政』(岩波書店、一九九〇年)四五九―四六〇頁。

(136)『戦後自治史』によれば、一九四五年九月ころに地方総監府廃止後の施策として、以下に示すような「地方綜合行政機構案」が内務省内で検討されている。省議として正式な決定を見るにはいたらなかったものの、敗戦後の内務省が、各省の地方出先機関を統合しての総合地方行政の確立を志向する姿勢を維持していたことを示す(自治大学校研究部監修・地方自治研究資料センター編『戦後自治史Ⅱ　昭和二十一年の地方制度改正』〔文生書院、一九七七年〕二頁)。

「地方総監府廃止後ニ於ケル地方綜合行政機構案

第一案　所謂道州制ヲコノ機会ニ於テ設置ス　之カ為必要ニ応シテ府県ノ廃合ヲ行フ　右ハ地方制度全般ノ問

題ニシテ今直ニ実行スルコト困難ナリ

第二案　地方行政協議会ノ復活　地方総監府廃止ニ伴ヒ地方綜合行政ノ機構ハ崩壊スルヲ以テ従前ノ地方行政協議会ヲ復活ス　右ハ綜合行政機構トシテ考フル場合妥当ト認ムルモ単ニ地方行政協議会ヘ復元スルコトハ人心一新ノ要アル今日ノ事態に即応セス

第三案　地方綜合行政連絡会議ノ設置　一、地区《ママ》行政綜合連絡会議（以下連絡会議ト称ス）設置ノ区域ハ現行ノ地方総監府管轄区域トス　二、連絡会議ノ長ハ現行地方総監府所在地府県知事トス　三、連絡会議ノ長タル府県知事ハ当該区域内ノ行政機構ニ対シ必要ナル指示ヲ為スコトヲ得ルモノトス　四、連絡会議ニ事務局ヲ設ケ事務局長参事官副参事官及属等ノ職員ヲ置ク　五、連絡会議ハ当該地域ニ於ケル行政ノ綜合調整ヲ図ルヲ以テ目的トス」

終章

内務省解体と人治型集権制の変容

本書では、昭和戦前・戦中期を主たる対象として、時代状況の変化が、内務省と、内務省―地方長官を軸とした人治型集権制に引き起こした変化を考察してきた。以下では、本書で明らかにしたことをまとめ、そのうえで内務省解体から自治省創設にいたる過程についても展望したい。

一　明治憲法下の内務省

一八七三（明治六）年に創設された内務省が、長らく「内政に於ける総務省」として国家機構の中枢に位置し続けたのは、「政治」と「行政」、「立案」と「実施」、「中央」と「地方」とをつなぐ接点、インターフェースに位置する官庁であったためである。内務省が他省に優越する地位を占めることができた背景には、選挙が決定的な意味をもった政党政治の隆盛があった。国会開設以降、政治的な地歩を着々と高めていった政党は、選挙と警察、地方財政を掌握する内務省と道府県とを自党の党勢拡張のマシーンと化そうと内務省人事に介入し、政友会が政界の二大勢力の一角を占めるようになった桂園内閣期以降に内務官僚の系列化が急速に進行していった。

明治期に確立された内務省と政党との関係にもう一段の変化をもたらしたのは、政党内閣時代の到来と普通選挙の導入であった。藩閥にかわって最有力の政治集団となった政党は、内務官僚の系列化を強化拡大することで、四倍に増えた有権者に対応しようとしたからである。その意味で、初の普選である第十六回総選挙を実施した田中義一内閣が、政党人事の画期をなす内閣として記憶されたのは偶然ではない。これ以前の政党は、内務省出身の官僚政治家を中間に配しての間接的な人事介入を行ない、彼らが介在することによって政策の中立性や人事の自律性がまだしも確保されていた。ところが、田中内閣の内務大臣鈴木喜三郎は、それまでの間接的な人事介入の手法をとらず、内務官僚の「月曜会」グループや、司法省出身の股肱の部下とともに自ら人事評価を行なって異動を実施した。この鈴木による直接的な人事介入を契機に、内務官僚と政党政治家が直接結び付き、勅任官に止まらない範囲の官僚が党派にそって系列化されるにいたった。また、行政機構の構成や官僚制の運用も、選挙での勝利を至上命題とする政党の意向に従って秩序づけられるようになった。選挙が政治を支配する基本原則となり、内務省を重用する行政秩序が成立したのである。

「政党化」の拡大は、他方で内務省の選挙運営に対する信頼を失墜させた。普選実施に大きな期待を抱いていたジャーナリズムは、政権交替に伴って実施される大規模な人事異動を選挙干渉の証拠と見なし、選挙のたびごとに内務省の選挙運営の公正さに疑問を投げかけた。その結果、五・一五事件後に非政党内閣である斎藤実・挙国一致内閣が発足すると、政党不信の高まりを受けて、内務省にも批判の矛先が向けられた。斎藤首相は、組閣直後に選挙法改正に取り組むと言明するなど、民意を公正に反映すべき選挙の信頼回復を目指した。これを受けて、ともに内務省首脳が導入に消極的であった、官僚の身分保障を高める文官分限委員会官制が成立し、検事直属の司法警察官設置も実現寸前にまで話が進んだのである。政党内閣が継続を止め、政党党首を首班としない内閣が組織されたことで、内務省をとりまく政治環境は劇的な変化を遂げた。挙国一致内閣の登場は、内務省に政治的な台頭をもたらす好機ではなく、権限縮小を迫られる逆境とも言うべき状況をもたらしたのである。ここで内務省首脳は、選挙運営に対する不信感を払拭するために、岡田啓介内閣のもと選挙粛正運動を開始する。選挙干渉の排除を目的とする運動に取組むことで、政党との訣別をアピールし、あわせて公正な選挙運営を行なう機関としての信頼回復を目指したのである。内務省の信頼回復策が選挙粛正運動に収斂したのは、斎藤から岡田へと引き継がれた挙国一致内閣期に、政党内閣復活の可能性がまだ十分に残されていたことを反映している。政党内閣復活の可能性を視野に入れたからこそ、選挙粛正運動は、政党排撃すなわち「反政党」を目指した運動ではなく、政党の影響力排除つまりは「非政党」化達成を目標とした運動として展開されたのである。

挙国一致内閣期の内務省と内務官僚については、従来、「新官僚」が研究の中心に据えられてきた。内務省が発祥地とされる「新官僚」の登場を、政治の主役が政党から官僚や軍部へと取って代ったことを示す画期的な出来事と見なしたからである。しかしながら、内務省内で問題視された、警保局の親軍的な「新官僚」グループは、二・二六事件の発生を未然に防げなかったことから、事件後に内務本省から一掃され、これ以降省内で大勢を占めることはなかった。一方、内務省主流は、二・二六事件を引き起こした陸軍軍人を、国家の安寧を攪乱しかねない治安対象と見なしたが故に一定の距離を保ちつづけた。彼らはまた、陸軍も推進力の一つとなった内閣機能強化や統制経済導入など、当時「革新」的とされた改革の方向性が内務省の利益に沿わないことを理解しており、天皇側近（宮中）や海軍など現状維持グループとの関係を醸成し、この連携を維持するのである。

政党および政党政治が衰退の道をたどると、内務省が「政治」と「行政」の要に位置した意義が低下した。ここで内務省が、選挙粛正運動で自らが「政治的」な存在から「事務的」な存在へと転じたことをアピールし、政党に代わって台頭した陸軍との提携関係構築にも消極的な態度を維持したことから、各省は、二・二六事件後に地方官人事を内務省が独占する状況に異を唱え、内務省が優越する行政秩序の変革を唱えていく。内務省と地方長官のラインを軸として、「人」（内務官僚）を通じて地方を統治する人治型集権制の安定性もまた損なわれていくこととなった。この情勢の中で勃発したのが日中戦争であった。日中戦争の勃発を境に、内政よりも外政が優先され、戦時体制の構築を緊急課題とする時代へと移行する。政治や行政を動かす基本原則を「選挙」から「戦争」へと変化させた戦時の到来は、ほどなく厚生省の新設による内務省行政の縮小をもたらし、また内務省の総務的行政機能と抵触する内閣機能強化を重要な政治課題として浮上させた。この状況を見て、内務省のなかから、「内政」における総務省から、「地方行政」における総務省へと役割を転換して事態を乗り切ろうとする発想が浮上する。しかし、各省による地方出先機関拡充の動きは止められず、「政治」と「行政」に引き続き、「立案」と「実施」の要としての内務省の機能も徐々に損なわれていく。総合出先機関である府県の機能低下は、府県を背景に各省行政に介入してきた内務省の総務省的機能の縮小に直結する。

内務省に残された「中央」と「地方」とをつなぐ要としての機能、そして人治型集権制も盤石ではなかった。地方レベルでの行政の総合性維持が困難となったためである。農林省は、農山漁村経済更生運動を手がかりに独自の地方行政ルートの整備に動き出した。内務省は、農村自治制度の改正を試みたものの、農林省をはじめとする各方面の反対によって実現を阻止され、失地回復を果せなかった。そして、日米開戦を控えた一九四〇（昭和一五）年から四一（昭和一六）年にかけて内務省はさらなる窮地に立たされた。この時期までは行政機構内部での権限の競合から内務省行政の縮小や機能低下が進行してきたのに対し、四〇―四一年には政治や統治を進める見地から内務省本体、また地方行政機構を標的とする改革の必要性が叫ばれたのである。大政翼賛会発足に至る一九四〇年の新体制運動と、一九四一年秋の内務省解体構想である。内務省首脳は、大政翼賛会発足の狙いが、中央と地方とを結ぶ内務省―府県という経路を、翼賛会の本部─支部のラインが取って代わることにあると受け止めた。このため大政翼賛会発足に際しては、翼賛会の支部長人事が内務省にとっての最大の関心事となり、内務省首脳は、道府県支部長を知事の兼任とし、支部の指導権を知事に掌握させることに成功して乗り切った。また、近衛首相が、和戦両様の行政機構改革の立案を企画院に下命したことから始まった内務省解体構想は、具体案が提起されたのが第三次近衛内閣の総辞職間際であったことから構想を提示しただけにとどまった。

近衛内閣が進めた二つの改革を阻止したとはいえ、「地方行政」における総務省への転換を図った内務省の施策は実を結ばず、地方レベルの行政が不統一な状況も打開できなかった。このとき内務省がとった巻き返し策が部落会・町内会の整備と法制化であった。そして戦時下に深刻さを増した食糧問題を背景に、農林省所管の部落農業団体（農事実行組合）の部落会への吸収を実現し、内務省から府県、市町村へといたる地方行政ルート、人治型集権制の維持にかろうじて成功したのである。しかしながら、各省が個別に設置した地方出先機関の機能を再び知事に取り戻すとまでは果せず、内務省は、地方行政における「総務省」への転換はもとより、「内政に於ける総務省」を支えた機能も十分には回復できないまま終戦を迎えることとなった。内務省が中央と地方をつなぐ経路を排他的に独占し、これを背景に総務省的機能を果たした、かつての行政秩序を回復するにはいたらなかった。

二　占領改革──知事公選と内務省解体

敗戦は内務省とその所管行政にさらなる変革をもたらした。新たに日本の政治と行政の主導者となった占領軍が内務省を軍部と並ぶ軍国主義の牙城とみなし、民主化にそぐわない機構や制度、行政事務を改廃するよう次々と指令を出したためである。占領改革の主眼は日本の非軍事化と民主化におかれた。一九四六（昭和二一）年一〇月七日に成立し、一一月三日に公布、翌年五月三日に施行された現行の日本国憲法が、章別編成については明治憲法をほぼ踏襲したなかで、第二章「戦争放棄」と並んで第八章「地方自治」が新設されたのは、まさしく占領軍の重点政策を反映した結果であった。日本国憲法第八章「地方自治」に関して、本書との関係で注目すべきは、憲法第九十三条第二項に「地方公共団体の長、その議会の議員及び法律の定めるその他の吏員は、その地方公共団体の住民が、直接これを選挙する」と、知事はじめ地方公共団体の長の直接選挙が明記された点である。

一九四六(昭和二一)年二月一三日に日本政府に提示された総司令部案には、「第八章」として、「ローカル・ガバメント」と題された三つの条文からなる章がおかれていた。司令部草案の八十六条には「府県知事、市長、町長、徴税権ヲ有スル其ノ他ノ一切ノ下級自治体及法人ノ行政長、府県議会及地方議会ノ議員並国会ノ定ムル其ノ他ノ府県及地方役員ハ夫レ其ノ社会内ニ於テ直接普通選挙ニ依リ選挙セラルヘシ」[1]と、首長と議員にとどまらず、地方自治体の主要職員の直接公選までもが盛り込まれていた。草案に先んじて、憲法問題を担当した民政局法規課長マイロ・E・ラウレルが作成した一九四五年一二月六日付「憲法についての準備的覚書」は、「日本の統治は極端な中央集権制」をとり、「中央政府は、警察組織をすみずみまで支配する内務省を通じ、国民一人一人の日常生活を支配」するとして、占領目的達成のために、地方に責任を分与し、地方選挙を行なうなどして、民主的傾向を強化するよう支援すべきと主張した。そして、地方制度面での中央集権という弊害を除去する方策として、憲法に都道府県および市町村に一定の範囲内で地方自治を認める規定を設けること、都道府県知事や市町村長、税務事務所長、収入役などの主要な行政官を公選とすること、などを提案していた[2]。翌一九四六(昭和二一)年一月一一日に、アメリカ政府が作成したSWNCC(国務・陸軍・海軍三省委員会)二二八「日本統治体制の変革」でも、「都道府県の職員は、出来る限り多数を、民選するかまたはその地方庁で選任するものとすること」と結論づけられている[3]。アメリカ政府は、知事公選の導入を中央集権制の排除を実現するために必要不可欠の手段と見なしていた。

内務省は、改革は不可避と予想して、憲法改正作業に先立って民間人知事の登用や知事公選導入の方針を打ち出している。幣原内閣の内務大臣であった堀切善次郎は、一九四五（昭和二〇）年一〇月九日の記者会見で知事公選断行を明言し[4]、同二七日の知事と都道府県部長の人事異動では、四人の民間人知事を登用した[5]。堀切内相は、異動に際して「今度の異動に際しても実はこの際思い切つて知事の公選をやつてみてはと考え、その方法として現在の地方議会で知事を選定させるということを一応検討したのだが、急を要したため間に合わなかった。私としては我が国のデモクラシーの傾向を強化するため知事公選をできるだけ速かに実行すべきだと思う。総選挙後の二月の特別議会には、公選案を提出したいと考えている」と知事公選案の議会提出への意欲や具体的なスケジュールを記者団に明らかにしている[6]。これを受けて地方局部内で、知事公選制の検討が開始されていた。入江誠一郎地方局長の日記には、『「知事公選ノ問題」ヲ研究スルコトトナリ。午前中地方局内デ協議」（一九四五年一〇月二九日）、「午前、古井前次官ヲ私宅ニ訪問シ、『知事公選問題ハ内務省ノ人事ニ重大影響アルニ付、内務省ノ現在ノ人々ヲ犠牲ニセヌヨウ』坂次官ニ陳情シテモライタキ旨、依頼スル」（同一一月四日）といった記述が残されている[7]。ただし、堀切内相および内務省側の知事公選構想は、住民による直接選挙ではなく、地方議会で選挙する間接公選を想定するにとどまっていた。一九四六年一月四日に『朝日新聞』は内務省の地方制度改革の腹案について次のように報じている[8]。

「内務省において検討に乗出した新地方制度の方向を綜合すると、次の如くである。

一、現行府県の行政区域に関する廃合はこれを行わない。二、知事公選制を実施し、その任期は三年又は四年とし、選挙方法は府県会による間接選挙が最も妥当である。三、副知事は原則としてこれを設置しない。但し、北海道その他大府県については別途考究する。四、地方庁の完全自治体化は現状に適しない。従つて知事は公選によつて決定するが官吏たる身分をもつて任命され、あくまで中央政府の指揮監督を受ける」。

その後、一九四六年三月六日に地方団体の首長と議員の直接選挙を規定した政府の憲法改正草案要綱が発表される。

政府は、草案発表後も「政党の基盤の確立が見られない」現状から間接公選が望ましいと主張し、法制局と総司令部との折衝が続けられた。しかし、民政局ケーディス次長ら総司令部側は「地方自治の問題、ことに府県制度の民主化の問題は、総司令官から自分らに対する最も重要な課題とされており、また極東委員会でも各国はこれを重要とみているわけだから軽々しく即答できない」とゆずらず、直接公選で決着するにいたった。[9] 東京都制・府県制・市町村制それぞれの一部を改正する法律案は一九四六年七月二一日に衆議院に提出され、一部修正のうえ、八月三一日に衆議院、九月二〇日に貴族院の可決を経て、九月二七日に公布された。九月二〇日発表のマッカーサー元帥の特別声明では「地方政治に人民が直接参与することは国家の政治を形成する上に深く影響するものであり、専制政治を防止し個々の自由を擁護するものである。日本を真の民主主義的国家に再建するためには、なお多くのことがなされねばならないが、それはとにかくこの地方制度改正案は日本人自らの発意によるもので、主権を国民の手中に収めんと一歩前進したことを示すものである」と評価された。[10]

総司令部は、民主化の一環として「分権化」を目指し、その標的はまず知事におかれ、知事公選が実現すると、次には内務省本体が改革の対象となった。一連の選挙がひと通り実施をみた一九四七（昭和二二）年四月三〇日に、民政局長ホイットニー准将の名のもと、覚書「内務省の分権化に関する件」が終戦連絡事務局に手交された。

「内務省の分権化に関する件

一、一九四五年十一月十七日付覚書により、日本政府は政府組織の改正はすべて当司令部に報告するよう指令されている。日本国憲法第九十二条及び第九十四条ならびに右に従い議会で制定された各種の地方政府改正法を履行するためには、右に即応するようさらに政府の内部組織の改正を必要とする。

二、内務省は日本の政府組織における中央集権的統制の中心点であるので、同省の改組案を六月一日以前に当司令部に提出するよう要請する。

三、地方分権ならびに地方自治の憲法的及び立法的方針を実行するため、前記改組案には、
（イ）同省の機能を中央政府の内部的事務に不可欠なことが証明し得られるものに限定すること。
（ロ）同省内の局でその職務が地方政府により一般の福祉に適い遂行することのできるものはすべて廃止すること。
（ハ）中央政府の他の省あるいは機関に対して、それら各省、機関の責任と機能的に関連する事務を移管することにつき規定すべきである」[11]。

分権化の覚書手交後には、所管行政をほぼ維持し名称のみを「民政省」とする案で乗り切ろうとする試みがあったものの、政府は、六月二七日に内務省を解体し、地方自治委員会と公安庁、建設院の三機関を設置することを閣議決定し、八月九日に内務省廃止と三機関設置を骨子とする関係法案を第一国会に提出する。しかし、九月に警察制度の完全なる地方分権化を求めたマッカーサー元帥の書簡が発せられ[12]、地方自治委員会も地方分権の思想と合わないとして民政局から廃止を要求されたことで、法案は撤回されることとなった。一一月一四日に、あらためて内務省廃止法案と地方財政委員会法案、建設院設置法案が閣議決定され、GHQとの折衝の結果、次の八法案がいずれも議員提出法案として第二国会に提出されることとなった。警察法案、内務省及び内務省の機構に関する勅令等を廃止する法律案、地方財政委員会法案、最高法務庁設置法案、内務省官制等廃止に伴う法令の整理に関する法律案、消防組織法案、建設院設置法案、全国選挙管理委員会法案である。上記関係法案の成立により、一九四六年一二月末日をもって内務省は廃止され、徹底的に解体・分散されることとなった[13]。内務省の解体式は、一二月二七日に行なわれ、解体の対象となったのは地方局（地方行政）と国土局（土木行政）、警保局・調査局（警察行政）であった。このうち国土局は建設院に、警保局と調査局は国家地方警察本部・法務庁特審局などに継承されたため、内務省解体で最も「数奇な運命を辿ったのは、その中の地方自治関係部局[14]」つまりは地方局関係であった。

政治や行政分野の改革を担った民政局は、その最終報告書である「日本の政治的再編成」で内務省が果してきた役割を批判し、廃止の意義を強調している。

「昭和二二年一二月八日国会で制定された『内務省及び内務省の機構に関する勅令等を廃止する法律』により、同年一二月三一日、かって強い権力を握っていたあの機関が廃止された。

この日は、日本政府が長い間国民を抑圧するために中央統制機関として使っていた組織の終末となったので、日本歴史において注目すべき日となるであろう。（中略）内務省は幅広い権力と影響力のおかげで七五年間日本の歩んできた歴史の上で特に重要な地位を占めたのである。警保局だけでも日本の国内経済のあらゆる面を統制し、日本におけるあらゆる家庭の日常生活を支配した。

さらに内務省は、府県知事を任命し異動させ、市町村長を規律し、財源を掌握し分配するという権力を持つことによって、日本中のあらゆる小さな団体に至るまで何をなすべきかなさざるべきかを指令した。内務省の監察官、地方機関および秘密調査官の組織によって、すべての地方政府とその下部機関は日本における全能の内務大臣のいいなりになり切ってしまっていた(15)」。

民政局は、内務省を地方や国民を統制した中央機関として「あらゆる家庭の日常生活」に及ぶまで国民を支配し、「全能の内務大臣」をいただく、日本官僚制における最も強力な官庁と位置づけて解体の意義をアピールしている(16)。しかしながら、本書の検討をふまえて占領改革を見ると、改革には占領軍が重視した軍国主義の排除や民主化の実現にとどまらず、戦前から党弊と問題視されてきた官僚人事や選挙、警察、教育各分野への政党の介入を意識した施策が含まれていることが見て取れる。政治的中立を確保するためにそれぞれ人事院、選挙管理委員会、公安委員会、教育委員会(17)が新設されたのである。

また、知事公選と内務省解体、自治体警察の創設といった改革によって、明治以来の「中央集権的統制」の除去が本当に実現したのか、という問題も残される。新聞には、知事公選導入や内務省解体に際しての各省の動きが報道されている。

『朝日新聞』一九四七年六月二七日社説「中央官庁の出店と地方自治」には、「民選知事になつてから、中央官庁の出店が府県に続々と新設されることになり、既設のものを合せると相当の数にのぼつている。商工局、同出張所、労働基準局、財務局地方部、食糧事務所、作物報告事務所、資材調整事務所、木炭事務所、復興院出張所、自動車出張所、職業安定所、物資需給調整所、文部省出張所などがこれである。(中略)府県が完全自治体となつたために、割拠性が一層ひどくなるようでは、われわれの幸福のために与えられた新自治法は無意味になる」とある。各省は、知事公選導入によって府県が完全な自治体となり、内務省の手を離れた以上、統制経済や総合国策遂行の必要性から、地方に新たな出先官庁を設ける必要があると主張したという。各省の動きに、府県は、地方分権化という方向性に反して「知事の権限を骨抜きにする時代逆行であり、自治の名を与えてその実を依然中央が保持しようとするずるいやり方だ」と反発の声をあげた。

『朝日新聞』一九四七年六月三〇日社説「中央集権に終止符」も、「官僚の根城と目せられていた内務省は、ついに四分五裂、完全に解体をとげることになつた。中央集権の権化とも見られる内務省の存続に対しては、ただに一般国民が同情をもたないばかりでなく、今まで内務官僚の圧力に押されがちであつた各省からも、内務省解体の声に応じて、猛烈な攻勢が展開され、内務省の権限をこのさい自省に移そうとする運動が、せきをきつた感があって、ここに六十年の歴史を持つた内務省も、いまや廃庁の運命に立ち至つたのである。これこそ旧官僚勢力の没落を意味するものでなくて何であろう」と指摘する。

各省の地方出先機関は、知事が官吏から公吏へと切り替わった知事公選制導入の前後に再び拡大し、一九四七年ころまでに、国の地方出先機関は数十を数えるようになった[18]。一例をあげれば、商工省は、一九四五年一一月に臨時に地方商工処理部を設け、同機関は、一九四六年一月に終戦や産業復興に関する事務を行なう地方商工局（全国八か所）へと引き継がれた。地方商工局は、さらに一九四七年五月に傾斜生産など生産復興のための産業施策や、臨時物資需給調整法による生産資材割当業務を実施する商工局（全国八か所に設置）に改組される。農林省は一九四六年一一月に、全国五か所に置かれた開拓事務所を廃止し、新たに全国六か所に農地事務局を設置し、あわせて県農地部を発足させた、などである。知事公選と内務省解体を機に中央と地方とをつなぐ行政経路は、内務省と知事を軸とするラインから、中央各省とその地方出先機関を軸として、省庁縦割りで府県、市町村を統制するラインへと変容を遂げた。

各省の動きを内務省、そして解体後の後継官庁が黙認していたわけではない。一九四七年の地方制度改正に際して、内務省は、地方における事務処理のあり方、つまりは各省の特別地方官庁の整理問題を提起している。知事公選の時期が近づくにつれ、各省がそれぞれに地方出先機関を設置する動きをつよめ、地方自治体の権限が吸い上げられる恐れが出てきたためである。まず一月八日の閣議（第一次吉田内閣）で、地方改革草案のうち特別地方官庁の存廃が議論され、内務省案と大蔵省案、商工、農林等の各省案とが対立し、現行通りとした大蔵省案が決定された。二月二七日の地方制度調査会国政事務処理特別小委員会の答申も、閣議決定に反して「特別地方官庁は原則として廃止すべし」と決定した。答申案は各省の地方出先機関を次のように整理するよう求めている。

廃止　地方行政事務局・地方物価事務局

廃止・都道府県（市町村）に事務委譲　臨時農地事務局・営林局・財務局地方部・税務署・地方専売局（葉煙草・塩等の事務）・地方土木事業施行機関（土木出張所・港湾建設部など）

都道府県に移管（委譲・統合）　営林署・勤労署・食糧事務所と木炭事務所（国の特別会計は存置）・終連地方事務局・地方世話部・地方引揚援護局・国立病院（旧陸海軍病院系）・戸籍および公証事務・普通師範教育事務

委譲不能事務のために簡素な形で存置　地方商工局・海運局・地方専売局（売捌事務）[19]

内務省廃止後も、一九四八年一月一日施行の改正地方自治法に国の地方行政機関設置に国会の承認を必要とする規定が盛り込まれ、一月二七日の行政整理に関する件の閣議（片山内閣）で地方出先機関の徹底的整理と地方公共団体への統合が決定されている。これに呼応して、地方自治四団体（全国地方自治協議会連合会・全国都道府県会議長会・全国市長会・全国町村会）も、同年五月二四日の「政府出先機関整理及び地方財政確立期成大会」で「国の地方出先機関の徹底的整理及び地方財政制度確立の即時決行」を決議している。[20] 地方自治法制定の中核にあった鈴木俊一は、地方出先機関をめぐる対立の構図を次のように提示する。

「地方自治法の立案の時以後、だんだん各省の特別地方行政機関の設置の問題なんかをめぐって、各省と内務省地方局との意見が、中央集権と地方分権で強く、対立するようになり、各省出先機関の新設、変更を国会の議決事項にするという地方自治法の改正案などでは、完全に対立したわけです（中略）地方制度の問題では、やはり中央集権、地方分権というものの考え方から言えば、われわれのほうが遥かに地方分権に徹した考え方で、各省の方は最後までそれに反対でした。そういう各省の姿勢にいかに抵抗し闘争するかというのがわれわれの立場だったと思います。今日にいたるまでそうなんです[21]」。

戦時から戦後にかけての行政や地方自治の展開に関して、鈴木はじめ地方局官僚は、しばしば地方出先機関拡大をめぐる各省と内務省の対立を基調とした見方を提示する。彼らは、各省の地方出先機関急増に、占領改革によって地方分権と民主化の強化を図ったはずの戦後日本で、逆に中央集権、あるいは縦割行政が強化・拡大した事実を見出したのである。ところが、各省の動きに異議を唱えた唯一の官庁である内務省が解体の憂き目に見舞われてしまう。ここから内務官僚は、胸中にルサンチマンを抱きつつ、苦難の道を強いられることとなる。

ＧＨＱは、中央政府による地方行政の規制強化につながるような日本政府の動きを、占領終結まで許容しなかった。このために、地方行政を所管する部局が本格的な統合へと動き出したのは、一九五二（昭和二七）年四月二八日に講和条約が発効し、名実ともに占領が終結して以降のこととなる。内務省の自治省への転生を可能にする環境を整えたのは、占領軍という絶対的権威が去った後での、政党や選挙の真の意味での復権であった。地方行政を所管する内務省的な官庁が、政党や選挙と密接な関係をもつことを戦後史からも確認できる。

一九四七（昭和二二）年五月に施行された日本国憲法によって、戦後日本には国民主権と民主的な政治システムが導入され、内閣は衆議院の多数を支持基盤に成立し、政党内閣が政権の唯一の形態となった。政党は、婦人参政権実現によって、数倍の有権者を相手に選挙運動を展開しなければならなくなった。選挙に勝利するためにあらゆる資源を動員するシステムの構築は、戦後の政党にとってこそ必要であった。そして、講和独立達成後の一九五〇年代には急速な工業化に起因する社会変動が進行し、保守政党は新たな集票システム構築が喫緊の課題となった。五〇年代はまた、公職追放を解除された保守政治家が政界に復帰し、それぞれ鳩山と吉田に代表される戦前派と戦後派に二分して対立し、激しい選挙戦を繰り広げた時期でもあった。政党政治と選挙とが活性化した講和独立後の政治状況を背景に、地方財政の赤字に苦しむ地方団体は自治庁再編、あるいは内政省設置を待望する気運を政界に高めたのである。[22]選挙地盤強化のために地方団体の要求に耳を傾けざるを得ない保守政治家の存在など、一九六〇（昭和三五）年に実現する自治省創設への政治過程には選挙を意識した政党の思惑が見いだせる。[23]

内務省なきあとの後継官庁については別に検討したが、[24]内務省解体、そして自治省の創設など戦後に推し進められた行政機構の再編過程は、昭和戦前、また戦中期の行政のあり様の解明なくしては的確に評価できないように思われる。明治憲法下の政治・行政史研究は戦後史の叙述や分析にも修正を迫る可能性を秘めているのである。

注

（1）憲法調査会事務局編『憲資総第九号　帝国憲法改正諸案及び関係文書（一）』（憲法調査会事務局、一九五七年）、および天川晃・小田中聰樹『日本国憲法・検証　資料と論点　地方自治・司法改革』（小学館、二〇〇一年）三三頁。
（2）高柳賢三・大友一郎・田中英夫編著『日本国憲法制定の過程　Ⅰ原文と翻訳』（有斐閣、一九七二年）二〇—二三頁。
（3）小早川光郎他編『史料日本の地方自治2』（学陽書房、一九九〇年）一七三頁。
（4）『毎日新聞』一九四五年一〇月二〇日「内務省、知事公選を断行」。同記事には、堀切内相が「目下このための研究を進めているが、実現に必要な法令の改正を総選挙後の特別議会に提案すべく準備中である」とある。
（5）登用されたのは、木村惇（京都）、谷川昇（山梨）、千葉三郎（宮城）、小池卯三郎（和歌山）の四名である（『朝日新聞』一九四五年一〇月二八日、『戦後自治史Ⅱ』〔文生書院、一九七七年〕七頁）。
（6）『朝日新聞』一九四五年一〇月二八日記事。
（7）「入江誠一郎日記」（『入江誠一郎氏を偲ぶ』〔入江誠一郎氏追悼集刊行会、一九六五年〕）三六—三七頁。
（8）内務省は一九四五年一二月三一日に「市制町村制の改正要綱」を決定している。知事公選を担当した金丸三郎（当時地方局行政課事務官）によれば、『朝日新聞』が報道した内容は上記要綱に近いものであったという（前掲『戦後自治史Ⅱ』一五頁）。
（9）前掲『戦後自治史Ⅱ』三〇—三一頁。
（10）前掲『戦後自治史Ⅱ』九三—九四頁。
（11）「内務省の分権化に関する件」の訳文は『内務省史』第三巻一〇〇四頁によるが、『戦後自治史Ⅷ』（文生書院、一九七七年）二七頁も参照した。
（12）袖井林二郎編訳『吉田茂＝マッカーサー往復書簡集〔一九四五—一九五一〕』（法政大学出版局、二〇〇〇年）二〇五—二〇九頁。
（13）内務省解体にいたる過程については、前掲『戦後自治史Ⅷ』、また平野前掲『内務省解体史論』に詳しい。
（14）小林与三次『続・私の自治ノート』（帝国地方行政学会、一九七〇年）一五九頁。
（15）前掲『戦後自治史Ⅷ』付録二による（二四〇頁）。引用は連合軍総司令部が一九五〇（昭和二五）年に発行した、民政局報告書「日本の政治的再編成」（Political Reorientation of Japan（September 1945 to September 1948），Report of Government Section, Supreme Commander for the Allied Powers）のうち、Section IV the National Executive, II The Machinery of Government から Dissolution of the Home Ministry までを自治大学校史料編集室が試訳したものによる。

（16）平野孝は、『内務省解体史論』（前掲）のなかで、膨大な占領軍文書を渉猟して、占領軍の対内務省観を描き出すことを試みている。平野によれば、占領軍文書にみられる内務省像は、「中央から個々人の職場・家庭に至る中央集権的な支配体系を擁し、その広範な権限を通して強力な人民統制機能を行使することによって行政機関において最も重要な位置を占める」というものであった。内務省はその所管行政を通して、「地方、府県、市、町、村の全てに到る行政統制をおこなって、日本の全ての男、女、子供の生活のあらゆる部分に介入し、影響を及ぼし、拘束」した。これにより内務省は「国内行政官僚制の心臓と中枢を代表」するとともに、「政府による人民統制の最も有効な道具」となっていたと評価されていた（第二章「占領軍の内務省観」六三—六四頁）。このような認識にもとづいて占領軍は内務省の解体政策を進めていったとする。

（17）教育委員会制度については、村上浩昭「戦後地方教育行政改革における『政党政治』の排除——教育刷新委員会の議論から見る地方教育委員会創設過程」（1）（2）（『東京都立大学法学会雑誌』三九巻二号〔一九九九年一月〕、四〇巻一号〔一九九九年七月〕）の指摘による。

（18）現代地方自治全集編集委員会編『地方自治総合年表』（ぎょうせい、一九七九年）、および坂田期雄『地方自治制度の沿革』（現代地方自治全集一、ぎょうせい、一九七七年）七九—八七頁。

（19）坂田前掲『地方自治制度の沿革』八四—八六頁。

（20）前掲『地方自治総合年表』による。

（21）「鈴木談話」一二一、一三五頁。

（22）鈴木俊一『官を生きる——鈴木俊一回顧録』（都市出版、一九九九年）、一八一頁。

（23）一九五〇年代の最大の争点の一つであった、地方財政再建問題を分析した河中二講（静岡大学助教授）は保守党代議士が地方自治体当局の意向を重視した背景を次のように説明する。「地方に対する政府の施策や補助の有無は、ただちに政府与党の代議士の選挙地盤をあずかる地方有力者（市町村長や地方議員など）の大衆掌握に影響があり、このことは与党の地方政治家と地方政治家出身の代議士のとりわけふかい関心となっていた。とくに保守党代議士が合同して一本化した後にさらに繰りひろげられる地盤の争奪が地方政治家の動向と密接な関係があるかぎり、地方行政を操作して自治体に支出させる必要から地方自治体当局の意向をやはり無視できないことが、与党内でかなりの力を占めてきていた」(「地方財政再建政策の形成過程」(六)『自治研究』三三巻一二号、一九五七年一二月)、四五頁)。

(24) 黒澤「自治省創設への政治過程」(坂本一登、五百旗頭薫編著『日本政治史の新地平』吉田書店、二〇一三年)では、内務省解体後に地方局系の後継官庁が、内政省構想を経て、自治省創設へと収束した過程を国会審議に注目して検討した。

補論

昭和期内務省関係資料について

内務省の関係資料は、関東大震災で庁舎が被害をうけたことに加え、戦災での焼失や敗戦にともなう焼却、さらには内務省解体によって書類が四散したために、公文書が豊富に残されているとは言いがたい。だが、公文書の乏しさは、他方でこれを補うために内務官僚が「語った」記録、口述記録（オーラル・ヒストリー）の収集活動を活発にさせ、他省庁に比して口述記録が豊富である点が、昭和期の内務省研究の資料面での特色をなしている。本研究の課題の一つは、大霞会が行なった座談会記録（『内政関係者談話速記録』）や内政史研究会による談話速記録（『内政史研究資料』）など、先人により蓄積されてきた口述資料群を活用し、昭和戦前期の内務省に視点を定めて分析を行なうことにあった。

以下、本研究を進めるにあたって依拠した、昭和期の内務省および内務官僚に関する資料についての紹介と検討を試みることとしたい。その意味で必ずしも内務省関係の資料を網羅したわけではない内容を補論として本書に収録するのは、先の内務省関係資料の特色、公文書の乏しさと口述資料の豊富さとを念頭においている。すなわち第一に、本研究が基礎をおいた資料を明らかにし、必ずしも資料に恵まれていない内務省研究の今後の発展に資したいためである。第二に、豊富な口述資料群は、昭和史研究の貴重な共有財産であるとともに、特に内務省研究を進める際には出発点として避けて通れない資料である。本研究の根幹をなす内務省イメージもこれら口述資料を数多く読み込むことによって形成できた。だが、歴史分析は、伝統的に当事者の記憶の誤りや事後的な評価が混在する可能性の低い文書や記録に高い資料的価値を見出す傾向があり、したがって日記や書簡、意見書といった文書資料（一次資料）を重視してきた。(1) そこで補論で、昭和期の内務省関係史料を概観するとともに、口述記録の資料としての特性についても言及することで、本研究が資料面で留意した事項を明らかにしたい。

一　資料としてのオーラル・ヒストリー

オーラル・ヒストリーの資料としての特性については、その問題提起を含む概説書である御厨貴『オーラル・ヒストリー』や、飯尾潤「政治学とオーラル・ヒストリー」など、すでに様々な角度からの考察が積み重ねられている。ここでは、オーラル・ヒストリーを実践してきた先達の経験と考察とに依拠しつつ、資料としてのオーラル・ヒストリーについて検討したい。(2)

まず、オーラル・ヒストリーについて、御厨は前掲書で「公人の、専門家による、万人のための口述記録」と定義する。公的な立場の人物をインタビュー対象とし、その人物に対して、オーラル・ヒストリーの専門家が積極的な働きかけをし、情報公開を前提とした「万人のための口述記録」を作成することを「オーラル・ヒストリー」と性格づける。(3) 飯尾は、前掲論文でオーラル・ヒストリーの政治学における位置づけ、また資料としての特徴を検討し、オーラル・ヒストリーを「体験者あるいは当事者が、その経験を音声を通じて表明したものを記録したもの」と、より広くとらえる。飯尾は、聞き取り（インタビュー）記録が残され、広くその利用が可能な場合には、その記録をオーラル・

ヒストリーと呼ぶことができるとする。[4] ここでは専門家が介在していないケース（大霞会の座談会速記録など）を念頭に、オーラル・ヒストリーの範囲をより広く捉えた飯尾の定義に従って口述資料についての検討を進める。

次にオーラル・ヒストリーの資料としての特性や有効性についての先達の見解を確認しておこう。御厨は「オーラル・ヒストリーは、厳密な実証よりは、むしろ論文執筆の過程での著者の心象形成に役立つ」と指摘する。[5] また、内政史研究会のメンバーであり、その成果を取り入れて大著『日本政党史論』全七巻（東京大学出版会）を書き上げた升味準之輔の経験も注目に値する。升味は、内政史研究会に参加して多くの官僚への聞き取りに立ち会ったことで、戦前の内務省や官僚制の実態や感触を感じ取ることができたと語る。「私はその頃、日本の明治以来の官僚制と政党政治の関係を研究しており、その必要から、この内政史研究会に積極的に参加したのですが、非常に役に立ちました。予想以上でした。戦前の内務省とか官僚制は、われわれが直接には知らない世界で、その実態はどのようなものだったのか、内務省というものの感触が五十人に二百回もお会いすれば、ああこういうものだったのか、とわかったような気がいたします。それがあるから、書くときに何か拠りどころがあるというか、安心感があるわけですね。（中略）こういう聞き取りをしましたから、私は『日本政党史論』を書く際に、非常に多くの予備知識と安心感を持つことができました」[6]。

戦後の政治や外交を研究してきた原彬久もオーラル・ヒストリーの効用に関して、升味と同様の印象を語っている。原は、安保改定や日本社会党を研究テーマとして、岸信介元首相をはじめ政治家や外交官へのインタビューを数多く行なってきた研究者である。「オーラル・ヒストリーというのは、文書資料と同様、ある一定の限界をもっていることは当然ですが、しかしこれによって、歴史の臨場感というか歴史の鼓動をわれわれが体感できると同時に、文書で獲得できない新しい情報とともに、歴史に対するある種の確信めいたものが得られる。過去の『現場』を感得することによって、自分なりの確信がうまれてくる、ということを感じました」[7]。

研究対象とする時代の相違を問わず、数多くのインタビューをこなし、証言の内容を重ねあわせることで、官庁の組織文化や人間関係、時代の雰囲気など、文書資料や数字には記録されない事柄やニュアンスのようなもの、「感触」をつかむことができる。その集積が著者の心象形成につながり、執筆時には安心感や確信を与える。(8) 本書は、政党内閣から戦時体制へと移行した昭和戦前期における政治や行政のあり方を、内務省に視点を定めて内在的に理解することをめざしてきた。そのためには内務官僚独特の、「史観」とも表現すべき見方や評価を掌握することが不可欠であった。その意味で、当事者の記憶には刻印されたとしても、記録には残されないような事柄を追体験することを可能とするオーラル・ヒストリーは、公文書に乏しく、その分だけ研究者の想像力や構想力が試される内務省研究に適した資料であるように思われる。

しかしながら、オーラル・ヒストリーが豊かな可能性を秘めているにしても、実証面では細心の注意が必要な資料であることもまた確かである。再び御厨の指摘を借りれば、オーラル・ヒストリーは引用に際して、書翰や日記といった一次資料以上にコンテクストを明確にしておく必要があること、また「事実確定の危うさ」を常にまとった資料であることにも留意しておかねばならない。記憶に依存するがゆえの不正確さや、記憶自体が語り手によって再構成されている可能性、さらには聞き手に合わせた発言を包含している点で、オーラル・ヒストリーは他の資料と同様な、時にはそれ以上の検証が必要な資料である。(9) このためオーラル・ヒストリーを利用するにあたっては、発言内容を検証するためにオーラル・ヒストリー同士、またオーラル・ヒストリーと文書記録とを比較検討する必要が出てくる。そして、先人の貴重な遺産であるオーラル・ヒストリーを十分な検証のうえで活用できたならば、昭和史はさらなる発展が約束された研究領域となろう。

以下では、これまで述べてきたようなオーラル・ヒストリーの資料特性をふまえて、内務省に関するオーラル・ヒストリーの二大資料群である大霞会の「内政関係者談話速記録」と内政史研究会編「内政史研究資料」について概観し、さらにオーラル・ヒストリーの内容を補足し検証する材料となる未公刊資料についても紹介することとしたい。

二　大霞会編纂『内務省史』と「内政関係者談話速記録」

大霞会《たいかかい》は一九五七（昭和三二）年一一月に発足した旧内務省関係者が集う親睦団体である。会の名称である「大霞会」は内務省庁舎があった大手町と霞ケ関の頭文字をとっている。会員資格は旧内務省関係者に加えて、当時の厚生省、労働省、自治省、消防庁、運輸省港湾局、都道府県庁、警視庁など旧内務省に縁のある官公庁の勤務者および勤務経験者、そしてその縁故者に付与された。会の目的は会員相互の親睦をはかることにおかれ、会員総会を春と秋とに年二回開催し、会報『大霞』を年四回発行するなどの活動を行なっている。会のクラブは、発足当初は社団法人日本河川協会との関係から砂防会館の一室があてられ、次いで一九五八（昭和三三）年九月から一九六二（昭和三七）年に廃止されるまでは全国町村会館の公営企業金融公庫に置かれた。その後、大霞会の事務は、公営企業金融公庫から財団法人地方財務協会（一九六八（昭和四三）年四月以降）へと引き継がれている。(10) このような活動を続けてきた大霞会の創立十周年の記念事業として企画されたのが、一九七一（昭和四六）年に刊行された『内務省史』である。

『内務省史』の編纂には旧内務省関係者百数十人が参画し、刊行までに五年が費やされた。引き続き大霞会は、それぞれ創立二十周年と三十周年を記念して、一九七七（昭和五二）年に『内務省外史』、一九八七（昭和六二）年に『続内務省外史』を刊行している。『内務省外史』には機関誌『大霞』から転載された論述や座談会が集められ、『続内務省外史』は『内務省史』編纂の過程で収集されたこぼれ話的な文章を収録する。『内務省史』を含めて発行元はいずれも地方財務協会であるが、『内務省史』全四巻のみ原書房刊行の明治百年史叢書として一九八〇（昭和五五）年に復刻されている。『内務省史』発行の経緯や編集方針については第四巻「後記」および第一巻冒頭に掲げられた大霞会会長後藤文夫による「序」で明らかにされている。後藤は『内務省史』編纂の事情を次のように説明する。「内務省の歴史は、当然国家の手によって編纂されてしかるべきものであるが、内務省解体後すでに二〇年を経過したのに、いまだにその計画がないのを遺憾とした内務省出身者の親睦団体である大霞会は、その創立一〇周年の記念事業として『内務省史』の編纂・刊行を企てた」（序二頁—三頁）。

大霞会が『内務省史』編纂に動き始めたのは一九六四（昭和三九）年から六五（昭和四〇）年にかけての時期のことである。一定額にのぼった積立金の使途について会員に意見を募った際に、十周年記念事業とあわせて内務省史編纂を企画したいとの提案に多くの賛同が集まり、六五年四月の総会で出版が正式決定されるにいたった。内務省史の編纂に対して、大霞会の役員自身が「意外とも思えるほど賛成意見」が会員から集まった背景には、当時明治百年を契機として百年史を編纂する官庁が数多かったなかで、内務省についてては同様のプロジェクトが企画されないことへの不満があった。内務省に在勤しその実態を知る経験者が残り少なくなり、内務省に関する歴史を発行する「最後のチャンス」となるとの認識もあったという（後記二八七頁—二八八、序四頁）。また、一九六〇（昭和三五）年に自治省が発足し、自治庁の省昇格運動、あるいは内務省復活を目指す運動に区切りがついたことで、旧内務官僚が自らの来歴と、かつての内務省行政のあり方について語る気運が生じたようにも思われる。加えて、内政史研究会に集結した研究者グループが一九六三（昭和三八）年に活動を開始したことが刺激となった。大霞会の内政史研究会への目線や意識を感じさせる一節が「後記」にある（二八八—二八九頁）。「今後、学界などにおいて、内務省史、あるいは内政史（最近、政治史学界などにおいて、明治以後の内政史の研究熱が高まっていることは事実）のようなものが発行されることは期待できようが、恐らく、それは別箇の味をもったものであって、内務省の歴史を正面から取り上げるというようなことにはならないのではなかろうかと思う」[11]。内政史研究会の活動を意識して、学者の手による歴史とは別に、旧内務省在勤者による内務省史を残したいとの欲求が高まったのである[12]。

刊行をみた『内務省史』は、「内務省の歴史は、明治・大正・昭和を通じてのわが日本の生成発展の歴史である」(序一頁)という、旧内務省に対する自負心にあふれた一文で始まり、四巻合計で三千五百ページにもおよぶ大著となった。対象期間は内務省設置から内務省解体までの七十四年間であり、第一篇通史で内務省全体の歴史を概説し、第二篇で内務省の各所管行政を種類別に詳説し、第三篇に資料を収録するという構成となっている。執筆者の人選は、原則として「会員自らが昔の自己の職場について書く」方針がとられ、旧内務省在勤者で当該行政に経験の深い人物が数多く執筆や編集にあたっている。ただし、項目によっては外部の適任者を選び、第一篇通史を大久保利謙に依頼したほか、明治初期の内務行政に属した殖産興業や駅逓、鉄道行政などは部外の専門家に委嘱されている(後記二九三頁)。執筆者の人選から『内務省史』の大きな特色を「かつての当局者が、その当時の心持ちを回想しながら執筆」する点においたのである(序四頁)。第四巻に収められた「後記」には『内務省史』編纂に大霞会がかけた意気込み、そして政府刊行物として「正史」が企画されないことに対する内務官僚のルサンチマンを感じさせる、次のような一節がある。「政府刊行物ではないので、いわゆる『正史』ではない。かといって、まったくの第三者が書く『外史』でもない。過去において内務省に勤務した者が、内務省のありのままの姿を現代の人々に理解してもらい、かつ、後世にその足跡を残そうとして、精一杯努めるという基本的な考え方で記してある。(中略)『内務省史』であるから、内務省という主人公があって、その歴史である。たんなる平面的な内政の歴史ではない。そんな心持ちで記している」(後記二九〇頁)。

執筆原稿は、編集委員から選出された六名による小委員会にかけられ、内容の調整や統一がはかられた。[13] このため執筆者の多くを旧内務省関係者が占めた反面として、「序」には「いずれも歴史の専門家ではないので一定の史観に基づいて作成したものではなく、歴史著作物としては、もとより完璧であるとは考えない」との断りが付されている。彼らが謙遜した理由は、第一に「内務省の解体が占領政治下に連合軍総司令部の指令に基づいて行なわれたものであったため、内務省にあった資料のほとんどが散逸しており、たまたま入手できたものでも、その真偽を一々厳密に検討することはできなかったので、脱漏や誤記が絶対にないとは遺憾ながら保証はできない」と、資料面の制約があったためである。第二に「執筆者の大部分が過去の内務省や現在の内務省の後継者である各省の在勤者であった者及び在勤者であるので、資料の選択や表現に我田引水的な臭みがあるとの批判があるかも知れない」ことによる(序三頁)。『内務省史』は実地体験ゆたかな執筆陣による行政の実態に即した歴史が記録されたという長所をもち、「正史」ではなく「外史」であるがゆえの記述の面白さも備えている。しかし「内務官僚史観」を知るには適している半面、文章に込められた旧内務省関係者の自負心と、解体された内務省に対する郷愁とに起因するバイアスに注意する必要がある。例えば林敬三(第二篇第二部第七章「内務省解体の経緯」を担当)は執筆時の迷いを次のように語っている。林は内務省解体時の地方局長であり、解体後に発足したつなぎの機関であった内事局の長官となった人物である。「率直にいって、書くことは、自分の責任として書いておかなければいけないと思って書いたのでありますが、相当心重く、またやはり思い出すと非常に憤慨もしてくるし、またはたしてあれでじゅうぶんだったのかしらと。軍艦でいうと沈んだのですから。いかなる条件のもとにあっても沈んだんですから、その航海術をやっているものの責任というものを、今なお感じながら、これを書いた次第でございます[14]」。

編集委員会の構成からは、文官高等試験を通った事務官系の内務官僚、いわゆるキャリア官僚が多く、技術官僚やノンキャリアが少ないという特徴が見て取れる(後記二九〇—二九二頁)。執筆者も同様で、例えば第二篇第五章「土木行政」は、執筆者五名のうち過半数の三名(岡田文秀、新居善太郎、伊藤大三)までが事務系の内務官僚であり、技術官僚は二名(遠藤貞一、内村三郎)に過ぎない(後記三〇二頁)。『内務省史』は主にキャリア組の、しかも事務官系の官僚によって編集、執筆された文献という色彩が濃厚であると言ってよい。

次に大霞会が収集した「内政関係者談話速記録」について検討したい。大霞会は、『内務省史』編纂にあたっての資料面での制約を補うために、内務省勤務経験者による座談会を開催して経験談の聞き取りを行なっている。座談会は五十八回を数え、出席人員は延べ五百人に及んでいる（後記二九三頁）。これら大霞会主催の座談会の特徴は、学者と他省の官僚による回をのぞくと、出席者が内務省勤務者に限られ、しかもテーマごとに適任者を人選している点にある。次に取り上げる「内政史研究会談話速記録」が、生い立ちから引退するまでを、部外者である研究者を交えて聞き取るスタイルをとるのに対して、大霞会による「内政関係者談話速記録」は、いわば気のおけない仲間うちでの座談であるために、思わずもらした本音が記録されている面白さがあることが魅力の一つとなっている。これら『内務省史』編纂のために大霞会が主催した座談会の速記録原稿の一部が、国会図書館憲政資料室所蔵の「大霞会所蔵内政関係者談話速記録」である。だが『内務省史』後記には、大霞会が『内務省史』編纂のために開催した座談会の速記録はすべて保存されているとあるものの（後記二九三頁）、次に示すように憲政資料室にその全てが移管されてはいない。

◇『内務省史』第四巻「後記」掲載の座談会実施記録（二九三頁―二九七頁）と、国会図書館憲政資料室の「大霞会所蔵内政関係者談話速記録閲覧目録」との対応関係。速記録が憲政資料室に所蔵されている場合には、憲政資料室の目録番号を**（憲政〇）**と示すことにする。

（1）七十年前の郡役所など、石坂豊一氏を囲む座談会（一九六五年一二月二一日）**（憲政一）**
（2）元内務大臣座談会①（一九六六年一月一九日）**（憲政二）**
（3）高等官食堂の思い出を語る座談会（一九六六年二月七日）**（憲政三）**
（4）元地方長官座談会①（一九六六年二月八日）**（憲政四）**
（5）警保局関係座談会①（一九六六年二月一六日）**（憲政五）**

(6) 座談会「内閣からみた内務省」(一九六六年二月二八日)
(7) 元地方局長座談会(一九六六年三月二日)
(8) 元警保局長・警視総監座談会①(一九六六年三月二四日)
(9) 座談会「政治行政学者からみた内務省」(一九六六年三月二五日)(**憲政六**)
(10) 復興局関係座談会(一九六六年三月二九日)
(11) 明治時代の内務省をきく、佐藤孝三郎氏座談会(一九六六年四月二日)
(12) 社会局の思い出を語る、大野緑一郎氏座談会(一九六六年四月六日)
(13) 高等警察座談会(一九六六年五月二六日)
(14) 土木局関係座談会①(一九六六年五月三一日)
(15) 土木局関係座談会②(一九六六年六月二日)
(16) 元内務大臣座談会②(一九六六年六月二〇日)
(17) 衛生局関係座談会(一九六六年六月二二日)
(18) 警保局関係座談会②(一九六六年六月二三日)(**憲政七**)
(19) 地方税財政制度を中心に、田中広太郎氏座談会(一九六六年七月七日)
(20) 同前、松隈秀雄氏座談会(一九六六年七月一一日)
(21) 昭和前期の地方税財政制度を語る座談会(一九六六年八月一日)
(22) 戦後の地方自治制度改正を語る座談会(一九六六年八月一六日)(**憲政八**)
(23) 大政翼賛会・国民精神総動員運動を語る座談会(一九六六年九月一日)(**憲政九**)
(24) 土木局関係座談会③(河川・港湾)(一九六六年九月五日)

(25)防空関係座談会(一九六六年九月六日)(**憲政一〇**)
(26)土木局関係座談会④(道路・都市計画)(一九六六年九月八日)
(27)元地方長官座談会②(一九六六年九月九日)(**憲政一一**)
(28)元地方長官座談会③(一九六六年九月二二日)(**憲政一二**)
(29)戦中・戦後の地方財政を語る座談会(一九六六年九月二六日)
(30)満州国派遣要員座談会(一九六六年九月三〇日)(**憲政一三**)
(31)地方行政協議会等戦時業務を語る座談会(一九六六年一〇月一一日)(**憲政一四**)
(32)元地方長官座談会④(一九六六年一〇月二一日)(**憲政一五**)
(33)南方派遣要員座談会(一九六六年一〇月二六日)(**憲政一六**)
(34)内務省と政治座談会①(一九六七年一月一二日)
(35)地方行幸座談会①(一九六七年二月三日)(**憲政一七**)
(36)地方行幸座談会②(一九六七年二月七日)(**憲政一八**)
(37)元次官・人事課長座談会(一九六七年二月一〇日)(**憲政一九**)
(38)内務省と政治座談会②(一九六七年二月一六日)
(39)内務省と政治座談会③(一九六七年二月二〇日)
(40)内務省と政治座談会④(一九六七年五月九日)
(41)内務省と政治座談会⑤(一九六七年五月一一日)
(42)内務省を語る座談会①(一九六七年一一月一四日)(**憲政二〇**)
(43)内務省を語る座談会②(一九六七年一一月二〇日)(**憲政二一**)

(44)土木局関係座談会⑤(人事・政策決定)(一九六七年一一月二二日)**(憲政二二)**
(45)各省からみた内務省を語る座談会(一九六七年一一月三〇日)**(憲政二三)**
(46)内務省の事務処理の実際を語る座談会(一九六七年一二月七日)**(憲政二四)**
(47)新聞・図書検閲事務の実際を語る座談会(一九六七年一二月一四)**(憲政二五)**
(48)沖縄振興を語る座談会(一九六八年三月八日)**(憲政二六)**
(49)安岡正篤氏を囲む座談会(一九六八年三月一九日)**(憲政二七)**
(50)翼賛選挙等について、橋本清之助氏を囲む座談会(一九六八年四月二六日)**(憲政二八)**
(51)米供出の実際を語る座談会(一九六八年五月二四日)
(52)地方における防空行政の実際を語る座談会(一九六八年五月三〇日)**(憲政二九)**
(53)米の配給の実際を語る座談会(一九六八年六月三日)
(54)法案作成の実際を語る座談会(一九六八年六月四日)**(憲政三〇)**
(55)郡長時代の思い出を語る座談会(一九六八年六月二八日)**(憲政三一)**
(56)大霞会創立の経緯を語る座談会(一九七〇年三月一〇日)
(57)終戦前後の内務省及び地方庁の活動状況を語る座談会(一九七〇年九月二八日)**(憲政三三)**
(58)内務省を語る座談会③(学者)(一九七〇年一一月四日)**(憲政三四)**

※1 「後記」に掲げられていないものの、憲政資料室が所蔵する速記録。
・座談会「関係各省の昨今を語る」速記録(一九六九年九月四日)(憲政三二)
・座談会「『内務省史の編纂』事業をふりかえって」速記録(一九七一年一〇月二〇日)(憲政三五)
※2 「後記」と憲政資料室目録とで座談会名が異なる速記録。

・(42) 内務省を語る座談会① ＝(憲政二〇)対談「内務省論」速記録第一回
・(43) 内務省を語る座談会② ＝(憲政二一)対談「内務省論」速記録第二回
・(54) 法案作成の実際を語る座談会 ＝(憲政三〇)古井喜実氏談話(地方制度・選挙法)速記録
※3 『内務省史』第四巻の「内務省を語る」第一部「対談(後藤文夫・堀切善次郎)」は上記「内務省を語る座談会」(後記四二・四三)を、第二部「座談会(政治行政学者)」は上記「内務省を語る座談会③」(後記五八)を整理して収録したものである。このほか『内務省外史』や『大霞』にも大霞会主催の座談会速記録がいくつか収録されている。

三 内政史研究会と「内政史研究資料」

内政史研究会は、一九六三(昭和三八)年春に、辻清明東京大学法学部教授を代表として、戦前に国内行政に直接たずさわった人物を対象として、回顧談や行政に関する意見を聞き取ることを目的に発足した。当初は阿利莫二、赤木須留喜、大島太郎、杣正夫、高木鉦作、升味準之輔などからなる九名の会員で始まり、その後は石田雄、佐藤誠三郎、三谷太一郎、伊藤隆、さらには中村隆英、原朗、渡辺昭夫など、主として東京大学法学部出身の行政学や政治学、政治史を専門とする数多くの研究者が参画している。研究会の目的と聞き取りの進め方については、聞き取り対象者に送付された「内政史研究会趣旨」に明記されている。次に内政史研究会が活動を開始した一九六三年春時点の「趣旨」を掲げよう。ただし、会員名を記載した別紙は省略した。

「内政史研究会趣旨

一、目的　本会は、わが国内政史研究に必要な資料を蒐集保存することを目的とします。

この趣旨のもとに、まず、戦前国内行政に直接たずさわられた方々を招請して、主として座談会の形式で、回顧談および行政に関する御意見をうかがいたいと存じます。従来この方面について正確な資料が乏しい状態ですから、この企画は、貴重な価値を有するものと思われます。

二、会員　会員は、わが国内政史研究に関心をもつ各部門の研究者をもって構成します。会員中、その専門に応じて数名ずつ座談会に出席して、お話をうかがいます。

現在の会員は、別紙の通りであります。

三、座談会　時間と場所、および話題について、事前に参上してご相談いたします。

座談会は、だいたい二つの形式を併用しておこないます。

(1) 招請した方が、特別に関係をもたれた重要立法あるいは重要事件について、その事情をなるべく詳細にお話しねがう。

(2) 会員が、それぞれの研究上必要な事柄をお尋ねして、それについて御経験とか御意見をお話しねがう。

現在、会員がお聞きしたい事柄は、大様別紙のごとくであります。

四、記録　記録は、テープレコーダーと速記により、後に整理して保存します。

なお、印刷に付して研究者に配布することを計画中ですが、まだ決定しておりません。

印刷に付する場合には、原稿を御一覧ねがいます[15]」。

聞き取りの対象者は、内務省地方局関係者を中心に開始されて、次第に警保局関係者や他省庁の官僚、占領関係、さらには警保局の取り締まり対象であった右翼・左翼関係者へと広げられていった。一回の聞き取りは二時間から三時間にわたり、第一回のみは座談会(中川望・千葉了・香坂昌康)方式をとったものの、第二回の談話会からは談話者一人から数回、場合によっては二〇回以上に及ぶ長期にわたる聞き取りを行なうスタイルに変化している[16]。研究会は、ロックフェラー財団や文部省科学研究費補助金から資金を得て活動したが、昭和五〇年代に入ると財政的な問題に加えて、会員メンバーが多忙となったこと、また聞き取り対象の候補者が高齢になったことなどから、一九七七（昭和五二）年の総会で新規の聞き取りを中止すると決定された。これ以後は記録の整理やタイプ印刷化のみが進められ、一九九四（平成六年）年の解散パーティーをもって正式に研究会の活動を終えた。十六年間にわたる研究会の活動で、六六人から二六九回にわたって談話を記録し、うち二三一回分、八四冊がタイプ印刷されて関係者に頒布された。[17]その後、研究会の速記やテープは国会図書館憲政資料室に寄贈され、「内政史研究会旧蔵資料目録」が作成されている。ただし、速記録原稿（二六九回分）とタイプ印刷（八四冊）のすべてがそろってはいない。[18]

次に伊藤隆「内政史研究会の解散」（『日本歴史』五六〇号、一九九五年一月）および憲政資料室の「内政史研究会旧蔵資料目録」に従って、内政史研究会が聞き取りを行なった主な対象者の名前を掲げておく。

青木得三、安倍源基、新居善太郎、有竹修二、有光次郎、飯沼一省、市川清敏、稲村隆一、今井一男、今井久、内田源兵衛、大野緑一郎、大橋武夫、大森曹玄、荻田保、桂皋、加藤祐三郎、萱場軍蔵、川西実三、岸本勘太郎、北村隆、栗原美能留、劔木亨弘、河野一之、後藤文夫、後藤隆之助、佐久間豊三、清水重夫、鈴木俊一、鈴木正吾、鈴木九萬、高橋雄豺、宝樹文彦、田中広太郎、田中申一、田辺定義、土屋正三、富田健治、永井了吉、中川望・香坂昌康・千葉了、永野若松、挾間茂、橋井真、橋本清之助、橋本徹馬、林敬三、菱山辰一、平林広人、福島慎太郎、古井喜実、星島二郎、星野直樹、堀切善次郎、松隈秀雄、松本学、松本文子、三好重夫、村田五郎、安井英二、横溝光暉、横山正一、吉沢清次郎、J・K・エマーソン

以上のような内政史研究会の活動に関しては、伊藤前掲「内政史研究会の解散」と同『日本近代史――研究と教育』（一九九三年、東京大学退官時に関係者に配布された冊子）が詳しい。また、政策研究院政策情報プロジェクト編『政策とオーラルヒストリー』所収の「オーラルヒストリーの経験と方法」での升味準之輔報告も研究会の活動に言及している（補論注（6）参照）。内政史研究会は、木戸日記研究会や近代史料研究会、また当時盛んとなりつつあった占領史研究で

行なわれていた聞き取りに触発され、戦後ではなく明治末期以降の回顧談を聞く目的で発足した[19]。なお、内政史研究会は、大霞会が内務省史編纂に動き出し始める以前に発足しており、活動を開始した時点では両者には直接的なつながりは認められない。しかしながら、内務省史の編集に協力した三沢潤生(当時埼玉大学教授)が内政史研究会のメンバーにも名を連ねていること、また印刷費軽減のために、大霞会、あるいはその事務を扱った地方財務協会とは冊子の印刷などで提携していたこと、何よりも聞き取り対象者の多くが内務省関係者であったことから、後には大霞会と内政史研究会がそれぞれの活動を意識するようになったと考えられる。

内政史研究会談話速記録は、研究の事始めの時期であるがゆえに、時に談話の踏み込みに物足りなさを感じる瞬間があることは否定できない。だが、この不満は研究会の精力的な活動により資料と知識の蓄積が飛躍的に高まった結果であり、その功績を減じるものではない。大霞会による内務省史編纂をうながし、また研究会での聞き取りを機縁として内務省関係者が旧蔵した文書が国会図書館憲政資料室に寄託・寄贈されたケースが少なくないことも功績に加えるべきである。また、発足当初は座談会形式で聞き取りを行なう方針であった内政史研究会が、ほどなく生い立ちから引退するまでの生涯を聞き取るスタイルへと変更したことで、テーマごとの座談会形式をとった大霞会の談話速記録とは質量とも異なる談話が収集される結果となった。加えて大霞会の座談会は、行政に通じた当事者ばかりが集まった会であるために、語り手たちにとって所与として言及されなかったであろう話題が、行政の部外者である研究者を交えた内政史研究会の聞取りで拾われているケースがある。大霞会と内政史研究会が残した談話速記録は、出席メンバーや聞き取り形式、内容などの面で相互補完的な関係にあり、性質の異なる資料が競合して残されたことは後世の研究者にとって幸運であった。

四　史料所蔵機関

最後に本研究を進めるにあたって利用した史料所蔵機関の未公刊資料について整理することとしたい。研究を進めるにあたっては内務官僚の回顧録や伝記、内務省関係の雑誌（『大霞』、『斯民』、『内務（厚生）時報』、『地方行政』、『市町村雑誌』『警察協会雑誌』ほか）といった公刊資料も利用したが、公刊資料については列挙的となってしまうために本文各章の注に譲る。

国立国会図書館憲政資料室　国立国会図書館憲政資料室は、日本の近現代史のなかで重要な役割を果たした政治家や官僚、軍人などが保管していた資料を「憲政資料」として収集してきた。先述の「大霞会所蔵内政関係者談話速記録」や「内政史研究資料」に加えて、数多くの内務省関係者の私文書を所蔵している。昭和期の内務省関係者の文書を以下に示す。

赤池濃、新居善太郎、伊沢多喜男、石井光次郎、大野緑一郎、川崎卓吉、河原田稼吉、小橋一太、関屋貞三郎、武部六蔵、次田大三郎、永田秀次郎、藤沼庄平、松本学、水野錬太郎、山岡万之助

これら資料の詳細については、その多くがすでに伊藤隆・季武嘉也編『近現代日本人物史料情報辞典』1〜4（吉川弘文館、二〇〇四―二〇一一年）で紹介されている。ここでは、昭和戦前期に内務官僚として活躍した人物に関する文書から、本研究を進めるにあたって参照した資料についてのみ言及する。

日記類は、小橋一太（手帳）、関屋貞三郎、藤沼庄平、松本学、武部六蔵、次田大三郎の関係文書にふくまれている。本研究では、特に藤沼庄平日記と「松本学日記」の情報から得るところが多かった。武部六蔵と松本学、次田大三郎

の日記は公刊されている。[20] 松本学の関係文書では、日記に加えて、内務省警保局長時代（一九三二—一九三四年）の警察関係書類から、五・一五事件以降の警察のあり方に関する情報を得た。「新居善太郎関係文書」では、特に内務大臣秘書官兼大臣官房人事課長時代（一九三七—一九三八年）の人事関係書類を参照した。

人事関係書類は「山岡万之助関係文書」にも含まれている。山岡文書は、学習院大学法経図書室所蔵の資料であり、憲政資料室でもマイクロフィルムを閲覧できる。内務省警保局長時代（昭和二年—同三年）の選挙取締りや人事関係書類は、田中義一内閣下での選挙や地方官人事のあり方を考えるうえで非常に有益であった。なお山岡文書については、山岡文書研究会「山岡万之助関係文書・紹介と解説」（『学習院大学法学部研究年報』二三、一九八八年）がある。

水野錬太郎関係文書は、西尾林太郎・尚友倶楽部編『水野錬太郎回想録・関係文書』（山川出版社、一九九九年）に主要なものが翻刻されている。同じく内務省出身の官僚政治家である伊沢多喜男の関係文書については、伊沢多喜男文書研究会（代表・大西比呂志、吉良芳恵）編『伊沢多喜男関係文書』（芙蓉書房出版、二〇〇〇年）がある。このほか、法制局官僚であった佐藤達夫の関係文書に含まれる文官制度改革関係書類や各種立法関連資料は、国立公文書館所蔵の資料と突き合わせて利用した。有馬頼寧や近衛文麿の関係文書は新体制運動や大政翼賛会関係を中心に参照した。

国立公文書館　国立公文書館は、国の機関から内閣総理大臣が移管を受けた、歴史資料として重要な公文書等を保存している。

国立公文書館が所蔵する公文書類では、まず「各種調査会委員会文書」を利用した。加藤高明内閣下に設置された行政調査会、田中義一内閣下の行政制度審議会、浜口雄幸内閣下の選挙革正審議会、斎藤実内閣下の法制審議会などの関係文書である。これら審議会の委員会および幹事会の議事録や関係書類は、文官制度改革や選挙法改正をめぐる争点の変遷を把握するにあたって有益であった。「内閣官房総務課資料」では、米内光政内閣や第二次近衛文麿内閣での文官制度改革関係書類を利用したほか、国民精神総動員や新体制運動、大政翼賛会関係の書類、また戦時下の地方行政協議会や地方総監府関係の書類を参照した。自治省より移管された内務省関係の公文書（「自治省公文書」）では、地方行政協議会や地方総監府の関係書類、部落会や町内会に関する資料を参照した。これら「自治省公文書」については、『北の丸』一三号（一九七〇年一二月）掲載の永桶由雄「自治省より移管された内務省関係公文書について」で紹介されている。また、山中永之佑監修『近代日本地方自治立法資料集成5（昭和戦前期編）』（弘文堂、一九九八年）に「国立公文書館所蔵「自治省から移管された旧内務省公文書」目録」が収録されている。

公刊の資料集ながら、ここで国立公文書館所蔵の「警察庁公文書」（一九九七年移管分）と「返還文書」の中から、地方長官・警察部長会議関係の文書を編纂・収録した『昭和戦前期内務行政史料　地方長官・警察部長会議書類』全三六巻についても言及しておきたい[21]。「警察庁公文書」は旧内務省警保局関係文書と種村一男文書とからなっている。「種村文書」は、戦前に警保局警務課に勤務し、戦後は国家地方警察本部警視正などをつとめた種村一男の旧蔵文書であり、一九七〇年代に警察大学校に寄贈された。一方、「返還文書」は、戦後占領軍により接収され米国議会図書館に所蔵されていた文書が、一九七四（昭和四九）年に返還されたものである。「返還文書」については『北の丸』三四号（二〇〇一年一一月）掲載の公文書館専門官室「米軍による接収文書の返還状況の調査」で紹介されている。『昭和戦前期内務行政史料』には、旧内務省警保局関係文書から一九二六（昭和元）年から四〇（昭和一五）年までの地方長官・警察部長会議関係書類が、種村文書と返還文書から一九四一（昭和一六）年から四六（昭和二一）年までの同関係書類が収録されている[22]。地方長官会議や警察部長会議での内務大臣や司法大臣、検事総長などの訓示や指示事項を通読することで、時期ごとの内務行政の特色を読み取ることができる。戦時中の内務大臣訓示には『内務省史』第四巻の「地方長官会議における内務大臣訓示集」に欠落した箇所が含まれるのは貴重である。また、警察部長会議の「議事速記録」（第九巻・第一八巻）や「懇談会質疑要旨」（第二六巻）に記録された質疑応答も出席者の生の声が記録され興味深い。

国立公文書館には、総務省や警察庁、厚生労働省、国土交通省（旧建設省）など、内務省の後継官庁からの公文書が順次移管されており継続的な調査が必要である。

国文学研究資料館図書館　宮尾舜治、守屋栄夫、松田令輔など朝鮮や台湾、中国（満州地域）に関係した官僚の文書を収蔵している。本書では植民地官僚については十分に言及できなかった。今後の課題としたい。

東京大学大学院法学政治学研究科附属近代日本法政史料センター（原資料部）　大村清一、岡田忠彦、郡祐一、関谷延之助、山崎巌などの関係文書が所蔵されている。日記や知事として赴任した地方庁の書類が含まれている関谷文書を除くと、昭和戦後期の活動に関わる資料が多い。

学習院大学東洋文化研究所　社団法人中央日韓協会から寄託された朝鮮総督府関係など朝鮮近代史に関する四一八巻の録音テープを所蔵する。うち主要な二九九巻は朝鮮近代史料研究会が研究活動の一環として収録したものである。これら「録音記録」のなかに大野緑一郎、遠藤柳作など朝鮮総督府勤務の経歴を有した内務省関係者の談話が含まれている（大野・遠藤の談話は『東洋文化研究』第二号に収録）。上述の朝鮮近代史料研究会および録音記録については宮田節子『解説　穂積真六郎先生と「録音記録」』（『東洋文化研究』第二号、二〇〇〇年三月）に詳しい。

首都大学東京図書情報センター法学系図書室（旧東京都立大学法学部法政研究室）　安井英二と武井群嗣の関係文書を所蔵している。安井文書には近畿地方行政協議会や近畿地方総監府関係の書類が含まれている。これとは別に、地方制度調査会や大政翼賛会史関係の資料も所蔵している。

横浜市史資料室　半井清の文書が遺族より寄贈されている。赴任した道府県の書類のほか、神奈川県横浜市長時代に関する資料が充実している。

横浜開港資料館　有吉忠一の関係文書一二〇〇点あまりが所蔵されているが、本研究では十分には活用できなかった。有吉文書については、松本洋幸「有吉忠一関係文書目録」(『横浜開港資料館紀要』第二二号、二〇〇四年)、同「有吉忠一」(『近現代日本人物史料情報辞典3』吉川弘文館、二〇〇七年)で詳細に紹介されている。

信濃川大河津資料館(新潟県燕市)「宮本武之輔日記」の手書き原本が所蔵されている。本研究では社団法人電気通信協会から写真版印刷で刊行された『宮本武之輔日記』及び『宮本武之輔日記余録』全二二巻(一九七一年)を参照した。

注

(1)伊藤隆「歴史研究と史料」(前掲『近代日本研究入門[増補版]』)および飯尾潤「政治学におけるオーラル・ヒストリー」(日本政治学会編『年報政治学二〇〇四年　オーラル・ヒストリー』岩波書店、二〇〇五年一月)二二三―二四頁。なお、水垣源太郎「口述資料の方法論的諸問題」(中道實編『日本官僚制の連続と変化　ライフヒストリー編』ナカニシヤ出版、二〇〇七年)は、オーラル・ヒストリーが一九五〇年代にアメリカ政治史において始まったことから、政治学では、歴史学における「文書第一主義」に見られるような、口述資料対文書資料といった方法論的な対抗関係が薄いと指摘する。

(2)次に示すように筆者自身も聞き手、また内政史研究会談話速記録の解説執筆という形でオーラル・ヒストリーに関わった経験を有している。

◇オーラル・ヒストリー　『情と理――後藤田正晴回顧録　上下』(講談社、一九九八年)、「有馬元治オーラルヒストリー」(『有馬元治回顧録』第一巻、太平洋総合研究所、一九九八年)、『官を生きる――鈴木俊一回顧録』(都市出版、一九九九年)、『「阪神淡路震災復興委員会」(一九九五―一九九六)委員長・下河辺淳「同時進行」オーラル・ヒストリー　上・下巻』(政策研究大学院大学COEオーラル・政策研究プロジェクト、二〇〇二年)、『派に頼らず、義を忘れず――奥野誠亮回顧録』(PHP研究所、二〇〇二年)、『東田親司氏オーラル・ヒストリー』(政策研究大学院大学COEオーラル・政策研究プロジェクト、二〇〇五年)

◇内政史研究会談話速記録解説　「三好重夫と地方財政調整制度」（前掲『現代史を語る２　三好重夫』掲載）、「松本学――内務官僚・運動の組織者」（前掲『現代史を語る４　松本学』掲載）、「堀切善次郎と田中広太郎の関係史料について」（前掲『現代史を語る７　堀切善次郎・田中広太郎』掲載）。

（3）御厨貴『オーラル・ヒストリー』（中央公論新社、二〇〇二年）、五〇頁。

（4）飯尾前掲「政治学におけるオーラル・ヒストリー」二一一―二一二頁。

（5）御厨前掲『オーラル・ヒストリー』五五―六〇頁。

（6）政策研究院政策情報プロジェクト編『政策とオーラルヒストリー』（中央公論社、一九九八年）、七四―七五頁。

（7）「オーラル・ヒストリー鼎談」（前掲『年報政治学二〇〇四年　オーラル・ヒストリー』所収）、六―七頁。

（8）御厨前掲『オーラル・ヒストリー』は、オーラル・ヒストリーと組織文化、インスティテューショナル・メモリーとの関連について次のように言及する。「『内政史研究会』の談話速記録を、いろいろな共通性に着目してデータベース化すると、あの時期の内務官僚、特に地方局を中心とした内務官僚の特性が現れるのではないか。（中略）個人個人にバイアスがあるにもかかわらず、あの速記録を組織文化の観点から見たときには、意外に素直に読めるのではないかというのが私の予測である。個々人に関していえば、共鳴現象もあるし、すり寄るような発言もあるのだが、たとえばそのすり寄り方ひとつにしても、データが多くなればある共通性が析出されることになろう。そうなればしめたもので、客観的分析に耐えうるものとなる。したがってオーラル・ヒストリーの汎用性は、組織分析や制度分析にこそ求められるのではないか。（中略）相手の語りの中から関連ある発言を無意識のうちに引き出すことができれば、それはインスティテューショナル・メモリーを構成する材料になる」（二四―二五頁）。

（9）御厨前掲『オーラル・ヒストリー』五〇、六九頁。ただし、飯尾前掲「政治学におけるオーラル・ヒストリー」は、「政治学で用いられる多様な資料のなかで、オーラル・ヒストリーは異質な資料なのではなく、多くの資料がつくられる過程を考慮すれば、長所と短所の双方で共通点をもっており、資料的な意味での正確さに注目すれば、取り立ててオーラル・ヒストリーだけが特別視される理由」はないとする（二一六頁）。むしろ「オーラル・ヒストリーの場合には、他者による聞き取りという手順を踏むために、語り手による恣意的な変更が行いにくい側面がある。つまり、不自然な説明に対しては、聞き手による再質問の可能性があり、また語り手の心理状態を同席することによって感じ取ることもあるために、一定の歯止めがかかりやすい」ことから、同じく当事者による証言である回顧録や回想録よりも、オーラル・ヒストリーの信頼性を高く評価している（二六―二七頁）。また、水垣前掲「口述資料の方法論的諸問題」も資料の信頼性に関して、文書資料の口述資料に対する優位性にはなんら根拠がなく、ともに資料成立過程と資料記載内容についての資料批判が必要である（二二頁）、とオーラル・ヒストリーの信頼性に関して御厨とは異なった評価をしていることを付け加えておきたい。

（10）大霞会発足の経緯や規約などについては『内務省史』第四巻の「大霞会」（三一三―三一八頁）による。なお、地方財務協会（調査課）が作成した『内政関係者名簿』は、警察、厚生、労働、建設、自治の各省庁の幹部候補生として採用された者のみを対象としている（一九八六〔昭和六一〕年発行の名簿による）。旧内務省出身者が順次退官・退職するに従い、大霞会の新規の会員資格対象者から、都道府県庁や運輸省港湾局などの配属者がはずれ、前記五省庁の幹部候補生に絞られていったことが伺われる。前記「大霞会」によれば発足時の会員数は五七六名であったが、『内務省史』刊行がされた一九七一（昭和四六）年には一二五八名に（第四巻三二四頁）、一九八六年発行の『内政関係者名簿』の登載者数は五〇一四名に増加している。

（11）大霞会は内政史研究会発足以前から座談会を主催し、機関誌『大霞』に速記録を掲載している。例えば『大霞』第四号（一九五九〔昭和三四〕年一月）は「座談会　明治時代の内務省を語る」を、同第六号（五九年七月）は「座談会　旧内務省関係各省の昨今」を収録する。

（12）『内務省史』第二篇第一部第四章「警察行政」の執筆を担当した豊島章太郎は、大霞会による座談会「『内務省史の編纂』事業をふりかえって」のなかで、「学者とか第三者が書く場合は、みないわゆる弾圧の歴史になってしまう。何か権力を悪用して人民をいじめたというようなそういう内容に落ちていくわけですね。（中略）その実際の体験をもって歴史を書いてみようと。そういうことに狙いをおいたわけです」と、学者が書く歴史についての印象を語っている（「大霞会速記録」三五、一一五―一一七頁）。

『内務省史』第二篇第一部第三章「地方行政」第二節「地方制度」（恒松制治・執筆当時学習院大学教授）、同第三節「地方財政」（亀卦川浩・執筆当時東北学院大学教授）はともに研究者によって書かれた。荻田保は豊田と同じ座談会で、「これは役人ではない、われわれの手をはなれてまかしてしまったような形でちょっと行き方がかわってしまったんですね」と断りを入れている（九七頁）。三好重夫は、『市政』連載の文章のなかで、「地方財政」の記述について痛烈な批判を加えている。「〔内務省史の編纂に関わった際〕たいした研鑽を経ないで、杜撰な叙述が行なわれているのを眼にしたのだった。（中略）かような記述が『正史』として残ることが良いことか悪いことか、すくなからざる懸念を懐かざるを得なかった。そして、これは大変だ、なんとかしなければならんという思いに駆られた」（「地方財政譚」『市政』一六巻七号〔一九六七年七月〕掲載。『三好重夫逸稿集』〔三好浩介、一九八二年〕に再録、一一頁）。

（13）編集小委員会は、萱場軍蔵、士屋正三、挾間茂、豊島章太郎、荻田保の六名からなり、全体の企画や編集方針の原案作成のほか、原稿の調整や校正にあたった。時には編集委員が執筆者の了承を得ずに修正を施したケースもあったという（後記二九二頁）。

（14）座談会「『内務省史の編纂』事業をふりかえって」（「大霞会速記録」三五）二八七―二八九頁。

（15）趣意書は政策研究大学院大学図書館所蔵の「桂皐関係文書」の内政史研究会（伊藤隆）発桂宛書簡（一九七三年八月六日、書類編、ＩＤ一―五六、東一―三―九）に同封されている。

（16）内政史研究会の聞き取りが、第一回だけ座談会形式であったことについて、升味準之輔は次のように回想する。「私は都立大学に在職していましたが、先輩の千葉正士教授の岳父に、新潟県知事をなさり、その後協調会の仕事にたずさわっておられた千葉了という方がおられました。その方にお願いして、千葉さんの親友で東京府知事をなさった香坂昌康さんと、当時一番長老の中川望さんをご紹介いただきました。中川さんは一八七五年ですから西南戦争前のお生まれで、戦後は枢密顧問官をなさって、その時は八十八歳でした。このお三人と一九六三年三月二十日に第一回の談話会を神田の学士会館で開きました。この第一回だけが三人ご一緒で、その後の談話会は一人ずつです」（前掲『政策とオーラルヒストリー』七二頁）。

（17）内政史研究会は、談話速記録のほかに、別集として『雑誌「斯民」目次総覧』（酒田正敏編）や『新居善太郎氏談話資料集（一）』（三沢潤生、赤木須留喜編）、近代史料研究会と共同発行した伊藤隆他編『大蔵公望日記』四巻を刊行している。なお、内政史研究会の談話速記録の復刻が、シリーズ『現代史を語る』として現代史料出版から刊行が進められている。本書執筆時点では、第一巻（荻田保、二〇〇〇年発行）、第二巻（三好重夫、二〇〇一年）、第三巻（桂皐、二〇〇三年）、第四巻（松本学、二〇〇六年）、第五巻（吉沢清次郎、二〇〇八年）、第六巻（鈴木九萬、二〇〇八年）、第七巻（堀切善次郎、田中広太郎、二〇一二年）までが刊行されている。

（18）憲政資料室の「内政史研究会旧蔵資料目録」参照のこと。なお、伊藤前掲「内政史研究会の解散」は、目録に記載のないテープや、冊子化されなかった談話記録について次のように説明する。「(タイプ印刷以外の速記録の)多くはテープから原稿に書き起こしたまま、主として経済的な事情で印刷に付することができなかった。また、テープから書き起こしもできないもの、書き起こしたものを談話者の校閲のためお渡ししたまま戻して頂けなかったものなどもある。当初はテープが高価だったのでテープを保存することができなかったが、途中からテープそのものも保存することができるようになった」。

(19) 前掲『政策とオーラルヒストリー』七一頁。

(20) いずれも前掲、『次田大三郎日記』の原資料は関西学園関西高等学校が所蔵。なお武部六蔵日記に関しては、古川隆久『あるエリート官僚の昭和秘史――『武部六蔵日記』を読む』(芙蓉書房出版、二〇〇六年)がある。

(21) 池田順(編集・解説)『昭和戦前期内務行政史料　地方長官・警察部長会議書類』全三六巻(ゆまに書房、二〇〇〇―二〇〇一年)。

(22) 池田順「刊行にあたって」。『昭和戦前期内務行政史料』の第一回配本(第一巻―第一八巻、昭和元年―昭和一二年)は二〇〇〇年、第二回配本(第一九巻―第三六巻、昭和一三年―二一年)は二〇〇一年に発行された。

内務省の政治史関係年表（1873–1960）

西暦（和暦）	日本政治の出来事	世界の出来事
一八七一（明4）		1 ドイツ帝国成立
一八七三（明6）	11・29 **大久保利通、初代内務卿となる。**	
一八七四（明7）	1・10 **内務省開庁**（勧業・警保・戸籍・駅逓・土木・地理の六寮と、測量司）。	
一八七六（明9）		12 オスマン・トルコでアジア初の憲法発布
一八八一（明14）	1・14 内務省より独立して東京に警視庁を再設置、大警視を警視総監と改める。	
一八八四（明17）		12 英、初の男子普通選挙制
一八八五（明18）	12・22 内閣制度創設、内務省は、大臣官房のほか、総務・県治・警保・土木・衛生・地理・社寺・会計・戸籍の九局となる（各省官制）。	
一八八九（明22）	2・11 大日本帝国憲法発布、衆議院議員選挙法公布。	
一八九〇（明23）	7・1 第一回衆議院議員総選挙（11・25、第一回帝国議会召集）。	3 独・ビスマルク、宰相を退く
一八九四（明27）		8 日清戦争勃発
一八九八（明31）	6・30 **第一次大隈内閣成立（初の政党内閣）**、板垣退助内務大臣となる。	
一八九九（明32）	3・27 **文官任用令改正**（警保局長・警視総監など自由任用からはずれる）、文官分限令、文官懲戒令各公布。	10 ボーア戦争始まる
一九〇四（明37）		2 日露戦争勃発
一九〇六（明39）	1・7 第一次西園寺内閣成立、原敬内務大臣となる。	

西暦（和暦）	日本政治の出来事	世界の出来事
一九一〇（明43）		8 韓国併合
一九一一（明44）	8・21 警視庁に特別高等課をおく。 8・30 第二次西園寺内閣成立、原敬内務大臣となる。	10 辛亥革命始まる
一九一三（大2）	8・1 文官任用令中改正（自由任用の範囲拡大）。	3 ウィルソン、米大統領に就任
一九一四（大3）		7 第一次世界大戦始まる
一九一八（大7）	9・29 原敬内閣成立、床次竹二郎内務大臣となる。	
一九一九（大8）		1 パリ講和会議開催
一九二〇（大9）	5・15 文官任用令中改正（警保局長、警視総監ら自由任用となる）。 8・24 内務省に社会局をおく。	1 国際連盟発足
一九二一（大10）		11 ワシントン会議開催
一九二二（大11）		12 ソ連邦成立
一九二三（大12）	9・1 関東大震災により、内務省庁舎焼失。	11 ヒトラー、ミュンヘン一揆失敗
一九二四（大13）	1・7 清浦内閣成立、水野錬太郎内務大臣となる、護憲運動起こる。 6・11 **加藤高明・護憲三派内閣成立**、若槻礼次郎内務大臣となる。	1 第一次国共合作成立
一九二五（大14）	5・1 **内閣に行政調査会の設置を閣議決定**。 4・21 治安維持法公布。 5・5 **衆議院議員選挙法改正**（**普通選挙法**）。 8・2 第二次加藤内閣成立、内務大臣若槻礼次郎留任。	3 孫文、北京で病没
一九二六（大15）	1・30 第一次若槻内閣成立、若槻が内務大臣を兼任（6・3浜口雄幸内務大臣に）。	7 蔣介石、北伐開始
一九二七（昭2）	4・20 **田中内閣成立**、**鈴木喜三郎内務大臣となる**。 5・17 **地方長官大異動**。 6・4 **内閣に行政制度審議会をおく**。	7 コミンテルン、「二七テーゼ」決定 10 毛沢東、井岡山に革命根拠地を建設

一九二八（昭3）	2・20 **第一六回衆議院議員総選挙（初の普通選挙）。** 5・23 望月圭介内務大臣となる。 7・3 警保局に高等課を新設、未設置の全県に特別高等課をおく。	8 パリで不戦条約調印 10 ソ連、第一次五カ年計画開始
一九二九（昭4）	7・2 浜口内閣成立、安達謙蔵内務大臣となる。	10 ニューヨークで株式大暴落、世界恐慌始まる
一九三〇（昭5）	1・18 **衆議院議員選挙革正審議会官制公布。** 2・20 第一七回衆議院議員総選挙。	1 ロンドン海軍軍縮会議開催
一九三一（昭6）	4・14 第二次若槻内閣成立、内務大臣安達謙蔵留任。 9・18 満州事変勃発。 12・13 犬養内閣成立、中橋徳五郎内務大臣となる。	9 英議会、金本位制離脱立法可決
一九三二（昭7）	1・17 **安岡正篤ら国維会を設立。** 2・20 第一八回衆議院議員総選挙。 3・1 満州国政府、建国宣言を発表。 3・26 鈴木喜三郎、内務大臣となる。 5・15 **5・15事件、犬養首相殺害される。** 5・26 **斎藤内閣成立、山本達雄内務大臣となる。** 9・22 **文官分限令改正（いわゆる身分保障令）、文官分限委員会官制公布。** 9・27 **農林省に経済更生部を設置。**	7 独国会選挙、ナチス第一党となる 11 ルーズベルト、米大統領選勝利
一九三三（昭8）	2・23 **巡査分限令公布。** 6・17 **ゴー・ストップ事件おこる。** 9・25 内務省新庁舎霞が関に落成。	1 ヒトラー、独首相に就任 2 国際連盟総会、リットン報告承認 3 日本、国際連盟脱退の詔書
一九三四（昭9）	4・7 文官任用令および関係勅令中改正（警保局長・警視総監ら資格任用となる）。 4・18 帝人事件おこる。 6・22 **衆議院議員選挙法改正（選挙運動、罰則に関する事項など改正）。** 7・8 **岡田内閣成立、後藤文夫内相となる。** 9・3 官房秘書課を人事課に改める（10・3内務考課表規則を定める）。	8 ヒトラー、大統領と首相を兼任 9 ソ連、国際連盟加盟

西暦（和暦）	日本政治の出来事	世界の出来事
一九三五（昭10）	1・15 地方官官制中改正（各府県の内務部を総務部に改め、経済部を新設）。 5・7 **選挙粛正委員会設置**。 5・11 内閣審議会官制、内閣調査局官制各公布。 5・14 警保局高等課を廃して、防犯課をおく。 8・12 永田軍務局長、相沢三郎陸軍中佐に刺殺（相沢事件）。	3 独、再軍備宣言 10 伊、エチオピア侵攻開始
一九三六（昭11）	2・20 第一九回衆議院議員総選挙。 2・26 **2・26事件**、陸軍部隊の一部が叛乱、斎藤内大臣、高橋蔵相ら殺害。 3・9 **広田内閣成立、潮恵之輔内務大臣となる**。 7・4 地方局に監査課をおく。 8・7 四相会議で外交方針を、五相会議で「国策の基準」を決定。 10・1 臨時町村財政補給金規則公布。	2 独、ラインラント進駐 5 伊、エチオピア併合 7 スペイン内乱始まる 11 日独防共協定調印 12 西安事件
一九三七（昭12）	2・2 林内閣成立、河原田稼吉内務大臣となる。 5・14 企画庁設置（内閣調査局は廃止）。 6・4 **第一次近衛内閣成立**、馬場鍈一内務大臣となる。 7・7 **盧溝橋事件（日中戦争勃発）**。 7・29 臨時地方財政補給金規則公布。 8・2 **地方制度調査会官制公布**。 8・24 国民精神総動員実施要綱を閣議決定。 10・25 企画院設置（企画庁と資源局を統合）。 12・14 **末次信正内務大臣となる**。	4 独空軍、スペイン・ゲルニカ空爆 9 第二次国共合作成立 11 伊、日独防共協定に参加 12 伊、国際連盟脱退
一九三八（昭13）	1・11 **内務省社会局・衛生局を廃して、厚生省をおく**。 3・31 国家総動員法公布。 4・22 地方局庶務課を廃して監督・振興の二課をおき、財務課を財政課に改める。 6・27 物資総動員計画基本原則を発表。 7・29 警保局に経済保安課をおく（経済保安警察制度創設）。	3 独、オーストリアを併合 9 ミュンヘン協定

一九三九（昭14）	1・5 **平沼内閣成立、木戸幸一内務大臣となる。** 4・11 米穀配給統制法公布。 8・30 阿部内閣成立、小原直内務大臣となる。 11・6 米穀配給統制応急措置令公布。	8 独ソ不可侵条約調印 9 独、ポーランド侵攻（第二次世界対大戦始まる）
一九四〇（昭15）	1・16 米内内閣成立、児玉秀雄内務大臣となる。 3・29 地方分与税法公布。 5・20 地方連絡協議会規程（内務省訓令）公布。 6・24 近衛文麿、枢密院議長辞任、新体制運動に乗り出す。 7・22 **第二次近衛内閣成立、安井英二内務大臣となる。** 7・30 閣議、官界新体制確立大綱決定。 9・11 **部落会町内会等整備要領を府県に訓令。** 10・12 **大政翼賛会発会式。** 12・21 平沼騏一郎内務大臣となる。 12・21 内務省に専任監査官、検閲官をおく。	5 英、チャーチル連合内閣成立 6 独軍、パリ無血入城 9 独、ロンドン空爆 9 日独伊三国同盟調印
一九四一（昭16）	1・6 官吏身分保障制度を撤廃。 2・17 **内務・農林両次官「部落会及部落農業団体ノ調整ニ関スル件」通牒。** 4・2 **大政翼賛会改組。** 7・18 **第三次近衛内閣成立、**田辺治通内務大臣となる。 10・18 **東条内閣成立、**東条首相内務大臣を兼任。 12・8 **米英両国に宣戦布告、ハワイ真珠湾奇襲。** 12・15 物資統制令公布。	4 日ソ中立条約調印 4 日米交渉始まる 6 独ソ戦始まる 8 米、対日石油輸出全面禁止 12 米英、対日宣戦布告 12 独伊、対米宣戦布告
一九四二（昭17）	1・16 **大日本翼賛壮年団結成。** 2・17 湯沢三千男内務大臣となる。 2・23 翼賛政治体制協議会発足。 4・30 **第二一回衆議院議員総選挙（いわゆる翼賛選挙）。** 5・20 **翼賛政治会結成。** 8・14 大政翼賛会を部落会・町内会・隣保班を指導する組織とする。	1 連合国共同宣言調印 6 ミッドウェー海戦 9 スターリングラード攻防戦始まる

西暦（和暦）	日本政治の出来事	世界の出来事
一九四三（昭18）	3・10 **農業団体法公布**。 3・19 **市制・町村制・府県制各改正**（市町村長権限強化、町内会・部落会規則など）。 4・30 安藤紀三郎内務大臣となる。 5・31 東京都制公布（7・1施行）。 7・1 **地方行政協議会設置**。	2 スターリングラードで独軍降伏 7 ムッソリーニ失脚 9 イタリア、無条件降伏
一九四四（昭19）	7・22 小磯内閣成立、大達茂雄内務大臣となる。	6 連合軍、ノルマンディ上陸作戦 8 連合軍、パリ入城
一九四五（昭20）	3・30 **大日本政治会結成**。 4・7 鈴木内閣成立、安倍源基内務大臣となる。 6・10 **地方総監府官制公布**。 6・13 大政翼賛会解散。 6・22 **義勇兵役法公布（国民義勇隊結成）**。 8・14 御前会議でポツダム宣言受諾を決定。 8・15 戦争終結の詔書を放送、鈴木内閣総辞職。 8・17 東久邇内閣成立、山崎巌内務大臣となる。 9・14 大日本政治会解散。 10・4 ＧＨＱ、政治的・社会的・宗教的自由に対する制限撤廃の覚書交付（特高パージ）。 10・9 幣原内閣成立、堀切善次郎内務大臣となる。 10・13 特高関係者の一斉休職発令。 10・27 **堀切内相、知事公選を言明、戦後初の民間知事登用**。 11・6 地方総監府廃止、地方行政事務局設置。 12・17 衆議院議員選挙法改正（婦人参政権付与、選挙権二〇歳など）	2 米英ソ、ヤルタ会談 4 ルーズベルト米大統領死去 5 独、無条件降伏 7 米英ソ、ポツダム会談 8 第二次世界大戦終結 10 国際連合成立

一九四六（昭21）	1・4 第一次公職追放（内務省関係首脳、知事の多数が追放）。 1・13 三土忠造内務大臣となる。 3・6 政府、憲法改正草案要綱発表（地方自治の規定がおかれる）。 4・1 第二二回衆議院議員総選挙（初の婦人参政権行使）。 5・22 吉田内閣成立、大村清一内務大臣となる。 9・27 東京都制・府県制・市制・町村制各中改正（知事・市町村長の公選など）。 11・3 日本国憲法公布（47・5・3施行）。	1 第一回国連総会 3 チャーチル、「鉄のカーテン」演説 7 中国、全面的内戦始まる
一九四七（昭22）	1・4 第二次公職追放（地方関係）。 1・22 町内会・部落会廃止の訓令。 1・31 植原悦二郎内務大臣となる。 4・5 **第一回統一地方選挙（府県知事・市町村長など一斉選挙）**。 4・16 地方自治法公布（5・3施行）。 4・30 **内務省の分権化に関する覚書交付**。 5・3 部落会・町内会廃止の政令。 5・24 片山内閣成立、木村小左衛門内務大臣となる。 6・27 内務省の廃止を閣議決定。 12・26 **内務省および内務省機構に関する勅令などを廃止する法律公布**。 12・27 内務省解体式。 12・31 **内務省廃止**、内事局令公布（48・2・6廃止）。	3 トルーマン米大統領、議会で「トルーマン・ドクトリン」を宣言 6 米国務長官マーシャル、「マーシャル・プラン」発表 8 パキスタン独立 8 インド独立
一九四八（昭23）	1・1 建設院設置（7・8建設省に）。 1・7 地方財政委員会発足。 3・7 警察法施行（自治体警察誕生）。 3・7 総理庁官房自治課発足。	4 ベルリン封鎖始まる 7 大韓民国成立 9 朝鮮民主主義人民共和国成立
一九四九（昭24）	6・1 総理府官房自治課、地方財政委員会統合、地方自治庁発足（総理府外局）。	10 中華人民共和国成立

西暦（和暦）	日本政治の出来事	世界の出来事
一九五〇（昭25）	6・1 地方自治庁、再び地方財政委員会と地方自治庁に分かれる。	6 朝鮮戦争勃発
一九五一（昭26）		9 対日講和会議、サンフランシスコで開催
一九五二（昭27）	8・1 地方自治庁と地方財政委員会、全国選挙管理委員会を統合、自治庁発足。	
一九五三（昭28）		7 朝鮮休戦協定調印
一九五六（昭31）	4・27 内政省設置法案国会提出（審議未了、継続審査、第二八国会で撤回〔58・3・20〕）	
一九六〇（昭35）	7・1 **自治省と国家消防本部が統合、自治省発足。**	11 米大統領にケネディ当選

・『内務省史』第四巻（地方財務協会）所収の「年表」『地方自治総合年表』（ぎょうせい）をもとに著者が作成。

あとがき

本書は二〇〇六（平成一八）年度に東京都立大学大学院社会科学研究科に提出した学位申請論文（論文博士・政治学）を原型とし、第一章から第三章までには既に公表した以下の論文、報告の内容を含んでいる。

①「政党政治転換過程における内務省――非政党化の進行と選挙粛正運動」（『東京都立大学法学会雑誌』第三五巻一号掲載、一九九四年七月）

②「政党内閣期における内務省――『内政の総合性』をめぐる〈政党化〉の文脈」（『東京都立大学法学会雑誌』第三九巻二号掲載、一九九九年二月）

③「内務官僚と二・二六事件後の政官関係」（日本政治学会編『年報政治学二〇〇〇年　内戦をめぐる政治学的考察』二〇〇一年一月、岩波書店）

第一章は紀要論文②での考察を含むもののほぼ書き下ろした。なお、第一章第三節の内容は、二〇一〇年度日本政治学会研究大会（分科会C６）で報告の機会を得た。第二章は紀要論文①と②をもとに、第三章は『年報政治学』掲載の論文③をもとに加筆した。これ以外の序章と第四章、終章、補論はほぼ博士論文をもとにするものの、本書に収録するにあたっては分析視角や構成、文章に修正を施した。

私にとって本書は単著としては二冊目の学術書である。前著で戦前には革新倶楽部など小党で活動した政治家・清瀬一郎の選挙論を分析したなかで興味をもち、内務省をテーマとして研究を進めるようになってから、ずいぶんと長い時間が経過してしまった。その間には講義録作成のために日本政治史の先行研究をまとめて読み込む機会があった。あらためて先人の業績を振り返ると、明治期は政党と藩閥、大正期は政友会と山県閥、と政党のみならず、その対抗勢力の動向をも解明した重層的な叙述が展開されていることに感銘を受けた。昭和期に入るとこれとは対照的に、特に政党と対峙した官僚、「官」の論理が十分には明らかにされていないように思われた。

本書では官僚機構のなかでも最有力官庁であった内務省の視角からの、昭和戦前・戦中期の政治史分析を試みた。従来の「政党」に重きをおいた政治史に対して、内務省の目線からの「官」の政治史を打ち立てることを意識した。そして、内務省を軸にすえて分析を進める際に念頭においたのが、本書第四章で検討した古井喜実の「行政機構改革の一問題としての内務省の将来」である。内務省関係の史料を読み込んでいくなかで、数多くの示唆を受けたのが古井の論考であった。今にして振り返れば、古井が「行政機構改革の一問題としての内務省の将来」に盛り込んだ状況時代や論理を理解しようと努めた成果が、本書につながったようにも思われる。

「官」である内務省の論理を解き明かすことで、従来の内務省イメージに明確な修正を加えることができたのは、五・一五事件と二・二六事件にはさまれた挙国一致内閣の時期である。以前は、政党政治が隆盛を極めた時期の内務省は、その人事や政策が政党の干渉にさらされたがゆえに、政党の凋落は内務省に政治的な台頭をもたらす好機となったと理解されてきた。ところが、内務省に視点を定めてその軌跡をたどると、政党政治の隆盛と凋落が、まったく逆の意味で内務省の盛衰に直結した経緯が見えてきた。これら内務省の視角から政治史を叙述する本書の試みが、日本政治史のより一層の発展につながるとすれば、私にとって望外の幸せである。本研究で得た知見をもとに、今後は、政党に加えて、官の論理を組み込むことで戦前と戦後を架橋しつつ昭和政治史を再検討したいと考えている。

最後に、すべての方のお名前をあげることはかなわないが、研究を続けるにあたって受けた学恩に心からの感謝を申し上げたい。

東京都立大学大学院での指導教授である御厨貴先生にお会いしたのは、筆者が立教大学法学部在学中のことである。先生のゼミで大量に読み込んだ政治評論家・馬場恒吾の人物評論や新聞コラムは、私の昭和政治史のイメージの基礎をなしている。また、先生が主宰されたオーラル・ヒストリー・プロジェクトへの参画を許され、鈴木俊一氏や後藤田正晴氏、奥野誠亮氏ら内務省関係者から、直接に談話をお聞きすることができたのは、筆者にとって得難い財産である。

北岡伸一先生には立教大学法学部で一年生向けに開講される基礎文献講読に入って以来、折にふれて研究の進展状況をご報告する時間をとっていただいた。学部学生時代に演習にとどまらず、先生の日本政治史講義を受講して、その分析の明晰さや視野の広さ、何より学問としての面白さに魅了されたことが、大学院進学を考えたきっかけとなった。

伊藤隆先生には政策研究大学院大学勤務時代に身近に接する機会を得た。史料に真摯に取り組む先生の姿勢と飽くなき情熱には本当に頭が下がった。内政史研究会談話速記録の復刻プロジェクト（シリーズ『現代史を語る』）に誘っていただくなど、助手退職後に研究生活を継続できたのは、先生の励ましのおかげである。

東京都立大学（現首都大学東京）大学院では、修士課程在学中には在外研究中の御厨先生に代わって、水谷三公先生（現國學院大學）、宮村治雄先生（現成蹊大学）にご指導をお願いした。博士論文審査には五百旗頭薫先生（現東京大学社会科学研究所）に主査、御厨先生と伊藤正次先生に副査をお引きうけいただいた。先生方より賜った薫陶や助言はいずれもが私の蒙を啓かせて下さる示唆に満ち溢れ、その後の研究の指針となっている。大学院でともに学んだ先輩諸氏や友人、佐道明広、武田知己、村井哲也ら同門にとどまらず、松田宏一郎、高濱俊幸、浅沼かおり、山田央子、小林淑憲、築島尚、相原耕作、稲垣浩、稲吉晃ら各氏と、演習や院生室で交わした会話は刺激的であり有益であった。

とりわけ多忙を極めるなかで博士論文に目を通し、貴重な助言を下さった坂本一登、河野康子、兵藤守男、中静未知各氏のお力添えや激励なくして本研究は世に出なかったであろう。東京都立大学は内政史研究会の事務局がおかれた大学であり、資料や書籍が集積された法政研究室（現在は図書情報センター法学系図書室）には、『東京都政の研究』や『〈官制〉の形成』を書かれた赤木須留喜先生、また大著『日本政党史論』を書かれた升味準之輔先生をはじめとする偉大な諸先生方が残された貴重な文献と資料が所蔵されていた。ともに故人となられた赤木先生、升味先生に本書をお見せできないのが残念でならないが、学問的な価値に加えて、研究の「面白さ」を尊んだ東京都立大学で研究生活を始めることができた幸運に感謝している。

研究会や学会関係では季武嘉也、赤川博昭、矢野信幸、小宮一夫、奥健太郎、宮城大蔵、高橋初恵、清水唯一朗、宮地忠彦、中澤俊輔各氏にお世話になった。研究を進めるにあたって、これら諸氏の業績や、助言から得た知見ははかり知れない。

藤原書店の藤原良雄社長は内務省をテーマとする本研究を評価され、出版を受けて下さった。編集にあたられた刈屋琢氏は原稿完成まで本当に、本当に辛抱強く待ちつづけて下さった。お詫びの言葉とともに、本研究を世に出して下さったことに心からの謝辞を申し述べたい。

最後に研究生活を見守り支援してくれた妻知子、両親黒澤公男・久子、そして義父母仲宗根満・圭子に感謝とともに本書をささげたい。

二〇一三年八月

黒澤　良

ら・わ行

な 行

は 行

ま 行

や 行

さ　行

た　行

人名索引

注を除く本文から人名を採り，姓•名の五十音順で配列した。

あ 行

か 行

著者紹介

黒澤 良（くろさわ・りょう）
1965 年、東京都生まれ。1989 年、立教大学法学部法学科卒業。1995 年、東京都立大学大学院社会科学研究科（政治学専攻）博士課程、単位取得退学。2007 年、同大学院より博士号取得（政治学）。日本学術振興会特別研究員、東京都立大学法学部助手などを経て、現在、学習院大学法学部ほか兼任講師。
主要著作に『清瀬一郎——ある法曹政治家の生涯』（駿河台出版社、1994 年）『日本政党史』（共著、吉川弘文館、2011 年）『日本政治史の新地平』（共著、吉田書店、2013 年）など。

内務省《ないむしょう》の政治史《せいじし》——集権国家《しゅうけんこっか》の変容《へんよう》

2013 年 9 月 30 日　初版第 1 刷発行 ©

著　者　黒　澤　　良
発行者　藤　原　良　雄
発行所　株式会社　藤　原　書　店

〒 162–0041　東京都新宿区早稲田鶴巻町 523
電　話　03（5272）0301
ＦＡＸ　03（5272）0450
振　替　00160 - 4 - 17013
info@fujiwara-shoten.co.jp

印刷・製本　中央精版印刷

Printed in Japan
ISBN978–4–89434–934–6

新たな視点から「正当性」を問う

政治的正当性とは何か

J-M・クワコウ
田中治男・押村高・宇野重規訳

頻発する政治腐敗、政治への信頼性の喪失……、現在においてこそ問われるべき「正当性」の問題に、マルクス、ウェーバー、ロールズ、シュミット等多くの政治哲学者の議論を批判的に考察しつつ果敢に取り組む刺激的な一書。

A5上製　三三六頁　**六八〇〇円**
（二〇〇〇年六月刊）
◇978-4-89434-185-2

LÉGITIMITÉ ET POLITIQUE
Jean-Marc COICAUD

気鋭の思想史家の決定版選集

坂本多加雄選集（全2巻）

［編集・解題］杉原志啓　［序］粕谷一希

I　近代日本精神史
［月報］北岡伸一・御厨貴・猪木武徳・東谷暁

II　市場と国家
［月報］西尾幹二・山内昌之・梶田明宏・中島修三

「市場と秩序」という普遍的問題を問うた明治思想を現代に甦らせ、今日にまで至る近代日本思想の初の「通史」を描いた、丸山眞男以来の不世出の思想史家の決定版選集。

A5上製クロスカバー装　**口絵二頁**
I 六八〇頁　II 五六八頁　**各八四〇〇円**
（二〇〇五年一〇月刊）
I◇978-4-89434-477-8
II◇978-4-89434-478-5

諸勢力の対立と競合のドラマ

戦後政治体制の起源
（吉田茂の「官邸主導」）

村井哲也

首相の強力なリーダーシップ（官邸主導）の実現を阻む、「官僚主導」と「政党主導」の戦後政治体制は、いかにして生まれたのか。敗戦から占領に至る混乱期を乗り切った吉田茂の「内政」手腕と、それがもたらした戦後政治体制という逆説に迫る野心作！

A5上製　三五二頁　**四八〇〇円**
（二〇〇八年八月刊）
◇978-4-89434-646-8

「行政の萎縮」という逆説

戦後行政の構造とディレンマ
（予防接種行政の変遷）

手塚洋輔

占領期に由来する強力な予防接種行政はなぜ「国民任せ」というほど弱体化したのか？　安易な行政理解に基づく「小さな政府」論、「行政改革」論は「行政の責任分担の縮小」という逆説をもたらしかねない。現代の官僚制を捉える最重要の視角。

四六上製　三〇四頁　**四二〇〇円**
（二〇一〇年二月刊）
◇978-4-89434-731-1

1989年11月創立 1990年4月創刊

一九九五年二月二七日第三種郵便物認可　二〇一三年九月一五日発行（毎月一回一五日発行）

月刊

機

2013
9
No. 258

発行所　株式会社 **藤原書店**©
〒一六二-〇〇四一　東京都新宿区早稲田鶴巻町五二三
電話　〇三・五二七二・〇三〇一（代）
FAX　〇三・五二七二・〇四五〇
◎本冊子表示の価格は消費税込の価格です。

編集兼発行人
藤原良雄
頒価 100円

「からだ」から「生きる」ことを考え抜いた、稀有の哲学者の精選集！

「セレクション 竹内敏晴の『からだと思想』」発刊！

一九七五年刊『ことばが劈《ひら》かれるとき』で、聴覚障害者としての生いたちから、ことばが劈かれた瞬間の経験を鮮烈に描いた演出家、竹内敏晴（1925-2009）。「からだ」を通じて、「他者」とは、そして「主体」とは何かを掘り下げ続けた、竹内敏晴の軌跡とは何であったのか。本セレクションでは、約四十年にわたる竹内敏晴の著作を精選する。「からだ」という根幹を喪失しつつある戦後日本社会の問題を人と人との関係の根源を粘り強く問い続けることから照らし出してきた竹内敏晴の仕事のエッセンスを読者に贈る。

編集部

●九月号目次●

本セレクションを推す

谷川俊太郎（詩人）

――野太い声とがっちりしてしなやかな肢体

アタマとココロとカラダの三位一体から、コエが生まれ、それがコトバとして他者に投げかけられるという、人間が群れとして生きていく基本を、竹内さんは繰り返しおのが肉体を原点として他者に働きかけ、またそれを文字化して飽きなかった。あの野太い声と、がっちりしてしかもしなやかな肢体の記憶は、竹内さんが遺した書き物とともに、この時代にますます新しい。

写真©菊池一郎

木田　元（哲学者）

――「からだ」によって裏打ちされた「ことば」

結局のところ竹内さんとは、二〇〇二年の晩秋に対談をして本にしてもらったとき、一度お会いしただけに終わってしまったが、初対面だというのに懐かしいという思いをさせられるお人柄に深く心を惹かれた。「からだ」によって裏打ちされていないような「ことば」には人を動かす力はないといったところで、強く共感し合ったことが今も忘れられない。

鷲田清一（哲学者）

〈わたし〉の基《もとい》を触診し案じてきた竹内さん

「からだに来る」「からだに出る」と言うように、わたしたちの存在が危機に瀕したときにからだは意識に上る。ふだんはそれほど黙って〈わたし〉を支えている。そのような〈わたし〉の基《もとい》を、あるいは沈黙の支えを、竹内さんはずっと触診してきた。そして案じてきた。こうした基に根を下ろしていないと、ことばもいのちも閉ざされて、他のそれにふれられなくなる。届かなくなる……。そのことを竹内さんはわたしたちに語りつづけた。

内田　樹（武道家、思想家）

言葉が身体の中を通り抜けてゆく

竹内さんの文章は、意味がよくわからないところでも、音読してみると、すっと話が通ることがある。意味が「わかる」のではなく、言葉が身体の中を抵抗に出会うことなく、通り抜けてゆくのである。私にはそれを「飲み込めた」ということである。食物を摂取する経験に似ている。「飲み込んだ」ものが何であるかを知らぬままに、それはしばらく時間を経た後に、実際に血となり肉となって私をかたちづくってしまうのである。

〈各巻内容〉

1 主体としての「からだ」

文・竹内敏晴

「演技とは、からだ全体が躍動することであり、意識が命令するのではなく、からだがおのずから発動し、みずからを超えて行動すること。またことばとは、意識がのどに命じて発せしめる音のことではなく、からだが、むしろことばがみずから語り出すのだ。形が、ことばが、叫びが、生まれでる瞬間を準備し、それを芽生えさせ、それをとらえ、みずからそれに立ちあい、みずからそれにおどろくこと。そのような美しい瞬間があるに違いない。自分がほんとうに自分であるとき、もはや自分は自分ではない（意識しない）というような瞬間が。からだが見、からだが感じ、からだが叫び、からだが走るのだ。」

●内容　『ことばが劈かれるとき』（部分）／『生きることのレッスン』（部分）／私の新劇解体史／演技者は詩人たりうるか／からだの変容——憑依と仮面　ほか

2「したくない」という自由

竹内敏晴の人と仕事1　**福田善之**

「ムカツク」からだは、外からの刺戟にせよ内からの衝撃にせよ、宙吊りにしたまま外へあらわさない。つまり表現しないことを核心とする存在のし方に外ならないからだ。もしこのからだが一番すなおにその状態を——もちろん無自覚に——あらわすとすれば、たとえば、「したいことをする」反対の方向、即ち「したくないことはしない」というのが最大のやり方だろう。現代では、人はしたくないことを一所懸命させられることに馴じみすぎて、自分が「したいこと」はなにかに気づいているひまがない。そのような状況において、「したくない」と気付くところには、確実にその人がいるのだ。」

●内容　『教師のためのからだとことば考』（部分）／『子どものからだとことば』（部分）／『生きることのレッスン』（部分）／他人のための「からだ」／表現への出発　ほか

竹内敏晴の人と仕事2　**芹沢俊介**

3「出会う」ことと「生きる」こと

「わたしは人と人とが出会う地平を確かめたいと考えたことからここまで歩いてきたわけだが、しかしわたしがある人に向かいあって、ある心理学的に定義されうる同じレベルに立つことができれば、「出会う」という共通の体験と理解が成立するのではないかと無意識に想定していたのではなかったか。出会うというのはそういうことではない。どのような地平にあろうが、ある瞬間、二人の間に火花が散って、あっと思ったときに世界が変わってしまうということだ。出会いとは相手を理解するということではない。その人に驚かされる、驚かされたとたんに裸になっている。相手に突破されてしまう。そういうことが出会いということだろうと思う。」

●内容 『ドラマとしての授業』(部分)/『時満ちくれば』(部分)/『老いのイニシエーション』(部分)/生命——「いのち」の定義 ほか

4 「じか」の思想

竹内敏晴の人と仕事3 **鷲田清一**

「気づくこと、じかにふれること、新しく生き始めること。私には密かにその先に、立ちたい地点があります。私は、「ことばが劈かれたとき」、なにか「じか」というほかないものに出会い、存在が劈かれ、いのちが目覚めた、このとき人間になったといってもよいかもしれないと思うのです。レッスンにおいて、気づき目覚めることは新しく生きることに違いないが、世間的な意味で「元気になる」という地点に落ち着いてほしくはないのです。この「いのちを活きる」「人間になる」地平をめざしたいのです。」

●内容 『愛の侵略』改訂版(未公刊)/『待つしかない、か。——二十一世紀 身体と哲学』(木田元との共著、部分)/情報以前——「聞く」ことの倫理 ほか

[附] 竹内敏晴年譜

竹内敏晴の人と仕事4 **内田 樹**

*各巻に「月報」と「ファインダーから見た竹内敏晴の仕事」(安海関二)を附す

セレクション

竹内敏晴の「からだと思想」(全4巻)

内容見本呈

推薦=木田元・谷川俊太郎 鷲田清一・内田樹

第1巻 主体としての「からだ」
——「ことばが劈かれるまで」と演出家としての竹内敏晴
〈寄稿〉福田善之
[月報]松本成晴・岡嶋正恵・小池哲央・廣川健一郎
四六変型上製 四〇八頁/口絵一頁 三四六五円

〈以下続刊〉[季刊配本]

第2巻 「したくない」という自由
——戦後日本社会の定点観測者として
〈寄稿〉芹沢俊介

第3巻 「出会う」ことと「生きる」こと
——「湊川」と、以後の竹内敏晴
〈寄稿〉鷲田清一

第4巻 「じか」の思想
——「からだ」を超える「ことば」を探して
〈寄稿〉内田 樹

四六変型上製 三五〇〜四二〇頁 各巻月報付

大好評の『岡田英弘著作集』（全8巻）待望の第2巻刊行！

世界史はモンゴル帝国から始まった

岡田英弘

モンゴル帝国の世界史的意義

チンギス・ハーンは一二〇六年のその即位の当初、ある巫《シャマン》を通じて、地上のすべての民を支配すべき天命を受け、これがその後の中央ユーラシアの王権の性格を決定した。チンギス・ハーンの孫の時代までに、モンゴル軍の行動範囲は、東北方ではサハリン、東方では日本の九州、東南方ではジャワ島、南方ではインダス河、西南方ではパレスティナ、西方ではポーランド、ハンガリー、アドリア海岸にまで及び、モンゴル帝国は、それまでの中央ユーラシア系の種族の活動範囲のほとんど全部を統合した観がある。

もっとも、帝国とは言っても、モンゴル帝国には一元的な中央集権の政治制度があったわけではない。モンゴル帝国の支配階級であるモンゴル人は、軍事権と財政権を掌握するだけで、行政の実務はそれぞれの地方の有力者の自治に任されていた。これは匈奴以来の中央ユーラシアの遊牧帝国の伝統であった。遊牧民の社会組織の基礎単位は、家族を別とすれば、父系の氏族である。氏族が集まって部族を構成する。部族には固有の言語がある。部族が連合して遊牧国家を形成するが、これを現代の観点から見れば民族ということになる。

遊牧国家の公用語は、部族語のどれか、または外国語である。そうした遊牧国家が成長して、遊牧民のみならず都市民・農耕民をも支配するようになったものが遊牧帝国であり、その最大限に達したものがモンゴル帝国であった。

モンゴル帝国の各地に君臨した王家は、すべてチンギス・ハーンの直系の子孫であった。フビライの子孫の元《げん》朝はモンゴル高原、東北アジア、朝鮮半島（高麗）、シナ、チベットを支配し、それまでは独立国であった雲南（大理《だいり》）を併合した。チャガタイの子孫は中央アジアを支配し、ジョチの子孫のキプチャク・ハーン国（黄金のオルダ）はカザフスタンからウクライナに及ぶ草原を支配し、フレグの子孫のイル・ハーン国はイラン高原を支配した。

　モンゴルの軍事力がユーラシア大陸の東西を結ぶ交通路の安全を保証したので、前例を見ない広域の経済圏が実現し、商業活動は盛況を呈した。元朝が世界史上最初の不換紙幣を発行して成功したことは、その一つの証拠である。シナでは、元朝以前の十一世紀に、すでに世界最初の資本主義経済が芽生えていたと言われるが、それがモンゴル帝国時代に入って西方に波及して地中海世界に達し、十三世紀に地中海東部の制海権を握っていたヴェネツィアにヨーロッパ最初の銀行が誕生している。

▲ワシントン大学に留学中（1959年頃）

　モンゴル帝国の中央ユーラシア統合は、十四世紀の中頃までしか続かなかった。元朝は一三六八年に至って漢族の明《みん》朝にシナを逐われモンゴル高原に後退した。イラン高原のイル・ハーン国は、一三三五年にアブー・サイード・ハーンの死とともに、多数の非モンゴル系王家に分裂した。チャガタイ・ハーン国は、一三四七～四八年に東西に分裂し、西チャガタイ・ハーン国は一三六九年に至って、モンゴルのバルラス氏族のテムル（ティームール）に乗っ取られた。キプチャク・ハーン国では、一三五七年にベルディベグ・ハーンが殺されて内乱が起こり、三つのハーン国に分裂し、やがてテムルの遠征を受けて大打撃を蒙った。

モンゴル帝国とシナ、朝鮮

　こうしてモンゴル帝国の栄光の日々は過ぎ去ったが、モンゴル帝国が中央ユーラシアの外の世界に残した遺産は、現在に及ぶ世界の歴史に永続的な影響を与えている。

　まずモンゴル帝国は、シナの性格を根本から変えた。元朝以前の時代においては、漢字の通用する範囲がシナであり、皇帝の臣民が漢人であったが、フビライ・ハーンが元朝を建ててからは、皇帝は漢字を使用する漢人とそれ以外の文字を使用する非漢人の両方を支配すべき天命を受けた者ということになった。ただし漢族の明朝は、軍事力も経済力も元朝に及ばず、元朝時代にシナと統合されていたモンゴル高原をも、チベットをも、朝鮮半島をも統治することができなかった。明朝は、元朝の政治制度、軍事制度をほとんどそっくりそのまま引き継いだが、科挙の試験についても同様であって、朱子学を国教、つまり科挙用の経典の正統的解釈としたのは元朝に始まる。朱子学はその後、六百年にわたって、十九世紀末まで漢人の精神を支配した。**明朝は成功しなかったが、元朝が遺した新しいシナの理念は、十七世紀に至って満洲族の清《しん》朝によって実現された。清朝は朝鮮半島をのぞく元朝の旧領土をほぼ統合し、それは二十世紀に入って、モンゴルをのぞいてほぼそのまま中華民国、中華人民共和国に継承された。**現在の中国が中央ユーラシアの東半分を領有しているのは、元をただせばモンゴル帝国の遺産である。

　朝鮮半島では、元朝の帝室の姻戚であった高麗《こうらい》王家を、元モンゴル領の東北面（咸鏡道《かんきょうどう》）出身の李成桂《りせいけい》（太祖）が廃位して一三九二年に即位し、朝鮮王朝を建ててシナから独立するが、元朝の遺産の朱子学と科挙は、両班《ヤンバン》階級をつくり出し、朝鮮半島の社会の性格を決定する。また太祖の孫の世宗が一四四六年に頒布したハングル文字は、現在の韓国語・朝鮮語の基礎を築いたものであるが、この文字は元朝のパクパ文字（チベット文字を基にし、それを縦書きにしたもの）からつくられた。（…）

モンゴル帝国の継承者、ロシア

　しかしなんと言っても、モンゴル帝国の直系の後継者と言うべきものは、中国と並んでロシアである。

　ロシアの諸侯は、十三世紀以来、「黄金のオルダ」の臣下となって貢税を納めていたが、そのなかで**モンゴルのハーンの代官として勢力を得たのがモスクワ大公であった。大公イヴァン四世は一五四七年、ロシアで初めてツァーリ**（ハーンのロシア語訳）**の称号を採用して独立の意志を明らかにし、一五五二年カザン・ハーン国を滅ぼし、続いてアストラハン・ハーン国を服従させたが、クリミア・ハーン国は依然強大で、一五七一年にはモスクワを攻略して貢税を課した。これ以後モスクワは、十七世紀末のピョートル一世の時代まで、クリミアに貢税を納めなければならなかった。**イヴァン四世は自分の王位を正当化するために、一五七五年十月、みずから退位して代わりにシメオン・ベクブラトヴィチ（本名サイン・ブラト）というモンゴル人を全ロシアのツァーリとし、自分はモスクワ大公としてこれに臣従の誓いを立てた。シメオンは黄金のオルダのアフマド・ハーンの曾孫、すなわちチンギス・ハーンの直系の子孫である。翌年六月、シメオンは退位してトヴェリ大公となり、ツァーリ位をイヴァンに譲った。こうして**ロシアのツァーリ位は、チンギス・ハーンに由来する中央ユーラシアのハーン位の神聖性を帯びることになった。**この少しあとでリューリク朝が断絶し、モンゴル系と称したツァーリ、ボリス・ゴドゥノフ（在位一五九八〜一六〇五）の治世のあと、内乱時代を経て、**一六一三年に至ってツァーリ、ミハイル・ロマノフがロマノフ朝を開くのである。**そういうわけで、**ロシアのツァーリも、清朝の皇帝と同様、モンゴルのハーンに起源を持つのであり、**東ローマ帝国の伝統を継ぐものなどというのは後世の解釈にすぎない。その証拠に、モンゴル人はロシアのツァーリを「オロスのチャガーン・ハーン（白い皇帝）」と呼び、ジョチの子孫、つまりキプチャク・ハーン国の後裔と考えていた。**一五八一年に始まるロシアのシベリア征服、一七五五年の清朝のジューンガル**（ジュンガル）**平定、五九年の回部の平定を経て、一八七六年にコーカンド・ハーン国がロシアに併合されるに及んで、中央ユーラシアは清朝とロシアによって完全に分割されることになった。**そのロシアの領土を引き継いだのがソ連なのであるから、ソ連が中央ユーラシアの西半分を領有したのも、元をただせばモンゴル帝国の遺産なのである。

以上に見てきたように、中央ユーラシアの諸種族は、まず繰り返す移動の波によって、周辺の文明の運命を決定し、続いてモンゴル帝国に結集して、最終的に現在の中国とロシアを生み出した。これに対してモンゴル帝国に統合されなかった日本では、十四世紀に倭寇《わこう》が発生し、西部ヨーロッパでは少し遅れて十五世紀に大航海時代に入り、これが十六世紀に合流した結果、生み出されたものが、現在の世界の三大資本主義経済、日本とアメリカ合衆国とヨーロッパ連合（ＥＵ）である。こうした現在の世界情勢を理解するには、中央ユーラシアの歴史からの視点が不可欠である。

（構成・編集部）

（おかだ・ひでひろ／歴史家）

写真家・桑原史成が撮り続けた水俣〝病〟事件の半世紀!

水俣事件 *The MINAMATA Disaster*

「水俣病は、病気の問題なのだろうか?」この名称はいつ、誰が、どのようにしてつけたのだろうか? このような疑問から本書、桑原史成写真集のタイトルを桑原史成氏と相談の上、「水俣事件」にした。

一九三二年、水銀汚染始まる。五〇年代に入ると、魚が浮き、ネコが狂い、カラスや水鳥がおちるのを目撃。五三年末、劇症奇病患者が続発。五六年五月一日、水俣奇病の公式発見。水俣市が奇病対策委設置。

一九五七年六月二四日、熊大医学部水俣奇病研究班第三回報告会で病理学の武内忠男が「中毒性因子が確認されるまでは本症を水俣病と仮称することにしたい」と発言。以後、医学報告では「水俣病」の用語が使用された。

一九五八年六月には水俣奇病の厚生科学研究班主任松田心一が「いわゆる水俣病に関する医学的調査研究成績」を厚生省に提出。(以上、本書所載の西村幹夫氏作成「水俣事件と桑原史成の略年表」より)

その後、「水俣病」という名称についてさまざまな意見が展開される。

現地ルポ「水俣病を見よ」というタイトル記事が一九六〇年『週刊朝日』五月一五日号に掲載。

この記事に触発された桑原氏は、水俣市立病院長の大橋登の許可を得て、水俣病専用病棟などで、後に胎児性と診定される未認定の乳児と母など多数撮影した。水俣事件のもっとも早い段階からレンズを通して事件を目撃してきたといえる。

桑原氏はこの水俣の写真で報道写真家としてデビューし、韓国やベトナム、ロシアなど海外へと活躍の場を広げた一方で、幾度も水俣を再訪し、写真を撮り続けた。その三万コマにもおよぶフィルムの中から精選したのが今回の写真集である。

「写真の特質は記録である」と言う桑原氏の言葉通り、ここに収められた写真は目で見る「水俣事件の通史」と言えよう。

(編集部)

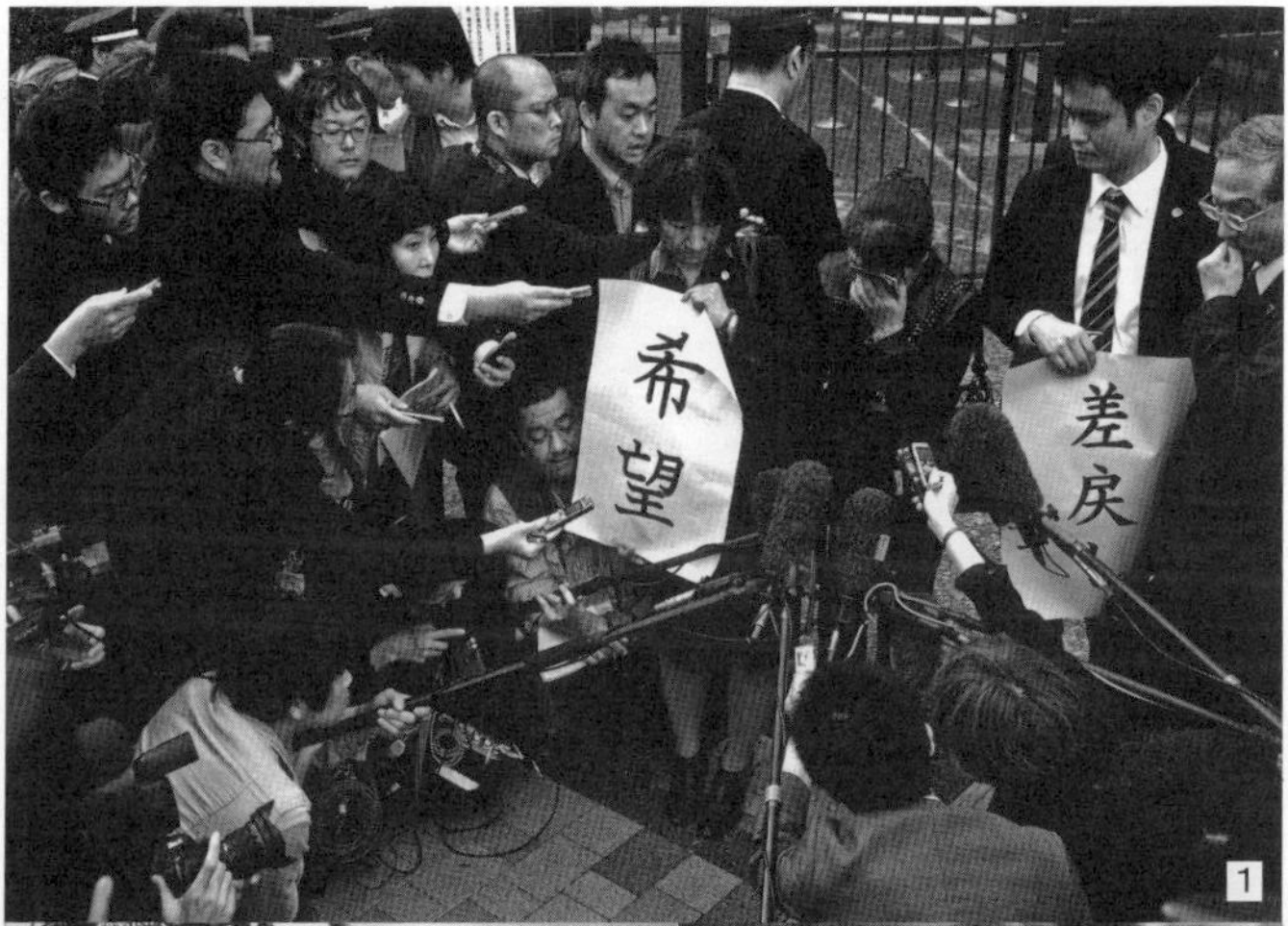

1　原告患者敗訴の二審判決を破棄、差戻しの判決を得た故・F（匿名）の遺族にも報道取材がつめかける　最高裁前　2013 年 4 月 16 日

2　首相が初めて行政側の慰霊式に参加した。　鳩山由紀夫　2010 年 5 月 1 日

3　仕切り網を撤去。水銀汚染魚を湾内に閉じ込め、魚をとっては捨てて湾内水銀をうすめる漁を 23 年間もやった　1997 年 8 月

4　実子が歩くとき姉綾子が抱きついて支えた　自宅前の波戸　1986 年 2 月

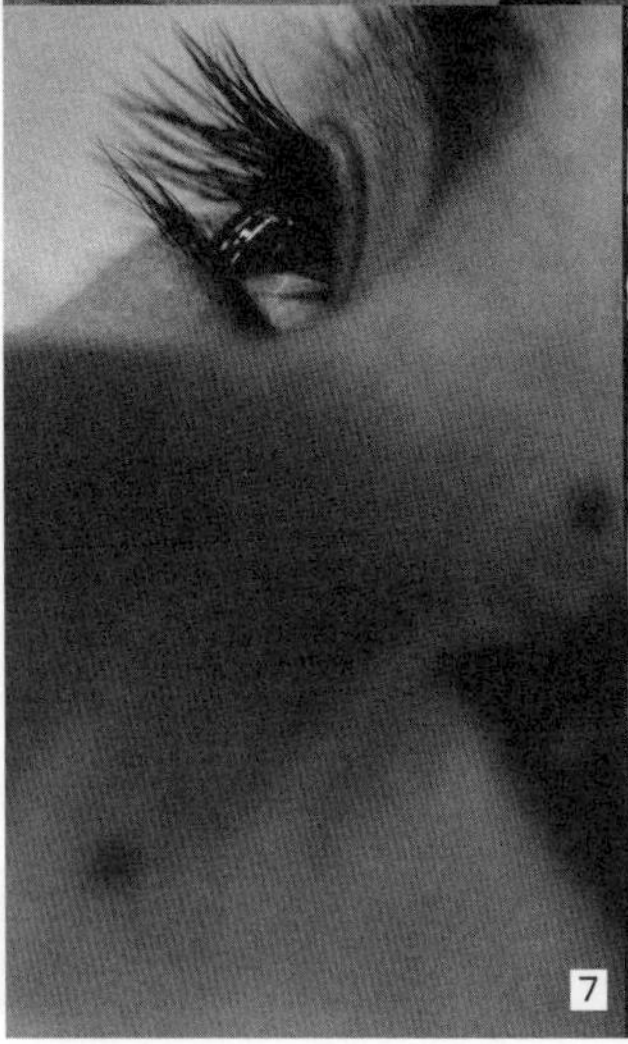

5　自作のビラを新成人へ。坂本しのぶ（中央）と加賀田清子（左）
水俣市公会堂前　1977 年 1 月 15 日

6　患者が上京して初の座り込み。厚生省に補償額をまかせる一任派への低額補償に訴訟派が抗議　　東京駅近くのチッソ東京本社前　1970 年 5 月

7　私は久美子を美しく撮りたかった。五度目の水俣取材で、瞳を被写体にできた。彼女には何かが見えているのか、見えないのか
専用病棟　1966 年 10 月

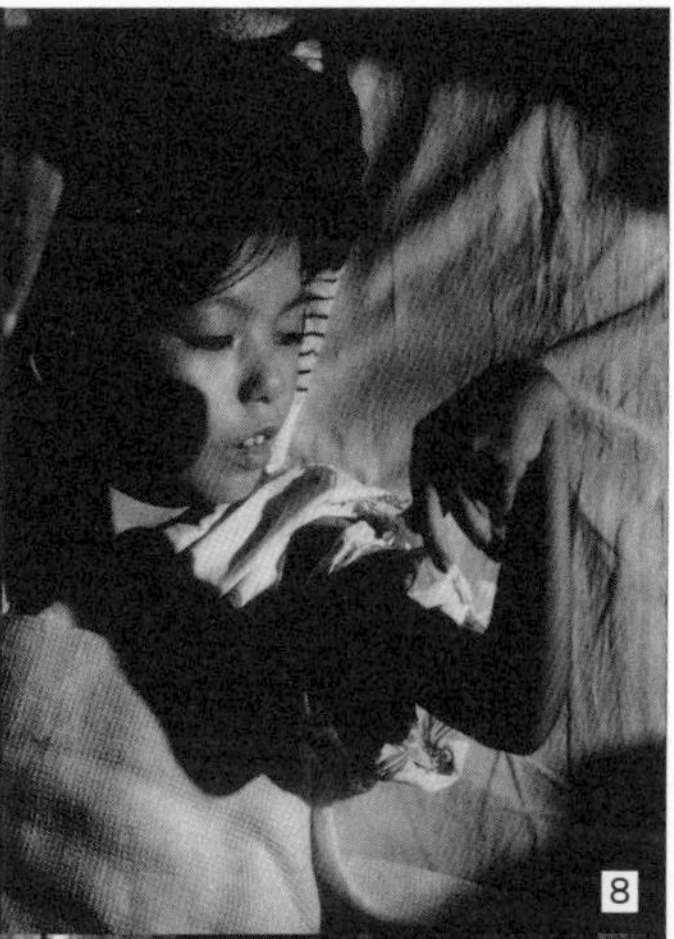

桑原史成写真集
水俣事件〈英語付〉
The MINAMATA Disaster
菊倍変型判　一八四頁　三九九〇円

8　漁民の三女、松永久美子はだれからともなく「生ける人形」といわれるようになった
専用病棟　1962 年 8 月

9　一家の食事には魚と海藻が欠かせなかった
自宅　1960 年 7 月

10　最初に出会ったときの上村家の居間
月浦出月（でつき）の借家　1960 年 7 月

易の大家、故・景嘉師直伝の気鋭の著者による決定版！

『易経』とは何か

黒岩重人

易の書『易経』は、本文である「経《けい》」と、その解説である「伝《でん》」によって構成されている。その内容は、以下の通りである。

「経」本文の構成

本文には、「卦形《かけい》」「卦名《かめい》」「彖《たん》（卦辞《かじ》）」「象《しょう》（爻辞《こうじ》）」がある。

卦形は、上の三画から成る卦と下の三画の卦とを組み合わせると、六画から成る卦ができあがる。これには六十四種の形があるので、これを六十四卦という。

卦名は、この六画から成る卦に付けられた名である。卦に繋《か》けられた辞《ことば》の最初の文字が、卦の名に当たる。

彖は、卦辞ともいう。一卦の全体に繋けられた辞である。易には六十四の卦があるから、卦辞も六十四種あることになる。

象は、爻辞ともいう。各卦の各爻ごとに繋けられた辞である。一つの卦には六つの爻があるから、六十四卦では三百八十四爻になる。したがって、爻辞も、三百八十四あることになる。

「伝」十篇の解説書

本文の解説である「伝」は、全部で十篇あるので、これを「十翼《じゅうよく》」ともいう。

▲黒岩重人氏

それは、次のようなものである。

彖伝《たんでん》……彖の伝、つまり卦辞を解説した文である。上篇と下篇の二篇に分かれている。

象伝《しょうでん》……象の伝であり、大象と小象とから成っている。上篇と下篇の二篇に分かれている。

＊大象とは、卦の構成を説き、それを手本として、一つの教訓を述べているものである。各卦ごとにあるので、六十四ある。

＊小象とは、爻辞を解説した文である。各爻ごとにあるので、三百八十四ある。

繋辞伝《けいじでん》……易の理論を説いたもの。上篇と下篇の二篇に分かれている。

説卦伝《せっかでん》……八卦の卦象を解説したもの。

文言伝《ぶんげんでん》……乾卦と坤卦の二卦について、解釈したもの。

序卦伝《じょかでん》……易経の六十四卦の配列の順序を説いたもの。

雑卦伝《ざっかでん》……六十四卦の意義をきわめて簡潔に、多くは漢字一文字で説いたもの。

易の書『易経』
- 経……本文
  - 卦形……卦の形
  - 卦名……卦の名前
  - 彖（卦辞《かじ》）……一卦全体に繋《か》けられた辞《ことば》
  - 象（爻辞《こうじ》）……卦の六爻に繋けられた辞
- 伝……解説
  - 彖伝　上・下篇……彖辞（卦辞）の解説
  - 象伝　上・下篇
    - ＊大象→一卦全体の象を解する
    - ＊小象→爻辞の解説
  - 繋辞伝　上・下篇……易の総論
  - 説卦伝……八卦の卦象の解説
  - 文言伝……乾・坤の二卦の解説
  - 序卦伝……六十四卦の配列について説く
  - 雑卦伝……六十四卦の簡単な解説

『易経』は、もともとは経と伝とが分かれていた。「経」を上経と下経に分けて二巻とし、十篇の「伝」を十巻としてそれに付し、全十二巻とした。

後世になると、読むことの便利のために、「経」の中に「伝」の一部分を組み込むようになった。彖伝を彖（卦辞）の後に割り付け、象伝は、大象は彖伝の後に、小象は一爻一爻の爻辞の下に分割して配当し、文言伝は、乾卦と坤卦の後にそれぞれ割り付けた。

繋辞伝上下・説卦伝・序卦伝・雑卦伝は、そのままである。

現行の多くのテキストは、この体裁をとっている。

（構成・編集部）

（くろいわ・しげと／『易経』研究家）

“官僚勢力の総本山”内務省の権力の源泉と衰退過程の実像に初めて迫る

内務省とは何だったのか？

黒澤 良

本書は、内務省と、地方長官を軸とした地方行政機構に焦点をあてて、昭和戦前・戦中期の行政構造とその変容の過程を解明することを目的とする。内務省と地方長官に視点を定めることで、政党政治の隆盛と凋落、また日中戦争勃発といった時代状況が、内務省、さらには日本の中央と地方それぞれの行政構造に引き起こした変化を明らかにする。

内務省の歴史

内務省は、初代内務卿に就任する大久保利通主導のもと、一八七三（明治六）年一一月一〇日に設置された。内務省は、倒幕・維新を経て誕生した新生日本に発展をもたらす基礎となることを期待されて創設をみた官庁であった。

内閣制度創設にあわせて施行された内務省官制（一八八六（明治一九）年二月）には、「内務大臣ハ地方行政、警察、監獄、土木、衛生、地理、社寺、出版、版権、戸籍、賑恤《シンジュツ》、救済ニ関スル事務ヲ管理シ中央衛生会、警視総監及地方官ヲ監督ス」と所管行政が列挙されている。

以後、数次にわたる機構改革を経て所管行政の多くが分離していったものの、内務省は、地方行政と警察、土木の各行政を継続して所管し、占領下の一九四七（昭和二二）年一二月三一日に廃止されるまでの七十四年の長きにわたって、近代日本の行政機構の中枢を占める有力官庁でありつづけた。

「内政に於ける総務省」（吉田茂）

戦前の官界に関して、戦後体制を形作った首相である吉田茂は次のような回想を残している。「戦前各省の中で軍部は別として、いわゆる**官僚らしき官僚は内務、外務、大蔵の三省**であった。少壮有為の士の多くは、右の三省、中でも内務、大蔵両省を登竜門として目掛けたものである」。吉田が回想したように、内務省は、内政の中軸を担う「内政に於ける総務省」として、外交を担う外務省、財政を統轄する大蔵省と肩を並べる名門官庁であった。一九四六年に占領軍から解体の方針が公表されると、内務省は、新聞報道において「官僚勢力の総本山」、「官僚の本拠」と指弾された。戦前において官僚といえば、その代表は内務官僚であり、官僚批判の矛先はまずもって内務省に向けられたのである。

しかしながら、内務省が、なにゆえに農林省や商工省、司法省といった同じく内政を所管する各省に優越する官庁でありえたのか、その理由は十分には明らかにされてこなかった。

統治機構の中枢に君臨した内務省

▲大久保利通
(1830-1878)

本書は内務省が「内政に於ける総務省」を自任しえた理由を以下の三点に求める。

第一に、内務省は、警察と選挙を管轄したことで、否応なく**「政治」と「行政」とが激しくせめぎあう、その要に位置する官庁**であった。第二に、中央官庁の「総合出先機関」と性格づけられた地方長官（道府県知事）を配下に置いたことから、**行政における「立案」と「実施」とを媒介する官庁**であった。第三に、**「中央」と「地方」とを連結する要となる官庁**であった。内務省は、これら三つの接点、インターフェースを押えたからこそ、「内政に於ける総務省」として統治機構の中枢に君臨できたのである。

しかしながら、一九三〇年代に生じた政治的変化、政党政治の衰退と戦時体制への移行により、内務省はもとより行政機構のあり方全般が変容していく。時代状況が変化したことで、内務省は、三つのインターフェースを押さえることで得た内政における優位性を維持できず、新たな役割の模索を迫られていく。

衰勢にあることを確実視された自らの運命に内務省が抵抗し、組織維持に奔走した経緯は、この時期の日本の行政機構や統治構造を考えるうえできわめて重要である。情勢変化に直面した内務省の対応と、その対応が投げかけた政治的波紋のありようをも明らかにすることを目指した本書を、『内務省の政治史――集権国家の変容』と題した理由である。

（構成・編集部）
（くろさわ・りょう／政治史）

内務省の政治史
集権国家の変容
黒澤 良
A5上製 二八八頁 四八三〇円

リレー連載　今、なぜ後藤新平か　96

ふたりの大アジア主義者
——後藤新平と大倉喜八郎——

村上勝彦

二人の出会い

後藤新平は大倉喜八郎より二十歳若く、官僚・政治家と実業家という違いもあって、両者の関係はさほど長く深くはないが、両者の思想、考えには似た面がみられる。後藤は伊藤博文と他人を避けて談論したいとき、たびたび大倉の向島別邸に厄介になり、大倉が目立たないように裏方として心を尽くしたお膳立てをしてくれたことに、大倉追悼録で感謝の言葉を述べている。その伊藤は大倉にとって、実業活動に大きな影響力をもつ大政治家としてだけでなく、心底から尊敬する人物でもあり、両者の個人的関係もきわめて密接だった。そのため向島別邸は密談の場所としては最適だったのであろう。

後藤はまた大倉追悼録で、台湾民政長官のとき、大倉組の大きな利益源であった台湾樟脳の専売を断行して大倉組に多大の打撃を与えたが、大倉は後藤にいっさい愚痴を言わなかったとも述べている。もっともこの点は、大倉が伊藤を通じて後藤に陳情したが専売制を撤回できなかったというのが実相だろう。

ところで後藤と大倉との最初の出会いは、日清戦時の軍用達業務で多くの軍夫を使っていた大倉が、軍夫救護組織を立ち上げるべく後藤に援助を求めたときと思われる。またその出会いは、大倉が後藤の大恩人である石黒忠悳《ただのり》と同郷のよしみで以前から親しかったことからして、石黒が仲介役となった可能性がある。

▲石黒忠悳（1845-1941）

防貧の思想

四年前に日本で民主党政権が成立したとき、日本経済新聞は「自助」が近代日本の精神的基盤であり、大倉がその精神を保持した代表的実業家だったとする記事を掲げた。大倉は「慈善事業には消極的と積極的の二つがあり、真に不幸な境遇にいる貧民に金品を与えるのは消極的な慈善事業であるが、打ち捨てておけば貧民になるべきものを貧民にならぬように、新しき教育を施すのが積極的な慈善事業である」として、三つの商業学校創設などに力を注いだ。

消極的な慈善事業を救貧、積極的なそれを防貧と仮に区別すれば、大倉は防貧に力点をおき、「自助」の精神からとくに教育を重視した。他方の後藤は軍夫救護問題を機に、救貧病院、労工疾病保険などより広い下層階級保護の政策を構想し、時の首相、伊藤博文に明治恤救基金案を建議した。それが、伊藤が後藤をはじめて知る機会となった。

▲大倉喜八郎
(1837–1928)

▲後藤新平
(1857–1929)

後藤は救貧に言及してはいるが、疾病保険や労働者保護政策の真意は明らかに防貧の思想に根ざしている。大倉は教育、後藤は労働者保護とアプローチは異なるが、「自助」を重んじた大倉と「自治」を重んじた後藤の考えは同じ方向を目指していたといえよう。

アジア主義と大アジア主義

近代日本の実業家のなかで大倉ほど中国にかかわり、日中経済提携論にもとづき投資先を中国大陸に傾斜させた者はいない。第二次大戦後の財閥解体後に、大倉財閥が企業グループとしての再建が不可能になった理由の一つがそこにある。そうまでした大倉の考えの基底にはアジア主義的発想があったものと思われる。

他方でロシアを加えた日・中・露の大アジア主義を抱懐していた後藤が、「大倉はいつも口頭親善ではなく経済親善を実行し、一貫した国家観念を保持していた」と大倉追悼録で述べていることを思うと、二人はきわめて実践的なアジア主義者あるいは大アジア主義者であり、その差はきわめて少ないものと思われる。

（むらかみ・かつひこ／東京経済大学名誉教授）

Le Monde

■連載・『ル・モンド』紙から世界を読む　126

GPIIとは？

加藤晴久

ルーマニア・ロジア＝モンタナの金鉱、スペイン・バスク地方の高速鉄道線、フランス・ノートルダム＝デ＝ランドの空港、イタリア・フィレンツェの地下を通す鉄道線、さらにはフランス・リヨンとイタリア・トリノをつなぐ高速鉄道線。これらの共通点は何か？

GPII、すなわち Grands projets inutiles et imposés「無駄なのに強制された大プロジェクト」であること。EUも出資するこれらの計画には整合性を失ってしまっているものもある。リヨン・トリノ線ではフランス側は実施が大幅に延期されたのにイタリアは国境のトンネル建設を進めようとしている。バスク高速鉄道もフランス側は二〇三〇年以前には工事は始まらないのにバスク州政府は着工を急いでいる。

これらの計画に反対する市民活動家数百人が、七月末、ドイツ・シュツットガルトで、第三回反GPIIヨーロッパ・フォーラムを開いた。

なぜシュツットガルトか。数年前から住民が同市中央駅の改築計画に反対運動を展開しているからである。彼らを指す新語 Wutbürger「怒れる市民たち」は二〇一〇年の「今年の言葉」になった。

ルーマニアの場合、カナダの大鉱業会社が広大な露天掘り金鉱の開発権を取得した。政府だけでなく、事業主からの広告収入を享受しているメディアも支持していた。ロジア＝モンタナは人口わずか三〇〇〇人の小さな町だが、活動家と市民たちはカナダ企業をスポンサーにしているサッカーやラグビーのナショナルチームの試合で横断幕を掲げたり、著名な知識人・芸術家の支持を得て世論を喚起した。これに呼応して、スイスのチューリッヒで四月に欧州金鉱業フォーラムが開催された際にデモがおこなわれた。また、ドイツ・ミュンヘンで開催された保険会社の株主総会ではドイツの活動家がカナダ企業との契約を断念させた。

七月二八／二九日付『ル・モンド』の記事を紹介した。

ヨーロッパでは市民運動といった分野でも統合が進んでいる。

（かとう・はるひさ／東京大学名誉教授）

リレー連載　いま「アジア」を観る　128

日中で価値観の共有を

増田寛也

日中関係が一触即発の険悪な状態となっている。日中国交回復からの四〇年の歩みをふり返ると、まさに山あり谷あり。政治的には決して順調ではなかったが、現在の関係は、この四〇年間で最悪の状態であろう。

これまでは、「政冷経熱」。政治的な対立が激化しても、経済的には相互依存度を高め、ともに経済大国の道を歩んできた。しかし、中国は経済規模で日本を追い抜くと軍事力をも急速に増強させ、太平洋にまで軍事的な影響を与え出した。しかも、これを機会に中国の指導者が「領土」や「資源」に自己主張を強め、「中華民族の偉大な復興」を唱えはじめた。このような中国側の変化を前提にすれば、従来は、経済成長優先で決定的な対立を避けてきた両国であるが、これからはそれではすまない。両国が「アジア観」、アジアの平和と安全のためにどのような貢献をするのかという点を、お互いに、さらには周辺国とともに真剣に語り合わなければならない新たな段階に突入したのである。

ヨーロッパに目を転ずると、EU（欧州連合）は二八カ国にまで拡大している。単一市場を形成し強大なアメリカ圏に対抗しようという経済的動機が大きいにせよ、EUの出発点は「二度と戦争を起こさない」という強い決意にある。この六〇年間、かつて戦争の当事国同士であった独仏が中心となり、主権国家の枠組みを超えた共同体の理念を磨き、戦争が起きるのを防いできた。

アジアはヨーロッパとは全く異なるが、世界の成長センターにふさわしい新しい秩序作りには、日中の二大国が動かなければならないことは明白だ。両国はアジアの緊張を和らげる大きな責任を負っている。高ぶる中国を目の前にして日本が自制心を発揮するのは勇気がいることかもしれない。しかし、今こそ両国は偏狭なナショナリズムの台頭を許さず、自由と平等など民主主義国家にふさわしい価値観を共有し、未来志向の対話をしていかなければならない。

（ますだ・ひろや／元総務大臣）

連載 女性雑誌を読む 65

『女の世界』（一九）

尾形明子

表紙に「美人号」のタイトルが入った一九一七（大正六）年一月号『女の世界』は、発売と同時に売り切れ、直ぐに増刷となった。主筆・青柳有美が巻頭に「美人進化論」を書き、「美人は進化するものだ。その進化の経路は、常に男の趣味の進化する経路と同一方向を取るのが法である」と断言する。その上で「現代は、丸顔で眼の大きい当世美人」が求められるという。画家の石井柏亭が「西洋画に描かれた美人」を書き、馬場孤蝶が「美貌と愛と」と題して、モーパッサンの短編「無効なる美しさ」を語る。男女の書き手いずれも〈わが美人論〉に情熱を傾けるが、ハイライトは**「当代四十二美人点取表**（採点者　女の世界編集局総出）」だろう。

眼・眉・唇・鼻・耳・頤・髪・肉附・表情・化粧・姿・皮膚・額・声の一四項目をそれぞれ一〇〇点満点で評価し、総点と平均を出して表にしている。一位は新橋芸者・老松で平均点九七・四、二位も新橋芸者の音丸、三位に劇作家の岡田八千代が平均点九五・二で入っている。三美人の日向きむ子は九三・六で七位。三浦環は一一位、九条武子は表情点が低くて一六位、江木栄子（欣々）は一七位。松井須磨子が一八位、川上貞奴は髪が薄くて三六位、下田歌子は三八位となっている。芸者、松旭齋天勝ら芸人、女優、大倉久美子や小笠原貞子等の名流夫人が四二名に名を連ねる。

七月号に岩野泡鳴と別れたばかりの遠藤清が「女よ美貌を持て生れよ」と叫んでいる。「男が女と相対して、直ちに其瞬間から感服せられるのは、美人の艶やかな容貌に対した時よりほかにはありますまい」「美貌を享けないで生れた女は悲しみの極みです」

もちろん「美人賛美」の風潮への皮肉ではあるが、どこか悲しみがこもる。そういえば『青鞜』の「新らしい女」として活躍した人たちは誰も〈当代四十二美人〉に入っていない。江戸、明治に比べれば、はるかに女性の生き方は広がり、自由になったが、どこかに「男の許容範囲で」「男の嗜好の中で」のニュアンスが付きまとう。それを躊躇《ためら》うことなく如実に表に出したのが『女の世界』「美人号」だった。

（おがた・あきこ／近代日本文学研究家）

連載　ちょっとひと休み　6

回線故障

山崎陽子

世故に通じた友人がいる。風俗、習慣、しきたりなどについて熟知しており、何を聞いても知っている。若い頃からキャリアウーマンとして活躍してきた人なので、八十歳を越えた今も溌剌としていて弁舌爽やかである。

しかし博識なわりに、時折、とんでもない勘違いで笑わせてくれる。ひとの誤りをズケズケ指摘しても憎まれないのは、その愛すべき粗忽さにあるのだろう。

しきたりや慣わしについての知識は豊富なのに、言語に関しては、頭の中の回線に乱れがあるとしか思えないほど混線しているのだ。

マイケル・ジャクソンを、ジャイケル・マクソン、名高い元プロボクサー、マイク・タイソンをタイク・マイソンなどと言ってのける。あまりに堂々としているので、聞き流してしまうむきも多い。

「たいしたものですわ。ネームバリュウムのある方は……」なんて言う。もともと和製語ではあるけれど、知名度のことならネームバリューで、バリウムは胃カメラの検査の時に使われる白い液体だと注意しても「あら、さいですか」と涼しい顔。一向に直そうとしない。

「クラシックとジャズでは、ジャングルが違います」というのもある。言われた人は、「種類や部門が違うってことよね」と確かめつつも、「何だかジャングルっていうのも、言いえて妙って感じもするわ」などと引きずられてしまう。仲間うちで、しばしジャングルやバリュウムが流行ったものだった。

あるとき「そりゃあ、何だって一石二鳥ってわけには参りませんよ。時間をかけて地道になさいませ」なんて、電話しているのを聞いた。若者に説教したのだというから「それって一朝一夕のことじゃないのでしょうか。一石二鳥ですと一つの行為から同時に二つの利益を得るっていう意味ですし」と言いかけたら「あら、それは大間違い」と慌てて電話をかけ直していたが、さすがにバツが悪そうに、「私って一度インプットされてしまうとなかなか訂正がきかない頭らしいの。相対性理論の物理学者アインシュタインとフランケンシュタインが、ずっとこんがらがってたくらいですもの」

（やまざき・ようこ／童話作家）

八月新刊

景嘉師直伝の気鋭の著者による決定版！

全釈　易経　上

黒岩重人

易とは何か？　現代を読み解く鍵である！　四書五経の筆頭『易経』は〝陰〟と〝陽〟という二つの要素から森羅万象の変化の法則を説いたもので、秦の始皇帝によって唯一、焚書されずに残った最古の書物である。易の考え方の根本から、原文・読み下し・語注・釈文で構成する決定版！

（全三巻）

四六上製　四〇〇頁　三九九〇円

〝鎮守の森〟を捉え直す！

森と神と日本人

上田正昭

『古事記』に記された「共生」＝「とも生み」。日本の歴史と文化の基層につながって存続してきた「鎮守の森」は、聖なる場所でありながら人々の集まる場所であり、自然と神と人の接点として、〝人間と自然との共生〟を象徴してきた。日本古代史の碩学による、日本文化論の集大成！

四六上製　三一二頁　二九四〇円

〝メディア・ミックスの巨人〟としての実像に迫る！

映画人・菊池寛

志村三代子

一九二〇年代から四八年の死に至るまで、文学作品の単なる映画化ではなく映画を軸に新聞・出版・広告を巻き込んだメディア・ミックスを仕掛け、文壇人のみならず「映画人」としてメディアに君臨した菊池寛とは何者だったのか。「映画」を通して、時代と最も鋭敏に切り結んだ菊池寛の実像を初めて描く。

第七回河上肇賞本賞受賞作

四六上製　三八四頁　二九四〇円

話題の書

われわれの中に生き続ける「小田実」の全体像！

われわれの小田実

七回忌記念出版

鶴見俊輔／加藤周一／瀬戸内寂聴／Ｄ・キーン／高銀／金大中／黄皙暎／Ｎ・チョムスキー／Ｈ・ジン／Ｙ・ミュルダール／鎌田慧／吉岡忍

ほか七四人、２団体

四六上製　三〇四頁　二九四〇円

「社会企業」の成功には何が必要なのか？

10万人のホームレスに住まいを！

アメリカ「社会企業」の創設者ロザンヌ・ハガティの挑戦

青山佾　〈対談〉Ｒ・ハガティ

「新たな公共領域のフロンティアを開拓し続けるハガティ氏の言動は私たちに勇気と希望を与えてくれる。」（『朝日新聞』七月二八日付・渡辺靖氏）

Ａ５判　二四八頁　二三一〇円

読者の声

光り海■

▼『機』で紹介された〝詩〟に胸をうたれ求めた『光り海』は真珠の玉の一粒一粒の文字でつづられた詩です。柳田さんの〝言葉が存在と等しくなった詩〟に賛同し、一抄一抄心をこめて読みます。出版に感謝です。――初版ですョ！（多くを購入できませんが貴社の存在をよろこんでいます。ありがとう）

（山口　**三宅阿子**　72歳）

▼水俣市民として、坂本様が詩集を刊行された事に喜びと感動を覚えます。私は昭和三十一年生まれ、患者家族では無いけれど、やはり市民として傷付き、人として願わずに居られない思いがあります。坂本様の健康とご活躍をお祈りしています。

（水俣市　匿名　57歳）

岡田英弘著作集■

▼私は生涯初めて著作集なるものを購入しました。宮脇淳子先生つながりです。ファンです。今、少しずつ読み始めていますが、学歴、教養がない私には難しいです。でも、歴史の真実が知りたい一心で読んでいます。このあと発売される巻も購入したいと思います。

（石川　主婦　**横瀬友実江**　53歳）

▼岡田先生の本は、店頭で見つけ次第買っている。著作集発刊に感謝。日本人の支那観が塗り替えられる第一歩となることを期待しています。

（千葉　**谷本光生**　73歳）

▼独創的でスケールの大きな歴史観に感銘を受けました。こういう著作は日本国内だけでなく、せめて英語に訳して、外国の知識階級にも読んでもらうようにならないでしょうか。

（千葉　学校法人役員　**北尾美成**　65歳）

竹山道雄と昭和の時代■

▼五〇〇頁を超える大著の刊行にまずは平川先生に感謝しなければならない。この書物は比較文学・比較文化専攻の先生でなければ絶対に完成しなかったと思う。

　私は特に第一五章、第一六章に大変引きつけられた。

　竹山道雄著『時流に反して』第六に掲載された三論文と『剣と十字架』を読み、この大変重いテーマ「宗教と人間」について自分なりの考えをまとめたいと思う。

　最近高橋英夫先生が単行本を出版された。半藤一利氏は隔月刊の雑誌に長編の論文を連載中です。

　ほぼ同世代の御三方がこれからますます御活躍されんことを心からお祈りします。

（東京　公認会計士　**間宮隆**　62歳）

▼最近、知育、体育、徳育の大切さを感じる本が多く出版されていると感じます。徳育を忘れた日本人に危機を感じます。

（埼玉　会社員　**太田泰俊**　49歳）

▼昭和十六年竹山先生にドイツ語を習った者です。当時は、先生の偉さなど何もわかりませんでした。本書を読んで、色々なことを学んで、勉強になりました。著者及び御社に厚く感謝します。

（奈良　元大学教授　**芹澤茂**　91歳）

ユーロ危機■

▼ドイツは好況・不況期を問わず、他のヨーロッパ諸国から経済的に利益を得てきた。つまりドイツの一人勝ちをレギュラシオン理論に基づいてボワイエが説く内容は説得力がある一方、「日本モデルのよい面をしっかりと守ってほしい」というが、所得格差の拡大、ワーキング・プア一一〇〇万人超の現実にできれば言及してほしかった。

（千葉　**前島昭三郎**　78歳）

康熙帝の手紙■

▼宣統帝溥儀・溥傑兄弟は満洲語が出来ないはずだが、清朝独特の統治方法の同君連合が満漢一家の国民国家に変化する過程で満洲族が漢族に同化したのか知りたくなった。
　尹東柱の評伝を書いた宋友恵が英親王李垠を描いたという『最後の皇太子』を翻訳してほしい。

（東京　会社員　**古田護**　43歳）

▼中公新書版がみつからず、以前から読んでみたいと思っていたので、購入しました。なかなか面白かったです。清朝に関する本自体、少ないと思うので、今後の発刊がたのしみです。
　もう少し、価格が安いともっとうれしいですが。

（大阪　会社員　**葛場美那**　50歳）

最後の転落■

▼トッドの新刊ということで楽しく読ませて戴きました。
『家族システムの起源』の方も楽しみに刊行を待っております。

（愛知　浪人生　**森田正**　19歳）

福島 FUKUSHIMA　土と生きる■

▼大石芳野写真集の講演会にてお話を拝聴いたしました。
　遠き地より中々現地には行けませんが、仙台には二度行き、街中は整然と整っているが、置きざりにされている所が今後どうなって行くのか、戦時を思い出しました。時はすぎて行きますが、夢を追いつづけてほしいと願っています。

（福岡　会社役員　**久保幸枝**　75歳）

▼いいものを出してくれて有難うございます。わたし自身、文章でこういう方向のものを書きたいと、目下飯舘取材の最中です。去年夏、飯舘村へいったら、「昨日、大石さんが来て撮っていったのよ」という人にあいました。

（埼玉　元教師　**影山美知子**　79歳）

幻の野蒜築港■

▼困難なテーマを資料・史料を精査しての労作、待望の書です。少し残念なのは同時代、宮城では自由民権運動が高揚していた事情に触れていないこと、大久保の民権運動弾圧の歴史が背景にあったのです。

（宮城　**千葉昌弘**　70歳）

華やかな孤独——作家 林芙美子■

▼これまで未知の部分が記されていること等から、よりふかく作品を読んでいけるように思い、求めてよかったと感じて居ります。

（福岡　**池原重一**）

「移民列島」ニッポン■

▼我々の知らない所で日本が変化しているのが手に取るようにわかりました。ありがとうございました。

（福岡　**井上保孝**　73歳）

易を読むために■

▼とてもよくわかる本でした。易経基礎講座とあるので続編が出たらお知らせ下さい。

（岐阜　教員　**辻整**）

放射能除染の原理とマニュアル■

▼今年の九月から福島（楢葉町）で除染管理の仕事に就くため、購買しました。大変参考になりました。只、一六二頁の「放射能はどんな線量でも危険です」には賛成できません。

（埼玉　診療放射線技師　**太田信也**　60歳）

パナマ運河　百年の攻防■

▼私は一九五一・一・二一戦後第二船としてパナマ運河に入りました。当時日本は占領下で国旗は掲げられずＳＣＡＪＡＰ（我占領下に有り）と言う旗を掲げていました。何故日の丸を掲げないかと入港時に言われたこと、石炭焚きで煙ると注意されたこと、ガツン湖の水で真水の風呂に入れた嬉しさは忘れられません。クリストバル、バルボアは共に友好的で日本人排除の気配は全くなく、若しパナマ運河を攻撃していた

ら、どんな目に遭ったやら、戦争は絶対にしてはいけない。戦争には勝者も敗者も無い、有るのは深い悲しみだけです。（愛知　**岩井長治**　83歳）

天安門事件から「08憲章」へ■

▼天安門事件から「08憲章」までの、劉暁波氏の闘いの歴史がとてもよく理解できました。

国際医療NGO「世界の医療団」の理念・活動・歴史についての本が読みたいです。

アジア自由民主連帯協議会についての本が読みたいです。

（鹿児島　**松野下斉生**　22歳）

近代日本と台湾■

▼二〇一一年七月九日『産経新聞』のチャイム欄で「霧社事件」が台湾で映画化された記事を見つけて、日本ではいつ見られるかと、大きな期待でいた時、今年の四月、渋谷の映画館ユーロスペースで「セデック・バレ」を夫と一緒に見て来ました。

なぜこの映画について興味を持っていたかといえば、夫の実家で見つけた「霧社事件」についてのたくさんの写真を二年前に見たことからでした。

夫の亡き父親は一九三〇（昭和五）年八月一日台湾歩兵第一聯隊中隊長として八月十四日神戸港を出発し、八月十七日基隆港に上陸し八月十八日台中着していた。そして霧社事件が発生した当時一九三〇年十月三十一日～十一月二十八日までは霧社蕃大討伐ノ為第一線部隊に勤務した事を知り、当時の写真も多くあった。

この写真について何も知らない夫（78歳）と私（71歳）は藤原書店の春山明哲著『近代日本と台湾』のご本で少しだけ学んだ。

映画の「セデック・バレ」は川中島については、ほとんどふれていなかった。台湾原住民の人々の誇り高き文化と生活は、植民地政策のもとに各民族名も一九三五（昭和十）年に高砂族の名称に変更され、大東亜戦争時には高砂義勇団として戦地で活動された事等も私同様今の若者達はあまり知らないことでしょう。

拓務省があった時代を学ぶ意義こそ大切なことです。藤原書店様の春山明哲氏のご本のご出版は誠にすばらしい事でした。もっと早くに気がつけば良いのに知らないことばかりの私共でした。

今こそ近現代史を、多くの若者に学んで頂きたいものです。七一歳の老女ですが、秋から早大エクステンションで「日本帝国の植民地支配」の講座を受講することにしました。これからも、春山明哲氏のご本『近代日本と台湾』をしっかりと、拝読いたします。

昔を知ることは、今に生きることの何が大切かを気づかせてくれます。気がつかなければいけない要素がたくさんある今の現実ですから……。

藤原書店様のますますのご発展を心から希望しております。

（東京　主婦　**浦野利喜子**　71歳）

※みなさまのご感想・お便りをお待ちしています。お気軽に小社「読者の声」係まで、お送り下さい。掲載の方には粗品を進呈いたします。

書評日誌（七・二八～八・一六）

㊖書評　㊗紹介　㊔関連記事
㊡紹介、インタビュー

七・二八　㊖朝日新聞「一〇万人のホームレスに住まいを！」（「市場原理を活用する自立支援」／渡辺靖）
㊗京都新聞「ロング・マルシュ　長く歩く」

七・二九　㊔毎日新聞（竹内浩三）（「記者ノート」／大野友嘉子）
㊖サライ「岡本太郎の仮面」（「いまこそ読みたい『この二冊』」／田島征三）

七月号　㊔あけぼの「福島 FUKUSHIMA　土と生きる」（「被災地福島・土と生きる――大石芳野写真集」）

八・六 (書)東京人「竹山道雄と昭和の時代」(「Ｂｏｏｋｓ」／「自由主義者たちの批判精神」／苅部直)

(書)埼玉新聞「峡に忍ぶ」(「よみがえる馬場移公子」／「句集収録の評伝刊行　忘れられた秩父の俳人」／佐藤達哉)

八・一〇 (紹)読売新聞「満洲とは何だったのか」(「五郎ワールド」／橋本五郎)

八・一四 (紹)産経新聞「岡田英弘著作集①」(「湯浅博の世界読解」／『歴史のない文明』は軍事力に頼る」／湯浅博)

(記)朝日新聞(夕刊)名古屋本社版(竹内浩三)(「ひょんと死ぬ『戦争いかん』」)

八・一六 (書)週刊朝日「ロング・マルシュ　長く歩く」(「元記者が冒険というゲームに挑む」／池内紀)

(記)東京新聞「アラブ革命はなぜ起きたか」(「筆洗」)

八月号 (書)すばる「マルセル・プルーストの誕生」(「プレイヤード　本」／「プルースト研究の記念碑にして、文学の面白さを解明する一冊」／中条省平)

(紹)月刊ロシア通信(加藤登紀子)

(書)ナジェージダ「幻の野蒜築港」(松川清子)

(書)ＧＩＮＺＡ「口で鳥をつかまえる男」(「豊崎由美のワンダーブック３」／豊崎由美)

(書)フレグランス・ジャーナル「ロング・マルシュ　長く歩く」(「東へ東へ、老いぼれることに背を向けて」)

(紹)ダ・ヴィンチ「口で鳥をつかまえる男」(「まるで落語!?ユーモアと風刺に満ちたトルコの短篇」／卯月鮎)

●報告

大石芳野さん、二〇一三年度ＪＣＪ賞受賞！

去る八月十日、内幸町・日本プレスセンターＡＢＣホールにおいて本年度のＪＣＪ賞(日本ジャーナリスト会議主催)の贈賞式が開催され、写真集『福島 FUKUSHIMA 土と生きる』を上梓した大石芳野さんら五名・団体にＪＣＪ賞が、さらに相馬高校放送局の高校生たちの取り組みに特別賞が贈られた。

選考委員の酒井健太郎氏は、「写真集に登場する人全ての名前と年齢が記されている。一人一人と向き合った証し」と講評。

受賞者挨拶で大石さんが語ったのは、東日本大震災後に初めて福島の被災地を訪れたときのこと。節電で暗かった東京に比べて明るい福島を目の当たりにし、東京電力の電気を使っていないのに、その原発事故の被害を最も深刻に受けた福島の現実を突き付けられた。以後、福島に毎月通って撮影し、生まれたのがこの写真集だ。誰もが被災者になりえた事故であり、写真を見た人に、遠く離れた地の無関係の事故ではなく自分にも深い関係があると受け止めてほしいという大石さんの想いは、聴衆にも静かに伝わった。(編集部)

二〇一三年七月三十一日　於・山の上ホテル　本館一階「銀河」

山百合忌　鶴見和子さんを偲ぶ

二〇〇六年七月三十一日に八十八歳で亡くなった鶴見和子さんを偲ぶ集いが、「山百合忌」と名付けられ、毎年その命日に開かれている。今年は皇后様をお迎えし、約七十名が参加。鶴見さんらしく、賑やかな笑いの絶えない会となった。司会は例年どおり、鶴見さんの最晩年まで「京都ゆうゆうの里」の病床まで足を運びつづけられた黒田杏子さん（俳人）。

藤原良雄（藤原書店社長）の挨拶の後、来賓挨拶。まずは中村桂子さん（生命誌研究者）。内発的発展論とは難しい理論ではない、むしろ当たり前のことを着実に積み上げることが大切、と。

川勝平太さん（静岡県知事）は、『鶴見和子曼荼羅Ⅸ　環の巻』の解説を、鶴見さんへの恋文として書いた、その思いの丈を鶴見さんは受け止めてくださったと思う、と真剣に語った。

そして、熊本から車椅子で来られた石牟礼道子さん（作家）。「不知火海総合学術調査団」の一員として水俣を訪れた時の鶴見さんの、いかにも鶴見さんらしい天真爛漫なエピソードに、参加者からは爆笑が起きた。

献杯は金子兜太さん（俳人）。「鶴見さんは末期の人かと思っていたら、声があまりに強く明るくてびっくり仰天した」。

歓談ののち、大石芳野さん（写真家）が、ありし日の鶴見さんの写真を紹介。その美しさに、改めて参加者から嘆息が聞こえた。

また、その後、『福島　土と生きる』をスライドで紹介。

鶴見和子の着物を着た金子あい氏

数年前から、笠井賢一さんの構成・演出の舞台を作っている。今年は、観世流の野村四郎（舞・節付・作舞）、佐藤岳晶（作曲・地歌演奏）・安島瑶山（演奏）・金子あい（語り）の各氏。石牟礼道子との対談（『言葉果つるところ』）を語りで演じた後、斃れた時に噴きだしたという鶴見さんの歌が、「火の山」が眼前に見えるかのような見事な舞台となって現れた。

最後に、鶴見さんの妹、内山章子さんが「死ぬっておもしろいわね。私、ずいぶん長く生きてきたけど、こんなの初めて。」と弟の俊輔さんと死の床でげらげら笑いあっていたエピソードを紹介。「死は最高のハレ」と旅立った鶴見さん。瞬く間に三時間が過ぎていった。（編集部）

一〇月新刊

＊タイトルは仮題

富士山とは何かを今改めて問い直す

環 学芸総合誌・季刊【歴史・環境・文明】

Vol.55 '13 秋号

【特集】今、なぜ富士山か

〈寄稿〉川勝平太／近藤誠一／渡辺豊博／安田喜憲／鈴木正崇／遠藤秀男／遠藤まゆみ／原田実／佐野真由子／土器屋由紀子／増沢武弘／土隆一／金子兜太／篠田正浩／有馬朗人／永六輔／山折哲雄／横内正明／黒岩祐治／A・コルバン／高銀 ほか

【小特集】今、なぜ横井小楠か

〈寄稿〉小島英記／松浦玲／藤原作弥／苅部直／野口武彦

【小特集】『岡田英弘著作集』発刊を記念して

〈鼎談〉宮脇淳子＋宮崎正弘＋倉山満

〈寄稿〉川田順造／楠木賢道／杉山清彦／新保祐司

【小特集】今、なぜジョルジュ・サンドか

〈寄稿〉ミシェル・ペロー／持田明子

〈寄稿〉桑原史成／石牟礼道子／大田堯／宮脇淳子

〈書物の時空〉市村真一／河野信子／平川祐弘／永田和宏／川満信一／安里英子

〈連載〉石牟礼道子／金子兜太／玉野井麻利子／石井洋二郎／山田登世子／小倉紀蔵／川勝平太＋マハティール／三砂ちづる／新保祐司／赤坂憲雄／河津聖恵／能澤壽彦

私たちの手でする、本当に効果的な除染。

除染は、できる。

Q&Aで学ぶ、放射能除染

山田國廣・黒澤正一

福島第一原発事故からの「汚染水」が問題になっているが、「除染」は進んでいるのか？　除染の最大のネックは、大量の除去物の仮置き場・中間貯蔵地が確保できないことと言われるが、本書は、「除去したものを、簡単に、安価に、完全にクリーンに閉じこめ、かつそれを放射能からの遮蔽物として利用する」方法を自ら現場に足を運んで実験を繰り返した末発見した著者の渾身の一冊。子供を守るため、私たちの手でできる除染を。

自らの筆で描く自らの物語

葭《よし》の渚 自伝

石牟礼道子

水俣水銀中毒事件をモチーフに『苦海浄土』という〝世界文学〟を書き上げた石牟礼道子とは何者か？　葭が茂り、その茎から貝たちがいっせいに海に飛び込むような美しい不知火海で生まれ育ち、今も不知火海の傍で生活する石牟礼道子。前史を含め、幼少期から戦争体験を経て、高度経済成長へと邁進する中で、『苦海浄土』を執筆。「近代とは何か」を、失われゆくものを見つめながら描き出す白眉の自伝。『熊本日日新聞』連載。

安倍内閣の〝リフレ〟政策を徹底検証！

日本経済は再生する！

田中秀臣編

第二次安倍晋三内閣が訴える、断固たる金融緩和によるデフレ脱却は、今いかなる状況にあるのか。「大胆な金融政策」「機動的な財政政策」「民間投資を喚起する成長戦略」という「三本の矢」による「アベノミクス」をめぐって、歴史的・国際的比較の視点も交えながら、その狙いと現状、そして長期的な展望を、現在第一線で活躍中の論客が徹底的に論じる。

9月の新刊

タイトルは仮題、定価は予価。

セレクション
竹内敏晴の「からだと思想」（全4巻）
〈推薦〉木田元／谷川俊太郎／鷲田清一／内田樹
1 主体としての「からだ」 口絵一頁 ＊
寄稿＝福田善之
四六変上製 四〇八頁 三四六五円

桑原史成写真集
水俣事件 〈英語付〉＊
The MINAMATA Disaster
菊倍変判 一八四頁 三九九〇円

内務省の政治史 ＊
集権国家の変容
黒澤良
A5上製 二八八頁 四八三〇円

岡田英弘著作集（全8巻）
2 世界史とは何か ＊ 口絵二頁
月報＝A・カンピ／B・ケルナー＝ハインケレ／川田順造／三浦雅士
四六上製布クロス装 五二〇頁 四八三〇円

全釈 易経 中 ＊
黒岩重人
四六上製 四二四頁 三九九〇円
下は11月刊予定

社会思想史研究37号
〈特集〉**思想史研究を問いなおす**
社会思想史学会編
A5判 二八八頁 二七三〇円

10月刊予定

『環』 歴史・環境・文明 55 13・秋号 ＊
〈特集 今、なぜ富士山か〉
永六輔／小倉和夫／川勝平太／金子兜太／佐野真由子／篠田正浩／原田実／山折哲雄／A・コルバン／高銀 ほか

除染は、できる。 ＊
Q&Aで学ぶ、放射能除染
山田國廣・黒澤正一

葭《よし》の渚 自伝 ＊
石牟礼道子

日本経済は再生する！ ＊
田中秀臣編

好評既刊書

全釈 易経 上 ＊ （全三巻） 発刊
黒岩重人
四六上製 四〇〇頁 三九九〇円

森と神と日本人 ＊
上田正昭
四六上製 三一二頁 二九四〇円

映画人・菊池寛 ＊
志村三代子
四六上製 三八四頁 二九四〇円 第7回河上肇賞本賞

『環』 歴史・環境・文明 54 13・夏号
〈特集 日本の「原風景」とは何か〉
石牟礼道子／中村良夫＋桑子敏雄 他
菊大判 四〇〇頁 三七八〇円

われわれの小田実 ＊
藤原書店編集部編
鶴見俊輔／加藤周一／瀬戸内寂聴／キーン／高銀／金大中／チョムスキー／ミュルダールほか
四六上製 三〇四頁 二九四〇円 七回忌記念出版

警察調書
剽窃と世界文学
M・ダリュセック 高頭麻子訳
四六上製 四九六頁 四四一〇円

〈ジョルジュ・サンド セレクション〉（全9巻・別巻一）
9 書簡集
持田明子・大野一道編・監訳・解説
四六変上製 五三六頁 六九三〇円

岡田英弘著作集（全8巻） 発刊
1 歴史とは何か 口絵二頁
月報＝J・R・クルーガー／山口瑞鳳／田中克彦／間野英二
四六上製布クロス装 四三二頁 三九九〇円

横井小楠研究
源了圓
A5上製クロス装 五六〇頁 九九七五円

横井小楠の弟子たち
熊本実学派の人々
花立三郎
A5上製クロス装 五一二頁 八九二五円

親鸞から親鸞へ〈新版〉
現代文明へのまなざし
三國連太郎＋野間宏
四六判 三五二頁 二七三〇円

＊の商品は今号に紹介記事を掲載しております。併せてご覧戴ければ幸いです。

書店様へ

▼7／14『朝日』でも発刊が大きく紹介され、8／14『産経』「湯浅博の世界読解」欄でも絶賛紹介されました『**岡田英弘著作集**』（**全8巻**）**第1巻『歴史とは何か**』が、今度は8／25(日)『**産経**』書評欄でコダマシンゴさんに絶賛書評！「歴史に対する疑念を一気に氷解させる力を持つ」「人は物を考えるとき、意識するしないにかかわらず、通説、前例にこだわる。そこからいかに自分を解き放つべきか、そんな生き方をすら岡田史学は教えてくれる」。**第2巻『世界史とは何か**』とともに更に大きくご展開下さい。▼『**環**』**vol.54 特集・日本の「原風景」とは何か**』掲載の**小倉紀蔵**「北朝鮮とは何か2 歴史認識問題の構造」が、8／26(月)『**読売**』「論壇誌8月」欄で大きく紹介！▼**B・オリヴィエ『ロング・マルシュ 長く歩く**』が、『**週刊朝日**』8／16―23合併特大号 特集「夏だから読みたい!! 旅と冒険に誘う45冊」欄で池内紀さんに「異色の冒険記」と絶賛大書評！ 外国文学だけでなく、登山やトレッキング、ロングトレイル等の棚でも大きくご展開を！ （営業部）

映画「GAMA 月桃の花」上映

シンガーソングライターの海勢頭豊さんが製作・作曲をした映画「GAMA 月桃の花」を上映。沖縄戦の真実の姿を描き、沖縄からの平和のメッセージを伝えます。

【日時】二〇一三年一〇月一二日(土)
〈開場〉午後二時半〈開会〉午後三時
【場所】山の上ホテル本館1階「銀河」
【会費】千円
＊お問合せは藤原書店「係」まで。

「帰林閑話」「生きる言葉」休載のお知らせ

一海知義氏と粕谷一希氏の体調不良により、今月号の連載を休載いたします。

●〈藤原書店ブッククラブ〉ご案内●

▼会員特典は、①本誌『機』を発行の都度ご送付／②（小社への直接注文に限り）小社商品購入時に10%のポイント還元／③送料のサービス。その他小社催しへのご優待等。詳細は小社営業部まで問い合せ下さい。
▼年会費二〇〇〇円。ご希望の方は、入会ご希望の旨をお書き添えの上、左記口座番号までご送金下さい。

振替・00160-4-17013　藤原書店

出版随想

▼八月の終りに、三ヶ月前ボストンでお目にかかったD・F・ヴァクツ氏（ハーバード大学教授）の訃報の知らせが入った。一昨年の暮れ、ヴァクツ氏から、〝日本の読者へ〟の一文をいただいた。『ルーズベルトの責任――日米戦争はなぜ始まったか』の序文である。「著者ビーアドは私の祖父です。祖父は私にとって、ごく身近な存在であると同時に憧れの人でした。……祖父が一九二〇年代に東京市政調査会に助言を提供したときに、祖父母が多くの日本人と友情を結び、それを守ってきたので訪問客には日本人も多かった。三〇年代の祖父は、歴史学の世界で広く認められた第一人者として絶頂期にあった。……またアメリカ歴史学会の会長にも選ばれた。……一九四一年一二月七日、日本の戦闘機がハワイの真珠湾でアメリカ海軍の軍艦多数を攻撃した。アメリカ人の圧倒的多数は、日本がアメリカに、何の正当な理由もないままに戦争を仕掛けたと思っていた。……ビーアドは事実としての事態を追及し書き続けた。そのため、かつて非常に高かった人気は失われ、旧友たちも離れていった。……こうした敵意や反感は、一九四八年に突然死去するまで続いた。もし、あと数年生きていたら、ルーズベルト大統領がアメリカを紛争に導くためにそれとわかっていながらさまざまな措置を講じた、という立場をとる学者が現れるようになって、自分の名声がおおいに回復するのを目の当りにできただろう」と。

▼六月初旬、訳者と青山佾氏らと一緒に、ボストンの自宅近くに入院しておられるヴァクツ氏をお見舞いした。お嬢様によると、前日まで病院の集中治療室におられ、見舞いすら危ぶまれていたが、我々四人との面会を大変喜ばれ、ベッドから起き上がって待って下さっていた。写真で見るビーアドの面影が残っているお孫さんと、束の間の逢瀬を楽しんだ。その時、ヴァクツ氏が云われた言葉が今も耳に残る。「ビーアドを支えたのは、妻のメアリーです。メアリーがビーアドの一番の良き理解者だったんです」と。一九二〇年代に夫妻が初来日した時も、女性の地位向上を求める運動を自国で展開しているメアリーは、日本でも多くの女性たちに勇気と希望を与えた。

▼国家を超えた民と民との結びつきが求められる昨今、ビーアドや後藤新平ら先人の民際の外交、友情がもっと声高に叫ばれてもいいのではないか。（亮）